Édithe Gaudet

3e édition

RELATIONS INTERCULTURELLES

COMPRENDRE POUR MIEUX AGIR

MODULO

Relations interculturelles
Comprendre pour mieux agir, 3e édition

Édithe Gaudet

Conception éditoriale : Bianca Lam
Édition et révision linguistique : Jacinthe Laforte
Coordination : Nathalie Jalabert
Correction d'épreuves : Annie Cloutier
Conception graphique : Christian Campana
Conception de la couverture : Micheline Roy

Des marques de commerce sont mentionnées ou illustrées dans cet ouvrage. L'Éditeur tient à préciser qu'il n'a reçu aucun revenu ni avantage conséquemment à la présence de ces marques. Celles-ci sont reproduites à la demande de l'auteur en vue d'appuyer le propos pédagogique ou scientifique de l'ouvrage.

Des cas présentés dans les mises en situation de cet ouvrage sont fictifs. Toute ressemblance avec des personnes existantes ou ayant déjà existé n'est que pure coïncidence.

Le matériel complémentaire mis en ligne dans notre site Web est réservé aux résidants du Canada, et ce, à des fins d'enseignement uniquement.

L'achat en ligne est réservé aux résidants du Canada.

Catalogage avant publication de Bibliothèque et Archives nationales du Québec et Bibliothèque et Archives Canada

Gaudet, Édithe, 1949-

Relations interculturelles : comprendre pour mieux agir

3e édition.

Comprend des références bibliographiques et un index.
Pour les étudiants du niveau collégial.

ISBN 978-2-89732-008-9

1. Québec (Province) – Relations interethniques. 2. Groupes ethniques – Québec (Province). 3. Minorités – Québec (Province). 4. Relations culturelles. 5. Immigrants – Intégration – Québec (Province). 6. Québec (Province) – Émigration et immigration – Histoire. I. Titre.

FC2950.A1G38 2015 305.8009714 C2015-940391-X

MODULO

5800, rue Saint-Denis, bureau 900
Montréal (Québec) H2S 3L5 Canada
Téléphone : 514 273-1066
Télécopieur : 514 276-0324 ou 1 800 814-0324
info.modulo@tc.tc

ISBN 978-2-89732-008-9

Dépôt légal : 1er trimestre 2015
Bibliothèque et Archives nationales du Québec
Bibliothèque et Archives Canada

Imprimé au Canada

1 2 3 4 5 M 19 18 17 16 15

Nous reconnaissons l'aide financière du gouvernement du Canada par l'entremise du Fonds du livre du Canada (FLC) pour nos activités d'édition.

AVANT-PROPOS

On annonce le Ramadan et le Yom Kippour dans les journaux et à la télévision, on mange dans des restaurants dits « ethniques », on adopte de nouvelles coutumes et façons de faire, et nos voisins sont souvent des gens issus de l'immigration. Cependant, si la diversité ethnoculturelle est de plus en plus présente au Québec, elle soulève une foule de questions et de nombreux défis.

Par exemple, les établissements scolaires et ceux liés à la santé et aux services sociaux, de même que les systèmes politiques et judiciaires, se penchent quelquefois sur des demandes faites par des personnes issues de communautés ethnoculturelles (par exemple, autour du port du kirpan ou de la burqa). On expose des cas de discrimination sur la place publique et on s'inquiète de l'intégration linguistique des immigrants. Les citoyens sont de plus en plus nombreux à vivre au quotidien des chocs culturels importants et, au cours des dernières années, on a assisté à des débats médiatiques ou identitaires, notamment autour de la question des accommodements raisonnables (Commission Bouchard-Taylor) ainsi que de la laïcité et de la neutralité de l'État.

Pourquoi les questions de l'immigration et de la diversité culturelle suscitent-elles tant de débats ? Pourquoi, du côté de la société d'accueil, éprouve-t-on si souvent des craintes et parfois même un sentiment d'envahissement ? Qui sont ces gens qui sont venus et qui viennent encore aujourd'hui s'installer au Canada et au Québec ? Comment mieux les connaître ? Comment faire en sorte qu'ils s'intègrent bien dans la société québécoise ? Comme intervenant ou comme citoyen, comment peut-on gérer la rencontre interculturelle et mieux intervenir ? Par les analyses et les clés d'interprétation qu'il propose, cet ouvrage tente de répondre à ces questions.

Pourquoi une approche interculturelle ?

Au cours des années 1980, les débats sur l'immigration ont contribué à définir de nouvelles modalités d'échange entre les nouveaux arrivants et les membres des sociétés d'accueil. C'est dans ce contexte qu'est née l'approche interculturelle que nous privilégions dans cet ouvrage et qui repose sur le double postulat du changement et de la permanence : les cultures mises en contact s'interpénètrent et se transforment mutuellement.

Les institutions vouées à l'éducation, à la santé, aux services sociaux et à la sécurité publique, tout comme les entreprises, accueillent de plus en plus d'étudiants, de patients, de travailleurs issus de l'immigration qui parlent d'autres langues et ont des accents différents ; elles traitent avec des clients dont les façons de voir et les comportements peuvent étonner. Par exemple, dans les cégeps du Québec, on accueille des étudiants immigrants et internationaux, dans le cadre de la formation régulière, des programmes de francisation ou de la formation continue. Le réseau de la santé et des services sociaux offre des soins en essayant de respecter les valeurs et les comportements liés à des différences culturelles.

Évidemment, les interactions entre les membres de la société d'accueil et les immigrants sont parfois difficiles et demandent des ajustements. Pour cette raison, les personnes susceptibles d'exercer un métier ou une profession qui les fera intervenir auprès de clientèles immigrantes ou de communautés ethnoculturelles se doivent d'acquérir les compétences appropriées en communication et en intervention interculturelle. C'est donc à eux que cet ouvrage est destiné.

Les objectifs pédagogiques

Divisé en trois parties, l'ouvrage vise à répondre à trois grands objectifs pédagogiques. Le premier consiste à décrire et analyser les phénomènes de l'immigration au fil de l'évolution de la société québécoise. Dans cette perspective, on trouve au chapitre 1 un portrait de l'immigration au Canada et au Québec qui en explique à la fois les défis, les modalités et les enjeux. Le chapitre 2 présente ensuite un condensé de l'histoire de l'immigration et montre qu'à chaque période de l'histoire, depuis le début du XIXe siècle, l'immigration a répondu aux attentes et aux besoins de main-d'œuvre des entreprises canadiennes et québécoises.

Le deuxième objectif est de fournir au lecteur des éléments-clés, sur les plans historique et culturel, pour développer une compréhension de la diversité ethnoculturelle ainsi qu'une ouverture et une sensibilité aux diverses communautés présentes au Québec. Ainsi, le chapitre 3 traite des communautés autochtones du Québec, premiers groupes à avoir occupé le territoire. Suivent les chapitres 4 à 8, qui présentent une description sociologique de l'arrivée et de l'installation au Québec de quelques communautés, puis un aperçu de leur intégration dans la société québécoise. Enfin, le chapitre 9 dresse un portrait de quelques grandes religions et donne des éléments supplémentaires de connaissance et de compréhension du fait religieux, qui est de plus en plus discuté dans l'espace public québécois.

Le troisième objectif est d'offrir des outils pour mieux comprendre certains phénomènes liés à l'immigration et pour mieux intervenir en contexte pluriethnique. Ainsi, le chapitre 10 analyse les différentes phases et les multiples dimensions de l'intégration d'une personne immigrante, ainsi que les mesures mises en place par la société d'accueil pour faciliter ce processus d'intégration. Le chapitre 11 décortique les obstacles à la communication interculturelle (du stéréotype jusqu'au génocide, en passant par la discrimination et le racisme) et ses étapes. Le chapitre 12 porte sur les composantes de la culture et propose l'analyse de deux modèles culturels (de type individualiste et de type collectiviste) qui permettent de situer certaines valeurs et comportements culturels. Enfin, le chapitre 13 propose des pistes concrètes pour mieux se connaître en tant que « porteur de culture », mieux connaître et comprendre les personnes auprès desquelles on intervient, acquérir des habiletés de communication interculturelle et s'améliorer comme intervenant. Nous y présentons aussi un outil de médiation interculturelle et des cas concrets, dans différents domaines d'intervention, pour le mettre en pratique.

Dans la plateforme *i+ Interactif*, l'enseignant a accès à du matériel pédagogique qui facilitera la préparation des cours et soutiendra les étudiants dans leurs apprentissages :

- des exercices de révision et d'approfondissement pour plusieurs des chapitres ;
- une trentaine de cas pour mettre en pratique l'outil de médiation interculturelle proposé au chapitre 13, accompagnés de propositions de réponse, et un tableau synthèse classant les cas par discipline technique (éducation à l'enfance, éducation spécialisée, intervention en délinquance, soins préhospitaliers d'urgence, techniques policières et travail social). Note : au moins un cas par discipline met en scène une communauté autochtone et deux cas de profilage racial sont également proposés ;
- des grilles pour approfondir l'intervention interculturelle (certains encadrés du chapitre 13, transformés en grilles de questions à compléter) ;
- un calendrier des fêtes culturelles ;
- les cartes en couleurs présentées à la fin du manuel, faciles à insérer dans une présentation assistée par ordinateur.

Nous espérons que cet ouvrage saura débusquer les préjugés les plus tenaces et favoriser une attitude authentique d'ouverture à l'autre et d'acceptation de la différence, perçue non comme une menace, mais comme un apport indispensable à la création d'une société interculturelle.

Bonne lecture !

REMERCIEMENTS

L'idée d'écrire ce livre m'est d'abord venue de mon expérience d'enseignante auprès des étudiants que j'ai côtoyés au fil des années. Ils ont été en quelque sorte mes premiers lecteurs et m'ont permis d'évaluer la pertinence du contenu proposé dans cet ouvrage.

Évidemment, ce livre n'aurait pu voir le jour sans l'intervention de plusieurs collaborateurs, et ce, à toutes les étapes de sa réalisation. Je remercie donc Christiane Blais, retraitée du Cégep Marie-Victorin ; Michèle d'Haïti, du Cégep Garneau ; Nathalie Demers, du Cégep de Drummondville ; Stéphane Dufour, du Collège d'Alma ; Manon Laflamme, du Cégep de Saint-Jean-sur-Richelieu ; Valérie Lessard, du Cégep Granby-Haute-Yamaska ; Brigitte Létourneau, du Cégep Marie-Victorin ; et André Tessier, du Cégep de Limoilou, pour leur évaluation pertinente de l'édition précédente. Christiane Blais et André Tessier ont également accepté de faire la révision scientifique de cette nouvelle édition de l'ouvrage. Ces collaborateurs, tant par leurs connaissances que par leur expérience de pédagogues et de praticiens, ont enrichi le contenu du manuel et ont contribué à sa rigueur.

Des remerciements vont également aux rédactrices des nouveaux cas d'intervention interculturelle, dans le manuel et dans *i+ Interactif*: Christiane Blais, retraitée du Cégep Marie-Victorin (éducation spécialisée) ; Emmanuelle Bourdon, du Collège Ahuntsic (soins préhospitaliers d'urgence) ; Any Guay, du Collège de Maisonneuve (intervention en délinquance) ; Nancy Moreau, du Collège de Maisonneuve (techniques policières) ; Lilyane Rachédi et Fabienne Siche, de l'Université du Québec à Montréal (travail social) ; et Esther Trudel, du Cégep de Drummondville (éducation à l'enfance).

Je remercie Groupe Modulo qui m'a donné l'occasion de travailler sur la troisième édition de l'ouvrage ainsi que chacun des intervenants de la maison d'édition pour leur étroite collaboration. Je remercie tout particulièrement Bianca Lam avec qui j'ai travaillé depuis le début : sa présence, son écoute et ses conseils ont été grandement appréciés. Je remercie aussi Jacinthe Laforte, l'éditrice, et Nathalie Jalabert, la chargée de projet, pour leur compétence, leur rigueur, leur patience et leur créativité.

TABLE DES MATIÈRES

PARTIE 1
L'IMMIGRATION AU CANADA ET AU QUÉBEC 2

CHAPITRE 1
Les modalités et les enjeux de l'immigration au Canada et au Québec 3

1.1 **Les deux grands types de migrations : économiques et de refuge** 4
1.1.1 Les migrations économiques 4
1.1.2 Les migrations de refuge 5
1.2 **L'accueil et la sélection des immigrants au Canada et au Québec** 6
1.2.1 La loi canadienne sur l'immigration et la protection des réfugiés 6
1.2.2 Le Québec et l'immigration 6
1.2.3 L'immigration permanente : les trois catégories d'admission au Canada et au Québec 7
L'immigration économique 7
Le regroupement familial 9
Les réfugiés et autres personnes en situation semblable 10
1.2.4 L'immigration temporaire 11
1.2.5 Devenir citoyen canadien 12
Qui est Canadien par la naissance ? 12
Quelles sont les différences entre les droits d'un résident permanent et ceux d'un citoyen canadien ? 12
Comment peut-on acquérir la citoyenneté canadienne ? 14
1.3 **Les enjeux de l'immigration au Canada et au Québec** 14
1.3.1 L'enjeu démographique 15
La dénatalité 15
Le vieillissement de la population 15
La décroissance de la population 15
L'immigration internationale : une solution miracle à la décroissance de la population ? 17
1.3.2 L'enjeu économique 17
1.4 **Le portrait actuel de l'immigration au Québec** 19
1.4.1 Les caractéristiques des immigrants 19
Le nombre et l'âge des immigrants admis 19
Les pays de naissance des immigrants 19
Les catégories d'admission des immigrants 19
La connaissance des langues officielles 20
Le niveau de scolarité des immigrants 21
1.4.2 La répartition des immigrants dans les régions du Québec 21
1.4.3 L'immigration à Montréal 21

CHAPITRE 2
L'histoire de l'immigration au Québec dans le contexte canadien 23

2.1 **Le XIXe siècle** 24
2.1.1 Les premières législations et politiques concernant l'immigration canadienne 24
2.1.2 Quelques communautés arrivées pendant cette période 25
Les Irlandais 25
Les Chinois 25
Les Afro-Américains et les Antillais 27
2.1.3 Les faits saillants 27
2.2 **Du début du XXe siècle à la fin de la Seconde Guerre mondiale (1945)** 28
2.2.1 Des législations xénophobes et discriminatoires 28
2.2.2 Quelques communautés arrivées pendant cette période 29
Les Juifs 29
Les Indiens 29
2.2.3 Les faits saillants 30
2.3 **De 1945 au début des années 1960** 31
2.3.1 Le renforcement du contrôle de l'État 31
2.3.2 Quelques communautés arrivées pendant cette période 31
Les Italiens 31
Les Grecs 32
Les Portugais 32
2.3.3 Les faits saillants 32
2.4 **Du début des années 1960 au début des années 1990** 33
2.4.1 Sur le plan législatif 33
Des critères administratifs et humanitaires 33
Des pouvoirs accrus pour le Québec 33
L'adoption d'une politique d'asile 34
2.4.2 Quelques communautés arrivées pendant cette période 34
Les Haïtiens 34
Les Vietnamiens, les Laotiens et les Cambodgiens 35
Les Chiliens, les Salvadoriens, les Guatémaltèques et les Colombiens 35
Les Libanais 35
2.4.3 Les faits saillants 36
2.5 **Du début des années 1990 jusqu'à 2013** 36
2.5.1 Sur le plan législatif 36
La Loi sur les crimes contre l'humanité et les crimes de guerre 37

La Loi canadienne sur l'immigration et la protection des réfugiés ... 37
Le plan d'action du Québec en matière d'immigration et d'intégration ... 37
2.5.2 **Quelques communautés arrivées pendant cette période** ... 38
Les Chinois de Hong-Kong et de la Chine continentale ... 38
Les Russes et les Roumains ... 38
Les Marocains et les Algériens ... 39
Les Français ... 39
2.5.3 **Les faits saillants** ... 40

PARTIE 2
LA DIVERSITÉ ETHNOCULTURELLE AU QUÉBEC ET AU CANADA ... 42

CHAPITRE 3
Les Autochtones ... 43
3.1 Quelques faits marquants de l'histoire des Autochtones du Canada et du Québec ... 44
3.1.1 **Du XVIe au XVIIIe siècle : les premiers contacts des Européens avec les Autochtones** ... 44
3.1.2 **Du XIXe siècle jusqu'à 1969 : des politiques d'assimilation** ... 45
3.1.3 **De 1969 jusqu'à aujourd'hui : mobilisations, revendications et ententes** ... 47
Le premier traité moderne ... 48
La constitution canadienne ... 48
La reconnaissance des nations autochtones et de leurs droits ... 48
La Commission royale sur les peuples autochtones ... 49
La création du Nunavut ... 49
Des ententes entre le gouvernement du Québec et quelques communautés ... 49
Quelques évènements marquants de la dernière décennie ... 50
3.1.4 **Un résumé des évènements marquants de l'histoire des Autochtones** ... 50
3.2 La situation des Autochtones du Canada ... 50
3.3 Un portrait des nations autochtones du Québec ... 52
3.3.1 **Les Abénaquis** ... 54
3.3.2 **Les Algonquins** ... 54
3.3.3 **Les Attikameks** ... 55
3.3.4 **Les Cris** ... 55
3.3.5 **Les Hurons-Wendats** ... 56
3.3.6 **Les Innus** ... 56
3.3.7 **Les Malécites** ... 57
3.3.8 **Les Micmacs** ... 57
3.3.9 **Les Mohawks** ... 58
3.3.10 **Les Naskapis** ... 59
3.3.11 **Les Inuits** ... 59
3.4 La spiritualité et la vision du monde autochtone ... 60
3.4.1 **Une tradition orale** ... 60
3.4.2 **Quelques croyances autochtones** ... 60
3.4.3 **Des aînés et des chamans** ... 60
3.4.4 **Quelques symboles et objets rituels** ... 61
3.4.5 **Des rituels autochtones** ... 61
Découvrir les communautés autochtones ... 62

CHAPITRE 4
Les communautés européennes ... 65
4.1 La communauté juive ... 67
4.1.1 **Repères historiques** ... 67
4.1.2 **L'identité juive** ... 67
4.1.3 **Les langues** ... 67
4.1.4 **L'arrivée et l'installation des Juifs au Québec** ... 68
Au XVIIIe siècle ... 68
De 1840 à 1920 ... 68
De 1945 à 1960 ... 68
Entre 1960 et 1970 ... 69
De 1971 à 2013 ... 69
4.1.5 **La communauté juive du Québec** ... 69
Découvrir la communauté juive ... 70
4.2 La communauté italienne ... 72
4.2.1 **L'Italie** ... 72
4.2.2 **Repères historiques** ... 72
4.2.3 **L'arrivée et l'installation des Italiens au Québec** ... 73
Le XIXe siècle ... 73
Du début du XXe siècle jusqu'en 1921 ... 73
Entre 1921 et 1941 ... 73
De 1945 à 1968 ... 73
4.2.4 **La communauté italienne du Québec** ... 74
Découvrir la communauté italienne ... 74
4.3 La communauté grecque ... 75
4.3.1 **La Grèce** ... 75
4.3.2 **Repères historiques** ... 76
4.3.3 **L'arrivée et l'installation des Grecs au Québec** ... 76
Du milieu du XIXe siècle au début du XXe siècle ... 76
De 1945 à 1967 ... 76
Entre 1967 et 1976 ... 77
4.3.4 **La communauté grecque du Québec** ... 77
Découvrir la communauté grecque ... 77
4.4 La communauté portugaise ... 79
4.4.1 **Le Portugal** ... 79
4.4.2 **Repères historiques** ... 79
4.4.3 **L'arrivée et l'installation des Portugais au Québec** ... 79
Au XVIIIe siècle ... 79
De 1953 à 1960 ... 79
De 1960 à 1974 ... 79
De 1974 à 1990 ... 80

4.4.4 La communauté portugaise du Québec 80
Découvrir la communauté portugaise 81
4.5 La communauté roumaine 82
4.5.1 La Roumanie 82
4.5.2 Repères historiques 82
4.5.3 L'arrivée et l'installation des Roumains au Québec 82
La fin du XIXe siècle et le début des années 1900 82
De 1970 à 1990 83
De 1990 à 2012 83
4.5.4 La communauté roumaine du Québec 83
Découvrir la communauté roumaine 83
4.6 La communauté française 84
4.6.1 La France 84
4.6.2 Repères historiques 85
4.6.3 L'arrivée et l'installation des Français au Québec 85
De 1960 à 1990 85
De 1991 à 2013 85
4.6.4 La communauté française du Québec 86
Découvrir la communauté française 86

CHAPITRE 5
Les communautés noires 87
5.1 Des esclaves en Nouvelle-France 88
5.2 L'arrivée des Afro-Américains 89
5.3 Les communautés antillaises 90
5.3.1 La communauté jamaïcaine 90
La Jamaïque 90
Quelques repères historiques 90
Les religions 91
Les langues 91
L'arrivée et l'installation des Jamaïcains au Québec 91
La communauté jamaïcaine du Québec 92
Découvrir la communauté jamaïcaine 93
5.3.2 La communauté haïtienne 93
Haïti 93
Quelques repères historiques 94
Les religions 94
Les langues 95
L'arrivée et l'installation des Haïtiens au Québec 95
La communauté haïtienne du Québec 96
Découvrir la communauté haïtienne 97
5.4 Les communautés africaines subsahariennes 98
5.4.1 Les langues et les religions 98
5.4.2 L'immigration africaine au Québec 100
5.4.3 La communauté rwandaise 100
Le Rwanda 100
Quelques repères historiques 101
L'arrivée et l'installation des Rwandais au Québec 102
La communauté rwandaise du Québec 102
5.4.4 La communauté congolaise 102
La République démocratique du Congo 102
Quelques repères historiques 103
L'arrivée et l'installation des Congolais au Québec 103
La communauté congolaise du Québec 103
Découvrir quelques communautés africaines 104

CHAPITRE 6
Les communautés arabes 106
6.1 La diversité ethnoculturelle et l'héritage du monde arabe 107
6.1.1 Les religions 108
6.1.2 Les minorités ethniques 108
6.1.3 Les systèmes politiques 108
6.1.4 Les langues 108
6.1.5 L'héritage du monde arabe 108
6.2 L'immigration arabe au Québec 109
6.3 La communauté libanaise 110
6.3.1 Le Liban 110
6.3.2 Quelques repères historiques 111
6.3.3 L'arrivée et l'installation des Libanais au Québec 111
La fin du XIXe siècle et le début du XXe siècle 111
Le milieu du XXe siècle 112
De 1975 à 2013 112
6.3.4 La communauté libanaise du Québec 112
6.4 La communauté marocaine 112
6.4.1 Le Maroc 112
6.4.2 Quelques repères historiques 113
6.4.3 L'arrivée et l'installation des Marocains au Québec 113
Avant les années 1960 113
Entre 1962 et 1975 113
Des années 1990 à 2013 114
6.4.4 La communauté marocaine du Québec 114
6.5 La communauté algérienne 114
6.5.1 L'Algérie 114
6.5.2 Quelques repères historiques 115
6.5.3 L'arrivée et l'installation des Algériens au Québec 115
De la fin des années 1970 à 1991 115
De 1991 à 2002 115
De 2002 à 2013 116
6.5.4 La communauté algérienne du Québec 116
Découvrir quelques communautés arabes 117

CHAPITRE 7
Les communautés asiatiques 120
7.1 La communauté chinoise 121
7.1.1 La Chine 121
7.1.2 Quelques repères historiques 122
La naissance de la République populaire de Chine 122
La Chine d'aujourd'hui 122

7.1.3 Les langues ... 122
7.1.4 Des philosophies chinoises ... 123
Le taoïsme ... 123
Le confucianisme ... 123
7.1.5 L'arrivée et l'installation des Chinois au Québec ... 124
Au XIXe siècle ... 124
Le début du XXe siècle ... 124
De 1950 à 1980 ... 125
De 1981 à 1996 ... 125
De 1997 à 2013 ... 125
7.1.6 La communauté chinoise du Québec ... 125
Découvrir la communauté chinoise ... 126
7.2 La communauté indienne ... 128
7.2.1 L'Inde ... 128
7.2.2 Quelques repères historiques ... 128
7.2.3 Les religions ... 129
7.2.4 Les langues ... 129
7.2.5 L'arrivée et l'installation des Indiens au Québec ... 129
La fin du XIXe siècle et la première moitié du XXe siècle ... 129
De 1947 à 1969 ... 130
Les années 1970 à 1980 ... 130
De 1980 à 2013 ... 130
7.2.6 La communauté indienne du Québec ... 130
Découvrir la communauté indienne ... 131
7.3 La communauté vietnamienne ... 133
7.3.1 Le Vietnam ... 133
7.3.2 Quelques repères historiques ... 133
7.3.3 Les religions ... 133
7.3.4 Les minorités ethniques ... 133
7.3.5 Les langues ... 133
7.3.6 L'arrivée et l'installation des Vietnamiens au Québec ... 134
Avant 1975 ... 134
En 1975 et 1976 ... 134
De 1979 à 1982 ... 134
De 1982 à 1999 ... 135
De 2000 à 2013 ... 135
7.3.7 La communauté vietnamienne du Québec ... 135
Découvrir la communauté vietnamienne ... 136
7.4 La communauté iranienne ... 137
7.4.1 L'Iran ... 137
7.4.2 Quelques repères historiques ... 137
1979 : Le renversement du régime politique du shah d'Iran ... 138
1980-1988 : Guerre entre l'Iran et l'Irak ... 138
À partir de 2000 : Radicalisation des politiques économiques, sociales et internationales ... 138
7.4.3 L'arrivée et l'installation des Iraniens au Québec ... 138
Avant 1979 ... 138
Les années 1980 ... 138
Depuis 1986 ... 139
7.4.4 La communauté iranienne du Québec ... 139
Découvrir la communauté iranienne ... 139

CHAPITRE 8

Les communautés latino-américaines ... 141
8.1 La communauté chilienne ... 143
8.1.1 Le Chili ... 143
8.1.2 Quelques repères historiques ... 143
8.1.3 L'arrivée et l'installation des Chiliens au Québec ... 144
Avant 1973 ... 144
De 1974 à 1978 ... 144
De 1979 à 1989 ... 144
De 1990 à 2013 ... 144
8.1.4 La communauté chilienne du Québec ... 145
8.2 La communauté salvadorienne ... 145
8.2.1 Le Salvador ... 145
8.2.2 Quelques repères historiques ... 145
8.2.3 L'arrivée et l'installation des Salvadoriens au Québec ... 146
8.2.4 La communauté salvadorienne du Québec ... 146
8.3 La communauté guatémaltèque ... 146
8.3.1 Le Guatemala ... 146
8.3.2 Quelques repères historiques ... 146
8.3.3 L'arrivée et l'installation des Guatémaltèques au Québec ... 147
De 1970 à 1996 ... 147
De 1996 à 2013 ... 147
8.3.4 La communauté guatémaltèque du Québec ... 147
8.4 La communauté colombienne ... 147
8.4.1 La Colombie ... 147
8.4.2 Quelques repères historiques ... 147
8.4.3 L'arrivée et l'installation des Colombiens au Québec ... 148
Avant 1996 ... 148
De 1996 à 2013 ... 148
8.4.4 La communauté colombienne du Québec ... 149
8.5 La communauté mexicaine ... 149
8.5.1 Le Mexique ... 149
8.5.2 Quelques repères historiques ... 149
8.5.3 L'arrivée et l'installation des Mexicains au Québec ... 150
Entre 1974 et 2005 ... 150
De 2006 à 2013 ... 150
8.5.4 La communauté mexicaine du Québec ... 150
8.6 La communauté argentine ... 151
8.6.1 L'Argentine ... 151
8.6.2 Quelques repères historiques ... 151
8.6.3 L'arrivée et l'installation des Argentins au Québec ... 151
8.6.4 La communauté argentine du Québec ... 151
Découvrir quelques communautés latino-américaines ... 1[illegible]

CHAPITRE 9
À propos de quelques religions 155

9.1 L'hindouisme 157
9.1.1 La naissance de l'hindouisme 158
9.1.2 Les principes de foi 158
Le dharma, le karma et le samsara 158
Un seul principe divin, de nombreuses divinités 158
9.1.3 Les textes sacrés 159
9.1.4 Quelques pratiques, symboles et rituels religieux 159
9.1.5 Le calendrier des fêtes hindoues 160
9.1.6 Les lieux de culte et de pèlerinage 160

9.2 Le judaïsme 161
9.2.1 La naissance du judaïsme 162
9.2.2 Les principes de foi 162
9.2.3 Les textes sacrés 162
9.2.4 Quelques pratiques, symboles et rituels religieux 163
9.2.5 Les branches du judaïsme 164
9.2.6 Le calendrier des fêtes juives 164
9.2.7 Les lieux de culte et de pèlerinage 165

9.3 Le bouddhisme 166
9.3.1 La naissance du bouddhisme 166
9.3.2 Les principes de foi 166
9.3.3 Les textes sacrés 167
9.3.4 Quelques pratiques, symboles et rituels religieux 167
9.3.5 Les branches du bouddhisme 168
9.3.6 Le calendrier des fêtes bouddhistes 168
9.3.7 Les lieux de culte et de pèlerinage 169

9.4 Le christianisme 170
9.4.1 La naissance du christianisme 170
9.4.2 Les principes de foi 170
9.4.3 Le texte sacré 171
9.4.4 Quelques pratiques, symboles et rituels religieux 171
Les sacrements 171
La prière et la messe 172
La vénération des saints 172
Quelques symboles-clés du christianisme 172
9.4.5 Les branches et mouvements du christianisme 173
L'Église catholique 173
Les Églises protestantes 173
L'Église orthodoxe 173
Quelques mouvements chrétiens 173
9.4.6 Le calendrier des fêtes chrétiennes 174
9.4.7 Les lieux de culte et de pèlerinage 175

9.5 L'Islam 176
9.5.1 La naissance de l'islam 176
9.5.2 Les principes de foi 176
9.5.3 Les textes sacrés : le Coran, les Hadiths et la Charia 176
9.5.4 Quelques pratiques, symboles et rituels religieux 177
9.5.5 Les principales branches de l'islam 178
9.5.6 Le calendrier des fêtes musulmanes 178
9.5.7 Les lieux de culte et de pèlerinage 178

9.6 Le sikhisme 179
9.6.1 La naissance du sikhisme 179
9.6.2 Les principes de foi 180
9.6.3 Le texte sacré 180
9.6.4 Quelques pratiques, symboles et rituels religieux : la prière, le baptême, le port des 5 K 180
9.6.5 Le calendrier des fêtes sikhes 181
9.6.6 Les lieux de culte et de pèlerinage 182

PARTIE 3
COMPRENDRE POUR MIEUX AGIR 184

CHAPITRE 10
L'intégration des immigrants à la société d'accueil 185

10.1 Le processus d'intégration 186
10.1.1 Les différentes phases d'intégration 186
L'intégration de fonctionnement 186
L'intégration de participation 187
L'intégration d'aspiration 187
À chacun son parcours, à chacun son rythme 187

10.2 Les multiples dimensions de l'intégration 188
10.2.1 La dimension personnelle 188
La préparation à l'immigration 188
Après l'arrivée : de la lune de miel au choc culturel 188
10.2.2 La dimension familiale 190
10.2.3 La dimension linguistique 191
10.2.4 La dimension socioéconomique 191
10.2.5 Les dimensions communautaire et politique 192

10.3 Le rôle de la société d'accueil dans le processus d'intégration 192
10.3.1 Les différentes idéologies d'accueil des immigrants 192
L'assimilationnisme 192
Le multiculturalisme 193
L'interculturalisme 193
10.3.2 Les mesures mises en place par la société d'accueil pour faciliter l'intégration 194
10.3.3 La gestion des demandes d'aménagement ou d'accommodement 195
L'ajustement concerté ou la voie citoyenne 195
L'accommodement raisonnable ou la voie juridique 196
Quand une mesure d'accommodement raisonnable doit-elle être accordée ? 197

Quelques jugements des tribunaux sur des accommodements religieux ... 198
Des cas soumis à la Commission des droits de la personne et des droits de la jeunesse ... 199
Quelques cas qui ont mobilisé le gouvernement ... 199

CHAPITRE 11
Les obstacles à la communication interculturelle ... 203

11.1 Les mécanismes d'exclusion des individus dans une société ... 204
11.1.1 Les mécanismes servant à simplifier la différence ... 205
L'ethnocentrisme ... 205
Le stéréotype ... 205
11.1.2 Les mécanismes servant à dévaloriser la différence ... 205
La xénophobie ... 205
Le préjugé ... 206
Le harcèlement ... 206
11.1.3 Les mécanismes servant à exploiter la différence ... 207
La discrimination ... 207
Le racisme ... 207
La ségrégation ... 209
Le génocide ... 209
11.2 La discrimination au Québec ... 212
11.2.1 La discrimination sur le marché du travail ... 212
11.2.2 La discrimination dans le secteur du logement ... 212
11.2.3 Les crimes haineux ... 213
11.2.4 Le profilage racial ... 213
Le profilage criminel et le profilage racial ... 213
Des exemples de profilage racial ... 214
11.3 Des instruments pour contrer la discrimination et le racisme ... 215
11.3.1 L'histoire de la promotion des droits dans le monde ... 215
Le Code d'Hammourabi (vers 1750 avant J.-C.) ... 215
La *Magna Carta Libertatum* (1215) ... 215
La *Déclaration d'indépendance des États-Unis* (1776) ... 215
La *Déclaration des droits de l'homme et du citoyen* (1789) ... 215
La *Déclaration universelle des droits de l'homme* (1948) ... 216
Les conventions liées à la *Déclaration universelle des droits de l'homme* ... 216
11.3.2 La promotion des droits au Canada et au Québec ... 216
La *Charte des droits et libertés de la personne* du Québec (1975) ... 216
La *Charte canadienne des droits et libertés* (1982) ... 218
Les divers programmes et lois visant l'accès à l'égalité ... 218

CHAPITRE 12
La rencontre interculturelle ... 221

12.1 Les composantes de la culture ... 222
12.2 L'interaction interculturelle et la culture immigrée ... 222
12.3 Les modèles culturels de type collectiviste et de type individualiste ... 224
12.3.1 L'individu dans ses rapports avec la communauté ... 224
L'individu ... 224
Le regard de l'autre ... 225
La structure sociale ... 225
12.3.2 Les rapports familiaux ... 226
La notion de famille ... 226
Les rôles des hommes et des femmes ... 226
Les relations entre adultes et enfants ... 227
Les relations avec les personnes âgées ... 227
12.3.3 Les relations sociales et interpersonnelles ... 228
La vie sociale ... 228
La vie privée, l'habitat et l'espace personnel ... 232
Le rapport au corps et à la santé ... 232
12.3.4 Les croyances et les visions du monde ... 233
La religion et le rapport à « l'ordre naturel des choses » ... 234
La conception du temps ... 235
12.3.5 La communication interculturelle ... 236
La communication écrite ... 236
La communication verbale ... 236
Le langage non verbal ... 237

CHAPITRE 13
L'intervention interculturelle ... 239

13.1 Mieux intervenir en contexte pluriethnique ... 240
13.1.1 Approfondir la connaissance de soi ... 240
13.1.2 Mieux comprendre les personnes auprès de qui l'on intervient ... 242
Découvrir les personnes à travers leur expérience migratoire ... 242
Pratiquer la décentration ... 242
13.1.3 Acquérir des habiletés de communication interculturelle ... 244
13.1.4 S'améliorer comme intervenant interculturel ... 246
13.2 La médiation interculturelle : relever le défi ... 247
13.2.1 Un outil de médiation en contexte pluriethnique ... 247
13.2.2 Quelques cas d'intervention en contexte pluriethnique ... 247
13.2.3 Un retour sur les cas : propositions de réponses ... 251

Bibliographie ... 258
Crédits iconographiques ... 265
Index ... 266

PARTIE 1

L'IMMIGRATION AU CANADA ET AU QUÉBEC

CHAPITRE 1
Les modalités et les enjeux de l'immigration au Canada et au Québec 3

CHAPITRE 2
L'histoire de l'immigration au Québec dans le contexte canadien 23

Pourquoi les gens changent-ils de pays ? Quel processus doivent-ils suivre pour venir vivre au Canada, au Québec ? Pour quelles raisons les accueille-t-on ? Quand l'immigration a-t-elle commencé ? Quel est le portrait de l'immigration aujourd'hui ? Autant de questions qui trouveront réponse dans cette première partie, qui offre une vue d'ensemble de l'immigration au Canada et au Québec.

Dans le premier chapitre, nous expliquons d'abord les différentes modalités de l'immigration ainsi que les enjeux démographiques et économiques du phénomène. Nous dressons ensuite un bref portrait de la situation actuelle.

Le deuxième chapitre relate, du XIXe siècle jusqu'à aujourd'hui, les faits marquants de l'histoire de l'immigration au Québec et au Canada, notant au passage l'arrivée des principales communautés venues d'autres horizons. Comme cette présentation s'inscrit dans le contexte canadien et québécois, elle ne prend pas en compte l'époque de la colonisation ; c'est plutôt dans la deuxième partie de l'ouvrage qu'un chapitre entier, le chapitre 3, sera consacré aux peuples autochtones.

CHAPITRE 1

LES MODALITÉS ET LES ENJEUX DE L'IMMIGRATION AU CANADA ET AU QUÉBEC

Il y a 232 millions de personnes qui vivent en dehors de leur pays d'origine. J'en fais partie.

BAN KI-MOON
Secrétaire général de l'ONU

PLAN DU CHAPITRE

1.1
Les deux grands types de migrations : économiques et de refuge

1.2
L'accueil et la sélection des immigrants au Canada et au Québec

1.3
Les enjeux de l'immigration au Canada et au Québec

1.4
Le portrait actuel de l'immigration au Québec

OBJECTIFS D'APPRENTISSAGE

Après avoir lu ce chapitre, vous devriez être en mesure de :

- cerner les deux grands types de migrations dans le monde ;
- nommer les trois catégories d'admission des immigrants permanents qui s'installent au Canada et au Québec et expliquer les critères de sélection reliés à ces catégories ;
- énumérer les catégories d'immigrants temporaires qui séjournent au Canada et au Québec et préciser les critères de sélection reliés à ces catégories ;
- présenter les enjeux démographiques et économiques de l'immigration au Canada et au Québec ;
- définir la notion de citoyenneté canadienne ;
- expliquer les étapes de l'acquisition de la citoyenneté canadienne ;
- tracer le portrait de l'immigration récente au Québec.

De tout temps, des groupes de personnes et des individus ont quitté leur pays ou leur lieu de résidence pour aller s'installer ailleurs. Les migrations internationales font partie de l'évolution des sociétés. Les pressions démographiques, les catastrophes naturelles, la recherche de meilleures conditions de vie et l'esprit aventurier sont autant de raisons qui justifient le départ de son pays, de sa ville ou de sa région.

Les causes de la migration diffèrent selon l'époque, mais elles entraînent toujours l'exode de millions d'expatriés, de réfugiés, de travailleurs saisonniers et d'autres migrants, sans compter toutes les personnes qui se déplacent à l'intérieur de leur propre pays et celles qui retournent dans leur pays d'origine.

Flux migratoire
Mouvement de déplacement d'individus dans le monde ; comprend la migration économique et la migration de refuge.

Bien que les **flux migratoires** puissent dans certains cas résulter de décisions personnelles, ils sont le plus souvent le produit de rapports économiques, sociaux, politiques et culturels. C'est donc souvent sous le poids de pressions économiques, politiques et, de plus en plus, écologiques que les systèmes migratoires sont mis en place.

Plusieurs facteurs expliquent la migration : les écarts démographiques entre le Nord qui vieillit et le Sud où la population est souvent plus jeune et sous-employée (par exemple, dans les pays du Maghreb), la répartition inégale des richesses, les crises politiques générant des réfugiés et des déplacés à l'intérieur des pays (par exemple, en Syrie), l'urbanisation accélérée de la planète, les changements climatiques provoquant le déplacement de populations, ou encore la plus grande facilité à se déplacer (Whitol de Wenden, 2012).

1.1 Les deux grands types de migrations : économiques et de refuge

On peut distinguer deux grands types de migrations : les migrations économiques, que l'on décide d'effectuer librement, pour améliorer sa qualité de vie, et les migrations de refuge, que l'on est forcé d'effectuer pour des raisons de sécurité ou de survie.

1.1.1 Les migrations économiques

Le besoin de mieux gagner sa vie, la recherche de dignité, l'aspiration à un mode de vie décent, voilà les raisons qui poussent de nombreux immigrants venant de pays pauvres ou émergents à cogner aux portes des pays plus riches.

Depuis la fin des années 1990 s'établit une nouvelle tendance relative à la migration économique : en raison de la mobilité accrue des facteurs de production (tant du capital que de la main-d'œuvre), les pays riches attirent une main-d'œuvre venant des pays en émergence et de quelques pays pauvres. Dans certains cas, ces migrants économiques sont très qualifiés ; ils sont accueillis à titre de résidents ou de travailleurs privilégiés. Dans d'autres cas, ils travaillent dans le pays d'accueil seulement quelques mois ou quelques années, occupant des emplois dont personne ne veut (par exemple, les travailleurs mexicains qui viennent cueillir des fraises au Québec), et retournent ensuite dans leur pays d'origine.

La carte 1 (*voir l'encart couleur à la fin du manuel*) décrit les grands courants migratoires économiques du début du XXIe siècle. De nos jours, on remarque que l'Europe occidentale reçoit principalement des travailleurs d'Afrique de l'Ouest, d'Afrique méridionale et du Maghreb, et que l'Amérique du Nord reçoit surtout des gens de l'Asie, de l'Inde et de certains pays d'Europe de l'Ouest et d'Amérique du Sud. On note également que les pays riches du golfe Persique et de l'Afrique du Sud accueillent des immigrants de pays plus pauvres, notamment d'Afrique de l'Ouest et d'Asie du Sud-Est (Organisation mondiale pour les migrations, 2013).

1.1.2 Les migrations de refuge

Aux facteurs économiques de la migration s'ajoutent de plus en plus de raisons d'ordre politique ou écologique. On parle alors de « migrations de refuge ». Les migrations de refuge relèvent pour la plupart du Haut-Commissariat des Nations Unies pour les réfugiés (HRC) (*voir l'encadré 1.1*).

ENCADRÉ  **Le Haut-Commissariat des Nations Unies pour les réfugiés**

Le HCR a été créé en décembre 1950 par la résolution 428 de l'Assemblée générale des Nations Unies et est entré en activité le 1er janvier 1951. Son mandat consiste à protéger les réfugiés et à chercher des solutions durables à leur sort. En 2013, le HCR s'occupait de quelque 35 millions de réfugiés ; les groupes les plus importants de réfugiés provenaient d'Afghanistan, de Somalie, d'Irak, de Syrie et du Soudan. Ceux-ci étaient accueillis principalement par le Pakistan, l'Iran, l'Allemagne et le Kenya (Haut-Commissariat des Nations Unies pour les réfugiés, 2013). Contrairement à ce que l'on pourrait croire, les pays qui accueillent le plus de réfugiés sont des pays limitrophes de zones de guerre ou de zones dévastées par des désastres écologiques.

Le HRC est l'une des plus grandes organisations humanitaires de la planète et a reçu deux fois le prix Nobel de la paix.

Ces migrations de refuge concernent plusieurs types de migrants, notamment :

1. Les **réfugiés** : il s'agit des individus vivant à l'extérieur de leur pays d'origine qui ont été reconnus comme tels par le Haut Commissariat aux réfugiés (HCR), en vertu d'accords internationaux.
2. Les demandeurs du statut de réfugié : on appelle ainsi une personne qui a quitté son pays d'origine, qui a demandé le statut de réfugié dans un autre pays et qui attend que le gouvernement en cause ou le HCR prenne une décision à son sujet.
3. Les réfugiés rapatriés : on appelle « rapatrié » une personne qui a été déplacée et que l'on tente de réintégrer dans son pays d'origine.
4. Les personnes déplacées à l'intérieur de leur pays et les apatrides : cette catégorie regroupe des personnes qui ont été contraintes de fuir leur domicile ou leur résidence habituelle de manière soudaine ou inattendue à la suite d'un conflit armé, de luttes internes, de violations systématiques des droits de la personne ou de catastrophes naturelles, sans avoir traversé de frontière d'État internationalement reconnue. Ce sont des réfugiés dans leur propre pays et, à ce titre, ils ne peuvent habituellement pas profiter des protections internationales accordées aux réfugiés qui ont quitté leur pays.
   Cette catégorie inclut aussi les apatrides, soit les personnes qu'aucun État ne reconnaît comme ses ressortissants. Les apatrides, qui ne possèdent généralement pas de papiers d'identité, n'ont obtenu aucune nationalité à la naissance, se sont vu retirer leur nationalité sans en obtenir une autre ou sont entrés illégalement dans le pays et vivent en marge de la société, faisant souvent l'objet de discrimination (par exemple, les réfugiés syriens kurdes) (Haut Commissariat pour les réfugiés, 2013).

Réfugié
« Personne qui, craignant avec raison d'être persécutée du fait de sa race, de sa religion, de sa nationalité, de son appartenance à un certain groupe social ou de ses opinions politiques, se trouve hors du pays dont elle a la nationalité et qui ne peut ou, du fait de cette crainte, ne veut se réclamer de la protection de ce pays ; ou qui, si elle n'a pas de nationalité et se trouve loin du pays dans lequel elle avait sa résidence habituelle, [...] ne peut, ou en raison de ladite crainte, ne veut y retourner » (article 1, *Convention de Genève*, 1951).

CAPSULE

Un cas lié à la migration de refuge : drame au large de l'île de Lampedusa, Italie

Le 3 octobre 2013, un bateau transportant 500 clandestins a chaviré au large de Lampedusa, l'île la plus méridionale de l'Italie, entraînant la mort de 366 passagers. Ces passagers tentaient de fuir dictature, guerre et misère. Ils venaient pour la plupart de l'Érythrée (dictature) ou de la Syrie (dictature et guerre civile).

1.2 L'accueil et la sélection des immigrants au Canada et au Québec

Dans cette section, nous nous pencherons sur la *Loi canadienne sur l'immigration et la protection des réfugiés* ainsi que sur l'immigration permanente et l'immigration temporaire, avant de regarder de plus près comment un immigrant peut devenir citoyen canadien.

1.2.1 La loi canadienne sur l'immigration et la protection des réfugiés

Au Canada, La *Loi sur l'immigration* date de 1869, peu de temps après la création de la Confédération. Elle a été plusieurs fois modifiée. La plus récente est la *Loi sur l'immigration et la protection des réfugiés* qui a été promulguée en juin 2002. Cette loi, qui remplace la *Loi sur l'immigration* de 1976, dote le Canada d'instruments lui permettant d'attirer des travailleurs polyvalents et d'accélérer la réunification des familles. Elle préserve aussi les traditions humanitaires de la société canadienne, qui accorde sa protection aux personnes qui en ont besoin. Par contre, elle est plus contraignante pour toute personne susceptible de constituer une menace pour la sécurité du Canada.

Ainsi, la *Loi* met à la disposition du gouvernement de nombreux instruments, dont une clarification des motifs de détention, une réduction des possibilités d'appel ou de sursis dans les cas de renvoi de grands criminels, et la suspension du droit au statut de réfugié pour les personnes accusées de crimes graves jusqu'à ce que les tribunaux rendent leur décision.

La mise en circulation d'une carte de résident permanent fait aussi partie des nouveautés apportées par la *Loi*. Cette carte, qui atteste l'identité de son titulaire, a pour objet de faciliter le retour au Canada des résidents permanents se déplaçant à l'étranger.

La *Loi sur l'immigration et la protection des réfugiés* est aussi plus stricte quant à la vérification de l'état de santé de ceux et celles qui entrent au pays. On a institué des mesures visant à vérifier si les nouveaux arrivants peuvent représenter un danger pour la santé ou la sécurité du public, ou s'ils peuvent constituer un fardeau financier pour les services de santé et les services sociaux. Ainsi, toute personne (incluant les personnes à charge) demandant la résidence permanente ou le statut de réfugié au Canada, certains visiteurs sollicitant l'admission au pays pour une période de plus de six mois et les personnes souhaitant travailler dans un domaine de la santé publique doivent subir un examen médical.

Le Canada souhaite attirer des gens qui s'installeront au pays de façon permanente, mais il permet aussi une immigration de type temporaire (*voir plus loin la section 1.2.4*).

1.2.2 Le Québec et l'immigration

Bien que les compétences en matière d'immigration soient partagées entre le gouvernement fédéral et les provinces, les mesures législatives du fédéral ont préséance. Depuis 1971, le Québec a ainsi signé des accords en matière d'immigration (*voir le chapitre 2, page 33*). En 1991, il s'est prévalu de *l'Accord Canada-Québec relatif à l'immigration et à l'admission temporaire des aubains* (accord Gagnon-Tremblay – McDougall). Cet accord donne au Québec la responsabilité exclusive de la sélection et de l'intégration des immigrants économiques.

Depuis la signature de ces ententes avec le gouvernement fédéral, le Québec a sa propre *Loi sur l'immigration* (1991), qui a été modifiée de nombreuses fois y compris, récemment, en 2013.

Cette loi prévoit une consultation périodique auprès des divers intervenants économiques, sociaux et culturels du Québec afin de faire le point sur l'immigration et les besoins de la population. Une planification annuelle est déposée au plus tard le 1er novembre de chaque année afin de déterminer le volume et la composition de l'immigration que la province veut accueillir. En 2013, cette consultation a permis de nombreux changements visant à cibler plus adéquatement le volume (par exemple, une légère baisse du nombre d'immigrants) et le choix de la catégorie (plus de travailleurs qualifiés) ainsi qu'à prioriser la connaissance du français et à maintenir le niveau de scolarité demandé (Ministère de l'Immigration et des Communautés culturelles [MICC] du Québec, 2013).

Nous nous intéresserons tout d'abord à l'immigration permanente et aux diverses étapes que doivent franchir les immigrants souhaitant s'établir au Canada et au Québec de façon définitive, puis nous verrons quelles sont en général les situations d'immigration temporaire. La figure 1.1 (*voir la page 13*) résume les différentes étapes du processus de l'immigration.

1.2.3 L'immigration permanente : les trois catégories d'admission au Canada et au Québec

La *Loi sur l'immigration et la protection des réfugiés* définit trois grandes catégories basées sur le motif d'admission à l'immigration permanente : l'immigration économique, le regroupement familial, les réfugiés et autres personnes en situation semblable.

L'immigration économique

La première catégorie, l'immigration économique, comprend tout d'abord les ressortissants étrangers désignés comme travailleurs qualifiés, candidats aux deux programmes suivants : Programme de travailleurs qualifiés et Programme des aides familiaux résidants. Elle vise aussi les immigrants désignés comme gens d'affaires par l'entremise de trois programmes : Programme Entrepreneurs, Programme Investisseurs et Programme Travailleurs autonomes. Pour être accepté au Québec à titre d'immigrant économique, le ressortissant doit franchir les étapes administratives décrites dans l'encadré 1.2.

ENCADRÉ 1.2 Les étapes pour être accepté à titre d'immigrant économique

Étape 1 Le candidat dépose une demande pour pouvoir venir au Canada et affirme qu'il souhaite s'installer au Québec dans le cadre d'un des programmes d'admission suivants :

- Les travailleurs qualifiés
  - Programme de travailleurs qualifiés
  - Programme des aides familiaux résidants
- Les gens d'affaires
  - Programme Entrepreneurs
  - Programme Investisseurs
  - Programme Travailleurs autonomes

Étape 2 Le candidat remplit la grille de sélection du Québec (*voir le tableau 1.1, page suivante*) et satisfait aux conditions exigées.

Étape 3 Si le candidat est accepté, il reçoit un certificat de sélection du Québec (CSQ).

Étape 4 Le Canada examine trois conditions pouvant chacune entraîner le rejet du dossier d'immigration du candidat :

- Casier judiciaire : L'existence de tout casier judiciaire entraîne automatiquement le refus de la demande d'immigration.
- État de santé : Le candidat ainsi que les personnes qui sont à sa charge ne doivent souffrir d'aucune maladie grave ou contagieuse. Une visite médicale est exigée.
- Moyens de subsistance : Le candidat doit détenir une somme d'argent lui permettant de subvenir à ses besoins et à ceux des personnes qui sont à sa charge durant les trois à six premiers mois de son installation.

Étape 5 S'il est accepté, le candidat reçoit un visa d'immigration du Canada et le statut de résident permanent canadien.

Le candidat s'acquitte, auprès du gouvernement fédéral, des frais de traitement de sa demande. Il paie aussi le droit d'établissement au Canada, puis s'acquitte auprès du gouvernement du Québec des frais occasionnés par sa demande.

Le tableau 1.1 présente les 10 critères de la grille de sélection du Québec mentionnée à l'étape 3. Deux de ces critères sont éliminatoires : le requérant doit posséder au moins l'équivalent d'un diplôme d'études secondaires ; il doit de plus démontrer qu'il dispose de ressources financières suffisantes pour subvenir à ses besoins matériels et à ceux des personnes qui l'accompagnent pendant les trois premiers mois suivant son arrivée. Le candidat doit obtenir un maximum de points sur une grille de 107 points pour une personne seule ou de 123 points pour une personne avec conjoint ou conjointe.

Voyons maintenant les différents types d'immigrants économiques.

L'immigrant travailleur qualifié L'immigrant travailleur qualifié est un ressortissant étranger âgé d'au moins 18 ans qui vient au Québec pour occuper un emploi. Il doit posséder une formation et des compétences professionnelles qui faciliteront son insertion sur le marché du travail québécois (*voir en ligne la « Grille synthèse des facteurs et critères applicables à la sélection des travailleurs qualifiés »*).

WWW
Grille synthèse
Sélection des travailleurs qualifiés

Dans cette même catégorie, le Programme des aides familiaux résidants a été mis en place pour recruter des personnes qui sont qualifiées pour fournir sans supervision des soins à domicile à des enfants, à des personnes âgées ou à des personnes handicapées. Les aides familiaux résidants doivent habiter dans la résidence privée où ils travaillent au Canada. Pour devenir résidents permanents, les participants doivent avoir travaillé pendant deux ans à titre d'aides familiaux résidants et demander leur résidence dans les quatre années suivant leur arrivée.

Depuis 2013, le Québec a également mis en place, à l'intention des travailleurs qualifiés, le Programme de l'expérience québécoise. Ce programme d'admission s'adresse à ceux qui ont déjà été acceptés au Québec comme travailleurs temporaires ou comme étudiants internationaux. Un ressortissant étranger ayant travaillé au Québec dans un poste qualifié pendant au moins 12 des 24 mois précédant sa demande ou ayant obtenu un diplôme d'un établissement d'enseignement québécois (ou complété au moins la moitié de son programme) au cours des 3 ans précédant sa demande et qui fait preuve d'un niveau intermédiaire ou avancé d'aptitude en français peut déposer une candidature.

TABLEAU 1.1 La grille de sélection des immigrants permanents au Québec

Critère	Pointage maximum
1. **Formation** (niveau de scolarité [minimalement un diplôme d'études secondaires] et domaine de formation)	**28 points**
2. **Expérience professionnelle** (durée de l'expérience professionnelle)	**8 points**
3. **Âge**	**16 points**
4. **Connaissances linguistiques** (français et anglais)	**16 points (français)** **6 points (anglais)**
5. **Séjour au Québec ou présence de parents au Québec**	**18 points**
6. **Caractéristiques du conjoint qui accompagne le requérant**	**16 points**
7. **Offre d'emploi validée par un employeur**	**10 points**
8. **Présence d'enfants**	**8 points**
9. **Adaptabilité** (connaissance du Québec, qualités personnelles)	**6 points**
10. **Autonomie financière** (subvenir à ses besoins et à ceux des personnes qui l'accompagnent pendant au moins 3 mois)	**1 point (éliminatoire)**

Source : Ministère de l'Immigration, de la Diversité et de l'Inclusion, 2013.

Les gens d'affaires Dans la catégorie « gens d'affaires » de l'immigration économique, on retrouve trois sous-catégories :

1. L'immigrant entrepreneur : un ressortissant âgé d'au moins 18 ans qui s'engage à créer ou à acquérir une entreprise agricole, industrielle ou commerciale. Il doit disposer d'un avoir net d'au moins 300 000 $, obtenu licitement. Il doit posséder une expérience professionnelle d'au moins deux ans, acquise au cours des cinq années précédentes au sein d'une entreprise (agricole, industrielle ou commerciale) rentable et licite dont il contrôle au moins 25 % des capitaux. Ce ressortissant sera aussi évalué sur la faisabilité du projet d'affaires déposé. Ce programme comporte deux volets : « Aptitudes à réaliser un projet d'affaires » et « Acquisition d'une entreprise au Québec ».

2. L'immigrant investisseur: un ressortissant âgé d'au moins 18 ans qui a une expérience d'au moins 2 ans au cours des 5 années précédentes dans le domaine de la gestion, dans une entreprise agricole, industrielle ou commerciale, rentable et licite, ou dans un organisme international ou un gouvernement. Le postulant doit disposer d'un avoir net d'au moins 1,6 million de dollars, avoir l'intention de s'établir au Québec, signer une convention d'investissement de 800000 $ sur une période 5 ans et se soumettre aux exigences de cette convention d'investissement.
3. L'immigrant travailleur autonome: un ressortissant étranger âgé d'au moins 18 ans qui s'engage à créer son propre emploi par l'exercice d'une profession ou d'un métier à son compte. Il doit posséder au moins 2 ans d'expérience dans la profession ou le métier visé et disposer (avec, le cas échéant, son conjoint ou son conjoint de fait) d'au moins 100000 $ obtenu licitement.

Peu importe sa sous-catégorie, dans le cas où sa candidature est retenue, le ressortissant reçoit un certificat de sélection du Québec (CSQ), document officiel d'immigration délivré par le gouvernement du Québec. Comme on l'a vu dans l'encadré 1.2, le candidat doit alors se soumettre à un examen médical et à une vérification judiciaire. Il reçoit ensuite un visa d'immigration du Canada et le statut de résident permanent canadien.

Le regroupement familial

Cette deuxième catégorie d'admission est issue de la politique d'immigration du Canada qui repose, entre autres, sur l'idée que l'intégration du nouvel arrivant est grandement favorisée par la présence au pays et le soutien des membres de sa famille. À cet égard, dans sa politique de sélection des immigrants, le Québec applique les mêmes critères que le Canada.

Les requérants de la catégorie du regroupement familial doivent donc être parrainés par un résident permanent ou un citoyen canadien, plutôt que de se soumettre à une évaluation comme nous avons vu pour les immigrants économiques. L'encadré 1.3 répond à certaines questions au sujet du parrainage.

ENCADRÉ 1.3 Le regroupement familial (parrainage)

Qui peut parrainer?

Tout citoyen canadien et résident permanent âgé d'au moins 18 ans et domicilié au Québec peut se porter garant d'un parent souhaitant immigrer.

Qui peut-on parrainer?

Le parrain peut prendre en charge des membres de sa famille immédiate ou élargie

Les membres de sa famille immédiate sont:

- son **époux**, son **conjoint de fait** ou son **partenaire conjugal** âgé d'au moins 16 ans;
- son enfant à charge, qu'il soit son enfant biologique ou son enfant adopté.

Les membres de sa famille élargie sont:

- son père, sa mère, son grand-père ou sa grand-mère;
- son frère, sa sœur, son neveu, sa nièce, son petit-fils ou sa petite-fille, orphelin de père et de mère, âgé de moins de 18 ans, non marié ou n'ayant pas de conjoint de fait;

Quelles sont les procédures pour immigrer par l'entremise du parrainage?

Étape 1: Le parrain (résident permanent ou citoyen canadien) dépose une demande de parrainage au gouvernement du Canada.

Époux
Personne âgée d'au moins 16 ans, de même sexe ou de sexe différent, mariée avec le parrain (garant) ou le parrainé principal.

Conjoint de fait
Personne âgée de 16 ans ou plus, de même sexe ou de sexe différent, qui vit maritalement depuis au moins un an avec le garant ou avec le parrainé principal.

Partenaire conjugal
Personne de 16 ans ou plus, de même sexe ou de sexe différent, qui entretient avec le garant une relation maritale depuis au moins un an et qui vit à l'extérieur du Canada.

ENCADRÉ 1.3 Le regroupement familial (parrainage) (*suite*)

Étape 2 : Si cette demande est jugée recevable, le parrain fait ensuite une demande d'engagement auprès du gouvernement du Québec et démontre qu'il a la capacité financière de subvenir aux besoins du parrainé. Il signe un contrat d'engagement.

Étape 3 : Une fois le contrat d'engagement conclu entre le parrain et le gouvernement du Québec, ce dernier émet un certificat de sélection du Québec (CSQ).

Étape 4 : Le parrainé se soumet à un examen médical et à une vérification judiciaire.

Étape 5 : Il reçoit un visa d'immigration du Canada et le statut de résident permanent canadien.

Quelle est la nature du contrat d'engagement ?

La personne qui se porte garante d'un membre de sa famille s'engage, auprès du gouvernement québécois, à subvenir aux besoins essentiels de cette personne (nourriture, logement, vêtements, etc.) et à rembourser à l'État les sommes qui pourraient lui être versées en aide sociale. Cet engagement ne peut être annulé, même s'il y a divorce ou séparation ou si la situation financière du garant se détériore. Le parrain doit démontrer sa capacité financière de subvenir aux besoins du parrainé. Par exemple, il faut un revenu familial d'au moins 58 000 $ (une famille comprenant 2 adultes et deux enfants) pour parrainer une personne (Ministère de la Citoyenneté et de l'Immigration du Canada [MCI], 2014b).

Quelle est la durée de l'engagement ?

Elle varie selon le lien familial invoqué lors de la demande de parrainage. Pour l'époux, le conjoint de fait ou le partenaire conjugal, l'engagement dure 3 ans. Pour un enfant mineur de 16 ans ou moins (biologique ou adopté), l'engagement doit être honoré pendant la plus longue des deux périodes suivantes : 10 ans ou jusqu'à l'atteinte de la majorité (18 ans). Pour un enfant de plus de 16 ans, il est de 3 ans ou jusqu'à l'âge de 25 ans, selon la plus longue des deux périodes. Pour les autres types de liens familiaux, l'engagement dure 10 ans.

Les réfugiés et autres personnes en situation semblable

En matière d'immigration humanitaire, c'est le gouvernement canadien qui détermine si une personne est un réfugié ou une personne en situation semblable. Le gouvernement canadien est également responsable de déterminer si, à cause de considérations humanitaires, une demande de résidence permanente peut être traitée au Canada. S'il acquiesce à cette demande, la candidature de cette personne est soumise à la sélection du Québec.

Chaque année, le gouvernement du Québec convient avec celui du Canada du nombre et de la provenance des réfugiés et personnes en situation semblable qui, une fois sélectionnés, seront accueillis au Québec à la charge de l'État (réfugiés pris en charge par le gouvernement).

Cette troisième catégorie d'admission comprend les sous-catégories suivantes.

1. Les réfugiés au sens de la Convention des Nations Unies : depuis 1969, le Canada est signataire de la *Convention des Nations Unies* relative au statut des réfugiés et de son *Protocole*. Comme nous l'avons vu précédemment, cette convention accorde une reconnaissance légale au statut de réfugié et détermine les obligations des gouvernements envers les réfugiés se trouvant sur leur territoire. La définition de « réfugié », telle qu'énoncée dans la *Convention*, fait partie de la *Loi sur l'immigration et la protection des réfugiés* du Canada. Les personnes faisant partie de cette catégorie sont encore à l'extérieur du Canada lorsqu'elles font leur demande de statut de réfugié (par exemple dans un camp de réfugiés).

2. Les réfugiés et les personnes protégées à titre humanitaire sélectionnés à l'étranger : d'autres personnes ne correspondant pas, au sens strict, à la définition énoncée par la *Convention des Nations Unies*, mais se trouvant dans une situation semblable à celle de réfugiés et ayant besoin d'être protégées peuvent être accueillies au Canada. Ces personnes font également leur demande de statut de réfugié quand elles sont encore à l'extérieur du Canada.
3. Les demandeurs de statut de réfugié : un demandeur de statut de réfugié est une personne qui demande le statut de réfugié au sens de la *Convention* une fois arrivée au Canada. Cette demande peut se faire dès l'arrivée aux frontières ou dans un centre d'Immigration Canada. En 1993, le Canada modifie le processus de reconnaissance du statut de réfugié (projet de loi C-86) afin de réduire son attractivité. En juin 2012, le projet de loi C-31 modifie aussi les processus de sélection et les droits de recours, et ajoute une possibilité de détention. La majorité des demandeurs de statut de réfugié se présentent à un bureau frontalier ou à un aéroport sans être munis des documents requis par la *Loi sur l'immigration et la protection des réfugiés* (passeport, titre de voyage, visa, etc.) ; d'autres ont une autorisation de séjour qui est abrogée ou dont la durée est expirée ; d'autres encore sont temporairement autorisés à séjourner au pays à titre de touristes, d'étudiants ou de travailleurs saisonniers.

Des réfugiés haïtiens sur un des navires ancrés à Port-au-Prince après le tremblement de terre de 2010.

Toutes les personnes ayant été acceptées en tant que réfugiés reçoivent à leur arrivée au Canada et au Québec le statut de résident permanent. Les réfugiés ainsi choisis peuvent être pris en charge par l'État, par des groupes de personnes ou des organismes à but non lucratif. Dans la plupart des cas, ils se retrouvent dans des villes autres que Montréal comme Québec, Sherbrooke, Drummondville, Victoriaville, Trois-Rivières, Gatineau, Laval, Saint-Jérôme, Joliette, Longueuil-Brossard, Saint-Hyacinthe et Granby (MICC, 2013).

CAPSULE

Menacée de lapidation dans son pays, elle demande le statut de réfugiée

Une femme d'origine iranienne qui avait fait une demande de statut de réfugiée a été menacée de déportation, même si de nouvelles preuves indiquaient qu'une fois déportée en Iran, elle serait accusée d'adultère, crime qui y est punissable par la lapidation. Après la publication de son histoire dans les médias, la mesure de déportation a été suspendue à titre discrétionnaire (Conseil canadien pour les réfugiés, 2013).

1.2.4 L'immigration temporaire

Le programme canadien d'immigration prévoit l'accueil de personnes souhaitant visiter le Canada et séjourner au Québec, mais n'ayant pas l'intention de s'y établir. Les immigrants temporaires comprennent :

1. Les étudiants étrangers (dans les collèges et universités québécois), qui obtiennent un permis de séjour d'un an, renouvelable. Par exemple, à l'automne 2013, ils étaient plus de 32 000 étudiants dans les universités québécoises à provenir de la France, des États-Unis, de la Chine et de l'Iran (Ministère de l'Enseignement Supérieur, Recherche, Sciences et technologie, 2014). Dans les cégeps, ce nombre est d'environ 3 447 (Fédération des cégeps, 2013).
2. Les travailleurs temporaires ou saisonniers, qui bénéficient eux aussi d'un permis de séjour d'un an, renouvelable. Ces personnes viennent travailler dans le cadre d'échanges interentreprises, dans des domaines de recherche ou d'enseignement ; ce sont aussi des travailleurs agricoles. Au cours des dernières années (2009-2013), ils ont constitué une moyenne de 30 000 personnes par année (Ministère de l'Immigration, de la Diversité et de l'Inclusion [MIDI], 2014).

3. Les touristes, dont le permis de séjour ne dépasse pas trois mois.
4. Des personnes en traitement médical ; la durée de leur permis varie selon le cas et celui-ci est renouvelable. Ainsi, le Québec a reçu pendant quelques étés des enfants de Tchernobyl.
5. Les détenteurs du permis de séjour du ministre fédéral de l'Immigration : le ministre peut, pour des raisons autres que celles déjà citées, permettre à certaines personnes de rester au Canada pendant un temps limité.

La figure 1.1 résume les processus de l'immigration permanente et de l'immigration temporaire que nous venons de décrire.

1.2.5 Devenir citoyen canadien

Le droit à l'immigration permanente n'est reconnu que dans quelques pays. Le Canada, les États-Unis et l'Australie font partie des pays qui favorisent ce type d'immigration. Certains pays européens, tels que la France et l'Allemagne, ont accueilli à différentes époques une immigration permanente, mais ils favorisent aujourd'hui une immigration temporaire (essentiellement des travailleurs saisonniers). Dans plusieurs pays, le droit à la citoyenneté n'est pas reconnu et, dans certains cas (par exemple, en Suisse), il est pratiquement impossible de l'obtenir. Dans certains pays, dont le Canada, le fait d'y naître confère automatiquement la citoyenneté, alors que dans d'autres (par exemple, en France), la personne doit en faire la demande lorsqu'elle atteint sa majorité.

Qui est Canadien par la naissance ?

Voici quelques précisions sur les situations dans lesquelles une personne obtient la citoyenneté canadienne dès le début de sa vie :

- Tous les enfants nés au Canada (à l'exception des enfants nés de diplomates étrangers) sont automatiquement citoyens canadiens, quel que soit le statut de leurs parents.
- Les enfants nés à l'étranger d'un parent canadien acquièrent eux aussi automatiquement la citoyenneté canadienne, et ce, même s'ils ne résident pas au Canada. Ils doivent cependant en demander une validation officielle avant l'âge de 28 ans pour pouvoir la conserver. De plus, à partir de la troisième génération, la citoyenneté canadienne cesse d'être transmissible par les parents.
- La citoyenneté canadienne est aussi accordée aux enfants adoptés à l'étranger par un citoyen canadien.

SAVIEZ-VOUS QUE...

La première loi sur la citoyenneté canadienne date seulement de 1947, les Canadiens étant auparavant considérés comme des sujets britanniques.

Quelles sont les différences entre les droits d'un résident permanent et ceux d'un citoyen canadien ?

Les résidents permanents ont les mêmes droits et obligations juridiques que les citoyens canadiens (bénéficier de l'assurance maladie, payer les taxes et impôts, etc.), mais aucun droit politique. Ainsi, ils ne peuvent ni voter, ni se présenter à des postes électifs (aux niveaux fédéral, provincial ou municipal), ni détenir un passeport canadien. Le passeport permet à son détenteur d'être protégé par le Canada lorsqu'il se trouve à l'étranger.

Les citoyens canadiens, par contre, jouissent de droits tant juridiques que politiques. Par exemple, en juillet 2006, lors du conflit entre Israël et le Liban, le Canada a rapatrié plusieurs centaines de Canadiens d'origine libanaise, protection que n'aurait pas pu revendiquer une personne n'ayant que le statut de résident permanent.

FIGURE 1.1 Les étapes du processus de l'immigration

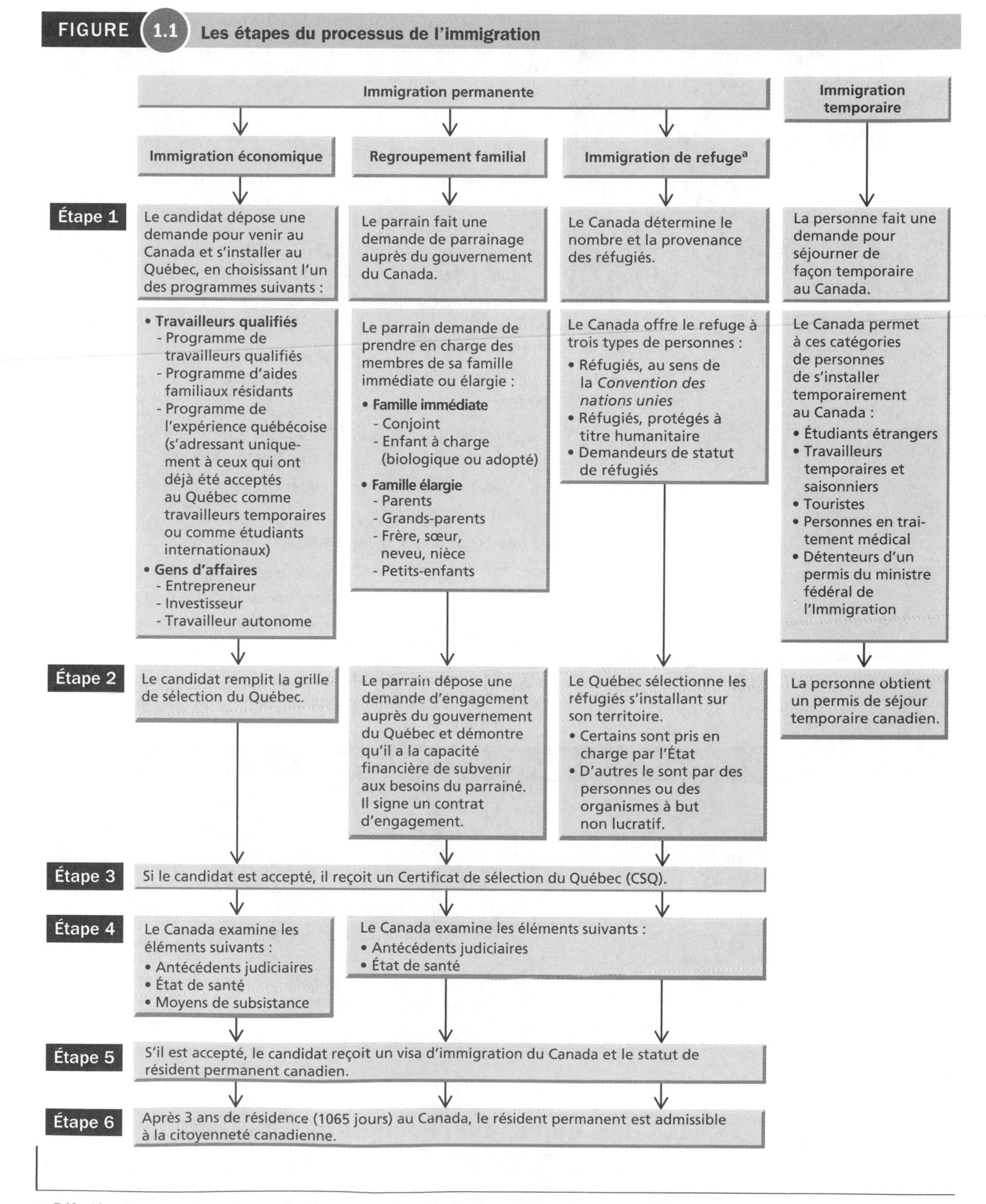

a. Réfugiés et autres personnes en situation semblable.

La cérémonie de citoyenneté est la dernière étape à passer pour devenir citoyen canadien. Lors de cette cérémonie, les participants prononcent et signent un serment de citoyenneté.

Comment peut-on acquérir la citoyenneté canadienne ?

Une personne qui souhaite acquérir la citoyenneté canadienne peut en faire la demande si elle respecte les conditions suivantes :

- avoir 18 ans et plus ;
- détenir le statut de résident permanent ;
- avoir vécu au Canada pendant au moins trois ans (1095 jours) au cours des quatre années (1460 jours) précédant sa demande de citoyenneté ;
- démontrer sa connaissance suffisante d'au moins l'une des deux langues officielles du pays, le français ou l'anglais ;
- avoir une certaine connaissance du Canada en matière d'histoire, de géographie et de politique, et connaître les droits et responsabilités liés à la citoyenneté canadienne.

Ne peut devenir citoyen canadien toute personne qui a connu l'une ou l'autre des situations suivantes :

- avoir été en prison, être en liberté conditionnelle ou être visée par une ordonnance de probation (ou l'avoir été au cours des quatre dernières années) ;
- avoir été trouvée coupable d'un acte criminel au cours des trois dernières années ;
- avoir été accusée d'un acte criminel ;
- être sous l'effet d'une ordonnance d'expulsion du Canada ;
- être inculpée d'une infraction aux termes de la *Loi sur la citoyenneté ;*
- faire l'objet d'une investigation pour crime de guerre ou crime contre l'humanité ;
- s'être vu retirer ou révoquer sa citoyenneté canadienne au cours des cinq dernières années.

Le résident permanent qui entreprend une démarche de reconnaissance de citoyenneté doit franchir les étapes présentées dans l'encadré 1.4 :

ENCADRÉ 1.4 La démarche de reconnaissance de citoyenneté

Étape 1

L'immigrant remplit un formulaire de demande de citoyenneté auprès de Citoyenneté et Immigration Canada. Cette démarche comporte des frais de 400 $ par personne.

Étape 2

Si aucun motif n'empêche le résident permanent d'obtenir la citoyenneté, il passe un examen de citoyenneté. On lui aura remis au préalable une brochure d'information portant sur l'exercice du droit de vote au Canada, l'histoire et la géographie du pays, le système politique ainsi que les droits et les responsabilités des Canadiens.

Étape 3

Il passe un examen écrit et, dans certains cas, une entrevue permettant de vérifier sa connaissance du français ou de l'anglais.

Étape 4

S'il est jugé apte à devenir citoyen canadien, il est convoqué à une cérémonie de remise des certificats. Lors de cette cérémonie, il promet allégeance au Canada, prête serment à Élizabeth II, reine d'Angleterre et du Canada, signe ce serment et reçoit son certificat de citoyenneté canadienne (MCI, 2014).

1.3 Les enjeux de l'immigration au Canada et au Québec

L'immigration canadienne et québécoise s'est historiquement inscrite dans une perspective de développement démographique et économique (*voir le chapitre* 2). Dans les pages qui suivent, nous examinerons quelques indicateurs liés au développement démographique du Québec et nous verrons si l'immigration peut être considérée comme un moyen de gérer cette problématique. Nous ferons ensuite le même exercice, nous penchant cette fois sur les enjeux liés au développement économique du Québec.

1.3.1 L'enjeu démographique

La dénatalité observée depuis quelques décennies, le vieillissement de la population et la décroissance de cette dernière qui en découlera comptent parmi les enjeux démographiques motivant les gouvernements canadien et québécois à ouvrir les portes à l'immigration. Nous regarderons maintenant ces enjeux pour le Québec.

La dénatalité

Les données statistiques confirment une baisse impressionnante des naissances au Québec à partir des années 1960. En effet, de 1961 à 1996, l'**indice de fécondité** est passé de 3,7 à 1,48 enfant par femme. Pendant les deux décennies suivantes (1997 à 2005), on constate le même phénomène, allant jusqu'à un creux historique de la fécondité (1,45 par femme) en 2001 (Institut de la statistique du Québec, 2014).

Indice de fécondité
Mesure statistique indiquant le nombre moyen d'enfants qu'auront les femmes à la fin de la vie féconde.

Toutefois, à partir de 2005, l'indice de fécondité des Québécoises a légèrement augmenté, allant jusqu'à 1,7 en 2012 et 1,6 en 2013. Toutefois, puisque le minimum requis pour assurer le remplacement des générations est de 2,1 enfants par femme, nous constatons que depuis plus de 50 ans la population québécoise n'assure pas vraiment le remplacement de ses générations.

Le vieillissement de la population

En 2013, l'espérance de vie au Québec étant de 84,1 ans chez les femmes et de 80,2 ans chez les hommes, nous assistons à un véritable *grey-boom*. En 2013, la population des 65 ans et plus comptait 1,3 million de personnes, et on estime qu'elle s'élèvera à 2,1 millions en 2031. Le pourcentage des personnes de 65 ans et plus, qui était de 3 % en 1960, est passé à 12 % en 1996, puis à 16 % en 2013 et devrait être de 28 % en 2056. Le vieillissement de la population est donc irréversible, de même que la diminution du poids démographique des personnes de 20 à 64 ans, qui devrait passer de 63 % en 2013 à 52 % en 2056 (Institut de la statistique du Québec, 2014).

La pyramide des âges, une représentation graphique de données statistiques, nous permet de voir la répartition des âges d'une population donnée. En comparant les pyramides des âges, on peut voir l'évolution de cette répartition au fil du temps. La figure 1.2 (*voir la page suivante*) montre la pyramide des âges chez la population québécoise de 1951, 1971 et 2013 de même qu'une projection pour 2041. La comparaison des pyramides dans cette figure nous permet de constater à la fois la dénatalité et le vieillissement de la population québécoise. On note que la forme, au départ pyramidale (personnes nées entre 1850 et 1951), se modifie graduellement, jusqu'à devenir presque inversée ou de la forme d'une toupie. Cette transformation résulte, d'une part, du nombre décroissant des personnes composant une génération et, d'autre part, d'une augmentation soutenue de l'espérance de vie.

La décroissance de la population

L'Institut de la statistique du Québec, qui prédisait depuis plusieurs décennies une décroissance de la population québécoise dès 2030, a quelque peu revu ses prévisions sur la base de nouvelles données démontrant une augmentation de l'immigration et une légère hausse de l'indice de fécondité au Québec. La décroissance

FIGURE 1.2 La pyramide des âges au Québec (1951, 1971, 2013 et projection 2041)

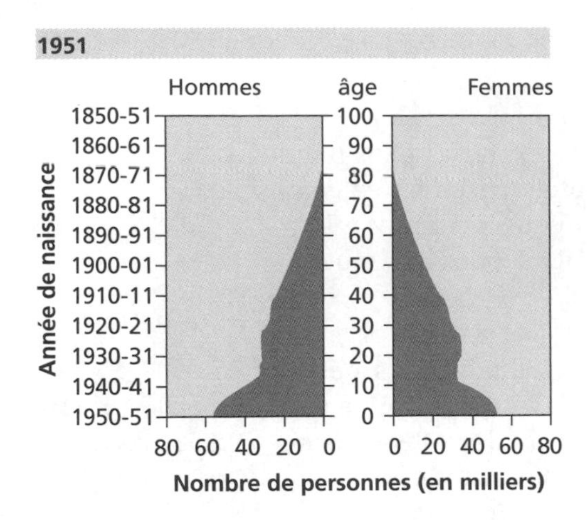

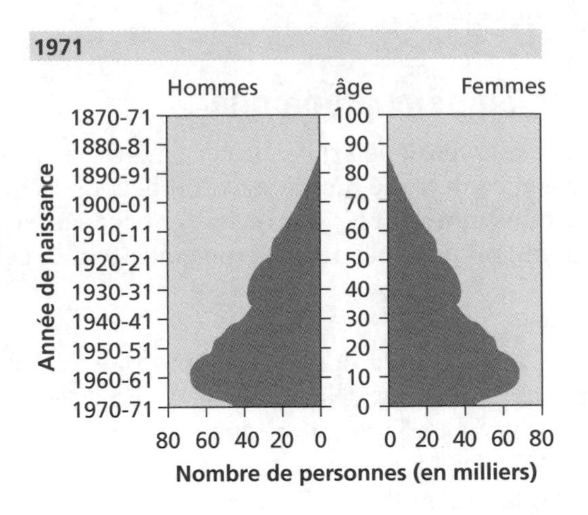

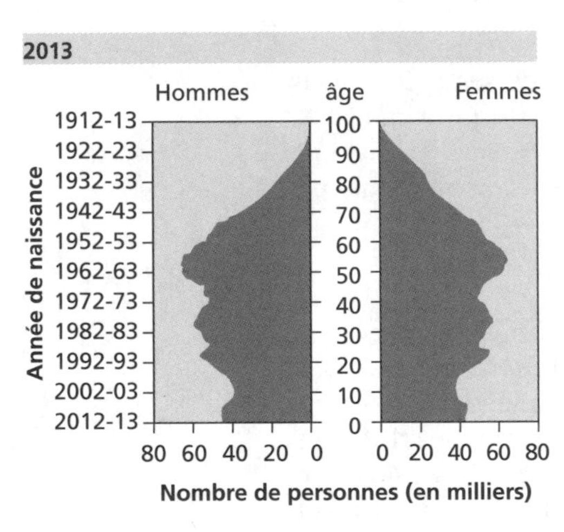

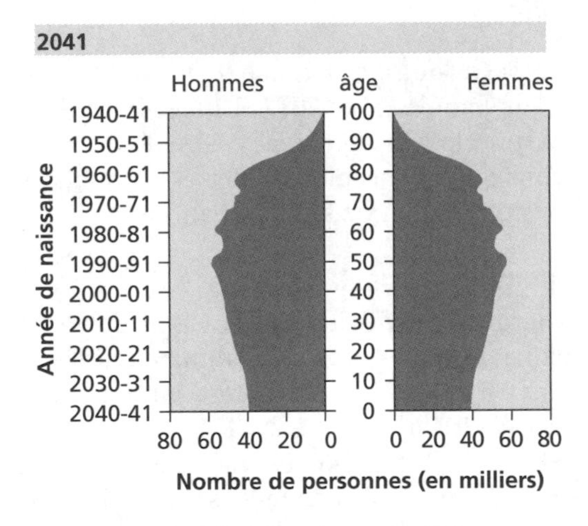

Sources : Adapté des recensements de Statistique Canada de 1951 et 1971 ; Institut de la statistique du Québec, 2014.

prévue serait ainsi retardée de quelques décennies et n'apparaîtrait que vers 2056. (Institut de la statistique du Québec, 2014).

Le tableau 1.2 montre l'apport et l'évolution des diverses composantes de la croissance démographique québécoise entre 1971 et 2013. Ces composantes sont le nombre de naissances, le nombre de décès, les **migrations internationales** et les **migrations interprovinciales**. On note, pour cette période, une baisse générale de la natalité, malgré une légère remontée au cours des dernières années. On note aussi une hausse substantielle de l'immigration à partir de 2001 et un nombre pratiquement constant de Québécois s'établissant dans d'autres pays (sauf pour l'année 2001). On note enfin une stabilisation, depuis le début des années 2000, tant du nombre de personnes venant d'autres provinces canadiennes pour s'établir au Québec que de Québécois partant s'établir dans d'autres provinces. En fait, le solde migratoire, qui était négatif entre 1971 et 1981, est devenu positif depuis 1991. Comme nous pouvons le voir dans la première colonne du tableau, la population québécoise a continué à augmenter légèrement au cours des dernières décennies, comptant 8,1 millions de personnes en 2013.

Migration internationale
Ensemble des déplacements des immigrants, ou personnes venant d'autres pays et s'installant au Québec, et des émigrants, ou personnes partant du Québec pour s'installer dans un autre pays.

Migration interprovinciale
Ensemble des déplacements des entrants, ou personnes venant d'une autre province et s'installant au Québec, et des sortants, ou personnes partant du Québec pour s'installer dans une autre province.

TABLEAU 1.2 L'apport et l'évolution des composantes de la croissance démographique au Québec de 1971 à 2013

Année	Population totale (en millions de personnes)	Nombre de naissances	Nombre de décès	Migration internationale		Migration interprovinciale		Solde migratoire
		(en milliers de personnes)						
				Immigrants	Émigrants	Entrants	Sortants	
1971	6,1	93,7	41,2	19,2	16,6	38,7	63,7	−22,4
1981	6,5	95,2	42,8	21,1	7,8	23,5	46,1	−9,3
1991	7,0	97,3	49,2	51,9	6,7	24,4	36,7	33,4
1996	7,2	85,1	52,3	29,8	8,9	20,8	36,2	5,5
2001	7,4	73,7	54,4	37,6	8,0	21,7	28,8	22,5
2006	7,6	82,0	54,4	44,7	4,8	20,5	32,4	28,0
2011	8,0	88,6	59,3	51,7	6,0	20,4	26,2	39,9
2012	8,1	88,7	60,8	55,0	6,1	21,4	29,7	40,6
2013	8,1	88,6	60,8	51,9	6	22,9	35,5	33,3

Source: Adapté de l'Institut de la statistique du Québec, 2014.

L'immigration internationale: une solution miracle à la décroissance de la population?

Depuis plusieurs décennies, l'immigration contribue grandement à la croissance démographique du Canada et du Québec. Le recensement canadien de 2011 confirme l'apport de la migration internationale à cette croissance. Cet apport compte pour les deux tiers de la croissance démographique canadienne, l'autre tiers provenant de l'accroissement naturel, soit la différence entre le nombre de naissances et le nombre de décès (Statistique Canada, 2012).

Il semble toutefois que l'on doive évaluer de façon plus modérée l'impact possible de l'immigration internationale sur la crise démographique du Québec; elle n'est pas une solution miracle. Pour que l'on ait pu espérer un véritable redressement démographique au Québec au cours du XXIe siècle, il aurait fallu à la fois que l'indice de fécondité ait atteint ou dépassé 1,8 enfant par femme et que 55 000 immigrants soient venus s'installer chaque année, et ce, depuis plusieurs décennies. Or, au cours de la dernière décennie (2004-2013), le Québec était encore très loin de cet objectif, avec un indice de fécondité de 1,7 enfant par femme et un volume d'immigration de 47 000 personnes annuellement.

L'avantage de l'immigration est l'apport immédiat de travailleurs, car, comme nous le verrons dans la section 1.4.1, les immigrants sont pour la plupart des adultes entre 25 et 44 ans.

SAVIEZ-VOUS QUE...

Il manque déjà de personnel spécialisé et qualifié pour pourvoir les postes offerts au Québec et cela ira en s'accentuant (Emploi-Québec, 2014).

1.3.2 L'enjeu économique

Quels sont les effets bénéfiques de l'immigration sur l'ensemble du système économique? Tout d'abord, l'épargne en matière d'éducation et de formation de la main-d'œuvre: en effet, depuis plusieurs décennies, le Canada et le Québec accueillent des immigrants qui sont déjà très scolarisés. Par exemple, selon les statistiques de 2009-2013, 30 % des immigrants admis au Québec avaient plus de 17 années d'études.

Ensuite, les immigrants disposant très souvent d'un capital financier substantiel, ils font rapidement circuler ces ressources en achetant des biens de consommation et contribuent ainsi à l'élargissement des marchés. Sans compter qu'ils paient aussi des taxes et des impôts.

De plus, la *Loi sur l'immigration et la protection des réfugiés* du Canada et la *Loi sur l'immigration au Québec* privilégient l'admission de travailleurs pouvant pourvoir à des postes offerts au pays et de gens d'affaires souhaitant investir de l'argent et créer des emplois. L'importance de l'immigration au Canada et au Québec est, de fait, fortement liée aux exigences du marché du travail et aux besoins de main-d'œuvre.

Le bassin de main-d'œuvre devient de plus en plus restreint à cause du faible indice de fécondité et du vieillissement de la population. Certaines entreprises éprouvent déjà des difficultés à combler leurs besoins en main-d'œuvre, ce qui compromet dans bien des cas leur expansion. L'occupation des postes par des immigrants jeunes et qualifiés ou expérimentés se présente comme une solution, mais, malgré tout, elle suffira à peine à pallier le manque de main-d'œuvre au cours des prochaines années.

La figure 1.3 montre le rapport qui existe entre l'immigration et l'économie canadienne. On note ainsi que les périodes où le taux de chômage est élevé sont marquées par une faible immigration et que, à l'inverse, les périodes où ce taux est faible (périodes de croissance économique) coïncident avec une forte immigration. Prenons deux exemples : entre 1962 et 1966, on observe une forte croissance économique (baisse du taux de chômage) et, parallèlement, une hausse du nombre d'immigrants ; par contre, le début des années 1980 indique une faible croissance économique (haut taux de chômage) et une baisse du nombre d'immigrants. Ce phénomène, illustré dans la figure 1.3, a pu être observé aussi au cours des dernières années puisque, de 2010 à 2014, la croissance économique est au rendez-vous

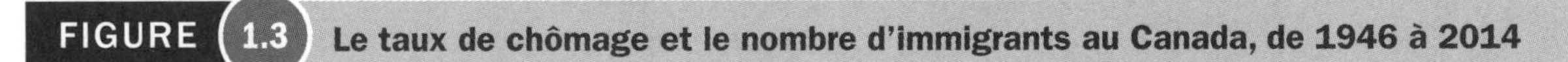

FIGURE 1.3 Le taux de chômage et le nombre d'immigrants au Canada, de 1946 à 2014

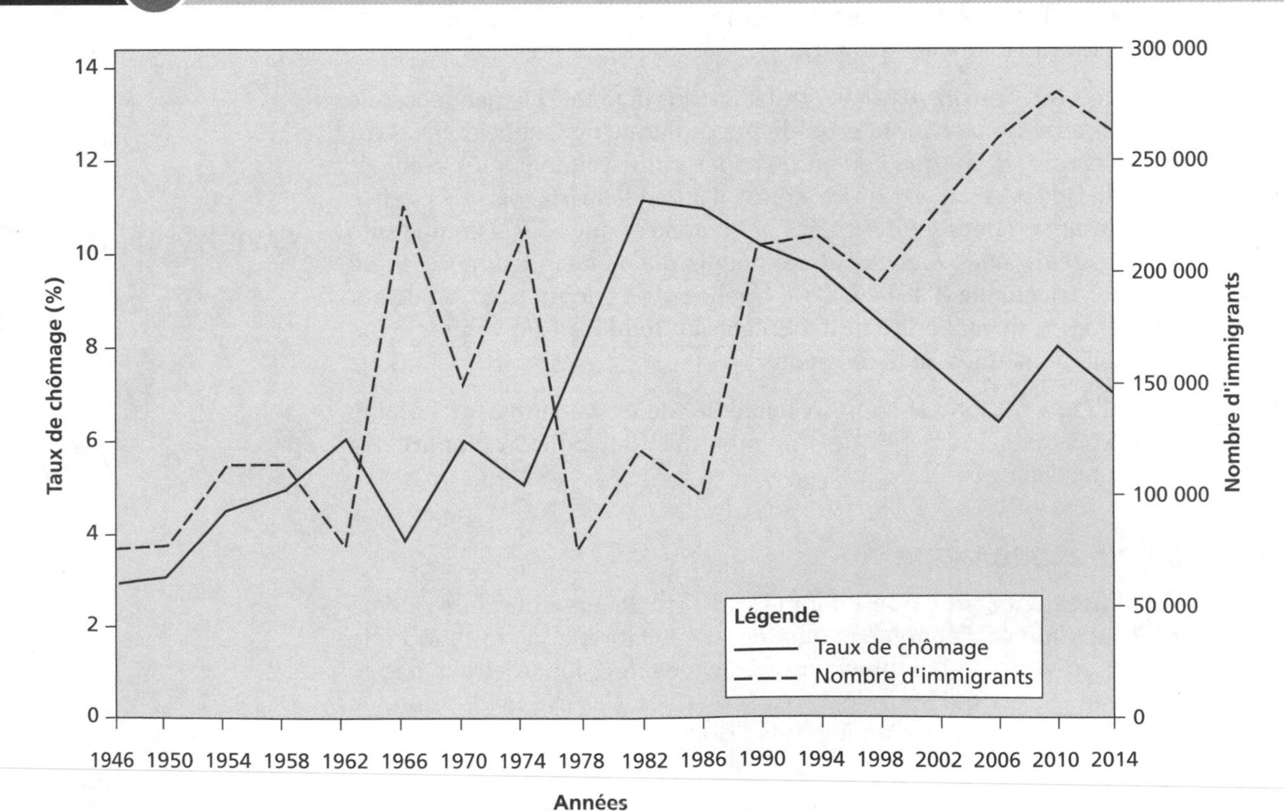

Sources : Ministère de la Citoyenneté de l'Immigration, 2011, 2014a ; Statistique Canada, 2001, 2006, 2014 ; Ministère de l'Emploi et du Développement social du Canada, 2014.

avec des taux de chômage assez faibles et un nombre d'immigrants relativement important. Par exemple, en 2014, le taux de chômage au Canada est de 7 % et le nombre d'immigrants s'élève à 261 000 (Statistique Canada, 2014 ; Ministère de la Citoyenneté et de l'Immigration, 2014a).

1.4 Le portrait actuel de l'immigration au Québec

La part de la population immigrée par rapport à la population totale du Québec a graduellement augmenté au cours des dernières décennies. De 5,6 % en 1951, elle est passée à 8,2 % en 1981, puis à 9,9 % en 2001 et à 12,6 % en 2011. Au même moment, la part de la population immigrée du Canada était de 20,6 %.

Qui sont ces personnes qui viennent actuellement s'installer au Québec ? Dans la présente section, nous décrirons ce qui caractérise les personnes ayant immigré au Québec dans les dernières années avant de regarder leur répartition dans les régions et la situation de l'immigration à Montréal.

1.4.1 Les caractéristiques des immigrants

Nous examinerons maintenant le nombre et l'âge des immigrants québécois, leurs pays de naissance, les catégories d'admission auxquelles ils ont fait appel, leur connaissance des langues officielles (et particulièrement du français) et enfin leur niveau de scolarité.

Le nombre et l'âge des immigrants admis

Le nombre d'immigrants admis au Québec a augmenté de façon constante au cours de la période visée. En effet, entre 2003 et 2007, le Québec a accueilli 217 043 immigrants, pour une moyenne annuelle de 43 408. Puis, entre 2009 et 2013, il en a reçu 262 111, pour une moyenne annuelle de 52 442 personnes.

Ces immigrants admis au Québec sont pour la plupart très jeunes. Effectivement, la grille de sélection donne 16 points pour les personnes qui ont entre 18 et 35 ans. À partir de 36 ans, les points alloués sont de moins en moins importants. Ainsi, pour la période la plus récente, celle comprise entre 2009 et 2013, 38 % des immigrants admis au Québec avaient entre 25 et 34 ans et 20 % avaient entre 35 et 44 ans. Ils étaient très peu a avoir plus de 46 ans (8 %) et le tiers avait moins de 24 ans.

Les pays de naissance des immigrants

Au cours des années 2000-2013, les principaux pays de naissance des immigrants s'établissant en sol québécois sont, en ordre d'importance en nombre, la Chine, l'Algérie, le Maroc, la France et Haïti (MIDI, 2014).

Le tableau 1.3 (*voir la page suivante*) présente les 10 principaux pays de naissance des immigrants venus s'établir au Québec entre 2009 et 2013. On note aussi l'importance dans le paysage de l'immigration au Québec de pays tels que la Colombie, le Liban, l'Inde ainsi que le Cameroun, les Philippines et le Mexique.

Les catégories d'admission des immigrants

Nous avons vu précédemment que la loi canadienne sur l'immigration et la protection des réfugiés distingue trois grandes catégories quant au motif d'admission des immigrants : l'immigration économique, le regroupement familial et enfin les réfugiés et personnes en situation semblable. Le tableau 1.4 (*voir la page suivante*) donne le nombre et le pourcentage des immigrants selon ces trois catégories, pour la période comprise entre 2009 et 2013. Pour cette dernière période, c'est le motif économique qui a attiré le plus grand nombre d'immigrants (70 % du nombre total d'immigrants). La catégorie du regroupement familial compose 20 % de l'immigration.

TABLEAU 1.3 Les immigrants admis au Québec par pays de naissance, 2009-2013

Pays de naissance	Nombre d'immigrants	%
1. Chine	21452	8,2
2. Algérie	21307	8,1
3. Maroc	20884	8,0
4. France	20781	7,9
5. Haïti	18619	7,1
6. Colombie	10646	4,1
7. Cameroun	7642	2,9
8. Iran	7246	2,8
9. Égypte	6696	2,6
10. Liban	6550	2,5
Total 10 principaux pays	141823	53,9
Total tous les pays	262211	100,0

Source: Ministère de l'Immigration, de la Diversité et de l'Inclusion, 2014.

La troisième catégorie, celle des réfugiés et personnes en situation semblable, compose environ 9 % de l'immigration.

La connaissance des langues officielles

Depuis les années 1970, de profonds changements dans la connaissance des langues française et anglaise chez la population immigrante ont pu être observés.

Tout d'abord, plusieurs lois et règlements ont favorisé un plus grand usage et une protection de la langue française. Avec son premier énoncé, faisant explicitement du français la langue officielle du Québec, la *Charte de la langue française*, promulguée en 1977, a eu des répercussions tant sur les pratiques dans l'ensemble de la population que sur les politiques en matière de scolarisation des immigrants. Cette loi oblige tous les enfants du Québec à aller à l'école francophone jusqu'à l'âge de 16 ans.

De plus, d'importants efforts ont été consentis afin de favoriser l'admission d'immigrants francophones en sol québécois. Dès 1978, avec l'entente Couture-Cullen, le

TABLEAU 1.4 Les immigrants admis au Québec selon la catégorie détaillée, 2009-2013

Catégorie	Nombre	%
Immigration économique		
Total	**183 014**	**69,8**
• Travailleurs qualifiés	161762	61,7
• Aides familiaux	4199	1,6
• Gens d'affaires (Total)	16757	6,4
– Entrepreneurs	845	0,3
– Investisseurs	15414	5,9
– Travailleurs autonomes	497	0,2
• Autres	297	0,1
Regroupement familial		
Total	**53757**	**20,5**
• Époux, conjoints, partenaires	37451	14,3
• Enfants	2740	1,0
• Adoption internationale	820	0,3
• Parents ou grands-parents	7504	2,9
• Autres parents	5242	2,0
Réfugiés et personnes en situation semblable		
Total	**22600**	**8,6**
• Réfugiés pris en charge par l'État	7417	2,8
• Réfugiés parrainés	2432	0,9
• Réfugiés reconnus sur place	9592	3,3
• Membres de la famille d'un réfugié	4159	1,6
Autres immigrants		
Total	**2480**	**1,1**

Source: Adapté de Ministère de l'Immigration, de la Diversité et de l'Inclusion, 2014.

Québec accorde plus d'importance à la connaissance du français dans la sélection de ses immigrants ; il modifie à cet effet le pointage accordé au critère « connaissance des langues » dans ses grilles de sélection. Des mesures supplémentaires ont été instaurées afin de favoriser la connaissance du français chez la population immigrante. Par exemple, depuis le 1er avril 2009, le gouvernement québécois encourage les aspirants immigrants à étudier le français avant leur arrivée au Québec. Par exemple, des cours de français gratuits sont offerts en ligne sur le site du ministère de l'Immigration, de la Diversité et de l'Inclusion, etc.

L'ensemble de ces mesures a donné et continue de donner des résultats observables. On note qu'au cours des cinq dernières années, 62 % des immigrants connaissent le français à leur arrivée. On remarque aussi que le pourcentage des immigrants ne connaissant ni le français ni l'anglais a diminué au cours des années, passant à 22 % (MIDI, 2014).

Le niveau de scolarité des immigrants

Depuis la fin des années 1960, le niveau de scolarité est un des principaux critères de sélection des immigrants qui s'installent au Canada et au Québec, et ce pour toutes les catégories d'immigration économique. Les immigrants qui viennent s'installer au Québec sont donc de plus en plus scolarisés. Par exemple, pour la période comprise entre 2009 et 2013, le tiers des immigrants ont plus de 14 ans d'études et 33 % détiennent un diplôme qui équivaut à 17 ans d'études et plus. En fait, on note que les nouveaux arrivants sont plus scolarisés que les Québécois parce qu'ils détiennent plus de diplômes universitaires (bac et maîtrise).

1.4.2 La répartition des immigrants dans les régions du Québec

Traditionnellement, les immigrants au Québec se sont installés majoritairement à Montréal. Lorsqu'on analyse la destination projetée des immigrants pour la période de 2009 à 2013, on note toujours la grande attraction qu'exercent Montréal, Laval et la Montérégie pour les nouveaux arrivants. En effet, au cours des dernières années, ceux-ci avaient l'intention de s'y installer dans une proportion de 85 % (71 % à Montréal, 6 % à Laval et 8 % en Montérégie). Les autres régions qui attirent le plus les nouveaux arrivants au cours de la décennie sont la région de la capitale nationale (5 %), l'Outaouais (3 %) et l'Estrie (2 %) (Gouvernement du Québec, 2014)

L'encadré 1.5 présente un portrait de l'immigrant type qui s'installe au Québec.

ENCADRÉ 1.5 Quel est le portrait de l'immigrant type qui s'installe au Québec ?

- Il vient du Maroc, de l'Algérie, de la France, de la Chine ou d'Haïti.
- Il est très scolarisé.
- Il parle français et anglais.
- Il vient au Québec pour travailler.
- Il a entre 25 et 34 ans.
- Il a des enfants.
- Il a de l'expérience professionnelle.
- Il a souvent de l'argent.
- Il est de religion chrétienne, musulmane, bouddhiste ou hindouiste.
- Il a déjà une connaissance de la vie au Québec.
- Il s'installe surtout dans la région de Montréal et dans les régions de Québec, de Sherbrooke ou de Gatineau.

1.4.3 L'immigration à Montréal

La ville de Montréal est le principal pôle d'attraction des immigrants qui s'établissent dans la grande région métropolitaine. En 2013, les immigrants représentent 33 % de la population totale de la ville, avec 612 935 personnes. Si, par le passé, quelques arrondissements de la ville ont été des lieux d'établissement de certaines communautés (par exemple les Chinois, les Italiens et les Portugais dans des quartiers spécifiques), la population immigrante des dernières années se retrouve dans tous les secteurs de la ville (Germain et Poirier, 2007). En ce sens, 13 arrondissements ou villes comptent entre 30 % et 52 % de leur population qui est née à l'extérieur du Canada.

Qui sont ces Montréalais ? Le quart de ces personnes se sont installées à Montréal récemment, soit entre 2006 et 2011. Les nouveaux arrivants proviennent surtout de l'Algérie, du Maroc, d'Haïti, de la France et de la Chine.

Outre les langues officielles du Canada, les immigrants montréalais parlent surtout l'espagnol, l'arabe, l'italien, le mandarin, le vietnamien, le créole et le russe.

Les Montréalais sont surtout d'appartenance chrétienne (1,2 million), musulmane (165 400), juive (76 525), bouddhiste (34 275), hindoue (26 295) et sikhe (7 005) ; 329 000 personnes déclarent n'appartenir à aucune religion (Ville de Montréal, 2014).

La carte 2 (*voir l'encart couleur à la fin de l'ouvrage*) fournit les pourcentages de la population immigrante dans les arrondissements et les différentes villes de l'île de Montréal.

Pour en savoir plus...

Lire

- ***Atlas des migrations. Un équilibre mondial à inventer*, de Catherine Withol de Wenden. Paris, Éditions Autrement, 2013.**

  L'auteure propose, avec cet atlas, une analyse des mouvements migratoires dans l'espace international au XXIe siècle et souligne la nécessité de regarder les migrations à l'échelle planétaire.

- ***L'État de la migration dans le monde. Le bien-être des migrants et le développement*, Organisation mondiale pour les migrations, 2013.**

  Ce document s'intéresse aux effets de la migration sur la qualité de vie et les différents aspects du développement des personnes migrantes. http://publications.iom.int/bookstore/free/WMR2013_FR.pdf

- ***Sociologie de l'immigration*, de Andrea Rea et Maryse Tripier. Paris, Éditions La Découverte, 2008.**

  Ce livre jette un regard sur les sociologies américaine et européenne en ce qui concerne la façon dont les sociétés d'accueil intègrent les immigrants et leurs descendants.

Voir

- ***La fin de l'immigration ?* de Marie Boti et Malcom Guy. Montréal, Productions Multi Mondes, 2012, 52 minutes.**

  Ce documentaire permet de mettre en lumière les conditions de travail et de vie souvent troublantes et difficiles auxquelles font face les travailleuses et travailleurs migrants temporaires. À l'aide de nombreux témoignages, le film aborde le processus de recrutement dans le pays d'origine, la validité des offres d'emploi et les conditions de travail au Canada. www.pmm.qc.ca/francais

- ***Une nouvelle vie pour Ramon Mercedes*, de Raymonde Provencher. Montréal, Productions Macumba, 2007, 51 minutes.**

  Le 9 mars 1998, Ramon Mercedes, 23 ans, s'embarque clandestinement à bord d'un bateau et se retrouve au Québec. Pour se protéger du froid, il n'a qu'un coupe-vent et, aux pieds, des espadrilles. Quand le bateau arrive à destination, Ramon est complètement gelé. À l'hôpital, on lui ampute les deux pieds et, 10 jours après son amputation, il est rapatrié en République dominicaine. www.macumbainternational.com

Fêter

- **La Journée mondiale du réfugié**

  En 2001, le Haut-Commissariat des Nations Unies pour les réfugiés a décrété le 20 juin la Journée mondiale du réfugié, une occasion annuelle de témoigner de solidarité avec les réfugiés du monde entier et de reconnaître leur courage. www.un.org/fr/events/refugeeday

- **La Journée internationale des migrants**

  Chaque année, le 18 décembre est l'occasion de dissiper les préjugés envers les migrants et de sensibiliser l'opinion à leurs contributions dans les domaines économique, culturel et social, au profit tant de leur pays d'origine que de leur pays de destination. www.un.org/fr/events/migrantsday

CHAPITRE 2

L'HISTOIRE DE L'IMMIGRATION AU QUÉBEC DANS LE CONTEXTE CANADIEN

J'avais le choix entre la mort, la prison ou l'exil…
j'ai choisi l'exil…

ÉMILE OLLIVIER
Écrivain haïtien (1940-2002)

PLAN DU CHAPITRE

2.1
Le XIXe siècle

2.2
Du début du XXe siècle à la fin de la Seconde Guerre mondiale (1945)

2.3
De 1945 au début des années 1960

2.4
Du début des années 1960 au début des années 1990

2.5
Du début des années 1990 jusqu'à 2013

OBJECTIFS D'APPRENTISSAGE

Après avoir lu ce chapitre, vous devriez être en mesure de :

- énumérer les principales législations canadiennes adoptées à partir du XIXe siècle ;
- nommer les ententes conclues entre le gouvernement du Canada et celui du Québec concernant l'immigration ;
- déterminer les éléments discriminatoires contenus dans les législations sur l'immigration ;
- relater l'histoire de l'arrivée de différentes communautés installées au Canada et au Québec depuis le début du XIXe siècle ;
- expliquer les motifs d'immigration de ces diverses communautés.

L'objectif de ce chapitre est d'exposer comment le Canada et le Québec, eux-mêmes fondés par des immigrants européens sur le territoire des Premières Nations (*voir le chapitre 3*), ont accueilli, tout au long de leur histoire, différentes communautés immigrantes, pratiquement toujours dans le but de résoudre des problèmes économiques, démographiques et quelquefois humanitaires. L'immigration pourrait être comparée à un « robinet » que le gouvernement ouvre ou ferme à sa guise. Depuis le début du XIXe siècle, le Canada et, plus tard, le Québec choisissent le nombre et le type d'immigrants qu'ils veulent accueillir sur leur territoire. Dans le présent chapitre, nous examinons l'histoire des législations et des règlements canadiens et québécois concernant l'immigration, puis nous décrivons la venue de certaines communautés en sol québécois, et ce, du XIXe siècle jusqu'à maintenant (*nous fournirons plus de détails sur plusieurs de ces communautés dans les chapitres 4 à 8*).

Nous avons divisé cette période de deux siècles en cinq parties : le XIXe siècle, du début du XXe siècle jusqu'à la fin de la Seconde Guerre mondiale, de 1945 jusqu'au début des années 1960, des années 1960 aux années 1990 et enfin de 1990 jusqu'à 2013.

Parmi l'ensemble des législations, nous ne retenons que celles qui ont vraiment marqué l'histoire de l'immigration du Canada et du Québec. Nous avons dû aussi faire des choix parmi la centaine de communautés immigrantes du Canada et du Québec.

Au milieu du XIXe siècle, de nombreux bateaux d'immigrants partent des principaux ports d'embarquement d'Angleterre, d'Écosse et d'Irlande. Des milliers de passagers mourront en mer ou à la station de quarantaine de Grosse-Île.

2.1 Le XIXe siècle

2.1.1 Les premières législations et politiques concernant l'immigration canadienne

Même si la première moitié du XIXe siècle connaît d'importantes vagues d'immigration, il faut attendre la deuxième moitié de ce siècle pour qu'une loi vienne réglementer l'immigration au Canada. En effet, les premières législations concernant l'immigration suivent de très près la création, en 1867, de la Confédération canadienne, qui, à ce moment-là, regroupe le Québec, l'Ontario, la Nouvelle-Écosse et le Nouveau-Brunswick. L'article 95 de l'*Acte de l'Amérique du Nord britannique* (la loi constitutionnelle de 1867) spécifie que l'immigration et l'agriculture relèvent de la compétence partagée du gouvernement central et des provinces. L'immigration et l'agriculture sont intimement liées, car le peuplement du Canada et la colonisation de l'ouest du pays dépendent l'un de l'autre.

La première loi fédérale sur l'immigration, l'*Immigration Act,* est ainsi promulguée deux ans après la Confédération, soit en 1869. Fidèle à l'esprit de la loi constitutionnelle, elle prévoit un partage, entre le gouvernement central et les provinces, des responsabilités en matière d'immigration. L'*Immigration Act* définit les contrôles médicaux requis pour pouvoir être admis au Canada et affirme l'interdiction d'entrée aux miséreux, aux infirmes et aux « déficients mentaux » (Hanes, 2011).

À cette époque, dans le but de stimuler le peuplement et le développement économique du pays, le gouvernement octroie des millions d'acres de terrain à des compagnies de chemin de fer, lesquelles sont autorisées à les vendre afin de financer la construction de voies ferrées. Par exemple, la compagnie Canadien Pacifique, qui se voit octroyer 31 millions d'acres, met sur pied son propre service de colonisation et d'immigration. Elle recrute à l'étranger et accorde même aux personnes intéressées à migrer des prêts leur permettant de financer leur voyage au Canada et d'acheter un terrain (Helly, 1987). Les résultats de telles politiques sont rapides : de 1896 à 1913, l'immigration passe de 17 000 à 401 000 personnes. D'ailleurs, le Canada reçoit pendant cette période le plus grand nombre d'immigrants de toute son histoire. Les gens qui viennent s'établir sont principalement des cultivateurs, des ouvriers agricoles et des domestiques en provenance des îles Britanniques, des États-Unis et de l'Europe de l'Ouest.

2.1.2 Quelques communautés arrivées pendant cette période

Nous nous pencherons maintenant sur quelques communautés qui sont arrivées au Canada au XIXe siècle, notamment les Irlandais, les Chinois, les Afro-Américains et les Antillais.

Les Irlandais

Entre 1816 et 1851, près d'un million d'Anglais, d'Écossais et d'Irlandais fuyant la pauvreté dans leur pays débarquent à Québec, à Montréal et dans les ports de l'Atlantique dans le but de s'établir en terre d'Amérique. En Irlande, à partir de 1840, une maladie de la pomme de terre, le mildiou, détruit les récoltes. Or, puisque à l'époque, la plupart des Irlandais sont paysans et se nourrissent presque exclusivement de pommes de terre, la famine sévit, atteignant son point culminant en 1847. C'est donc en quête de meilleures conditions de vie que des milliers de paysans irlandais ruinés s'entassent dans des bateaux pour traverser l'Atlantique. Les conditions hygiéniques lamentables, imposées par des capitaines et des entreprises avides de profits, sont propices aux épidémies de choléra et de typhus. Par exemple, durant la seule décennie 1845-1855, où plus de 106 000 Irlandais s'embarquent pour venir au Canada, 18 000 périssent, soit en mer, soit peu après leur arrivée au pays (Renaud, 2007). Ceux qui résistent aux épidémies de choléra et de typhus pendant leur trajet sont mis en quarantaine à Grosse-Île, en aval de Québec. Par la suite, ceux qui sont jugés sains peuvent continuer leur voyage vers Québec ou Montréal. Grosse-Île voit défiler des milliers d'immigrants par année, pendant plusieurs décennies.

SAVIEZ-VOUS QUE...

En 1860, les Irlandais composaient 23 % de la ville de Québec, au deuxième rang après les Québécois d'origine française, et on se demandait si Québec ne deviendrait pas une ville irlandaise.

Les Irlandais recevront beaucoup de soutien de la part des Canadiens français, car ils travailleront côte à côte à la construction du canal de Lachine (1821-1825), du canal de Beauharnois (1842-1845) et du pont Victoria (1854-1859) ; ils partageront les mêmes quartiers et souvent la même religion catholique (Laurence, 2009).

CAPSULE

Le pâté chinois : une de ses nombreuses légendes

Le pâté chinois aurait été inventé par un cuisinier chinois. Pendant la construction du chemin de fer, au XIXe siècle, les Chinois acceptaient les pires conditions de travail, mais ils avaient une exigence : avoir un cuisinier chinois pour préparer leur nourriture. Un jour où le ravitaillement n'arrivait pas, le cuisinier a dû composer un repas à partir de ce qu'il avait sous la main : des pommes de terre, du maïs et du bœuf haché. Il en a fait un pâté. Les Chinois ont refusé tout net d'avaler le repas, alors que les quelques Canadiens qui se trouvaient là s'en sont régalés. On a nommé ce mets le « pâté du Chinois ».

Les Chinois

Pendant la ruée vers l'or dans l'Ouest américain, au milieu du XIXe siècle, un grand nombre de Chinois débarquent en Californie, attirés par la perspective de s'enrichir grâce au précieux métal. Ces immigrants fuient la pauvreté et la surpopulation en Chine. Mais une vague de racisme pousse bon nombre d'entre eux à fuir l'Ouest américain et à migrer vers les mines du nord de la Colombie-Britannique. À partir de 1858,

Ces immigrants chinois travaillaient en Colombie-Britannique à la construction du chemin de fer du Canadian Pacifique.

le gouvernement canadien accueille des milliers de paysans chinois et les invite à travailler à l'extraction dans les mines et à la construction du chemin de fer transcontinental. Cette vague d'immigration, quoique peu importante en nombre, restera gravée dans l'histoire du Canada, en raison du traitement discriminatoire dont les Chinois ont fait l'objet. Par exemple, un ouvrier chinois travaillant dans les mines de charbon recevait 1 $ par jour, alors que pour le même travail un ouvrier canadien gagnait de 2 $ à 3 $ (Helly, 1987).

La main-d'œuvre chinoise se révèle rapidement indispensable à la construction du tronçon de chemin de fer traversant les Rocheuses et les Prairies. On estime à plus de 15 000 le nombre d'ouvriers y ayant travaillé, et ce, dans des conditions difficiles et dangereuses – plusieurs milliers de Chinois sont morts sur ces chantiers.

CAPSULE

Les « Chinois » de l'Est

« À quelques exceptions près, les ________ sont les Chinois des États de l'Est. Ils ne portent aucun intérêt à nos institutions civiques et politiques ou à notre système d'éducation. Ils ne viennent pas ici pour s'établir parmi nous, ou pour acquérir le statut de citoyen et donc pour s'intégrer à nous, mais plutôt pour séjourner ici quelques années comme des étrangers. [...] Ils représentent une horde prête à envahir nos industries et non pas un courant d'émigration permanente. Si possible, ils n'envoient pas leurs enfants à l'école, mais tentent plutôt de les placer dans une manufacture dès leur plus jeune âge. Dans ce but, ils mentent à propos de l'âge de leurs enfants avec la plus grande audace. [...] Gagner autant que possible indifféremment du nombre d'heures de travail, vivre dans le plus grand dénuement afin d'éviter le plus possible la dépense et de grossir leurs économies et de les sortir du pays une fois accumulées ; voilà en somme le but des [...] qui habitent nos régions industrielles. »

De quel groupe parle-t-on dans ce texte qui date de 1883 ?

Réponse : Ici on parle des Canadiens-Français qui, pendant un siècle, de 1840 à 1930, ont émigré par milliers dans les États de la Nouvelle-Angleterre, du Massachusetts, du Rhode Island et du New Hampshire, pour travailler dans les usines de textile et de chaussures. Rapidement, ils réclament des églises catholiques et des écoles françaises. En 1881, le Massachusetts Bureau of Statistics of Labor critique les travailleurs canadiens-français en leur reprochant de ne pas s'intégrer à la population locale. On les surnomme *Chinese of the East*.

Source : Cité dans Anctil, P. (janvier-avril 1981). Les « Chinois » de l'Est. *Recherches sociographiques*.

Vers la fin du XIXe siècle, la construction du chemin de fer se termine. À cause des remous que suscite la présence des Chinois, le Parlement canadien adopte une oi visant à restreindre l'immigration chinoise. Cette loi, promulguée en 1885, impose une taxe d'entrée de 50 $ à tout homme d'origine chinoise. Cette taxe sera haussée à 500 $ en 1903, ce qui équivaut alors à une énorme somme. À partir de ce moment, plusieurs Chinois quittent la Colombie-Britannique et migrent vers l'est, en Alberta, en Ontario et au Québec. Mais, où qu'elle se trouve au Canada, la communauté chinoise est victime des pires préjugés sociaux. Ses membres sont littéralement perçus comme des indésirables et la réputation qu'on leur fait tend à les exclure. On dit qu'ils font preuve de « méconnaissance de toute civilité et rationalité » et qu'on a noté chez eux la « prégnance d'instincts corporels non contrôlés ».

Enfin, on prétend qu'ils sont « sales, porteurs d'épidémie, drogués, adeptes de la prostitution, ignorants de la loi et de la morale » (Helly, 1987). Cette discrimination prendra une forme officielle avec la promulgation de la *Loi de l'immigration chinoise* (ou *Chinese Immigration Act*), en 1923.

Les Afro-Américains et les Antillais

En 1834, le Parlement britannique adopte une loi interdisant la pratique de l'esclavage dans toutes ses colonies. Par contre, aux États-Unis, l'esclavage est solidement implanté depuis le XVIIe siècle. Le « chemin de fer clandestin », un réseau existant depuis 1780, voué à aider les Noirs à s'enfuir des zones où ils sont tenus en esclavage, connaît un grand essor entre 1840 et 1860, particulièrement après l'adoption en 1850 du *Fugitive Slave Act*, une loi américaine autorisant les chasseurs d'esclaves à poursuivre les fugitifs en terre libre et à se les réapproprier. L'esclavage ne sera aboli qu'en 1865 aux États-Unis (Institut Historica-Dominion, 2011).

Au milieu du XIXe siècle arrivent à Montréal de nombreux Afro-Américains, fuyant l'esclavage et la guerre de Sécession, de même que des Antillais de la Barbade, de la Jamaïque, de Trinidad et Tobago ainsi que de la Guyane, essayant d'échapper à la pauvreté. Ces immigrants sont surtout attirés par les emplois liés à la construction du canal de Lachine et au développement du réseau de chemin de fer (Fehmiu-Brown, 1995). Des centaines d'hommes noirs sont engagés comme porteurs et bagagistes dans les trains. Même les plus instruits travaillent pour les compagnies ferroviaires, car plusieurs professions libérales leur sont interdites (par exemple, l'Université McGill refuse à cette époque les Noirs dans ses facultés de médecine et de droit). Ils s'installent dans les quartiers de Montréal situés au sud et au nord du canal de Lachine (Bessières, 2012).

2.1.3 Les faits saillants

Le tableau 2.1 présente les législations et les évènements marquants du XIXe siècle concernant l'immigration ainsi que les motifs d'immigration des principales communautés venues s'installer au Canada et au Québec.

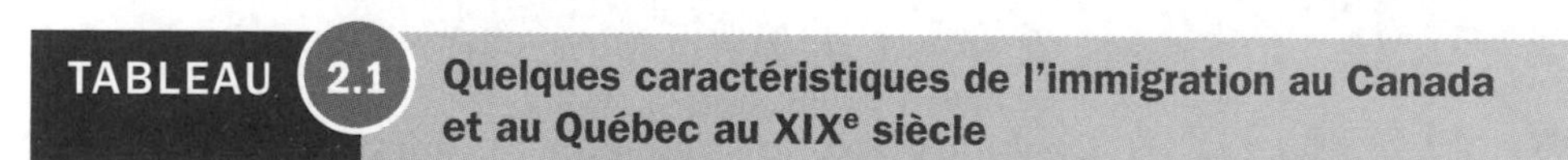

TABLEAU 2.1 Quelques caractéristiques de l'immigration au Canada et au Québec au XIXe siècle

Législations et évènements marquants	
• 1834 : Abolition de l'esclavage dans les colonies britanniques • 1850 : *Fugitive Slave Act* aux États-Unis • 1865 : Abolition de l'esclavage aux États-Unis • 1869 : Première loi canadienne sur l'immigration, l'*Immigration Act* • 1885 : Imposition d'une taxe d'entrée aux Chinois	
Motifs d'immigration des principales communautés	
Groupes ethniques	**Motifs d'immigration**
Irlandais	• Famine et pauvreté
Chinois	• Surpopulation et pauvreté en Chine • Discrimination en Californie
Afro-Américains	• Esclavage • Pauvreté • Recherche de travail
Antillais	• Pauvreté • Recherche de travail

2.2 Du début du xxe siècle à la fin de la Seconde Guerre mondiale (1945)

2.2.1 Des législations xénophobes et discriminatoires

En 1896, Clifford Sifton est nommé ministre de l'Intérieur dans le gouvernement de Wilfrid Laurier, et il fait de l'immigration son dossier prioritaire. Adopté en 1902, le plan Sifton crée une hiérarchie des pays d'origine; apparaissent en tête de liste les immigrants des îles Britanniques et des États-Unis, puis viennent les Français, les Belges, les Hollandais, les Scandinaves, les Suisses et les Finlandais, suivis des Russes, des Austro-Hongrois, des Allemands, des Ukrainiens et des Polonais. Ces groupes sont considérés par le plan Sifton comme « assimilables », par opposition aux groupes dits « indésirables » que sont les Italiens, les Arabes, les Grecs, les Juifs, les Asiatiques (Cardinal et Couture, 1998).

De 1906 à 1911, le gouvernement canadien élargit ses critères d'exclusion: désormais, l'exclusion s'applique également « aux faibles d'esprit, aux malades affligés de maladies "répugnantes", aux mendiants professionnels, aux prostituées, aux épileptiques, bref à tout individu qui représente une menace potentielle pour la santé publique, la sécurité de l'État et le trésor public » (Cardinal et Couture, 1998).

En 1908, le gouvernement du Canada promulgue la *Loi de la traversée directe* (ou *Loi sur le passage sans escale*), qui exige que tous les immigrants arrivent au Canada à la suite d'un voyage ininterrompu, sans être passés par un autre pays. Cette loi touche particulièrement l'immigration venant de l'Asie, car il n'y a, à cette époque, aucun moyen de transport direct entre l'Asie et le Canada. Cette loi fait suite à des hostilités raciales et à du ressentiment envers ce qu'on appelle alors « l'invasion indienne » ou « l'invasion hindoue ». Elle est restée en vigueur jusqu'en 1947.

En 1910, on interdit l'immigration de femmes et de jeunes filles « amorales », et on ajoute à la loi la précision suivante: « Quiconque préconise le renversement du gouvernement canadien ou britannique ne pourra être accepté au Canada. » Le Canada pourra alors refuser l'entrée aux militants syndicaux ou politiques, sous prétexte qu'ils peuvent représenter un danger pour la sécurité de l'État.

Toujours en 1910, une nouvelle politique vise à empêcher l'entrée des Noirs, prétextant qu'ils sont biologiquement incapables de s'adapter aux durs hivers canadiens. Pendant ce temps, dans les messages qu'il diffuse aux États-Unis pour attirer des immigrants et des touristes, le gouvernement canadien vante son climat tempéré... surtout en hiver (Laurence et Perreault, 2010).

Après la Première Guerre mondiale (1914-1918), une nouvelle loi abolit la taxe d'entrée des immigrants chinois en vigueur depuis 1885, mais la *Loi de l'immigration chinoise,* votée en 1923, interdit pratiquement l'entrée au Canada des Chinois et des Japonais, en fixant des quotas quant au nombre de personnes admissibles parmi ces groupes. Pourtant, l'année précédente, le Canada avait accepté la venue de 100 000 Britanniques.

Pendant la Seconde Guerre mondiale, des milliers de Japonais et de Canadiens d'origine japonaise ont été internés au camp de Tashme, en Colombie-Britannique.

La récession des années 1930 entraîne des changements dans les critères d'admission des immigrants, restreignant encore l'immigration de façon importante. On n'accueille plus désormais que les agriculteurs qui disposent du capital nécessaire à leur installation. À partir de 1931, seuls les Britanniques et les Américains ont le droit d'immigrer au Canada, et ils sont soumis à une sélection sévère.

Pendant la Seconde Guerre mondiale, certains groupes d'immigrants font l'objet d'une véritable « chasse aux sorcières » : à partir du moment où l'Italie signera, en 1936, un pacte d'alliance avec l'Allemagne, des soupçons se portent sur les Italo-Canadiens. On prend les empreintes digitales de milliers d'entre eux et plusieurs se retrouvent, dès 1940, dans des camps d'internement et de travail, à Petawawa, en Ontario et même sur l'île Sainte-Hélène, à Montréal.

De même, après l'attaque de Pearl Harbor en décembre 1941, plus de 22 000 Japonais et Canadiens d'origine japonaise sont déclarés « ennemis de la nation », les États-Unis et le Canada ayant déclaré la guerre au Japon. Ils sont internés jusqu'à la fin de la guerre dans des camps militaires et voient leurs biens confisqués par l'État. Ce n'est qu'en 1988 que le gouvernement canadien présentera des excuses aux Canadiens d'origine japonaise et versera une compensation financière symbolique aux familles éprouvées.

2.2.2 Quelques communautés arrivées pendant cette période

La première moitié du XXe siècle se caractérise donc par des attitudes xénophobes à l'endroit de certains groupes et par une série de mesures visant à restreindre leur entrée au pays. Les Juifs et les Indiens font aussi partie de ces groupes que l'on essaie d'exclure, comme nous le verrons maintenant.

Les Juifs

Bien qu'il y ait eu des immigrants juifs au Canada dès les années 1750, c'est à la fin du XIXe siècle que plusieurs milliers de Juifs de pays de l'Europe de l'Est, principalement de la Pologne, de la Lituanie, de la Russie et de la Roumanie, viennent s'installer au Québec. Ils fuient la persécution, la discrimination et de nombreux attentats perpétrés contre eux. Entre 1896 et 1914, les voies de communication vers l'intérieur du continent se développent, de même que les installations portuaires, et la ville de Montréal connaît une expansion économique fulgurante. Les Juifs yiddishophones qui s'y installent ne tardent pas à prendre conscience de l'énorme potentiel de cette ville sur les plans industriel et commercial, notamment des conditions favorables qui sont faites aux entreprises (Medresh, 1997). En 1931, on compte près de 60 000 Juifs à Montréal, pour la plupart des Juifs **ashkénazes**, et le yiddish y est la troisième langue la plus utilisée.

Ashkénazes
Juifs qui proviennent de l'Allemagne de l'Est et d'autres pays de l'Europe de l'Est, dont principalement la Pologne, la Russie, la Roumanie et la Lituanie, et qui parlent le yiddish. Ils représentent la majorité de la diaspora juive.

Les Juifs se voient imposer de sévères restrictions d'entrée tout de suite après la Première Guerre mondiale et lors de la crise de 1929, alors que plusieurs se préparent à quitter les pays de l'Europe de l'Est où ils vivent. Même avec la montée du nazisme et l'ascension de Hitler, au milieu des années 1930, il devient très difficile pour les Juifs de trouver refuge au Canada.

Au début de la Seconde Guerre mondiale (1939), le navire *Saint-Louis*, qui transporte plus de 900 Juifs allemands fuyant la persécution nazie, longe les côtes des États-Unis et de l'Amérique latine, cherchant une terre d'accueil. Le premier ministre canadien de l'époque, Mackenzie King, refuse à ces Juifs l'entrée au Canada, et le navire doit repartir vers l'Europe. Pendant toute la durée de cette guerre, le Canada n'accueillera pas plus de 500 réfugiés juifs. Par contre, entre 1947 et 1952, plus de 200 000 survivants de l'Holocauste arriveront au Canada. Montréal deviendra la troisième destination pour ces réfugiés, après Israël et les États-Unis (Rajotte, 2007).

SAVIEZ-VOUS QUE...

Les Juifs du camp de concentration d'Auschwitz nommaient ironiquement « Canada » un entrepôt représentant pour eux le luxe et le salut, dans lequel se trouvaient leur nourriture, leurs vêtements et leurs bijoux, mais qui leur était interdit d'accès (Lazar et Douglas, 1994).

Les Indiens

Les premiers immigrants indiens, pour la plupart des sikhs du Penjab fuyant la pauvreté dans leur pays, s'établissent en Colombie-Britannique à la fin du XIXe et au début du XXe siècle. En 1908, 2600 immigrants en provenance de l'Inde s'installent au Canada. L'année suivante, seulement six sont admis (Lazar et Douglas,

1994). Malgré des explications telles que celle de Mackenzie King, alors ministre du Travail, qui affirme que les Indiens ne peuvent s'adapter au climat du pays, la raison véritable de ce déclin est l'application de la *Loi de la traversée directe* qui vient d'être adoptée. Comme nous l'avons vu, cette loi exige que tous les immigrants arrivent directement de leur pays, sans escale. Or, à cette époque, aucun navire n'assure de liaison directe entre l'Inde et le Canada.

Le Komagata Maru, un navire forcé de repartir avec ses 376 passagers indiens en 1914

L'histoire du *Komagata Maru* illustre de manière éloquente la politique canadienne de l'époque concernant l'immigration de ces groupes. En 1914, ce navire, qui transporte 376 hommes originaires du Penjab, accoste à Vancouver. Un grand nombre de passagers, des sikhs pour la plupart, sont retenus à bord pendant deux mois, alors que les fonctionnaires de l'Immigration et les porte-parole de la communauté indienne du Canada négocient leur statut. Finalement, le navire est forcé de repartir, avec tous ses passagers à bord.

2.2.3 Les faits saillants

Le tableau 2.2 présente les législations et les évènements marquants du début du XXe siècle jusqu'à la fin de la Seconde Guerre mondiale concernant l'immigration, de même que les motifs d'immigration des principales communautés immigrantes au Canada et au Québec.

TABLEAU 2.2 Quelques caractéristiques de l'immigration au Canada et au Québec, du début du XXe siècle à la fin de la Seconde Guerre mondiale (1945)

Législations et évènements marquants

- 1902 : Plan Sifton, qui crée une hiérarchie parmi les groupes d'immigrants (désirables ou indésirables)
- Série de mesures d'exclusion :
  - 1906 : Exclusion des faibles d'esprit, des mendiants, des prostituées, des épileptiques, etc.
  - 1908 : Exclusion des Indiens par la *Loi de la traversée directe*
  - 1910 : Exclusion des femmes dites amorales et des militants syndicaux et politiques
  - 1911 : Exclusion des Afro-Américains et des Antillais
  - 1923 : *Loi de l'immigration chinoise* (*Chinese Immigration Act*), qui interdit l'entrée des Chinois, des Japonais et des Africains au pays
- 1940 : Ouverture des camps d'internement en Ontario et à Montréal pour les Italo-Canadiens
- 1942 : Confiscation des biens de plus de 22 000 Japonais et Canadiens d'origine japonaise et leur internement dans des camps de travail

Motifs d'immigration des principales communautés

Groupes ethniques	Motifs d'immigration
Juifs ashkénazes d'Europe de l'Est	• Pauvreté et discrimination, puis persécution nazie
Indiens du Penjab	• Pauvreté

2.3 De 1945 au début des années 1960

2.3.1 Le renforcement du contrôle de l'État

L'après-guerre est une période de grande prospérité économique et se trouve marquée par une importante pénurie de main-d'œuvre. Dans ce contexte, l'immigration s'avère un bon instrument de développement, et elle le sera sur les plans tant économique que démographique. En 1947, le gouvernement canadien envoie des équipes en Allemagne et en Autriche, afin de sélectionner des immigrants dans des camps de personnes déplacées mis sur pied par les Nations Unies, et il abroge la *Loi de l'immigration chinoise*. Dès 1950, on crée le ministère fédéral de l'Immigration et de la Citoyenneté.

Ainsi, au début des années 1950, le Canada connaît une grande vague d'immigration. On libéralise la *Loi sur l'immigration* en 1952 ; celle-ci définit de nouveaux critères de sélection relatifs à la capacité d'absorption économique et culturelle du Canada (critères relatifs à la nationalité, à l'ethnicité, à l'occupation et au style de vie des immigrants). La loi accorde une nette préférence aux immigrants provenant des îles Britanniques, des États-Unis, de la France et des pays d'Europe ainsi que de l'Amérique latine, et demeure discriminatoire envers les Noirs et les Asiatiques. Par contre, en 1955, un premier programme de recrutement de domestiques antillaises est mis en place.

La nouvelle loi facilite cependant la réunification des familles : tout résident permanent peut « parrainer » un parent, c'est-à-dire le prendre en charge s'il fait partie de l'une des catégories de parents admissibles. Par ailleurs, alors que les Indiens, les Pakistanais et les Ceylanais (Sri Lankais) n'ont pas pu venir au Canada pendant plusieurs années, cette loi leur permet alors d'immigrer, mais avec plusieurs restrictions.

2.3.2 Quelques communautés arrivées pendant cette période

De 1945 au début des années 1960, on voit principalement arriver au Québec les communautés italienne, grecque et portugaise.

Les Italiens

Dès 1860, une cinquantaine de familles d'origine italienne étaient établies à Montréal. Ces gens, originaires principalement de l'Italie du Nord, étaient pour la plupart des artisans et des commerçants du marbre (Laurence et Perreault, 2010). Mais ce n'est qu'au début du xxe siècle que le Canada devient une destination privilégiée pour un nombre croissant d'Italiens, dont l'immigration se fait en plusieurs vagues. La première, surtout masculine et saisonnière, est composée de paysans fuyant les conditions économiques précaires du sud de l'Italie. Ces immigrants occupent des emplois exigeant peu de compétences, donc mal rémunérés (*voir le chapitre 4, page 73*). Après la Première Guerre mondiale, plusieurs femmes et enfants viennent rejoindre leur mari, leur père.

Au début du xxe siècle, les immigrants italiens occupent des emplois mal rémunérés, notamment dans l'exploitation des mines.

La vague d'immigration italienne la plus importante se produit entre 1950 et 1968. Grâce au système de parrainage et de réunification des familles, des milliers d'Italiens provenant surtout de l'Italie du Sud viennent rejoindre leur famille durant cette période et consolident une communauté déjà bien implantée.

Les Grecs

Dès le milieu du XIXe siècle, des marins d'origine grecque arrivent au Québec. Il s'agit d'une immigration d'abord individuelle, puis familiale, d'importance relativement faible : par exemple, le recensement canadien de 1901 fait état de 66 Grecs. En 1934, on estime la population d'origine grecque à 2000 personnes.

À partir des années 1950 commence la véritable vague d'immigration grecque, constituée principalement de « personnes provenant de régions montagnardes et rurales, ayant des caractéristiques communes : peu scolarisées, ne parlant ni français ni anglais et ayant le rêve de retourner en Grèce » (Constantinides, 1983). Ces Grecs fuient des conditions économiques défavorables. À ce groupe s'ajoutent des immigrants plus scolarisés et qualifiés qui viennent, entre autres, de la diaspora grecque : de Turquie, d'Égypte, de Chypre et des Balkans. On compte également des jeunes gens issus de familles bourgeoises venus pour étudier et des travailleuses recrutées par des agences pour effectuer de l'entretien domestique.

Les Portugais

Dès le XVIIe siècle, des pêcheurs portugais viennent pêcher la morue à Terre-Neuve, et quelques-uns d'entre eux s'installent au Québec. Mais la véritable immigration portugaise commence à la fin des années 1950 et se poursuit jusqu'au début des années 1980. En effet, près de 80 % des immigrants portugais s'installeront au Québec entre 1961 et 1980, fuyant le régime dictatorial de António de Oliveira Salazar (de 1932 à 1968 et poursuivi par son successeur jusqu'en 1974) ou venant rejoindre leur famille. Ces immigrants proviennent des Açores, du Portugal continental et de Madère, mais aussi du Mozambique et de l'Angola, deux anciennes colonies portugaises d'Afrique.

2.3.3 Les faits saillants

Le tableau 2.3 présente les législations et les évènements marquants de la fin de la Seconde Guerre mondiale au début des années 1960 concernant l'immigration, de même que les motifs d'immigration des principales communautés immigrant au Canada et au Québec.

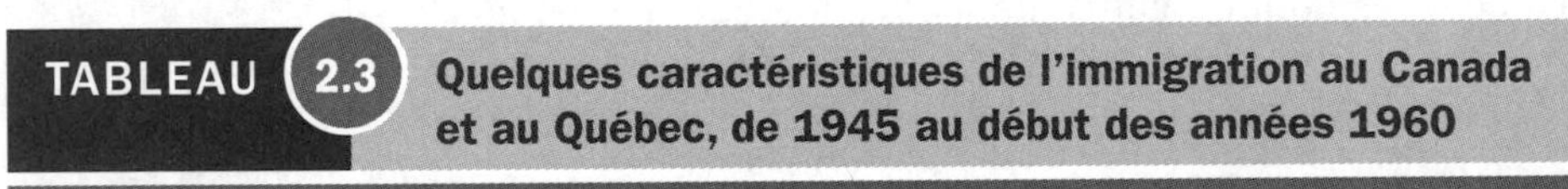
TABLEAU 2.3 **Quelques caractéristiques de l'immigration au Canada et au Québec, de 1945 au début des années 1960**

Législations et évènements marquants	
• 1947 : Abrogation de la *Loi de l'immigration chinoise* • 1950 : Création du ministère fédéral de l'Immigration et de la Citoyenneté • 1952 : Révision de la *Loi sur l'immigration* ; persistance de la préférence accordée à certains groupes et de la discrimination envers les Noirs et les Asiatiques, mais création du parrainage pour réunifier les familles	
Motifs d'immigration des principales communautés	
Groupes ethniques	**Motifs d'immigration**
Italiens	• Pauvreté • Recherche de travail
Grecs	• Pauvreté • Recherche de travail
Portugais	• Dictature de Salazar • Recherche de travail

2.4 Du début des années 1960 au début des années 1990

2.4.1 Sur le plan législatif

Sur le plan législatif, la période allant de 1960 au début des années 1990 est marquée par plusieurs changements au niveau fédéral et par l'obtention par le gouvernement provincial de plus de pouvoir en matière d'immigration.

Des critères administratifs et humanitaires

Au début des années 1960, le Canada est dans une période de croissance économique qui durera jusqu'en 1970. L'adoption de la *Déclaration canadienne des droits de l'homme* en 1960, la pression internationale et le besoin de main-d'œuvre poussent le gouvernement canadien à abolir certaines mesures discriminatoires contenues dans la *Loi sur l'immigration* de 1952. Ainsi, en 1962, les restrictions sur l'admission de certaines catégories d'immigrants sont levées, et les privilèges accordés aux immigrants européens sont abolis.

En 1968, le gouvernement fédéral crée le ministère de l'Emploi et de l'Immigration et instaure le système des points (ou grilles de sélection) pour l'admission des immigrants. Ce système, comme nous l'avons vu au chapitre 1, est basé notamment sur les compétences professionnelles et le niveau de scolarité des immigrants.

En 1970, le Canada commence une période de récession économique : inflation, chômage, stagnation de la production, etc. Il met alors en place des mesures destinées à mieux contrôler l'entrée d'immigrants sur son territoire : limite du visa d'entrée comme touriste à trois mois, création du visa d'emploi, obligation pour les visiteurs de retourner dans leur pays s'ils souhaitent faire une demande de résidence, restriction du droit d'appel à la suite d'une ordonnance d'expulsion.

En avril 1978, une autre révision de la *Loi sur l'immigration* resserre encore plus les contrôles économique, politique et administratif de l'immigration. Elle crée, notamment, une catégorie pour les travailleurs temporaires et établit chaque année, de concert avec les provinces, les niveaux souhaitables d'immigration. De plus, le programme des gens d'affaires est instauré pour les immigrants souhaitant venir créer des entreprises ou investir de l'argent au Canada. L'immigration demeure assujettie aux besoins de l'économie canadienne.

Des pouvoirs accrus pour le Québec

Dans la foulée des projets d'autonomie politique et économique des années 1960 et 1970, le Québec entreprend des démarches pour se doter d'outils lui permettant d'agir sur le nombre, le mode de sélection et l'intégration de ses immigrants. Alors que, dans les faits, il n'a aucun pouvoir sur son immigration, le Québec se dote d'un ministère de l'Immigration en 1968. Ce ministère se donne pour principal mandat de sélectionner des immigrants répondant aux besoins de main-d'œuvre et de veiller à ce qu'ils s'intègrent à la communauté francophone.

Au cours des années 1970, trois ententes fédérales-provinciales viennent confirmer les pouvoirs du Québec en matière d'immigration. La première, l'entente Cloutier-Lang, en 1971, permet l'envoi d'agents d'orientation du ministère québécois dans les ambassades canadiennes, afin de recruter un plus grand nombre d'immigrants francophones. En 1975, l'entente Andras-Bienvenue accorde aux agents d'immigration québécois la possibilité d'examiner et d'évaluer les demandes des immigrants souhaitant s'établir au Québec. En 1978, l'entente Couture-Cullen permet au Québec de sélectionner les immigrants qui viendront s'établir sur son territoire et d'administrer sa propre grille de sélection. Cette dernière est semblable à celle du Canada, sauf en ce qui concerne l'importance accordée à la connaissance des langues : le Québec accorde alors 15 points à la connaissance du français et 2 points à celle de l'anglais, alors que la grille canadienne accorde 5 points à la connaissance de l'une ou l'autre des deux langues.

En 1991, le Québec adopte sa propre *Loi sur l'immigration* et ses règlements d'application. Celle-ci sera modifiée en 1994, en 2006 et en 2013.

L'adoption d'une politique d'asile

En 1969, le Canada adhère à la *Convention de Genève* et, au cours des années 1970, il accueille quelques réfugiés. Ceux-ci viennent de l'Ouganda en 1972, du Chili en 1974 et du Liban entre 1976 et 1979 (Helly, 1996). Dans sa *Loi sur l'immigration* de 1976, le gouvernement établit une réelle politique concernant les réfugiés et crée une catégorie distincte pour ces immigrants (réfugiés et personnes désignées).

Jusqu'en 1989, la loi garantissait le droit à tout voyageur arrivant aux frontières canadiennes de demander sur place le statut de réfugié. L'audition officielle d'une telle requête avait lieu devant une commission et, tant que l'audition n'avait pas eu lieu, le requérant pouvait rester au Canada. Or, l'augmentation des demandes (de 100 en 1979 à 20 000 en 1989), les critiques de l'opinion publique devant l'afflux de demandeurs d'asile et quelques crises concernant l'arrivée de Tamouls, de Portugais et de Turcs amènent le Canada à modifier la loi sur la question des réfugiés. En 1989 et en 1993, de nouvelles mesures sont instaurées afin de rendre plus difficile l'admission des personnes demandant le statut de réfugié.

2.4.2 Quelques communautés arrivées pendant cette période

Des années 1960 aux années 1990, les nouvelles politiques canadiennes en matière de refuge et l'admission de gens plus scolarisés favoriseront la diversification de l'immigration. L'arrivée des Haïtiens, des Vietnamiens et des Chiliens marquera cette période de l'histoire de l'immigration au Québec.

Les Haïtiens

L'immigration en provenance d'Haïti se produit selon quelques vagues importantes. D'abord, des Haïtiens de la petite bourgeoisie professionnelle arrivent au Québec entre 1968 et 1975. Ce sont des médecins, des infirmières, des professeurs et des ingénieurs qui fuient le régime dictatorial de François Duvalier. Fortement scolarisées, ces personnes satisfont les exigences du Québec en matière de main-d'œuvre pendant la Révolution tranquille. Arrivent ensuite, de 1976 à 1985, des Haïtiens moins scolarisés et issus de catégories professionnelles peu spécialisées, pour la plupart des femmes, et qui viennent rejoindre leur famille. Le Québec a alors besoin d'une main-d'œuvre non spécialisée, particulièrement dans le domaine du textile, quelque peu délaissé par les Italiens et les Grecs. Les ouvriers haïtiens prennent la relève de cette main-d'œuvre (Dejean, 1990).

Viennent ensuite, entre 1985 et 2000, des parents d'immigrants économiques et d'un certain nombre de réfugiés venus rejoindre leur famille.

Depuis le début des années 2000, Haïti fait encore partie des 10 principaux pays de naissance des immigrants qui entrent au Québec. Des mesures spéciales ont été mises en place par les gouvernements canadien et québécois pour venir en aide aux sinistrés du grave séisme du 12 janvier 2010 qui a fait plus de 230 000 morts, 300 000 blessés et 1,2 million de sans-abris.

Les Vietnamiens, les Laotiens et les Cambodgiens

La première vague d'immigration vietnamienne a lieu en 1975, avec l'arrivée d'un groupe de réfugiés à Montréal. Issus de la classe moyenne supérieure, ces Vietnamiens sont très scolarisés et parlent le français et l'anglais. Quelques centaines d'étudiants vietnamiens issus de la classe bourgeoise sont alors inscrits dans les universités québécoises. Certains retournent dans leur pays à la fin de leurs études, mais plusieurs choisissent de demeurer au Québec.

Des centaines de milliers de Vietnamiens, *boat people* ou réfugiés de la mer, ont fui leur pays au risque de leur vie, souvent dans de petites embarcations surpeuplées.

À l'automne 1978, le *Hai Hon*, un navire infesté de rats transportant 2500 Vietnamiens fuyant leur pays, est bloqué en Malaisie. Les autorités malaisiennes menacent de remorquer le navire en haute mer. Cette affaire, qui alerte l'opinion publique internationale, amène le Canada et le Québec à accueillir 604 de ces réfugiés et à créer, dès le début de l'année suivante, soit en 1979, des programmes gouvernementaux de parrainage collectif. Cette vague d'immigration vietnamienne (qu'on nommera les *boat people* ou « réfugiés de la mer ») compte de 30 % à 70 % de Hoas, des Vietnamiens d'origine chinoise. Ce sont pour la plupart des techniciens, des ouvriers plus ou moins spécialisés et des commerçants qui parlent majoritairement le vietnamien ou le chinois.

À compter de 1981, le flot d'immigrants du Viet Nam est principalement constitué d'intellectuels venant de « camps de rééducation » vietnamiens et de personnes qui profitent du programme de réunification familiale. Ces dernières ont, pour la plupart, un niveau de scolarité moyen (Dorais, 2007). D'autres immigrants arrivent de la péninsule indochinoise durant cette période : des Cambodgiens qui fuient le régime sanguinaire des Khmers rouges dirigé par Pol Pot et des Laotiens qui essaient d'échapper à des situations d'extrême pauvreté.

Les Chiliens, les Salvadoriens, les Guatémaltèques et les Colombiens

En 1973, année du coup d'État dirigé par le dictateur Augusto Pinochet contre le gouvernement de Salvador Allende, et jusqu'en 1978, quelques milliers de Chiliens cherchant l'asile s'installent au Québec. Cette immigration est essentiellement composée de réfugiés d'origine urbaine et très scolarisés (Del Pozo, 2009).

Durant cette période, d'autres personnes en provenance de l'Amérique centrale (Guatemala, Salvador) et de l'Amérique du Sud (Colombie) viendront s'installer au Québec, fuyant les régimes dictatoriaux et les conflits armés (*voir le chapitre 8*).

Les Libanais

La première vague d'immigration syro-libanaise s'est produite au Québec à la fin du XIXe siècle, mais c'est surtout au début des années 1970 que de nombreux Libanais quittent leur pays pour immigrer au Québec. Une grande proportion de ces immigrants sont des jeunes qui viennent faire des études supérieures et s'installent au Québec.

À partir de 1975, les affrontements armés entre militants chrétiens et palestiniens, puis la guerre civile qui durera 15 ans, soit jusqu'en 1990, forcent de nombreux Libanais à quitter leur pays, fuyant la violence et la violation des droits de la personne. Quelques-uns immigreront au Québec.

L'immigration libanaise s'intensifie surtout à partir de la fin des années 1980. Durant la guerre civile au Liban, le Canada annonce qu'il ouvre ses portes aux Libanais et va jusqu'à installer un bureau à Chypre, parallèlement à celui de Damas, en Syrie, afin de faciliter l'octroi de visas d'immigration aux familles. La majorité des Libanais qui choisissent d'immigrer au Canada au cours de cette période sont des chrétiens de diverses classes sociales. Les trois quarts d'entre eux s'installeront au Québec (Fortin, 2000).

Depuis la fin de la guerre civile (1990), de nombreux Libanais continuent de s'installer au Québec. Fuyant l'instabilité politique et économique, ils sont généralement très scolarisés. Près de 20 ans plus tard, le Liban fait encore partie des 10 premiers pays de naissance des nouveaux arrivants au Québec (Ministère de l'Immigration, de la Diversité et de l'Inclusion [MIDI], 2014e).

2.4.3 Les faits saillants

Le tableau 2.4 présente les législations et les évènements marquants du début des années 1960 à la fin des années 1990 concernant l'immigration, de même que les motifs d'immigration des principales communautés immigrant au Canada et au Québec.

Quelques caractéristiques de l'immigration au Canada et au Québec, du début des années 1960 au début des années 1990

Législations et évènements marquants

- 1960 : *Déclaration canadienne des droits de l'homme*
- 1962 : Levée des restrictions relatives à l'entrée de certains immigrants au Canada
- 1968 : Mise en place du système de points dans la *Loi sur l'immigration* (grilles de sélection)
- 1968 : Création du ministère de l'Immigration du Québec
- 1969 : Adhésion du Canada à la *Convention des Nations Unies sur les réfugiés* (*Convention de Genève*)
- 1970 : Mise en place de mesures pour renforcer le contrôle de l'immigration au Canada
- 1971, 1975 et 1978 : Ententes fédérales-provinciales confirmant les pouvoirs du Québec en matière d'immigration
- 1978 : Révision de la *Loi sur l'immigration* (Canada) : création d'une catégorie pour les travailleurs temporaires et du programme des gens d'affaires
- 1976, 1989 et 1993 : Législations canadiennes concernant le droit de refuge
- 1988 : Excuses du gouvernement fédéral auprès des Canadiens d'origine japonaise.

Motifs d'immigration des principales communautés

Groupes ethniques	Motifs d'immigration
Haïtiens	• Dictature de François puis de Jean-Claude Duvalier • Pauvreté
Indochinois (Vietnamiens, Cambodgiens, Laotiens)	• Pauvreté • Guerre et violation des droits de la personne
Chiliens, Salvadoriens, Guatémaltèques et Colombiens	• Dictature de Augusto Pinochet • Conflits armés
Libanais	• Guerre civile

2.5 Du début des années 1990 jusqu'à 2013

2.5.1 Sur le plan législatif

Du début des années 1990 jusqu'à 2013, le Canada adopte notamment la *Loi sur les crimes contre l'humanité et les crimes de guerre* et la *Loi sur l'immigration et la protection des réfugiés*. Le Québec acquiert des droits en matière d'immigration, adopte un plan d'action en matière d'immigration et sa propre *Loi sur l'immigration*.

La Loi sur les crimes contre l'humanité et les crimes de guerre

Le 17 juillet 1998, 120 États adoptent le Statut de Rome, qui définit les règles de fonctionnement de la Cour pénale internationale (CPI). Le Statut de Rome entre en vigueur le 1er juillet 2002, après sa ratification par 60 pays, dont le Canada. La CPI est la première cour pénale internationale permanente créée dans le but de contribuer à mettre fin à l'impunité des auteurs des crimes les plus graves qui touchent la communauté internationale. Son siège est à La Haye, aux Pays-Bas.

CAPSULE

Un premier condamné pour crime contre l'humanité

Désiré Munyaneza est le premier criminel à avoir été jugé et condamné au Canada en vertu de la *Loi sur les crimes contre l'humanité et les crimes de guerre* adoptée en 2000. En octobre 2009, Désiré Munyaneza a été condamné à la prison à vie au Canada sans possibilité de libération conditionnelle avant 25 ans pour sa participation au génocide en 1994 au Rwanda.

En prévision de son adhésion au Statut de Rome, adhésion qui l'amène à modifier plusieurs lois en vigueur à l'intérieur de ses frontières, telles que le *Code criminel*, la *Loi sur l'extradition* et la *Loi sur l'entraide juridique en matière criminelle*, le Canada adopte le 24 juin 2000 la *Loi sur les crimes contre l'humanité et les crimes de guerre*. Par exemple, la *Loi sur les crimes contre l'humanité et les crimes de guerre* permet d'accuser, en territoire canadien, des personnes pour des crimes commis à l'étranger. Puis, le 9 juillet 2000, le Canada adhère au Statut de Rome.

La Loi canadienne sur l'immigration et la protection des réfugiés

En 1997, le groupe de travail chargé de revoir la législation et les politiques canadiennes en matière d'immigration remet son rapport. Intitulé *Au-delà des chiffres : l'immigration de demain au Canada*, ce rapport recommande la mise en œuvre de nouveaux critères de sélection des immigrants et le resserrement de certains critères existants. Puis, en 2001, par suite des attentats survenus au World Trade Center, le gouvernement canadien se voit contraint de resserrer ses critères d'entrée au pays. En juin 2002, la *Loi sur l'immigration et la protection des réfugiés* du Canada voit le jour (*voir le chapitre 1*). Plusieurs changements sont apportés aux politiques d'immigration afin d'attirer des travailleurs compétents et polyvalents, d'accélérer la réunification des familles et d'assurer la sécurité des frontières canadiennes. Le certificat de sécurité est un exemple de mesure controversée rattachée aux questions de sécurité (*voir l'encadré 2.1*).

Le plan d'action du Québec en matière d'immigration et d'intégration

En 1990, le gouvernement du Québec définit, dans l'énoncé de politique *Au Québec pour vivre ensemble*, ses objectifs en matière d'immigration et d'intégration des immigrants. Ces objectifs sont le redressement démographique, la prospérité

ENCADRÉ 2.1 Le certificat de sécurité

Le certificat de sécurité fait partie du système canadien d'immigration depuis 1976 et il a été intégré à la *Loi sur l'immigration et la protection des réfugiés*. Cette mesure permet au gouvernement fédéral de détenir des résidents permanents sans accusation ni procès, pendant une période indéfinie, et ce, sur la seule base de soupçons généralement tenus secrets ou d'allégations vagues. Elle permet aussi de maintenir ces résidents sous la menace constante de déportation, et ce, même s'ils risquent de subir de mauvais traitements, dont la torture, ou la mort dans leur pays d'origine. En 2007, la Cour suprême du Canada déclare inconstitutionnels les certificats de sécurité et donne un an au gouvernement fédéral pour modifier la *Loi*. Cette modification sera faite en 2008, mais plusieurs groupes de défense des droits la dénonceront.

économique, la pérennité du fait français et l'ouverture sur le monde. On introduit également l'idée d'un contrat moral qui met l'accent sur l'inclusion et la participation de l'immigrant à la société québécoise, et on met de l'avant l'idée de régionaliser l'immigration (Ministère de l'Immigration et des Communautés culturelles, 1990).

En 1991, une entente fédérale-provinciale, l'accord Gagnon-Tremblay – McDougall qu'on a mentionné au chapitre 1, confère au Québec l'entière responsabilité de sélectionner et d'intégrer les immigrants de la catégorie « immigration économique », qui comprend les travailleurs qualifiés, les travailleurs autonomes, les entrepreneurs et les investisseurs. Par cette entente, le Québec se voit en outre assurer le pouvoir de sélectionner 25 % de l'immigration canadienne, en raison de son poids démographique à l'intérieur du Canada.

La même année (1991), le Québec crée sa propre *Loi sur l'immigration*, qui sera modifiée de nombreuses fois, notamment en 2013, tel que mentionné précédemment.

En 2004, le gouvernement québécois publie son plan d'action 2004-2007, intitulé *Des valeurs partagées, des intérêts communs*. Ce document annonce des mesures à mettre en place avant la fin de la décennie. Par exemple, les immigrants sont fortement incités à suivre des cours de français avant leur arrivée au Québec ; on accueille un plus grand nombre d'immigrants (dont des étudiants) et on les incite à s'installer en région ; on demande aux immigrants d'adhérer à un contrat moral qui décrit les principales valeurs du Québec.

2.5.2 Quelques communautés arrivées pendant cette période

Pendant cette période récente, le Québec a vu l'arrivée des Chinois de Hong-Kong et de la Chine continentale, des communautés russe et roumaine, marocaine et algérienne, et enfin française.

Les Chinois de Hong-Kong et de la Chine continentale

Après la guerre de l'opium de la première moitié du XIXe siècle, la Chine est contrainte d'ouvrir son territoire au commerce international et de céder aux Britanniques une île alors presque déserte : Hong-Kong. La deuxième guerre de l'opium, dans la seconde moitié de ce siècle, consolide la victoire de la Grande-Bretagne, et la Chine cède à ce pays, en 1898, des territoires avoisinant Hong-Kong pour une durée de 99 ans.

L'avènement d'un gouvernement communiste en Chine, en 1949, change brusquement le destin de Hong-Kong : des paysans pauvres et illettrés, de même que des entrepreneurs et des intellectuels anticommunistes se réfugient à Hong-Kong. Leur présence contribue à l'expansion économique de l'île, qui devient rapidement une puissance économique mondiale.

Même si la Chine s'engage à maintenir les systèmes socioéconomiques propres à Hong-Kong pendant 50 ans après la rétrocession (prévue) de 1997, de nombreux Hongkongais choisissent de quitter le territoire avant l'échéance. Ainsi, entre 1990 et 2000, des milliers de Chinois commencent une nouvelle vie au Canada, la plupart en tant qu'investisseurs, entrepreneurs ou professionnels.

Depuis le début des années 2000, les Chinois de la Chine continentale immigrent aussi en grand nombre au Québec, souvent par manque de travail dans leur propre pays, qui malgré sa croissance économique peine à employer une si grande population. Ils viennent étudier, investir et travailler. Ils constituent, pour la période comprise entre 2000 et 2013, l'un des plus importants contingents d'immigrants au Québec (MIDI, 2014e).

Les Russes et les Roumains

Après le démantèlement du bloc soviétique en 1989, la Fédération de Russie, qui compte encore 21 républiques, doit affronter de nombreux problèmes économiques et sociaux. Les réformes capitalistes instaurées de façon trop rapide et non contrôlée contribuent à l'augmentation des disparités sociales et à la déstabilisation des systèmes d'éducation et de santé. Les écarts de revenus, relativement faibles à l'époque soviétique, réapparaissent et produisent une société fonctionnant à deux vitesses.

Au début des années 1990, des immigrants russes sont acceptés au Canada et au Québec en tant que travailleurs qualifiés. Ce sont, entre autres, des chercheurs, des scientifiques et des professionnels. Entre 1996 et 2000, quelque 8020 Russes sont admis au Québec, alors qu'on n'en comptait qu'environ 800 entre 1986 et 1991. Plusieurs sont acceptés en tant que réfugiés, ces derniers fuyant maris violents, service militaire et antisémitisme, pour ne citer que ces motifs (Proujanskaïa, 2002). Depuis les 10 dernières années, l'immigration russe s'est relativement maintenue : le Québec a admis 2666 Russes entre 2000 et 2003, puis 2843 de 2004 à 2008 et 2600 de 2009 à 2013 (MIDI, 2014e).

Si plusieurs Roumains de religion juive se sont établis au Québec à la fin du XIXe siècle et au début du XXe siècle, d'autres viendront après la Seconde Guerre mondiale. Ceux-ci sont surtout des personnes fuyant le régime communiste.

En 1974, l'arrivée au pouvoir du dictateur Nicolae Ceausescu provoque de nombreux départs de la Roumanie, surtout des réfugiés politiques. Mais c'est surtout après la chute de ce régime dictatorial, en 1989, que de nombreux Roumains, confrontés à la détérioration sociale et économique (inflation galopante et taux de chômage élevé) qui s'ensuit (Busuioc, 2007), décident de quitter leur pays. Cette immigration est constituée surtout de gens scolarisés qui viennent comme immigrants économiques. Durant la décennie allant de 1991 à 2001, plus de 10 000 Roumains sont admis, et, au cours de la période 2005-2009, ils sont 8000 à l'être. Depuis, l'immigration roumaine a ralenti quelque peu avec 3600 ressortissants de 2009 à 2013 (MIDI, 2014e).

Les Marocains et les Algériens

La première vague d'immigration marocaine au Québec se produit entre 1964 et 1975. Elle est constituée principalement de Juifs **sépharades** qui décident ou sont forcés de quitter le Maroc. Les guerres israélo-arabes et l'instabilité politique qui en découle, de même que la méfiance envers les Juifs qui soutiennent Israël, poussent ceux-ci à émigrer en France, en Israël, au Canada et aux États-Unis. Actuellement, il ne reste plus que quelques milliers de Juifs au Maroc.

Sépharades
Juifs originaires de l'Espagne et du Portugal, et installés en Europe méridionale, en Asie Mineure et en Afrique du Nord.

Il faudra attendre le début des années 1990 pour voir arriver une deuxième vague d'immigration marocaine, très différente de la première, puisque basée sur des motifs essentiellement économiques. Celle-ci est composée de Marocains qui, pour la plupart, sont de religion musulmane. Ils fuient l'instabilité économique et souhaitent améliorer leurs conditions de vie. Depuis le début des années 2000, le Maroc fait partie des 10 premiers pays de provenance des immigrants (MIDI, 2014e).

L'Algérie contribuera à l'immigration au Québec pour d'autres motifs. Le terrorisme islamique débute par un coup d'éclat lorsqu'une bombe explose à l'aéroport d'Alger le 28 août 1992. Cet attentat sera suivi de plusieurs autres ; le peuple algérien est pris en otage entre les terroristes et les forces de l'ordre. Les terroristes s'en prennent à des journalistes, à des écrivains, à des intellectuels, à des professeurs, perpétrant des enlèvements et des exécutions (Eveno, 1998). Pendant cette période mouvementée, près de 14 000 Algériens immigrent au Québec afin d'échapper à cette violence. Ainsi, depuis le début des années 2000, l'Algérie fait partie des 10 premiers pays de provenance de l'immigration au Québec (MIDI, 2014e).

Les Français

Le Québec cultive avec la France des relations privilégiées, et ce, depuis sa fondation. Bon an, mal an, un nombre important de Français s'installent au Québec, mais depuis quelques années, le gouvernement de la province essaie d'attirer encore plus de jeunes Français. Par exemple, une entente signée le 17 octobre 2008 par le premier ministre du Québec et le président de la République française vise à faciliter et à accélérer l'acquisition d'un permis pour l'exercice d'une profession, d'une fonction ou d'un métier réglementé au Québec ou en France par l'adoption d'une procédure commune de reconnaissance des compétences professionnelles. Dans ces efforts de promotion, en plus de mettre en valeur le fait français, on présente le Québec comme une société moderne et pluraliste qui marie développement économique à l'américaine et culture à l'européenne.

Depuis le début des années 2000, on assiste à une augmentation de l'immigration française au Québec: plus de 3000 personnes en moyenne par année. Ainsi, entre 2009 et 2013, plus de 36 000 Français se sont installés au Québec. Ils sont jeunes (60 % ont entre 25 et 34 ans) et scolarisés (46 % détiennent plus de 17 années d'études). Ils s'installent surtout dans la région de Montréal (71 %), mais plusieurs aussi à Québec (9 %) et à Gatineau (3 %). Dans les arrondissements de Montréal, on les trouve surtout sur le Plateau-Mont-Royal, dans Côte-des-Neiges–Notre-Dame-de-Grâce et Ahuntsic-Cartierville (MIDI, 2014e).

SAVIEZ-VOUS QUE...

En vertu d'ententes avec la France, des étudiants français peuvent étudier dans des établissements d'enseignement supérieur au Québec et payer les mêmes frais de scolarité que les étudiants québécois, contrairement aux autres étudiants étrangers.

2.5.3 Les faits saillants

Le tableau 2.5 présente les législations et les évènements marquants du début des années 1990 jusqu'à 2013 concernant l'immigration, de même que les motifs d'immigration des principales communautés qui ont immigré au Canada et au Québec.

TABLEAU 2.5 Quelques caractéristiques de l'immigration au Canada et au Québec, du début des années 1990 jusqu'à 2013

Législations et évènements marquants

- 1990: Énoncé de politique en matière d'immigration et d'intégration (Québec)
- 1991: Entente fédérale-provinciale McDougall – Gagnon-Tremblay
- 1991: *Loi québécoise sur l'immigration*
- 2000: Adhésion du Canada au Statut de Rome de la Cour pénale internationale
- 2000: *Loi canadienne sur les crimes contre l'humanité et les crimes de guerre*
- 2001: Attentats terroristes du World Trade Center à New York
- 2002: *Loi canadienne sur l'immigration et la protection des réfugiés*
- 2004: Plan d'action 2004-2007 concernant l'immigration et l'intégration des immigrants (Québec)
- 2006: Excuses du gouvernement canadien auprès des Canadiens d'origine chinoise (relativement à la taxe d'entrée et à la *Loi de l'immigration chinoise* de 1923)
- 2008: Refonte de la *Loi sur les certificats de sécurité*
- 2013: Refonte de la *Loi québécoise sur l'immigration*

Motifs d'immigration des principales communautés

Groupes ethniques	Motifs de déplacement
Chinois de Hong-Kong	• Rétrocession de Hong-Kong à la Chine communiste
Chinois de la Chine continentale	• Études • Travail
Russes	• Détérioration sociale • Chômage
Roumains	• Détérioration sociale • Chômage
Marocains	• Instabilité économique • Chômage
Algériens	• Terrorisme • Chômage
Français	• Recherche d'un mode de vie différent • Travail • Études

Pour en savoir plus...

Voir

- ***Histoires d'immigrations* de l'Université du Québec à Montréal et Télé-Québec.**

  Cette série de 14 conférences télévisées raconte la riche histoire de l'immigration au Québec, de l'origine du phénomène migratoire jusqu'à l'intégration des communautés culturelles à la société actuelle. Quatre nouveaux épisodes de 60 minutes nous en apprennent davantage sur les Maghrébins, les Africains subsahariens, les Libanais et les Polonais qui enrichissent l'identité québécoise. Témoignages et échanges sont au cœur de cette série. www.canalsavoir.tv/videos_sur_demande/58

- ***La montagne d'or* de Guy Malcolm et William Ging Wee Dere, 1993.**

  Ce film documentaire raconte l'histoire de l'immigration chinoise au Canada, particulièrement l'impact de la taxe d'entrée et de la loi d'exclusion sur la communauté chinoise au Canada, ainsi que de la lutte qui suivit pour que justice soit rendue.

- ***Mémoire d'un souvenir de Robert McMahon, 2011.***

  Ce film documentaire explore les différents récits inspirés par la Croix Celtique construite en 1909 sur la Grosse-Île, près de Québec, site du plus grand cimetière irlandais en dehors de l'Irlande. Il relate cette épopée des Irlandais qui ont quitté leur pays durant la grande famine de 1847. http://memoiredunsouvenir.concordia.ca/index.html

Fêter

- **17 mars, fête de la Saint-Patrick**

  C'est en 1765 que des soldats irlandais en garnison à Québec célèbrent pour la première fois la fête de la Saint-Patrick au Canada. Presque un siècle plus tard, en 1824, des citoyens d'origine irlandaise organisent la première parade de la Saint-Patrick dans le quartier Griffintown de Montréal. Depuis, la fête est célébrée par des milliers de personnes chaque année.

- Les principales fêtes liées aux différentes communautés culturelles sont présentées plus en détail dans les rubriques «Découvrir la communauté...» des chapitres 3 à 8.

PARTIE 2 — LA DIVERSITÉ ETHNOCULTURELLE AU QUÉBEC ET AU CANADA

CHAPITRE 3
Les Autochtones 43

CHAPITRE 4
Les communautés européennes 65

CHAPITRE 5
Les communautés noires 88

CHAPITRE 6
Les communautés arabes. 106

CHAPITRE 7
Les communautés asiatiques . . 120

CHAPITRE 8
Les communautés latino-américaines 141

CHAPITRE 9
À propos de quelques religions 155

Le paysage ethnoculturel du Québec (et du Canada) est tellement riche qu'il est illusoire de penser épuiser le sujet en quelques chapitres. Dans cette deuxième partie, qui commence par un chapitre sur les nations autochtones, nous tenterons toutefois, en présentant une synthèse de données sociologiques, économiques et culturelles de certaines communautés qui ont marqué l'histoire du Québec, de vous donner l'envie d'en savoir plus, notamment grâce aux suggestions de la rubrique « Découvrir la communauté... ».

Ainsi, dans les chapitres 3 à 8, nous présentons notamment les motifs de l'immigration de ces communautés, l'occupation professionnelle de leurs membres, les villes et les arrondissements de Montréal où ils sont installés, leur langue et leur niveau de scolarité. Il s'agit uniquement de repères, ne visant aucunement à tracer un portrait figé des communautés ethnoculturelles. Nous vous les proposons au contraire comme points de références pour mieux saisir la « culture immigrée » : métissage de la culture d'origine et de celle d'ici, cette culture rend compte du passé et des origines de l'immigrant, de la rupture qu'il a effectuée en changeant de pays et de son cheminement à l'intérieur de la société d'accueil (Micone, 1990). C'est dans le même esprit que le chapitre 9 offre une introduction à quelques-unes des grandes religions présentes dans le monde et au Québec.

LES AUTOCHTONES

Nipaii	*Tue-moi*
Eka tshituianif	*Si je reste silencieuse*
Manenimakanitaui	*Quand on manque de respect*
Nitinnimat	*À mon peuple*

JOSÉPHINE BACON
Poète innue

PLAN DU CHAPITRE

3.1
Quelques faits marquants de l'histoire des Autochtones du Canada et du Québec

3.2
La situation des Autochtones du Canada

3.3
Un portrait des nations autochtones du Québec

3.4
La spiritualité autochtone

OBJECTIFS D'APPRENTISSAGE

Après avoir lu ce chapitre, vous devriez être en mesure de:

- exposer les faits marquants de l'histoire des Autochtones du Canada et du Québec;
- décrire les conditions de vie des Autochtones du Canada et du Québec, à partir d'indicateurs démographiques, économiques, socioculturels et du niveau de la santé;
- tracer un portrait démographique, économique et culturel des 11 nations autochtones du Québec;
- nommer les apports de ces communautés à la vie culturelle, politique et sociale du Québec.

Autochtone
Personne dont les ancêtres sont considérés comme les premiers habitants d'un pays ou territoire.

Les **Autochtones** sont les premiers habitants du Canada et ont occupé ce territoire pendant des milliers d'années. Dès leur arrivée en sol d'Amérique, les Européens découvrent une très grande diversité culturelle. En effet, plusieurs nations autochtones coexistent et commercent entre elles depuis des siècles. Certaines subsistent au moyen de la chasse, de la pêche et de la cueillette, se déplaçant au rythme des saisons, ce qui fait d'elles des sociétés nomades, alors que d'autres, plus sédentaires, subsistent au moyen de l'agriculture.

Amérindien
Indien d'Amérique ou membre de l'une des nations constituant les premiers habitants du continent américain, à l'exclusion des Inuits.

Sous la pression de la colonisation et des mesures d'assimilation, ces peuples sont forcés de se sédentariser et de s'assimiler aux Européens. Longtemps les gouvernants canadiens ont pensé que le fait autochtone disparaîtrait et que, si les **Amérindiens** devenaient des citoyens canadiens comme les autres, les questions touchant au territoire et aux autres droits s'effaceraient. Toutefois, au fil des siècles, les Autochtones ont ardemment défendu leur identité culturelle et revendiquent, aujourd'hui encore, des droits territoriaux, politiques, économiques et culturels.

La première partie de ce chapitre brosse un portrait historique des relations entre les Autochtones et les gouvernements canadien et québécois. Comme nous le verrons, les mesures d'assimilation et la discrimination, qui pendant des siècles ont été à la base de ces relations, expliquent en grande partie les conditions de vie actuelles des Autochtones. La deuxième partie présente la population autochtone du Canada et celle du Québec ; un examen des indicateurs démographiques, économiques, socioculturels et relatifs à la santé des Autochtones permet d'entrevoir quelles sont les conditions de vie de la grande majorité d'entre eux. La troisième partie dresse un portrait schématique des 11 nations autochtones présentes au Québec. Enfin, nous soulignons les principales contributions et réalisations des Autochtones au niveau culturel, politique et social.

3.1 Quelques faits marquants de l'histoire des Autochtones du Canada et du Québec

Avec l'arrivée des Européens en Amérique du Nord, les Autochtones ont vécu une dépossession de leurs terres et de leurs droits. Cela s'est fait en grande partie par les lois, actes et traités instaurés par les gouvernements britannique et canadien. L'historique qui suit retrace les étapes de cette dépossession et la lutte, inachevée, des Autochtones pour retrouver leur dignité.

3.1.1 Du XVIe au XVIIIe siècle : les premiers contacts des Européens avec les Autochtones

En 1534, Jacques Cartier rencontre à Gaspé des Iroquoiens venus pêcher dans la péninsule et, l'année suivante, lors de son deuxième voyage d'exploration, il établit des contacts avec la population de Stadaconé (sise sur l'emplacement de l'actuelle ville de Québec) et d'Hochelaga (une bourgade iroquoise située près du mont Royal, dans l'actuelle ville de Montréal). Débute alors la traite des fourrures entre les Européens et les Autochtones. En 1600, un premier poste de traite est établi à Tadoussac et le commerce des fourrures prend de l'ampleur. Comme les relations entre les Français et les Autochtones reposent sur ce commerce et que celui-ci exige une collaboration entre les trappeurs autochtones et les commerçants français, plusieurs traités seront signés. En voici les deux plus importants :

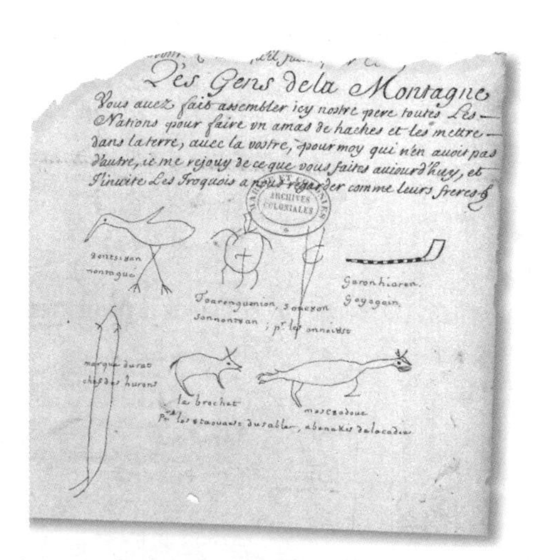
Les Gens dela Montagne
Vous auez fait assembler icy nostre pere toutes Les Nations pour faire vn amas de haches et les mettre dans laterre, auec la vostre, pour moy qui n'en auoit pas d'autre, ie me rejouy de ce que vous faites auiourd'huy, et j'inuite Les Iroquois a nous regarder comme leurs freres

Les représentants de nations autochtones signent le *Traité de la Grande Paix* de Montréal, en 1701, en dessinant les emblèmes de leurs villages ou nations.

1. Le ***Traité de la Grande Paix de Montréal*:** en 1701, le gouverneur de Callières, représentant de la Couronne française, signe ce traité avec les représentants

de plus d'une trentaine de nations amérindiennes alliées aux Français. Cette entente de paix et d'amitié met fin à plus de 100 ans de guerre avec les Amérindiens et assurera la paix pendant de nombreuses années. Les représentants signent l'entente en dessinant les emblèmes de leurs villages ou nations (renard, tortue, oiseau, etc.) aux côtés du sceau des archives coloniales de la France (Delâge, 2012).

2. **La *Proclamation royale* de 1763 :** à la suite de la conquête de la Nouvelle-France par les Britanniques, en 1760, la *Proclamation royale* de 1763 organise politiquement les possessions britanniques en Amérique du Nord (*voir l'encadré 3.1*). En réalité, celle-ci est la première Constitution du pays (Lepage, 2009) et elle reconnaît que les Autochtones sont des groupes organisés politiquement avec lesquels il est nécessaire de négocier. La *Proclamation royale* donnera lieu à la signature de nombreux traités territoriaux et d'actes de cession de terres autochtones.

ENCADRÉ 3.1 Un extrait de la *Proclamation royale* de 1763

« Attendu qu'il est juste, raisonnable et essentiel pour notre intérêt et la sécurité de nos colonies de prendre des mesures pour assurer aux nations ou tribus sauvages qui sont en relation avec Nous, et qui vivent sous Notre protection, la possession entière et paisible des parties de Nos possessions et territoires qui n'ont été concédées ni achetées et ont été réservées pour ces tribus ou quelques-unes d'entre elles comme territoires de chasse [...]. »

Source : Extrait de la *Proclamation royale* de 1763, reproduite dans Gouvernement du Canada, 1985.

3.1.2 Du XIXe siècle jusqu'à 1969 : des politiques d'assimilation

Le XIXe siècle sera celui de la constitution du Canada en tant qu'entité pouvant légiférer sur les territoires acquis, dont ceux occupés par les Autochtones. Au cours des années 1810, le commerce des fourrures commence à décliner, et la colonisation de l'ouest du pays s'amorce. C'est dans ce contexte de peuplement et de développement économique que, de 1820 à 1876, une politique d'assimilation est élaborée par le gouvernement. Voici certaines des mesures mises en place dans cette optique d'assimilation, du XIXe siècle jusqu'à la fin des années 1960 :

- **La création des pensionnats autochtones :** à partir de 1831, on ouvre les premiers pensionnats pour enfants autochtones en Ontario. Ces pensionnats sont conçus et mis en place dans un but précis : retirer les très jeunes enfants de leur famille et leur inculquer les bases culturelles de la société dominante. À partir de 1920, on rend obligatoire le pensionnat pour tous les enfants autochtones âgés entre 7 et 15 ans. Les enfants sont arrachés de force à leur famille par des prêtres, des agents des affaires indiennes et des agents de police. En « resocialisant » ces enfants (en « tuant l'Indien dans l'enfant »), en les obligeant à utiliser la langue anglaise ou la langue française et en leur inculquant les valeurs (religieuses et autres) ainsi que les façons de vivre des Canadiens, les gouvernements visent leur assimilation (Ottawa, 2010).

  En 1931, il existe 80 pensionnats pour enfants autochtones au Canada. À partir des années 1980, des élèves de ces pensionnats commencent à dévoiler la négligence, les abus et sévices sexuels et physiques dont ils ont été victimes. C'est seulement en 1996 qu'on fermera le dernier pensionnat en Saskatchewan.

Dirigés par des religieux et des religieuses, les pensionnats autochtones visaient à « tuer l'Indien dans l'enfant » ; cette photo date des années 1890.

- **La création des premières réserves :** le Parlement du Canada-Uni adopte l'*Acte pour mettre à part certaines étendues de terre pour l'usage de certaines tribus de Sauvages dans le Bas-Canada*, et crée ainsi les premières réserves en 1851. L'idée est de favoriser la sédentarisation et le développement d'une économie agricole.
- **L'émancipation légale des Indiens :** selon un autre acte adopté en 1857, tout Indien mâle de 21 ans et plus, capable de lire et d'écrire l'anglais ou le français, possédant une éducation de niveau primaire, doté d'un « bon sens moral » et n'ayant pas de dettes pouvait être déclaré émancipé. Ainsi, il acquérait le même statut que tout autre citoyen non autochtone. Tout Autochtone qui devenait membre du clergé ou qui obtenait un diplôme universitaire était automatiquement émancipé.
- **La signature de traités après la création du Canada :** en 1867, le gouvernement fédéral acquiert l'autorité exclusive de légiférer sur « les Indiens et les terres qui leur sont réservées » (article 91 [24] de la *Loi constitutionnelle*). À partir de cette année et jusqu'en 1921, dans le but de s'approprier des terres pour coloniser l'ouest du pays, le gouvernement du Canada signera 11 grands traités territoriaux avec les Autochtones. Ces traités confirment la cessation des droits territoriaux, des titres et des intérêts des Autochtones sur leurs propres terres.
- **La *Loi sur les Indiens* :** l'*Acte des Sauvages*, promulgué en 1876 et communément appelé *Loi sur les Indiens*, consiste en une refonte de l'ensemble des législations concernant les Indiens du Canada. Fortement empreint de discrimination, la *Loi* est basée sur le principe de l'assimilation et vise la disparition progressive des populations autochtones. Selon cette loi, les Indiens peuvent préserver leurs territoires ancestraux, mais uniquement sous la forme de **réserves**, sur lesquelles le gouvernement canadien a pleine juridiction. Les Indiens non inscrits, les Inuits et les Métis ne sont pas soumis à cette loi (Simeone, 2011).

Réserve
Terres appartenant au gouvernement et mises de côté à l'usage et au profit des Premières Nations. Il n'y a jamais eu de réserves pour les Métis ni les Inuits.

La *Loi sur les Indiens* statue que le gouvernement fédéral est responsable de l'administration des affaires concernant les Autochtones. Elle touche aux quatre aspects suivants des droits des Indiens :

- **Le statut:** la loi détermine qui est Indien et qui ne l'est pas. Sont désignées comme Indiens uniquement les personnes qui sont enregistrées dans le Registre des Indiens. Une femme indienne qui épouse un non-Indien est automatiquement rayée du Registre des Indiens, de même que ses enfants. Elle ne peut pas vivre dans la réserve et perd les avantages que lui confère son statut d'Indienne. À l'inverse, le mariage d'un homme indien avec une femme non indienne n'entraîne aucune conséquence concernant son statut.
- **Le territoire:** la Couronne britannique devient l'unique propriétaire des terres réservées aux Indiens.
- **La structure politique:** la loi ne reconnaît pas les structures politiques des groupes autochtones. Elle leur impose la structure des conseils de bande, lesquels deviennent les seuls interlocuteurs légitimes auprès du gouvernement et les seules instances habilitées à exercer le pouvoir local dans les communautés. Le conseil de bande est composé d'un chef et de conseillers élus par les communautés, et il a la responsabilité d'offrir des services à la communauté.
- **L'interdiction de certaines pratiques culturelles:** en 1884, une nouvelle loi interdit les **potlatchs** et les danses et cérémonies traditionnelles, dont la danse du Soleil. En 1927, la loi interdira aussi aux Autochtones de parler leur langue maternelle et de pratiquer leur religion.

Potlatch
Comportement culturel ou cérémonie basés sur le don et l'échange non marchand.

- **L'école obligatoire pour tous les Canadiens:** le gouvernement canadien rend l'école obligatoire pour tous les jeunes Canadiens en 1950. Cette obligation vise à scolariser l'ensemble de la population canadienne, mais elle aura des effets importants sur les conditions de vie des Autochtones, car elle met un terme au nomadisme, divise les familles et bloque la transmission des connaissances par la communauté.
- **Un livre blanc sur les affaires indiennes:** en 1969, le gouvernement fédéral dépose un livre blanc sur les affaires indiennes qui propose d'abolir la *Loi sur les Indiens* ainsi que le ministère des Affaires indiennes, et de traiter les Autochtones comme des « citoyens ordinaires ». Ce livre blanc marque un tournant dans l'histoire des Autochtones du Canada, car, contrairement à ce qu'on pensait, il sera rejeté par les Nations autochtones du Canada. Ces dernières créent l'Assemblée des Premières Nations et, à partir de ce moment, les Autochtones mèneront leurs luttes devant les tribunaux de même qu'auprès d'instances internationales telles que l'Organisation des Nations Unies.

CAPSULE

L'affaire Louis Riel

En 1869, un ministre fédéral des Travaux publics envoie un fonctionnaire à l'établissement de la Rivière-Rouge, au Manitoba, pour arpenter des terrains qui traversent les propriétés des Métis, car on souhaite y installer des colons. Le 11 octobre 1869, 16 Métis, sous la direction de Louis Riel, représentant du Comité national des Métis, érigent une barricade pour empêcher l'équipe d'arpenteurs de faire leur travail. Le gouvernement dépêche rapidement 300 hommes armés et maîtrise la révolte. En 1885, la rébellion éclate de nouveau et le gouvernement canadien enverra cette fois 8000 soldats. Louis Riel sera accusé de haute trahison, condamné à mort et pendu en 1885.

3.1.3 De 1969 jusqu'à aujourd'hui: mobilisations, revendications et ententes

Si les Autochtones ont le droit de vote depuis 1960 au fédéral, ils ne pourront voter, au Québec, qu'en 1969. À partir des années 1970 et jusqu'à aujourd'hui, on voit des luttes et des revendications, qui, quelquefois, conduisent à des ententes entre différentes communautés autochtones et les gouvernements canadien et québécois. Cette période est aussi marquée par des inégalités sociales majeures qui entraînent des situations alarmantes sur le plan des conditions de vie globales. Les Autochtones sont encore traités comme des citoyens de second ordre. En 2011, la vérificatrice générale du Canada souligne dans son rapport que les mesures mises en place par le gouvernement du Canada pour améliorer les conditions de vie des Autochtones du Canada n'ont pas vraiment eu les impacts escomptés (Fraser, 2011). Deux ans plus tard, en 2013, James Anya, représentant de l'ONU, fait une tournée au Canada et souligne que, malgré certains progrès, le Canada fait face à une crise relativement à la situation des peuples autochtones sur son territoire. Il constate de graves carences en matière d'éducation et de logement (Vastel, 2013).

Voici un portrait de la période allant des années 1970 à 2014 :

Le premier traité moderne

En 1975, les gouvernements canadien et québécois signent, avec les Cris et les Inuits, la *Convention de la Baie-James et du Nord québécois*. En renonçant à leurs **droits ancestraux**, ces deux nations obtiennent des droits spécifiques sur certaines portions de territoires et obtiennent une compensation de 225 millions de dollars. C'est la première convention du genre à avoir été signée en Amérique du Nord entre un gouvernement et des Autochtones. Une nouvelle entente sera signée avec les Naskapis (la *Convention du Nord-Est québécois*) en 1978. Cette nation obtient elle aussi des droits spécifiques sur des portions de territoire en échange de la cession de ses droits ancestraux et d'une compensation de neuf millions de dollars.

Droits ancestraux
Droits issus de coutumes, de pratiques ou de traditions qui caractérisent la culture d'un groupe autochtone, incluant les droits territoriaux issus de l'occupation et de l'utilisation des terres, pendant des siècles, par les ancêtres du groupe.

ENCADRÉ 3.2 La crise d'Oka

Protestant contre un projet de développement et d'agrandissement d'un terrain de golf sur des terres qu'ils revendiquent, des Mohawks armés (Warriors) de Kanesatake érigent des barricades à l'été 1990, et un affrontement a lieu entre les Mohawks et les gouvernements canadien et québécois pendant 78 jours. Un policier de la Sûreté du Québec trouve la mort dans une tentative pour lever les barricades. Quant aux revendications territoriales, il faudra attendre 10 ans avant que l'on arrive à une entente entre les représentants élus de Kanesatake et le gouvernement fédéral (Guilbeault-Cayer, 2013)

Lors de la crise d'Oka, ce face-à-face entre un soldat de l'armée canadienne et un membre des Warriors, le 1er septembre 1990, a fait couler beaucoup d'encre.

La constitution canadienne

La *Loi constitutionnelle* de 1982, dont les 34 premiers articles forment la *Charte canadienne des droits et libertés*, mentionne que les Indiens, les Inuits et les Métis doivent bénéficier de droits ancestraux ou de droits issus de traités. De plus, en 1985, le Parlement canadien met fin à plus de 100 ans de discrimination sexuelle, en modifiant la clause liée au statut de la *Loi sur les Indiens*. Désormais, le statut d'une femme ne dépend plus de celui de son conjoint. Ainsi, une Indienne qui épouse un non-Indien conserve son statut d'Indienne et une non-Indienne ne peut plus acquérir le statut d'Indienne en épousant un Indien.

La *Loi* reconnaît aussi aux Premières Nations la responsabilité d'établir elles-mêmes les règles d'appartenance à leur groupe. Enfin, elle restitue le statut d'Indien inscrit aux personnes qui l'avaient perdu en vertu des anciennes dispositions ; ainsi, les Indiens qui avaient été émancipés, volontairement ou non, peuvent recouvrer leurs droits.

La reconnaissance des nations autochtones et de leurs droits

L'Assemblée nationale du Québec adopte une motion de reconnaissance des nations autochtones et de leurs droits en 1985. Cette motion recommande au gouvernement de conclure des ententes avec les Autochtones dans plusieurs domaines, notamment l'autonomie, la culture, la langue et la participation au développement économique. Le Québec crée son propre Secrétariat aux affaires autochtones en 1987, dont le mandat consiste, entre autres, à négocier des ententes avec les Autochtones.

La Commission royale sur les peuples autochtones

À la suite de la crise d'Oka (*voir l'encadré 3.2, à la page précédente*), le gouvernement du Canada crée la Commission royale sur les peuples autochtones en 1991, afin d'enquêter sur les relations entre les Autochtones et le gouvernement du Canada. Cette commission est coprésidée par René Dussault, juge à la Cour d'appel du Québec, et Georges Erasmus, ancien chef de l'Assemblée des Premières Nations. La Commission remet son rapport en 1996 et conclut qu'il est nécessaire de changer fondamentalement les relations entre Autochtones et non-Autochtones.

La création du Nunavut

La carte géographique du Canada se transforme en 1999 avec la création du Nunavut, un territoire faisant jusque-là partie des Territoires du Nord-Ouest. C'est le résultat de la plus importante revendication territoriale jamais satisfaite dans toute l'histoire du Canada. Le Nunavut est désormais un territoire canadien gouverné par une assemblée législative élue, un cabinet et un tribunal territorial chargés de l'éducation, des services de santé, des services sociaux et de nombreuses autres responsabilités de type provincial.

CAPSULE

Le Nunavut

Le Nunavut, dont le nom signifie « notre terre » en inuktitut, est situé à l'extrémité nord du Canada. Il couvre au total 2 millions de km² de terre et 161 935 km² d'eau. Sa population, estimée en 2013 à 35 591 habitants dont 82 % sont Inuits, est répartie dans une trentaine de communautés dispersées sur l'ensemble du territoire. L'inuktitut est la langue maternelle de 70 % de la population, contre 26 % pour l'anglais.

Des ententes entre le gouvernement du Québec et quelques communautés

Voyons maintenant quelques ententes qui ont été conclues entre le gouvernement du Québec et certaines communautés autochtones au cours des dernières décennies.

La *Paix des Braves* (2002) La *Paix des Braves*, une entente signée par le gouvernement du Québec et les Cris, reconnaît certains droits territoriaux à cette nation. Elle permet d'amorcer une nouvelle phase de développement économique et social de la région de la Baie-James et prévoit une augmentation de l'autonomie des Cris. Par cette entente, ces derniers seront en outre associés au développement hydroélectrique de leur région et du nord du Québec. La même année, une entente intitulée *Sanarrutik* est signée avec les Inuits ; il s'agit d'un accord de partenariat sur le développement économique et communautaire du Nunavik. Une autre entente économique sera signée en 2004 (*Sivunirmut*).

Une entente de principe sur un territoire innu (2004) Une entente de principe est conclue entre quatre des neuf communautés innues (Betsiamites, Essipit, Mashteuiatsh et Natashquan) et les gouvernements du Québec et du Canada. Cette entente porte sur des négociations sur la reconnaissance d'un territoire innu, des droits de chasse, de piégeage, de pêche et de cueillette ainsi que sur la création d'un gouvernement innu qui aurait des droits de redevances sur l'exploitation des ressources en territoire innu.

Une entente de principe sur le Nunavik (2007) Les Inuits du Québec et les gouvernements du Canada et du Québec signent une entente de principesur la création d'un gouvernement régional du Nunavik qui se verrait doté de pouvoirs en matière d'éducation, de santé, de sécurité publique et de transport. Mais cette entente a fait l'objetd'un référendum en 2011 et a été rejetée par l'ensemble des communautés inuites.

CAPSULE

Le Nunavik (ᓄᓇᕕᒃ)

Le Nunavik, dont le nom signifie « l'endroit où vivre » en inuktitut, forme le tiers de la province du Québec et comprend toute la partie située au nord du 55ᵉ parallèle. On l'appelle aussi le Nouveau-Québec. Sa superficie est d'environ 507 000 km² et ses 116 000 habitants, dont 90 % sont Inuits, vivent dans 15 villages répartis surtout le long des côtes.

Quelques évènements marquants de la dernière décennie

Terminons cet historique avec quelques évènements marquants de la dernière décennie :

Le premier Forum socioéconomique des Premières Nations (2006) Ce forum se déroule à Mashteuiatsh et porte sur les services sociaux, la culture, l'éducation, les infrastructures (dont le logement) et le développement communautaire durable.

La Convention de règlement relative aux pensionnats indiens (2006) Cette convention prévoit : un dédommagement financier aux anciens élèves admissibles ayant résidé dans un pensionnat indien reconnu ; un processus d'évaluation indépendant pour les cas de sévices sexuels et d'agression physique grave ; l'instauration d'une Commission de vérité et de réconciliation ; des activités de commémoration et des mesures favorisant la guérison. En 2008, au nom des Canadiens, le premier ministre Stephen Harper présente des excuses complètes aux anciens élèves des pensionnats indiens.

La Déclaration des Nations Unies sur les droits des peuples autochtones (2007) Adoptée par l'Assemblée générale des Nations Unies, cette Déclaration est ratifiée par une majorité de 143 États, avec 4 votes s'y opposant (ceux de l'Australie, du Canada, des États-Unis et de la Nouvelle-Zélande) et 11 abstentions. La Déclaration établit un cadre universel de normes minimales pour la survie, la dignité, le bien-être et les droits des peuples autochtones du monde entier et aborde les droits collectifs et individuels, les droits culturels et l'identité, les droits à l'éducation, à la santé, à l'emploi et à la langue. En 2010, le Canada revient sur sa décision et ratifie cette Déclaration.

Le Mouvement Idle No More/Jamais plus l'inaction (2012) En 2012, le gouvernement de Stephen Harper fait adopter par le Parlement canadien, la *Loi sur l'emploi et la croissance*. Cette loi entraîne, selon ses opposants, la violation de traités ancestraux. La chef de la réserve d'Attawapiskat, Theresa Spence, fait une grève de la faim dans un tipi en face du parlement à Ottawa pendant plusieurs jours. De nombreuses manifestations ont lieu partout au Canada et au Québec et même ailleurs dans le monde pour soutenir ce mouvement.

WWW
idlenomore.ca

3.1.4 Un résumé des évènements marquants de l'histoire des Autochtones

Le tableau 3.1 présente un résumé des évènements marquants de l'histoire des Autochtones du Canada et du Québec.

3.2 La situation des Autochtones du Canada

La Constitution canadienne reconnaît trois groupes d'Autochtones au Canada :

1. Les membres des Premières Nations : la *Loi sur les Indiens* distingue trois types de membres des Premières Nations : les **Indiens inscrits**, les **Indiens non inscrits** et les **Indiens soumis aux traités**.
2. Les Métis : les Métis sont des gens d'ascendance mixte ; une partie de leurs ancêtres est d'origine européenne et une autre est issue de l'une des Premières Nations.
3. Les Inuits : les Inuits sont de cultures et de familles différentes de celles des Indiens et ne sont pas soumis à la *Loi sur les Indiens*. Près de 80 % de la population inuite du Canada réside dans l'Inuit Nunaat qui comprend quatre régions : le Nunavut, le Nunavik (nord du Québec), le Nunatsiavut (nord du Labrador) et l'Unuvialut (Yukon et Territoires du Nord-Ouest).

Indiens inscrits
Personnes inscrites dans le Registre des Indiens de la *Loi sur les Indiens*. Ces personnes peuvent vivre dans des réserves ou hors réserves.

Indiens non inscrits
Personnes de descendance et de filiation culturelle indiennes, mais qui ne sont pas inscrites dans le Registre des Indiens.

Indiens soumis aux traités
Personnes inscrites comme membres d'une bande signataire ou qui peuvent prouver qu'elles descendent d'une telle bande. Les noms de ces personnes sont consignés dans le Registre des Indiens en tant qu'Indiens inscrits.

TABLEAU 3.1 Les évènements marquants de l'histoire des Autochtones du Canada et du Québec

Périodes de l'histoire	Évènements marquants
Du XVIe au XVIIIe siècle	Commerce de la fourrure et échanges économiques et culturels avec les Européens 1701 Signature du *Traité de la Grande Paix* de Montréal 1763 *Proclamation royale*
Du XIXe siècle à 1969	**Mesures d'assimilation** 1849 Création des premiers pensionnats indiens 1851 Création des premières réserves 1857 Loi favorisant l'émancipation des Indiens 1867 Création de la Confédération canadienne 1869-1885 Affaire Louis Riel 1876 *Acte des Sauvages* ou *Loi sur les Indiens* 1920 Pensionnat obligatoire pour tous les enfants autochtones 1969 Dépôt du *Livre blanc sur les affaires indiennes*
De 1970 à 2014	1975 et 1978 Premiers traités modernes avec les Cris, les Inuits et les Naskapis 1982 *Constitution canadienne* 1985 Reconnaissance des nations autochtones et de leurs droits par l'Assemblée nationale du Québec 1990 Crise d'Oka opposant les gouvernements canadiens et québécois et la nation mohawke 1991 Commission royale sur les peuples autochtones 1999 Création du Nunavut 2002 *Paix des Braves* (entente avec les Cris) et *Sanarrutik* (entente avec les Inuits) 2004 Entente avec quelques communautés innues 2006 *Convention de règlement relative aux pensionnats indiens* 2007 Entente de principe sur le Nunavik 2007 *Déclaration des Nations Unies sur les droits des peuples autochtones* 2010 Ratification de la *Déclaration* de 2007 par le Canada 2011 Rejet de l'entente sur le Nunavik par la population inuite 2011 Rapport de la vérificatrice générale du Canada, Sheila Fraser, sur la situation des Autochtones du Canada 2012 Mouvement Idle no more/Jamais plus l'Inaction et grève de la faim de la chef de la réserve d'Attawapiskat (communauté crie du nord de l'Ontario), Theresa Spence 2013 Rapport du rapporteur spécial de l'Organisation des Nations Unies, James Anaya, sur les conditions de vie des Autochtones du Canada

En 2001, 976 305 personnes s'étaient identifiées en tant qu'Autochtones au Canada, ce qui représentait environ 3,3 % de la population canadienne. En 2011, ils étaient 1,4 million de personnes, soit 4,3 % de la population canadienne. Parmi ceux-ci, 851 560 sont des Indiens, 452 000 des Métis et 59 000 des Inuits. Environ 22 % des Autochtones vivent en Ontario, 17 % en Colombie-Britannique, 16 % en Alberta, 14 % au Manitoba, 11 % en Saskatchewan et 10 % au Québec. Un peu moins de la moitié vivent dans des réserves (46 %). Les villes où l'on retrouve la plus grande densité d'Autochtones sont Edmonton, Vancouver et Winnipeg (Statistique Canada, 2013a).

CAPSULE

La police autochtone

Une politique concernant les corps policiers des Premières Nations a été adoptée par le gouvernement fédéral en juin 1991, puis modifiée en 1996. En 2011, on comptait 30 corps de police autochtones. Les policiers sont formés à l'École nationale de police du Québec et leur action est orientée vers la prévention et l'approche communautaire. Les Inuits ont un corps de police régional, Kativik, qui dessert l'ensemble de leurs villages.

Même si les Autochtones du Canada ont vu leur situation s'améliorer sensiblement, ils continuent de vivre dans des conditions difficiles relativement à l'ensemble de la population canadienne. L'encadré 3.3 (*voir la page suivante*) présente des indicateurs démographiques, économiques, socioculturels et relatifs à la santé physique et mentale des Autochtones.

ENCADRÉ 3.3 Les conditions de vie des Autochtones au Canada

Voici quelques indicateurs démographiques, économiques, socioculturels et au niveau de la santé des Autochtones. Ces données sont comparées à la moyenne canadienne.

Quelques indicateurs démographiques :

- La population autochtone s'est accrue entre 2001 et 2011.
- La moitié de la population autochtone a moins de 24 ans ; c'est donc une population très jeune.
- Le taux de fécondité est légèrement plus élevé.

Quelques indicateurs économiques :

- Les Autochtones sont beaucoup moins scolarisés, surtout au niveau universitaire.
- Le taux d'emploi est moins élevé.
- Le taux de chômage est plus élevé.
- Le revenu médian est de 30 % inférieur.
- Le quart des enfants vivent sous le seuil de la pauvreté.

Quelques indicateurs socioculturels :

- Le pourcentage de familles monoparentales dont le chef de famille est une femme est plus élevé.
- Le surpeuplement dans les ménages autochtones est beaucoup plus élevé.
- Les enfants autochtones vivent quatre fois plus en famille d'accueil.
- Le nombre d'Autochtones qui vivent dans des logements insalubres (moisissures, sans accès à l'eau potable, etc.) est encore très élevé.
- Seulement un Autochtone sur quatre est capable de soutenir une conversation dans une langue autochtone.
- Les Autochtones représentent 22 % des prisonniers incarcérés dans les établissements fédéraux alors qu'ils constituent 4 % de la population canadienne. Le taux d'incarcération est 8 fois plus élevé.

Quelques indicateurs relatifs à la santé physique et mentale :

- Les Autochtones du Canada ont une espérance de vie plus courte.
- Ils ont un taux de mortalité infantile plus élevé.
- Les Autochtones sont en moins bonne santé : 8 à 10 fois plus de mortalité reliée à la tuberculose ; 5 fois plus de mortalité reliée au diabète.
- Les enfants sont davantage touchés par l'obésité.
- Le taux de suicide est 5 fois plus élevé chez les Premières Nations et 11 fois plus élevé chez les Inuits.
- Le tabagisme est beaucoup plus élevé.
- La consommation d'alcool et de drogues est plus élevée.
- Les épisodes de dépression sont deux fois plus fréquents.

Sources : Simeone, 2011 ; Statistique Canada, 2013.

3.3 Un portrait des nations autochtones du Québec

Les 11 nations autochtones du Québec (10 nations amérindiennes et 1 inuite) comprennent 94 093 personnes et représentent environ 1,2 % de la population québécoise (Affaires autochtones et Développement du Nord Canada, 2014).

Elles sont divisées en **communautés** (ou villages) dont la taille varie de quelques centaines à quelques milliers de personnes. On retrouve en sol québécois 55 communautés autochtones, dont 14 communautés inuites.

Communauté
Désigne ici un ensemble d'individus appartenant à une nation amérindienne ou inuit et vivant sur un territoire donné.

Les nations autochtones du Québec occupent des territoires différents, et chacune se caractérise par sa langue, son histoire et son mode de vie particuliers. Par exemple, les communautés habitant près des grands centres urbains vivent de façon très différente des communautés isolées du nord du Québec, qui sont dispersées sur de vastes territoires. Cette distinction nous sert d'ailleurs à établir deux grandes catégories : les nations du nord du Québec et celles du sud du Québec (respectivement au nord et au sud du 55e parallèle) (*voir la carte 3 à la fin de l'ouvrage*). Les nations du nord du Québec sont les Inuits, les Cris, les Naskapis et les Innus et les nations du sud sont les Algonquins, les Mohawks, les Abénaquis, les Hurons-Wendats, les Micmacs, les Attikameks et les Malécites (Secrétariat aux affaires autochtones, 2011 ; Lepage, 2009).

SAVIEZ-VOUS QUE...

Plusieurs toponymes du Québec et du Canada proviennent de langues autochtones, notamment « Canada », qui vient de *kanata* (« peuplement » ou « village » en langue huronne) et « Québec », qui vient de *kebek* (« passage étroit » en langue algonquine, en référence au rétrécissement du fleuve Saint-Laurent à la hauteur du cap Diamant).

Les communautés autochtones du Québec appartiennent à trois grandes familles linguistiques : la famille algonquienne

(Abénaquis, Algonquins, Attikameks, Cris, Innus, Malécites, Micmacs et Naskapis), la famille iroquoienne (Hurons-Wendats, Mohawks) et la famille eskaléoute (Inuits).

Vous trouverez dans le tableau 3.2 le nombre d'habitants composant les communautés amérindiennes et inuites du Québec, incluant les résidents et les non-résidents, ainsi que la population totale des Autochtones du Québec.

TABLEAU 3.2 Les nations amérindiennes et inuites du Québec, résidant ou non dans les communautés, en 2012

Nations	Résidents	Non-résidents	Total
Abénaquis	411	2 166	2 577
Algonquins	6 090	4 936	11026
Attikameks	5 877	1 155	7 032
Cris	15281	1 281	17483
Hurons-Wendats	1 494	2 351	3 845
Innus	12152	6 688	18820
Malécites	0	1 102	1 102
Micmacs	2 758	2 326	5 527
Mohawks	14551	3 634	18185
Naskapis	857	313	1170
Indiens inscrits et non associés à une nation	1	123	124
Population amérindienne totale	**59471**	**25932**	**87091**
Inuits	10429	735	11640
Population autochtone totale	**69900**	**26667**	**98731**

Sources: Secrétariat aux affaires autochtones du Québec, 2014; Ministère des Affaires autochtones et Développement du Nord du Canada, 2012; Ministère de la Santé et des Services sociaux du Québec, 2012.

Dans l'ensemble, 27 % des Autochtones du Québec habitent à l'extérieur des réserves, mais cette proportion varie considérablement selon les nations; par exemple, plus d'Abénaquis vivent à l'extérieur de leurs communautés qu'à l'intérieur de celles-ci, 30 % des Innus vivent à l'extérieur de leurs communautés, les Micmacs sont répartis à peu près également à l'intérieur et à l'extérieur de leurs communautés, tandis que les Cris et les Inuits habitent très majoritairement dans leurs communautés, réserves ou villages. L'encadré 3.4 présente la situation des Autochtones vivant en milieu urbain.

ENCADRÉ 3.4 Les Autochtones vivant en milieu urbain

Plusieurs Autochtones vivent en milieu urbain et ce phénomène s'est accru au cours des dernières années. Au Canada, ils constituent 10 % de la population de Winnipeg, 9 % de celle de Régina et 1 % de celle de Montréal (Division des affaires économiques et institutionnelles, 2010). Au Québec, des villes comme Montréal, Québec, Trois-Rivières, Gatineau, Baie-Comeau, Val-d'Or et Saguenay ont vu la population autochtone s'accroître, surtout entre 2001 et 2011. Celle-ci se compose de personnes issues des Premières Nations, des Inuits et des Métis.

Les Autochtones viennent s'installer dans la ville pour se rapprocher de leur famille, pour poursuivre leurs études, pour bénéficier des possibilités d'emploi ou des commodités et des services qu'on y trouve, pour fuir la violence familiale; il y a plus de femmes que d'hommes autochtones en milieu urbain, et la population autochtone urbaine est relativement jeune (Cornellier, 2013). Si la plupart des Autochtones apprivoisent la ville et son mode de vie, quelques-uns n'y parviennent pas et vivent des situations d'itinérance, faute d'argent, de soutien et de réseau (Lévesque, 2011).

Voyons de plus près le portrait des 11 nations autochtones du Québec. Pour chacune d'entre elles, nous nous sommes limités à quelques aspects historiques, culturels, économiques et quelquefois politiques.

CAPSULE

Le premier musée et le premier collège autochtones

C'est à Odanak que se trouve le plus ancien musée amérindien du Québec, ouvert en 1962 et rénové en 2005. Ce musée retrace l'histoire culturelle des Abénaquis, le peuple du soleil levant. Son exposition permanente propose un spectacle multimédia sur la création du monde selon la tradition abénaquise (*voir le site* http://museedesabenakis.ca). Odanak compte aussi le premier collège autochtone du Québec, l'Institution Kiuna, qui a ouvert ses portes en 2011.

3.3.1 Les Abénaquis (WABAN-AKI)

Population 2577 personnes.

Communautés Odanak et Wôlinak.

Territoire Situé sur la rive sud du Saint-Laurent, entre Sorel et Bécancour, totalisant un peu moins de 7 km².

Histoire Les Abénaquis sont originaires du territoire où ont été établies les colonies de la Nouvelle-Angleterre. Vers 1700, ils trouvent refuge dans la vallée du Saint-Laurent et s'installent à Odanak. Ils se lient avec les Français et échangent vivres et protection.

Langues Le français, l'anglais et l'abénaquis (qui n'est presque plus parlé).

Noms de famille O'Bomsawin, Landry, Bernard, Saint-Aubin.

Économie Les Abénaquis possèdent plusieurs petites et moyennes entreprises : plantations de pins, usines de produits de fibre de verre, entreprise de collecte d'ordures ménagères et de matières recyclables.

3.3.2 Les Algonquins (ANISHINABEG)

Population 11 026 personnes.

Communautés Hunter's Point, Kebaowek, Kitcisakik, Kitigan Zibi, Rapid Lake, Lac-Simon, Pikogan, Timiskaming, Winneway.

Territoire Situé dans la région de l'Outaouais, couvrant 140 km², dont 80 % est occupé par la réserve de Maniwaki (à la limite de l'Abitibi).

Histoire Jusqu'au milieu des années 1600, les Algonquins occupent tout le territoire de la rive nord du Saint-Laurent, des Deux-Montagnes jusqu'aux Grands Lacs. En 1650, ils sont refoulés par les Iroquoiens vers la région de l'Outaouais. L'exploitation forestière, au XIXe siècle, et la construction de barrages, au XXe siècle, dévastent leurs territoires de chasse et les forcent à adopter un mode de vie sédentaire. Malgré tout, plusieurs familles algonquines vivent encore selon le mode nomade, chassant durant l'hiver et se rassemblant à la réserve pour la saison chaude.

Langues L'anglais, le français et l'algonquin.

Noms de famille Jérôme, Roger, Chevrier, MacLaren, Chalifoux, Chabot.

Économie Les Algonquins sont actifs dans les opérations forestières, l'artisanat et le tourisme. À Zitigan Zibi, on trouve de petites entreprises, une maison de jeunes, un atelier pour personnes handicapées, un centre de traitement pour toxicomanes, un centre pour femmes violentées et un centre culturel.

CONNAISSEZ-VOUS ?

Rachel-Alouki Labbé

Abénaquise ayant vécu son enfance chez les Mohawks de Kanesatake, Rachel-Alouki Labbé est diplômée en communication et a réalisé plusieurs films, dont *Les enfants de la nuit,* paru en 2008, qui traite de la naissance d'enfants dans des camps de réfugiés au nord de l'Ouganda. Dans sa plus récente vidéo (2014), *Bâton de parole féminin,* elle donne la parole aux femmes autochtones et aborde la question du mouvement Idle No More.

3.3.3 Les Attikameks (NEHIROWISIWOK)

Population 7032 personnes.

Communautés Coucoucache (sans résidents permanents), Manawan, Obedjiwan, Wemotaci.

Territoire En Haute-Mauricie, dans la partie nord du bassin de la rivière Saint-Maurice.

CONNAISSEZ-VOUS ?

Samian

Rappeur métis de père québécois et de mère algonquine, Samian (Samuel Tremblay) écrit et récite des textes évoquant la situation inquiétante de la jeunesse autochtone (dont la chanson *Ma réalité*). Il a conçu deux albums : *Face à soi-même* en 2007 et *Face à la musique* en 2010.

Histoire Une très grande proportion des Attikameks disparaissent au cours du XVIIe siècle, à la suite d'épidémies et de guerres avec les Iroquoiens. Les survivants se réfugient en Haute-Mauricie. Au début du XXe siècle, l'industrialisation, la construction de moulins à bois et la concession de territoires à des entreprises d'exploitation forestière forcent de nouveau les Attikameks à se déplacer. Puis, entre 1950 et 1972, plusieurs sont encore une fois refoulés à cause de la construction de barrages hydroélectriques.

Langues L'attikamek (langue d'usage de la majorité) et le français (langue seconde).

Noms de famille Flamand, Dubé, Ambroise.

Économie Les Attikameks sont reconnus pour leur expertise dans le reboisement, la sylviculture, la chasse, le piégeage et la pêche. Depuis 1999, le Conseil de bande d'Opitciwan est propriétaire, avec la compagnie forestière Abitibi-Consol, d'une importante scierie située sur le territoire de la communauté. Le conseil de la nation attikamek assure la gestion et la prestation des services sociaux à Manawan et Womotaci. On y produit même du matériel didactique en langue attikameke.

CAPSULE

L'Institut culturel cri Aanischaaukamikw

L'Institut culturel cri Aanischaaukamikw (*voir le site www.institutculturelcri.ca/fr*) vise la préservation, le maintien, le partage, la commémoration et la pratique de la culture crie, pour éviter qu'elle ne s'effrite et disparaisse à jamais. L'institut est à la fois un musée, un centre d'archivage, une bibliothèque, un lieu d'enseignement, un centre culturel et un carrefour virtuel. Il est situé à Oujé-Bougoumou.

Construit selon une architecture moderne, cet institut, inauguré en 1993, est un modèle d'intégration du mode de vie des Autochtones à un espace habité.

Œuvre de l'architecte amérindien Douglas Cardinal, l'Institut culturel cri Aanischaaukamikw a remporté de nombreuses distinctions sur la scène internationale.

3.3.4 Les Cris (Eeyou) ᓀᐦ ᐃᔨᐍ ᐃᐧᑦ

Population 17 483 personnes.

Communautés Chisasibi, Eastmain, Mistissini, Nemiscau, Oujé-Bougoumou, Waskaganish, Waswanipi, Wemindji, Whapmagoostui.

Territoire Bassin de la baie James.

Histoire Les premiers contacts des Cris avec les Européens datent de 1610. Dès 1670, la Compagnie de la Baie d'Hudson obtient le monopole du commerce des fourrures, et les Cris traitent avec les Anglais et les Français. En 1975, la signature de la Convention de la Baie-James et du Nord québécois provoque d'importants changements dans leurs conditions de vie. Comme nous l'avons mentionné précédemment, les Cris obtiennent alors des compensations totalisant 225 millions de dollars ; la *Paix des Braves*, signée en 2002, consolide l'autonomie politique et économique des Cris. Par ailleurs, un accord-cadre est signé en 2011, concernant la gouvernance d'Eeyou Istchee-Baie-James. Ce nouveau gouvernement régional, qui est composé d'Autochtones et de non-Autochtones, remplace la municipalité de Baie-James. Il a les mêmes compétences, fonctions et pouvoirs que l'ensemble de ceux qui sont normalement conférés à une municipalité locale, à une municipalité régionale de comté (MRC), à une conférence régionale des élus et à une commission régionale des ressources naturelles et du territoire.

Par ailleurs, les Cris ont maintenant l'exclusivité du développement de projets hydroélectriques de 50 mégawatts et moins, ainsi que des projets éoliens sur certaines portions du territoire. La première séance du conseil a eu lieu en 2011.

Langues Le cri (langue d'usage de la majorité), l'anglais (langue seconde de la majorité) et le français.

Noms de famille Stewart, Moose, Blacksmith, George.

Économie Les Cris connaissent un développement économique et social important dans les secteurs du transport routier et aérien (Air Creebec), de la construction (CREECO, compagnie de construction) et du tourisme (Eeyou Istchee Baie-James).

3.3.5 Les Hurons-Wendats

Population 3845 personnes.

Communauté Wendake.

Territoire Les Hurons-Wendats forment l'une des nations autochtones les plus urbanisées. Ils vivent à Wendake (Loretteville), à quelques kilomètres de la ville de Québec.

Histoire Les Hurons-Wendats viennent du sud-est de l'Ontario, près de la baie Georgienne. À l'époque de la colonisation, ils possèdent un empire commercial s'étendant des Grands Lacs jusqu'à la baie d'Hudson et seront d'importants partenaires commerciaux pour les Français. À la fin du XVIIe siècle, des épidémies et des guerres avec les Iroquoiens les obligent à quitter leurs villages et à se réfugier dans la région de Québec.

Langue Le français (langue d'usage de la majorité). On considère que la langue huronne est éteinte.

Noms de famille Gros-Louis, Sioui, Picard, Bastien, Savard, Vincent.

Économie Les Hurons-Wendats gèrent des entreprises d'artisanat (mocassins, canots, raquettes) reconnues internationalement et développent le tourisme. Le gouvernement du Québec et le Conseil de la nation huronne-wendat ont signé en février 2000 une entente-cadre prévoyant des négociations sur la mise en valeur des ressources forestières et fauniques, le développement socioéconomique de la communauté, le territoire et la poursuite de négociations déjà entamées en matière de chasse, de pêche et de fiscalité.

CAPSULE

L'Hôtel Musée Premières Nations

L'Hôtel Musée Premières Nations, un édifice à l'architecture unique, ouvre ses portes à l'été 2008, à Wendake, à 15 minutes seulement du centre-ville de Québec. Il fait partie d'un complexe touristique comprenant un amphithéâtre extérieur, un jardin de plantes médicinales, le parcours patrimonial du vieux Wendake et un sentier menant aux chutes Kabir Kouba, site naturel d'une grande beauté.

De même, Onhoüa Chetek8e est un site traditionnel huron qui offre de découvrir l'histoire, la culture, la cuisine, les danses et le mode de vie des Hurons d'hier à aujourd'hui (*voir le site www.huron-wendat.qc.ca*).

3.3.6 Les Innus

Population 18 820 personnes.

Communautés Betsiamites, Essipit, La Romaine, Maliotenam, Mashteuiatsh, Matimekosh-Lac-John, Mingan, Natashquan, Pakuashipi, Uashat.

Territoires Les territoires ancestraux des Innus couvrent les régions du Saguenay–Lac-Saint-Jean, de la Côte-Nord et de la Basse-Côte-Nord ainsi qu'une partie du Labrador.

Histoire Déjà en 1603 et 1604, Samuel de Champlain conclut le premier grand traité de paix et d'alliance militaire et commerciale avec ceux que l'on surnommera les

Montagnais. Au XVIIIe siècle, les Innus basent leurs activités économiques sur l'opération de comptoirs de traite. Au XXe siècle, l'industrie minière et hydroélectrique les amènera à se sédentariser. En 2002, quatre communautés innues et les gouvernements du Québec et du Canada signent une entente de principe qui sera ratifiée deux ans plus tard. Cette entente traite, entre autres, de droits ancestraux et territoriaux et du droit à l'autonomie gouvernementale. D'autres ententes seront conclues entre Hydro-Québec et certaines communautés innues.

Langues L'innu, le français.

Noms de famille Vollant, Bellefleur, Jourdain, Robertson, McKenzie.

Le *shaputuan* est une grande tente de rassemblement chez les Innus.

Économie Les Innus travaillent au développement touristique et à la gestion des ressources naturelles de leurs territoires ainsi qu'au développement des énergies éoliennes et hydroélectriques. Ils ont aussi une station de radio communautaire.

3.3.7 Les Malécites (WOLASTOQIYIK)

Population 1102 personnes. Les Malécites constituent la plus petite nation autochtone.

Communautés Cacouna et Whitworth.

Territoires Les Malécites étaient jadis établis au Nouveau-Brunswick et dans la région du Bas-Saint-Laurent. Aujourd'hui, ils sont dispersés sur tout le territoire québécois. La nation malécite dispose d'un territoire situé dans le canton de Whitworth, près de Rivière-du-Loup, et d'un petit lot à Cacouna, qui est la plus petite réserve autochtone au Canada.

CONNAISSEZ-VOUS ?

Kim Picard

Kim Picard est une designer de mode de la communauté Innue de Pessamit, née d'une mère Innue et d'un père Algonquin-Mohawk. Elle a obtenu un diplôme en Design de mode du Collège LaSalle en 1997 et a travaillé pour différentes compagnies de mode. Elle a également remporté quelques prix aux niveaux provincial et international et a participé à de nombreux défilés de mode un peu partout au Québec, au Canada, de même qu'aux États-Unis.

Histoire Il n'y a que mille personnes qui sont considérées comme membres de cette nation. En 1985, l'adoption du projet de loi C-31 permet à de nombreux Malécites de recouvrer leur statut d'Indiens. Ils formeront un conseil de bande et, en 1989, le gouvernement québécois reconnaît la Première Nation malécite de Viger comme la 11e nation autochtone du Québec.

Langue Le français (langue d'usage de la majorité).

Noms de famille Athanase, Aubin, Nicolas.

Économie L'industrie de la pêche, les arts, l'artisanat et le tourisme constituent les principales activités économiques. La communauté gère un centre d'interprétation sur l'histoire des Malécites.

3.3.8 Les Micmacs (MI'GMAQ)

Population 5527 personnes.

Communautés Gaspé, Gesgapegiag, Listuguj.

CAPSULE

Le village micmac de Gesgapegiag

Ce village reconstitué selon ses allures traditionnelles du XVIIe siècle est ouvert aux visiteurs depuis 1993. On peut y participer à des ateliers de production artisanale et y visiter une salle d'exposition, de même qu'une église catholique en forme de tipi.

Territoires Les territoires ancestraux des Micmacs couvrent le sud-est de la Gaspésie, la Nouvelle-Écosse, l'Île-du-Prince-Édouard, une partie du Nouveau-Brunswick et le sud de Terre-Neuve.

Histoire Les Micmacs sont reconnus comme des gens de la mer. Ils vivaient de chasse et de pêche et construisaient des bateaux qui les transportaient jusqu'à l'île d'Anticosti. Aujourd'hui, la majorité des Micmacs vivent dans les provinces maritimes; ceux du Québec vivent dans les trois communautés ci-dessus mentionnées.

Langues Le micmac (parlé surtout à Listuguj et Gesgapegiag), l'anglais et le français (parlé surtout à Gaspé).

Noms de famille Martin, Basque, Samson, Jeanotte, Gray.

Économie Les Micmacs gèrent des entreprises forestières et travaillent dans les secteurs de la construction, du tourisme, de l'artisanat (paniers de frêne et de foin d'odeur) et des services reliés à la chasse et à la pêche sportives.

3.3.9 Les Mohawks (KANIEN'KEHA: KA)

Population 18 185 personnes. Les Mohawks forment l'une des nations les plus populeuses du Québec.

Communautés Akwesasne (population inscrite en Ontario, où une partie de son territoire se trouve), Doncaster (sans résidents permanents), Kahnawake, Kanesatake.

Territoires La plupart des Mohawks habitent à proximité de Montréal, dans l'une des trois communautés mohawks mentionnées ci-dessus.

Histoire Les Mohawks faisaient partie des cinq communautés iroquoiennes dont les territoires se trouvaient dans l'État de New York, au Québec et en Ontario. Ils ne se sont installés dans la région de Montréal qu'au cours du XVIIe siècle. La société mohawk était matrilinéaire (mères de clan). L'histoire récente de cette nation est marquée par la «crise d'Oka» de l'été 1990 (*voir l'encadré 3.2 de la page 48*), alors qu'un projet controversé de développement de terres revendiquées par les Mohawks dégénère en conflit armé.

Langues L'anglais (langue de la majorité), le mohawk (ou kanienke) et, de plus en plus, le français.

Noms de famille Étienne, Mitchell, Montour, Jacobs.

Économie Au cours du XIXe siècle, les Mohawks ont travaillé à la construction de structures d'acier en tant qu'ouvriers spécialisés. Depuis, ce savoir-faire les a amenés à travailler dans ce secteur dans plusieurs villes canadiennes et américaines. De plus, les Mohawks ont développé au fil du temps de petites entreprises d'artisanat (joaillerie, sculpture, vannerie), et ils ont établi à Akwesasne un centre culturel et un musée qui possède une collection importante d'ouvrages sur le peuple mohawk. Depuis plusieurs années, un pow-wow (grande fête estivale) se tient à Kahnawake, où le public est invité à des spectacles de danses traditionnelles et à la dégustation de mets typiques.

CONNAISSEZ-VOUS?

Kateri Tekakwitha

Kateri Tekakwitha, née d'une mère algonquine et d'un père mohawk, a vécu entre 1656 et 1680. Le 21 octobre 2012, le pape Benoit XVI la canonise. Elle devient ainsi la toute première sainte amérindienne d'Amérique du Nord.

3.3.10 Les Naskapis

Population 1170 personnes.

Communauté Kawawachikamach.

Territoire À la frontière du Québec et du Labrador.

Histoire En 1978, les Naskapis signent la Convention du Nord-Est québécois, qui leur accorde une compensation financière de 9 millions de dollars et leur concède un territoire de 285 km^2, de même que des droits exclusifs de gestion sur un vaste territoire de chasse, de pêche et de piégeage. En 1984, la *Loi sur les Cris et les Naskapis* soustrait les Naskapis à la *Loi sur les Indiens*, leur accordant ainsi une plus grande autonomie administrative. Cette même année, le village de Kawawachikamach est construit.

Langues Le naskapi (langue d'usage de la majorité) et l'anglais (langue seconde de la majorité).

Nom de famille Guanish.

Économie Les Naskapis développent le tourisme d'aventure et gèrent des pourvoiries, établissements fournissant des services en lien avec la chasse et la pêche. En 2004, ils ont mis sur pied une compagnie ferroviaire qui assure le transport de passagers entre Ross Bay (Labrador) et Schefferville. En 2009, les Naskapis et le gouvernement du Québec signaient une entente de partenariat économique et communautaire inspirée des ententes avec les Cris et les Inuits de 2002.

3.3.11 Les Inuits

Population 11 640 personnes.

Communautés Akulivik, Aupaluk, Chisasibi, Inukjuak, Ivujivik, Kangiqsualujjuaq, Kangiqsujuaq, Kangirsuk, Killiniq (sans résidents permanents), Kuujjuaq, Kuujjuaraapik, Puvirnituq, Quaqtaq, Salluit, Tasiujaq, Umiujaq.

Territoire Le Nunavik, au nord du 55e parallèle, territoire de 560 000 km^2.

Histoire Les Inuits ne sont pas soumis à la *Loi sur les Indiens* et leurs villages ont un statut comparable à celui d'une municipalité. En 1975, ils signent la Convention de la Baie-James et du Nord québécois. Vingt ans plus tard, en 1994, ils entament des négociations avec les gouvernements canadien et québécois pour la formation d'un gouvernement régional du Nunavik, un projet qui sera rejeté par référendum en 2011, comme on l'a vu précédemment. Le gouvernement du Québec et les Inuits concluent des ententes économiques en 2002 (*Sanarrutik*) et 2004 (*Sivunirmut*).

L'inukshuk, sculpture inuit de pierre empilée, servait traditionnellement de repère directionnel.

Langues L'inuktitut (langue d'usage de la majorité), l'anglais (langue seconde de la majorité) et le français.

Noms de famille Argnatuk, Nassak, Napartuok.

Économie Les Inuits ont perfectionné au cours des siècles l'art de sculpter des objets en pierre, en os et en ivoire. Leurs sculptures de stéatite (communément appelée « pierre de savon ») ont acquis une renommée mondiale. Dès les années 1950, les Inuits ont mis sur pied des coopératives qui ont joué un rôle majeur dans le développement

CONNAISSEZ-VOUS ?

Sheila Watt-Cloutier

Militante écologiste québécoise inuite formée en sociologie et en psychologie, Sheila Watt-Cloutier dénonce, dès le début des années 1990, l'influence de la pollution et du réchauffement climatique sur le mode de vie traditionnel des Inuits. En 2007, elle est sélectionnée avec Al Gore pour le prix Nobel de la Paix.

économique de leurs communautés. Les villages ont des activités économiques dans les domaines de la pêche, du transport aérien et maritime, de la protection de la faune, de l'art et de l'artisanat.

3.4 La spiritualité et la vision du monde autochtone

Au Québec, si la majorité des Autochtones se disent chrétiens, la spiritualité traditionnelle est encore très présente dans leur culture. Plusieurs systèmes religieux cohabitent au sein des communautés autochtones, qui y intègrent des croyances et des pratiques qui leur sont propres (Bousquet et Crépeau, 2012). La présente section présente un rapide survol de certaines de celles-ci, à considérer avec toutes les nuances qui s'imposent.

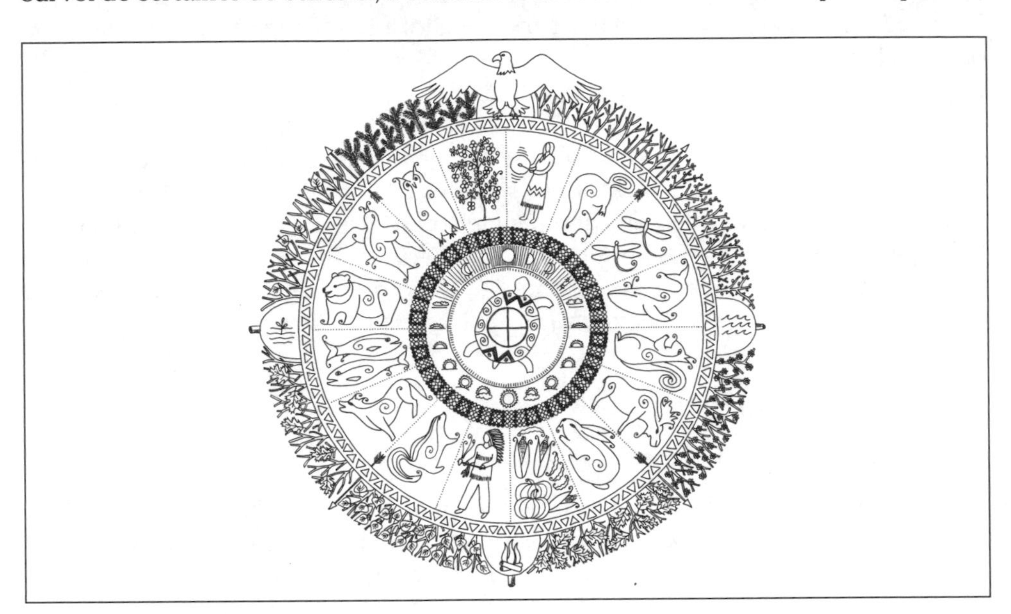

Dans cette œuvre de l'artiste Ghislain Bédard, on voit la tortue (représentation de la Terre mère) et l'aigle (manifestation du Grand Esprit); le cycle du jour et des astres, le cercle des vivants (l'homme et la femme, les animaux et les plantes, tous égaux), le cycle des saisons (représenté par les branches de différents arbres, il évoque aussi les étapes de la vie humaine) et enfin les quatre points cardinaux, associés à un des éléments et à une des saisons (est: eau et printemps; sud: feu et été; ouest: terre et automne; nord: air et hiver).

3.4.1 Une tradition orale

Il n'y a pas de texte sacré dans la spiritualité autochtone, car les traditions spirituelles se sont transmises de génération en génération de façon orale, par les aînés, qui sont considérés avec beaucoup de respect comme étant porteurs d'une grande sagesse.

3.4.2 Quelques croyances autochtones

Les Autochtones ont une vision du monde qui est monothéiste, cosmologique et spirituelle. Ils croient que le Créateur ou Grand Esprit a créé la terre et ses habitants. Ils croient aussi en l'immortalité de l'âme, au pouvoir de la prière et à une vie éternelle. Pour eux, le groupe l'emporte sur l'individu; on valorise la fraternité universelle, l'égalité, la paix entre toutes les personnes et avec tous les autres éléments de la création. Ces enseignements sont transmis par des histoires, des légendes, des chants, des danses et des prières (Bousquet et Crépeau, 2012).

3.4.3 Des aînés et des chamans

Il n'y a pas de clergé dans l'organisation autochtone; c'est aux aînés ou aux chamans (guérisseurs physiques ou spirituels) qu'on fait appel pour diriger les rituels ou donner des conseils d'ordre spirituel. Souvent, ils connaissent aussi des remèdes et des herbes qu'ils transmettent à la communauté.

3.4.4 Quelques symboles et objets rituels

Parmi les nombreux symboles et objets rituels utilisés dans la spiritualité autochtone, nous en avons retenu trois :

- **Le cercle :** à la base de la spiritualité autochtone, le cercle reflète l'harmonie, chaque élément du cercle étant en relation avec les autres ; par exemple, les Autochtones représentent les humains, les animaux, les végétaux, les minéraux, les quatre éléments (feu, eau, terre, air) comme faisant partie d'un cercle. Celui-ci représente aussi la coopération et l'équité : quand il y a une discussion et une décision à prendre, les membres d'une communauté se retrouvent en cercle dans une position égale.
- **Les plantes sacrées :** il y a quatre plantes sacrées chez les Autochtones : le foin d'odeur, qui crée des énergies positives ; la sauge, qui chasse les énergies négatives ; le cèdre, qui purifie le cœur, et le tabac, qui assure la protection et exprime la gratitude envers le Créateur. (Debunne, 2004). Ces plantes sacrées sont parfois épinglées aux vêtements ou mises dans de petits sacs (sacs-médecines) que l'on porte sur soi.
- **Le calumet :** il s'agit d'une sorte de pipe rituelle. On ne fume pas le calumet dans n'importe quelles circonstances, mais lors de cérémonies ou d'évènements importants. Comme le tabac est une plante sacrée, le fumer est un soutien à la méditation, à la prière. Il consacre aussi des décisions importantes pour la communauté ou fait le lien avec d'autres communautés. Fumé autant par les hommes que par les femmes, le calumet se partage sans discrimination.

Chaque année au mois de juillet, Kahnawake est l'hôte d'un pow-wow rassemblant différentes nations. Ce événement est l'occasion de découvrir les arts des Premières Nations, comme le danse, la musique, la cuisine ou l'artisanat.

3.4.5 Des rituels autochtones

Nous ne pouvons pas non plus faire mention de tous les rituels autochtones. Nous en avons donc choisi trois :

- **Le pow-wow :** nommé d'après un mot algonquin qui signifie rêver, le pow-wow est un grand rassemblement incluant des chants d'éloges qui honorent une ou plusieurs personnes de la communauté, des danses et des cérémonies traditionnelles.
- **La loge (ou tente) à sudation :** il s'agit d'une structure de deux mètres de haut, faite de treillis de branches de saule et recouverte de peaux pour empêcher la lumière de pénétrer. On y dépose des pierres chaudes qu'on asperge d'eau. Elle sert à la prière, aux rituels de guérison et de purification (le jeûne, par exemple). On ne peut pénétrer dans cette loge qu'en présence d'un aîné.
- **Le deuil :** les Autochtones ont un grand respect pour les défunts ; ils croient qu'on peut communiquer avec leur esprit. Plusieurs honorent le rituel chrétien des funérailles, en y ajoutant des éléments de la culture autochtone. Par exemple, les Algonquins croient que la personne décédée s'en va vers la terre des Esprits. Les biens de la personne sont donc enterrés avec elle (un bol, une cuillère, un calumet). Aussi, après l'enterrement, on construit souvent une maison de l'esprit et on y laisse une assiette remplie de nourriture.

Découvrir les communautés autochtones

Apprendre quelques mots

Comment dire bonjour et merci dans quelques langues autochtones:

Abénaquis: *Kway et Wli Wni*
Algonquin: *Kwe et Meegwetch*
Attikamek: *Kwei et Mikwetc*
Cri: *Wachiyeh et Meegwetch*
Huron: *Kwe et Jawenh*
Innu: *Kuei et Tshinashkumitin*
Inuktitut: *Ullaakkut et Qujannamiik*
Micmac: *Metaloltiog et Welaliog*
Mohawk: *Shé kon et Niá wen*
Naskapi: *Wachiya et Chiniskomiitin*

Connaître

- **Assemblée des Premières Nations du Canada**
  56 Metcalfe, bureau 1600, Ottawa
  www.afn.ca
  L'Assemblée des Premières Nations (APN) est l'organisation nationale représentant les Premières Nations du Canada, dont il existe plus de 630 communautés. Le mandat du Secrétariat de l'APN est de faire valoir l'opinion des diverses Premières Nations par l'intermédiaire de leurs dirigeants dans divers domaines, dont les droits ancestraux ou issus de traités, le développement économique, l'éducation, la langue et l'alphabétisation, la santé, le logement, le développement social, la justice, la fiscalité, les revendications territoriales et l'environnement ainsi qu'une multitude d'autres questions d'intérêt commun traitées ponctuellement.
- **Centres d'amitié autochtones du Québec**
  www.rcaaq.info
  Ces organismes ont pour mission principale de développer et d'améliorer la qualité de vie des membres de la communauté autochtone vivant en milieu urbain, de promouvoir la culture et de bâtir des ponts entre les peuples.
- **Femmes Autochtones du Québec**
  Kahnawake, QC
  www.faq-qnw.org
  Cet organisme représente les femmes autochtones du Québec, notamment celles qui vivent en milieu urbain. Il appuie les efforts de ces femmes dans l'amélioration de leurs conditions de vie par la promotion de la non-violence, de la justice, de l'égalité des droits et de la santé, et soutient les femmes dans leur engagement au sein de leur communauté.
- **Secrétariat de l'Assemblée des Premières Nations du Québec et du Labrador**
  250, Place Chef Michel Laveau, bureau 201, Wendake, Québec
  www.apnql-afnql.com
  Il existe une assemblée des Premières Nations dans chaque province et territoire.

Goûter

- Sirop d'érable: Eh oui ! Ce sont les Amérindiens qui ont enseigné aux Européens à fabriquer le sirop d'érable.
- Sagamité: Potage composé de farine de maïs et de fèves, et agrémenté de viande de gibier.
- Bannique: Galette non levée faite à partir de farine de froment, d'un peu de sel et d'eau.

Pachamama, un livre de recettes autochtone en français de Manuel Kak'wa Kurtness (Éditions Boréal, 2009). Chaque chapitre comprend un court historique d'une communauté autochtone, un aperçu de ses habitudes alimentaires ainsi que trois recettes qui revisitent ses traditions culinaires. Ce livre a gagné des prix internationaux.

Fêter

- **21 juin: Journée nationale des Autochtones au Canada**
  Cette fête est célébrée depuis 1996.
- **9 août: Fête internationale des peuples autochtones**
  Cette fête a été instaurée en 1994 par l'ONU.
- **Festival Présence autochtone**
  Le festival Présence autochtone, qui a lieu chaque été à Montréal, met en relief l'art, l'histoire et les traditions autochtones des Amériques. Les cultures autochtones traditionnelles et contemporaines s'y expriment dans toute leur diversité et leur vitalité, invitant à une véritable prise de conscience.
  www.presenceautochtone.ca
- **Une fête à connaître: le pow-wow**
  Dans plusieurs communautés, on fête grâce à un pow-wow, mot Algonquin signifiant un rassemblement de personnes qui célèbrent la vie par des chants, des danses, des cérémonies, des rituels, ainsi que par des démonstrations d'accueil et d'harmonie: signalons celui de Kanesatake et celui du Festival présence autochtone.

Voir

Des documentaires

- ***Atanarjuat ou La légende de l'homme rapide,* de Zacharias Kunuk, 2001.**
  Le réalisateur inuit a tourné un film scénarisé, réalisé et joué entièrement dans sa langue, l'inuktitut… Une première mondiale dans l'histoire du cinéma. Gagnant en 2001 de la Caméra d'or à Cannes et du Meilleur long métrage canadien au Festival international de Toronto.
- ***Bâton de parole féminin,* de Rachel-Alouki Labbé, 2014.**
  Ce documentaire donne la parole aux femmes autochtones des différentes communautés du Québec. La plupart des interviewées sont ou ont été dans des mouvements de revendication des droits des autochtones du pays, dont *Idle no more*/Plus jamais l'inaction.
- ***Comme je suis,* de Nadia Myre, 2010.**
  Ce court documentaire expérimental de 4 minutes met en question les stéréotypes visant les Autochtones en milieu de travail. Au rythme d'un poème de l'écrivaine mohawk Janet Marie Rogers, le film présente des portraits de membres des Premières nations à l'œuvre dans les emplois les plus divers.
- ***Le peuple invisible,* de Richard Desjardins et Robert Monderie, 2007.**
  Ce film documentaire raconte l'histoire des Algonquins, en réalité l'histoire d'un ethnocide.
- ***Retour à Hochelaga,* de Robert Cornellier, 2014.**
  Ce film documentaire fait état d'un nouveau mouvement migratoire qui se développe à Montréal depuis les années 1970, celui de l'arrivée d'Autochtones qui quittent leurs communautés pour s'établir en ville dans l'espoir d'un avenir meilleur.
- **Les films du Wapikoni mobile.**
  Le Wapikoni mobile est un studio ambulant de création vidéo et musicale destiné aux jeunes des communautés autochtones. Depuis 2004, il va à la rencontre des Autochtones dans leurs communautés et il a permis la réalisation de plusieurs courts métrages. www.wapikoni.ca

Des fictions

- ***Ce qu'il faut pour vivre,* de Benoît Pilon, 2007.**
  Au début des années 1950, Tivii, un chasseur inuit atteint de tuberculose, est déraciné et transporté dans un sanatorium de Québec pour se faire soigner. Affaibli, il doit en plus faire face aux conséquences de son arrachement : isolé de ses proches, il est incapable de communiquer dans la langue française et est confronté à une culture dont il ne connaît rien et, surtout, qui ne connaît rien de la sienne.
- ***Maïna,* de Michel Poulette, 2014.**
  Ce film est réalisé à partir du roman *Maïna* de Dominique Demers et raconte l'histoire de la fille d'un grand chef innu, Maïna, qui amorce une longue quête, celle de son identité.
- **(*Rimes pour revenants/Rhymes for young ghouls*), de Jeff Barnaby, 2014.**
  Le réalisateur est micmac. Cette fiction porte un regard sombre et poétique sur une communauté en dérive.

Lire

Des essais

- ***Amérindiens et Inuits. Portrait des nations autochtones du Québec,* 2e édition, de Janick Simard (dir.), Québec, Secrétariat aux affaires autochtones, 2011.**
  Ce document brosse le portrait des onze nations autochtones du Québec et fait état de leur situation et de l'évolution de leurs relations avec la nation québécoise. Il rend aussi compte des actions du gouvernement du Québec en matière autochtone.
- ***Entretiens avec Ghislain Picard, Chef de l'Assemblée des Premières nations du Québec et du Labrador,* de Pierre Trudel, Éditions Boréal, 2009.**
  L'auteur fait état de conversations avec Ghislain Picard dans lesquelles ils abordent le fonctionnement de l'assemblée des Premières Nations, les débats qui y ont cours et le bilan de ses 16 années à la tête de cet organisme.
- ***Mythes et réalités sur les peuples autochtones,* de Pierre Lepage, Commission des droits de la personne et des droits de la jeunesse, 2e édition, 2009.**
  Cet ouvrage, qui porte sur l'histoire du Québec de 1760 à nos jours, tente de démystifier certaines idées reçues sur les Autochtones.
- ***Recherches amérindiennes au Québec***
  www.recherches-amerindiennes.qc.ca
  Fondée en 1971, cette revue internationale publiée trois fois l'an porte sur les premières nations de l'Amérique latine, des États-Unis et du Québec.

De la poésie et deux romans

- ***Bâtons à message* et *Tshissinuashitakana,* de Joséphine Bacon, Montréal, Éditions Mémoire d'encrier, 2009 et 2013.**
  La poète Joséphine Bacon évoque dans ses écrits le fait que chaque être – qu'il soit pierre, arbre, oiseau ou humain – est un mot vivant de la langue de la Terre. S'il vit, c'est qu'il est déjà dit, prononcé, depuis bien avant lui. Les poèmes sont écrits en innu et en français.
- ***Kuessipan,* de Naomi Fontaine, Éditions Mémoire d'encrier, 2011.**
  L'auteure est une Innue d'Uashat, sur la Côte-Nord. *Kuessipan,* son premier roman, raconte la vie au quotidien dans une réserve et a reçu un accueil admiratif.
- ***Uashat,* de Gérard Bouchard, Montréal, Éditions Boréal, 2009.**
  Florent Moisan, un étudiant sans le sou, accepte une offre de stage parmi les Indiens de Uashat, tout près de Sept-Îles. Il s'y retrouve un jour d'avril 1954, avec le mandat de dresser un tableau des familles de la réserve. Dès son arrivée, c'est le choc : ces gens ne ressemblent en rien aux « Sauvages » dont on lui a parlé à la petite école.

Sortir

- ***C'est notre histoire. Premières nations et Inuit du XXIe siècle,* exposition du Musée de la civilisation du Québec.**
  Cette exposition permanente à Québec veut faire connaître les cultures autochtones d'aujourd'hui, leur diversité, leurs visions du monde, leurs affirmations et les processus identitaires en lien avec leurs histoires et l'expression contemporaine.
- ***Origine***
  Origine est un magazine touristique gratuit assurant la visibilité des attraits touristiques autochtones du Québec, tout en présentant des articles sur différents grands secteurs représentatifs des entreprises autochtones.
  www.tourismeautochtone.com

Écouter

- **Les chansons de Claude McKenzie et Florent Vollant**
  Ces deux Innus formaient le groupe Kashtin entre les années 1980 et 1990. Leur chanson *E Uassiuian* (*Mon enfance*) a fait connaître la culture innue aux quatre coins du monde. Ils écrivent et chantent actuellement chacun de leur côté.
- **Les *katakjait* (ou *katajjait*)**
  Ces chants de gorge inuits au style haleté (alternance des sons expirés et inspirés) sont exécutés par des femmes qui, deux à deux, se répondent mutuellement. Le 28 janvier 2014, le chant de gorge inuit devient officiellement le premier élément du patrimoine immatériel québécois.
- ***Nitshisseniten E Tshissenitamin*, un album de Chloé Sainte-Marie paru en 2009**
  Cet album, dont le titre signifie « Je sais que tu sais », comporte 16 titres en langue innue.
- ***Travelling Love*, un album d'Élisapie Isaac paru en 2012**
  Cet album est la réalisation d'une auteure-compositrice-interprète inuite qui est née à Salluit.

CHAPITRE 4

LES COMMUNAUTÉS EUROPÉENNES

Speak what

Nous sommes cent peuples venus de loin
Pour vous dire que vous n'êtes pas seuls

MARCO MICONE
1989

PLAN DU CHAPITRE

4.1
La communauté juive

4.2
La communauté italienne

4.3
La communauté grecque

4.4
La communauté portugaise

4.5
La communauté roumaine

4.6
La communauté française

OBJECTIFS D'APPRENTISSAGE

Après avoir lu ce chapitre, vous pourrez :

- énumérer les principales vagues d'immigration de chacune des communautés étudiées et expliquer les motifs de leur immigration ;
- décrire les profils socioéconomique et culturel de chacune de ces communautés ;
- présenter les apports de ces communautés à la vie culturelle, politique et sociale du Québec ;
- nommer quelques éléments culturels propres à ces communautés.

C'est réellement à partir du début du XIXe siècle que débutent les vagues d'immigration au Canada et celles-ci proviennent majoritairement des pays européens. Arrivent d'abord les Irlandais, au début du XIXe siècle, puis les Juifs de l'Europe de l'Est (principalement de la Pologne, de la Lituanie, de la Roumanie et de la Russie) vers la fin de ce siècle. La figure 4.1 présente une carte de l'Europe.

FIGURE 4.1 L'Europe

La première moitié du XXe siècle connaît pour sa part une immigration italienne, surtout après la Seconde Guerre mondiale. Quant aux communautés grecque et portugaise, elles immigrent au cours des années 1960 et 1970. Depuis les années 1990, une part importante de l'immigration provient de l'Europe de l'Est, à la suite d'évènements politiques tels que le démantèlement du bloc soviétique. Enfin, depuis plus de 10 ans, la France fait partie des cinq premiers pays de provenance de l'immigration au Québec.

Dans le présent chapitre, nous nous intéressons en premier lieu à la communauté juive[1], l'une des plus anciennes ayant immigré au Québec, puis à trois communautés du sud de l'Europe qui ont, elles aussi, marqué l'histoire du Québec : les Italiens, les Grecs et les Portugais. Enfin, nous présentons les communautés roumaine et française, qui sont de plus récente arrivée.

1. À des fins de simplification, nous présentons la communauté juive dans le chapitre « Les communautés européennes », même si de nombreux juifs sépharades ne viennent pas d'Europe, comme nous l'expliquons plus loin dans le chapitre.

4.1 La communauté juive

4.1.1 Repères historiques

L'histoire des Juifs se caractérise par une suite quasi continue de persécutions, de massacres et d'expulsions, mais l'Holocauste demeure le point culminant de telles discriminations. Dès l'arrivée au pouvoir du parti nazi, en 1933, en Allemagne, avec à sa tête Adolf Hitler, des mesures sont prises contre les Juifs : on les accuse d'être des parasites et des éléments corrupteurs de la société, et de constituer un danger pour le peuple allemand. Cette même année, on commence à boycotter les entreprises juives. En 1935, les lois de Nuremberg privent les Juifs allemands des droits normalement accordés aux citoyens d'un pays ; les affiches « Interdit aux Juifs », placardées un peu partout dans l'espace public, leur rappellent qu'ils sont désormais exclus de la vie sociale. À la fin de 1941, les Allemands instaurent le « marquage » des Juifs par le port d'un tissu jaune sur lequel est imprimée une étoile de David avec, en son centre, le mot « Juif ». Tout Juif âgé de plus de six ans est tenu de porter cette étoile.

En 1941, les nazis mettent en place un plan d'extermination des Juifs. Ils les internent dans des camps d'extermination, tels qu'Auschwitz, Wolzek, Buchenwald et Belsen, afin d'accélérer le processus d'élimination. On estime à 6 millions le nombre de Juifs tués dans les camps de concentration.

4.1.2 L'identité juive

L'identité juive se définit d'abord et avant tout par l'appartenance religieuse. Elle se manifeste ainsi par l'observance de certains rituels et par la participation à des célébrations telles que les mariages et les funérailles, de même que par l'étude de la philosophie et de l'histoire juives. Nous traitons de la religion juive au chapitre 9 (*voir la page 161*).

Deux groupes culturels distincts définissent aussi l'identité juive : les Ashkénazes et les Sépharades. Les Ashkénazes proviennent de l'Allemagne et de l'Europe de l'Est, particulièrement de la Pologne, de la Russie, de la Roumanie et de la Lituanie. On les retrouve aujourd'hui surtout en Israël et aux États-Unis. Cette communauté représente la majorité des Juifs dans le monde (75 % de la diaspora). Les Sépharades sont originaires de l'Espagne et du Portugal, et sont installés en Europe méridionale, en Asie Mineure et en Afrique du Nord. Ces Juifs possèdent leur langue propre, le ladino. Leur bagage culturel diffère de celui des Juifs ashkénazes, tant par leur langue que par les influences islamique et arabe qui ont marqué leur culture.

4.1.3 Les langues

Si le yiddish était parlé par plus de 11 millions de Juifs à la fin du XIXe siècle, cette langue s'est affaiblie au cours du XXe siècle : le génocide perpétré pendant la Seconde Guerre mondiale a anéanti plus de la moitié de ses locuteurs et bouleversé les conditions de sa transmission. Le yiddish est toujours enseigné en tant que langue maternelle au sein de communautés juives établies en Amérique du Nord et en Israël, et il demeure très répandu en tant que deuxième langue chez les Ashkénazes de tous les pays. De moins en moins parlé dans le quotidien, le yiddish conserve cependant un rôle symbolique important. Il est la langue de l'humour, de l'imaginaire, de la musique et du théâtre.

Le yiddish utilise l'alphabet hébraïque, fait de 22 lettres, dont 5 sont dites finales parce qu'elles changent de forme lorsqu'elles apparaissent à la fin d'un mot.

L'hébreu est la langue des Écritures et elle permet aux Juifs de communiquer entre eux et de prier en groupe. C'est aussi l'une des langues officielles de l'État d'Israël.

Quant au ladino, langue judéo-espagnole parlée par les Juifs sépharades, il est utilisé par seulement 400 000 personnes dans le monde, dont 300 000 vivent présentement en Israël.

CAPSULE

Un député juif expulsé

Le 11 avril 1807, Ezekiel Hart (un Juif sépharade) est élu député de Trois-Rivières à la Chambre d'assemblée du Bas-Canada. À cause de ses croyances religieuses et du fait qu'il porte la **kippa**, on conteste la validité du serment qu'il prête et il est expulsé de la Chambre.

4.1.4 L'arrivée et l'installation des Juifs au Québec

La présence juive au Québec se caractérise par l'arrivée, en cinq vagues, d'immigrants qui viennent de divers pays et qui, par conséquent, ont un bagage culturel et des motifs d'immigration différents.

Au XVIIIe siècle

Dès la seconde moitié du XVIIIe siècle, des familles juives s'établissent à Montréal, à Trois-Rivières et à Québec. Par exemple, les familles Hart, Joseph et David jettent les bases de petites communautés qui s'installent et s'organisent. En 1768, Montréal a une première synagogue, la Spanish and Portuguese Synagogue, la plus ancienne au Canada.

Même si l'*Acte de Québec* (1774) reconnaît le droit à l'existence de communautés de langue, de tradition légale et de religion autres que celles du peuple anglais, les Juifs ne jouissent pas toujours des mêmes droits que l'ensemble des citoyens (Vaugeois, 2011). Mais, plusieurs années de pétitions aboutissent à une loi, votée en 1832, qui confirme qu'ils ont les mêmes droits que tous les sujets britanniques.

De 1840 à 1920

Entre 1840 et 1920, on assiste à l'arrivée massive d'immigrants juifs en provenance de la Russie, de la Pologne, de la Roumanie et de la Lituanie. Fuyant l'**antisémitisme**, la persécution et la misère en Europe, les Juifs arrivent par dizaines de milliers, à tel point que le yiddish devient la troisième langue la plus utilisée à Montréal (Laurence et Perreault, 2010). La communauté juive du Québec passe ainsi de 7000 à 60 000 membres au cours des trois premières décennies du XXe siècle.

Kippa
Petite calotte que portent les juifs pratiquants.

Antisémitisme
Nom donné à la discrimination, l'hostilité ou les préjugés à l'encontre des Juifs.

Kasher
Les aliments kasher respectent certains codes alimentaires prescrits dans la Torah. Ces codes portent sur les aliments qu'il est permis de manger (par exemple, il est interdit de manger du porc), la manière de préparer les aliments et les rites d'abattage.

Ces gens qui, dans leurs pays, étaient surtout des paysans et de petits commerçants, mais aussi des travailleurs spécialisés, des musiciens, des écrivains et des peintres, se retrouvent dans les rôles de colporteurs, charpentiers et ferblantiers. Le commerce des vêtements les attire et ils réussissent à faire reconnaître leurs compétences dans ce secteur. C'est ainsi que, rapidement, ces Juifs s'installent sur le boulevard Saint-Laurent, à Montréal, et qu'on voit apparaître des librairies, des bibliothèques, des théâtres et des cliniques communautaires où l'on parle le yiddish, des restaurants et des épiceries **kasher**, des synagogues ainsi que des organismes d'entraide voués à aider les nouveaux arrivants juifs à s'intégrer à la vie québécoise.

À cette époque, même si les lois prônent l'égalité des Juifs, la communauté continue d'être victime de discrimination. Par exemple, les enfants juifs ne sont pas admis dans les écoles françaises catholiques et l'Université McGill limite le nombre d'étudiants qu'elle admet parmi les Juifs (Anctil et Robinson, 2011).

CAPSULE

Le prix Mérite Maurice-Pollack

Maurice Pollack (1885-1968), un juif d'origine roumaine, a fondé le grand magasin Pollack en 1906 et est devenu un des hommes d'affaires les plus influents de la ville de Québec. En 1955, il crée la fondation portant son nom afin de soutenir des organismes œuvrant dans les domaines de la culture et de l'éducation. C'est en son honneur que le gouvernement du Québec a créé le prix Mérite Maurice-Pollack, qui souligne les actions exceptionnelles d'une entreprise en matière de gestion de la diversité ethnoculturelle.

De 1945 à 1960

La crise économique de 1929 freine l'immigration en général, et particulièrement celle des Juifs. Par la suite, au cours de la Seconde Guerre mondiale, le Canada refuse aux Juifs le droit d'immigrer sur son territoire. À partir de 1947, cependant, quelques centaines de survivants de l'Holocauste et de victimes du nazisme sont accueillis au pays. Le Projet des orphelins de guerre a permis à plusieurs centaines d'enfants juifs d'être admis au Canada et pris en charge par des familles juives. Le Québec reçoit ainsi des orphelins de guerre, des réfugiés et des personnes déplacées. En 1950, la communauté juive du Québec compte environ 80 000 personnes.

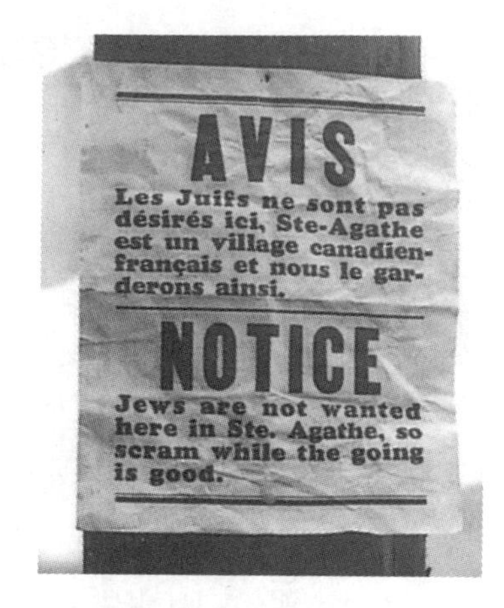

Cette affiche antisémite placardée à Sainte-Agathe au cours des années 1920 illustre la discrimination dont les Juifs continuent d'être victimes même si la loi leur accorde les mêmes droits qu'aux autres citoyens.

Entre 1960 et 1970

Jusqu'au milieu des années 1950, les Juifs du Québec sont presque exclusivement de tradition ashkénaze, mais, de la fin des années 1950 jusqu'aux années 1970, l'arrivée de Sépharades crée une diversification de la communauté juive. Comme nous l'avons mentionné précédemment, les Sépharades viennent à l'origine de l'Espagne et du Portugal; au XVe siècle, ils s'installent en Afrique du Nord (au Maroc, en Tunisie et en Algérie), dans les régions méditerranéennes et au Moyen-Orient. Or, au cours des années 1960 et 1970, l'accession à l'indépendance des trois pays d'Afrique du Nord (le Maroc et la Tunisie en 1956, l'Algérie en 1962), la montée du nationalisme islamo-arabe de même que la tension sévissant entre Israël et les États voisins forcent ces groupes à chercher refuge en Europe et en Amérique. Les Sépharades parlent souvent français et sont de tradition culturelle arabo-musulmane; ils ont donc des coutumes, une langue et des rites religieux différents de ceux des Ashkénazes. Les jeunes de ces communautés sont très scolarisés et sont issus de classes sociales professionnelles et urbaines (Berdugo-Cohen, Cohen et Lévy, 1987).

De 1971 à 2013

L'immigration juive de 1971 à 2013 provient principalement d'Israël, de l'Irak, de la Roumanie et de la Russie (par exemple, 30 % des Russes qui ont récemment été accueillis au Québec sont juifs). Ces immigrants sont jeunes et scolarisés, et ils quittent leur pays d'origine pour diverses raisons – guerre, besoin de travailler, recherche de meilleures conditions de vie (Anctil et Robinson, 2010).

CAPSULE

Bagels et viande fumée

En 1919, Isadore Shlafman, un Juif russe, est arrivé au Canada et a ouvert la première boulangerie de bagels à Montréal. Le bagel, petit pain en couronne parsemé de graines de pavot ou de sésame, fait depuis partie du quotidien des Québécois.

En 1928, Reuben Schwartz, un Juif roumain, a ouvert un restaurant où l'on sert de la viande fumée kasher. Depuis, le Schwartz's Montreal Hebrew Delicatessen est un endroit incontournable à Montréal.

4.1.5 La communauté juive du Québec

Environ 67 000 Juifs vivent présentement au Québec. Cette communauté est composée d'Ashkénazes et de Sépharades. La moitié d'entre eux sont arrivés avant 1981 et le quart durant la période 2001-2011. Les Hassidiques, une des communautés ashkénazes, constituent environ 12 % de la communauté juive et comptent 8 groupes: les Belz, les Bobov, les Klausenberg, les Lubavitch, les Satmar, les Skvira, les Tash et les Vichnitz.

Parmi les Juifs du Québec, 74 % connaissent le français, et 92 % connaissent l'anglais. Dans l'ensemble, les membres de la communauté juive sont très scolarisés: plus de 40 % ont terminé des études universitaires. Ils occupent des postes dans la vente et les services (20 %), les affaires et l'administration (20 %), dans l'enseignement et les services sociaux (18 %) ainsi que dans la gestion (17 %) (Ministère de l'Immigration, de la Diversité et de l'Inclusion [MIDI], 2014c).

La grande majorité des Juifs (95 %) habitent la grande région de Montréal. On les retrouve dans la ville de Montréal, mais, au cours des dernières années, quelques groupes (surtout des Hassidiques) se sont installés à Laval (4 %), dans les Laurentides (4 %) et dans Lanaudière (4 %) (MIDI, 2014c). Dans la ville de Montréal, ils habitent Côte-des-Neiges (36 %), Saint-Laurent (17 %), le Plateau Mont-Royal (12 %) et Outremont (12 %). On en retrouve aussi à Côte-Saint-Luc et Dollard-des-Ormeaux.

CONNAISSEZ-VOUS ?

Henry Morgentaler

Juif d'origine polonaise, Henry Morgentaler (1923-2013) a survécu aux camps d'Auschwitz et de Dachau et est arrivé au Canada en 1950. Il s'est consacré à la planification familiale et a été l'un des premiers médecins à prescrire la pilule anticonceptionnelle, à poser des stérilets et à faire des vasectomies. Pionnier, il ouvre en 1969 une clinique d'avortement et est presque aussitôt arrêté pour cause de pratique illégale. Il a connu des décennies de démêlés avec la justice. C'est grâce à lui que la Cour Suprême du Canada a finalement décriminalisé l'avortement le 28 janvier 1988.

Les associations et organismes créés par les Juifs constituent un pilier de leur identité collective (par exemple, l'Hôpital juif de Montréal, la Bibliothèque juive, le Centre commémoratif de l'holocauste).

Bien que la communauté juive soit installée au Québec depuis longtemps, elle fait régulièrement parler d'elle, par exemple avec le cas de certaines écoles juives et l'affaire de la communauté Lev Tahor de Sainte-Agathe-des-Monts. De même, des actes criminels contre des institutions juives font souvent les manchettes. Citons-en quelques-uns :

- 2004 : Un incendie d'origine criminelle ravage la bibliothèque de l'école élémentaire Talmud Torah Unie, à Saint-Laurent. Une enquête démontrera qu'il s'agissait d'antisémitisme.
- Depuis plusieurs années, des pierres tombales dans les cimetières juifs de Montréal sont défigurées par des graffitis et des croix gammées. De plus, des étoiles de David barrées et des sigles SS (symbole historiquement utilisé par l'organisation paramilitaire nazie SS) ont été peints sur les murs d'une synagogue de Montréal.
- 2007 : Des chalets de Juifs hassidiques dans les Laurentides sont incendiés et cambriolés.

Ces incidents malheureux démontrent que les obstacles à la rencontre interculturelle sont encore nombreux. Nous en reparlerons au chapitre 10.

Découvrir la communauté juive

Apprendre quelques mots en hébreu

Bonjour : *Shalom* שלום

Bonsoir : *Erev Tov*

Comment allez-vous ? : *Ma Nishma ?*

Bien, merci : *Tov, toda*

S'il vous plaît : *Bevakasha*

Bonjour (en yiddish) : *Sholem Aleychem*

Connaître

▸ **La Bibliothèque publique juive**
5151, chemin de la Côte-Sainte-Catherine, Montréal
www.jewishpubliclibrary.org/fr
Fondée en 1914, elle est l'une des grandes bibliothèques qui traitent de la condition des Juifs dans le monde. Outre le prêt de livres et de documents, la bibliothèque offre des cours de yiddish et organise des événements culturels (concerts, théâtre, etc.).

▸ **Le Centre commémoratif de l'Holocauste**
5151, chemin de la Côte-Sainte-Catherine, Montréal
www.mhmc.ca
Fondé en 1976, ce centre, qui est aussi un musée, organise des événements commémoratifs et propose des activités éducatives visant à sensibiliser les gens à l'Holocauste et à l'antisémitisme.

▸ **Le parc Yitzak Rabin**
Avenue Westminster, entre les chemins Kildare et Guelph, Côte-Saint-Luc
Ce parc rend hommage à Yitzak Rabin, ancien premier ministre israélien et lauréat du prix Nobel de la paix, assassiné le 4 novembre 1995.

▸ ***La Voix sépharade***
1, carré Cummings, Montréal
Ce magazine publié par la communauté sépharade unifiée du Québec paraît cinq fois par an.

Goûter

Les saveurs de la cuisine juive viennent, entre autres, de l'Europe de l'Est et de l'Afrique du Nord, et certains mets sont associés aux diverses traditions religieuses juives. Par exemple, on mange le challah, un pain aux œufs, au souper du shabbat (jour de repos commençant le vendredi soir au coucher du soleil), et un pain sans levure, le matza, pendant Rosh Hashanah (fête célébrée en septembre ou en octobre). Voici quelques autres plats typiques de la cuisine juive :

- galettes aux pommes de terre ;
- strudel aux pommes ;
- farfel (pâte grumeleuse, rôtie à sec et cuite) ;
- blintz (petite crêpe au fromage blanc) ;
- bourrekas (pâte feuilletée farcie de fromage ou de pommes de terre) ;
- bortsch (soupe froide à la betterave).

Fêter

Les fêtes juives sont traitées en détail au chapitre 9 (*voir la page 164*).

Voir

Des documentaires

- **La série *Histoires d'immigrations*, Canal Savoir.**
  Deux épisodes présentent des Juifs montréalais : *Les juifs yiddishophones, un siècle de vie yiddish à Montréal* et *Les Sépharades d'Afrique du Nord — Mémoires de départ : trajectoires de juifs sépharades à Montréal.*
- ***Bonjour ! Shalom !* de Garry Beitel, 1991.**
  Deux cultures se côtoient à Outremont : celle des Juifs hassidiques et celle des francophones. Le réalisateur trace un portrait intimiste des Hassidiques qui met en relief leurs différences et leurs ressemblances avec les autres résidents du quartier.
- ***Les Juifs de Québec : une histoire à raconter*, de Shelley Tepperman, 2008.**
  Pour souligner le 400e anniversaire de la fondation de Québec, la réalisatrice propose ce documentaire sur l'histoire de la communauté juive qui s'y est installée et a grandement contribué à son essor.
- ***Quitter le bercail*, de Éric R. Scott, 2008.**
  Ce film relate la vie de personnages qui sont nés et ont grandi dans un milieu juif ultra-orthodoxe et qui souhaitent s'en émanciper.
- ***Le cœur d'Auschwitz*, de Luc Cyr et Carl Leblanc, 2008.**
  Ce documentaire est le récit d'une enquête menée par un cinéaste sur un livre en forme de cœur exposé au Centre commémoratif de l'holocauste de Montréal. Le 12 décembre 1944, ce livre a été offert à une dénommée Fania qui célébrait, ce jour-là, ses 20 ans... à Auschwitz. Le livre contient les vœux d'une vingtaine de femmes qui l'ont fabriqué en secret et au péril de leur vie.
- ***The Socalled movie*, de Garry Beitel, 2010.**
  Ce documentaire fait le portrait de Josh Dolgin, un artiste et musicien qui invente un style musical basé sur le klezmer, le hip-hop et le funk.
- ***La longueur de l'alphabet*, de Joe Balas, 2013.**
  Ce documentaire fait le portrait du grand auteur Naïm Kattan. Le film a remporté le Prix Tremplin pour le monde Artv au 31e festival du film sur l'art à Montréal.

Des fictions

On ne peut énumérer l'ensemble des films qui ont pour sujet l'holocauste. En voici quelques-uns :

- ***Le pianiste*, de Roman Polanski, 2002.**
  Le film raconte l'histoire de Wladyslaw Szpilman, brillant pianiste juif polonais, qui échappe par miracle à la déportation. Enfermé dans le ghetto de Varsovie, il en partage les souffrances, les humiliations et les luttes. Il parvient à s'échapper et à se réfugier dans les ruines de la capitale. Un officier, allemand et mélomane, va lui permettre de survivre.
- ***La vie est belle*, de Roberto Benigni, 1997.**
  Un Juif italien, son épouse et son fils sont déportés dans un camp de concentration allemand pendant la Seconde Guerre mondiale. Le père fait croire à son fils qu'il ne s'agit que d'un jeu.
- ***La Liste de Schindler*, de Steven Spielberg, 1993.**
  Ce film inspiré du roman du même titre relate les actions d'Oskar Schindler, un industriel allemand qui a réussi à sauver plus de 1000 Juifs promis à la mort.

Lire

Des romans

- **Les romans de Naïm Kattan.**
  Immigrant juif d'Iraq, il s'installe à Montréal en 1954, et plus tard en Ontario. Écrivain, journaliste, chroniqueur, il a écrit une quarantaine d'œuvres, dont *Adieu Babylone* (1975), *La fiancée promise* (1983), l'*Anniversaire* (2000). Il a reçu plusieurs prix internationaux et nationaux.
- ***Hadassa*, de Myriam Beaudoin. Montréal, Éditions Leméac, 2006.**
  Une enseignante de français dans une école de jeunes filles juives orthodoxes a de la difficulté à entrer en contact avec Hadassa, une enfant boudeuse, rêveuse et fragile.
- ***Lekhaim ! Chroniques de la vie hassidique à Montréal*, de Malka Zipora. Montréal, Éditions du passage, 2006.**
  Malka Zipora élève ses douze enfants dans le quartier Outremont à Montréal. Elle nous propose 22 courtes nouvelles où elle nous invite à partager quelques moments de sa vie quotidienne avec sa famille.
- ***Le sourire de la petite juive*, d'Abla Farhoud. Montréal, VLB, 2011.**
  L'auteure dépeint la vie de résidents de la rue Hutchison à Montréal ; parmi ceux-ci, il y a Hinda Rochel, une jeune juive hassidique, qui confie à son journal intime ses observations et sa révolte à l'idée de suivre le chemin tracé pour elle.

Lire (*suite*)

- ***Souvenirs fragmentés d'un Juif montréalais*, de David Reich. Sillery, Éditions du Septentrion, 2011.**
L'auteur relate les moments marquants de sa vie et de celle de ses proches en nous faisant entrer dans le quotidien d'une famille juive montréalaise.

- ***Kippour*, de Marc-Alain Wolf. Montréal, Éditions Tryptique, 2006.**
Dans ce roman, illustrant la conversion d'un homme au judaïsme, un psychiatre québécois, marié à une juive, accompagne ses enfants à la synagogue pour la fête du Yom Kippour.

Sortir

- **Semaine du patrimoine juif de Montréal**
En mai 2013, la première édition de la Semaine du patrimoine juif montréalais a été créée comme une occasion de célébrer le travail et les collections des organismes patrimoniaux de cette communauté.

- **Communauté sépharade unifiée du Québec**
Cette association présente des conférences, expositions et autres activités culturelles. www.csuq.org

- **Théâtre yiddish Dora Wasserman**
Fondé en 1958, ce théâtre voué à la préservation et à la promotion de la langue et de la culture yiddish présente des pièces de théâtre et des films en yiddish. Il est hébergé par le Centre Segal des arts de la scène. En 1992, la pièce *Les Belles-sœurs* de Michel Tremblay avait été traduite en yiddish, adaptée à la culture juive et jouée sur cette scène. Le spectacle musical issu de la pièce a été présenté en 2014. www.segalcentre.org

Écouter

- **Les albums de Leonard Cohen, dont, en 2002, *The Essential Leonard Cohen* et *Old Ideas* en 2012.**
Ce grand poète, romancier et auteur, compositeur, interprète né en 1934 à Montréal d'une famille juive d'origine polonaise est aujourd'hui connu partout dans le monde.

- **Les albums de Socalled.**
Socalled (Josh Dolgin) est un auteur, compositeur, chanteur et musicien montréalais qui a repris la tradition musicale klezmer des Juifs ashkénazes depuis le XVe siècle en l'associant au hip-hop. http://socalledmusic.com

4.2 La communauté italienne

4.2.1 L'Italie

La République italienne (*voir la figure 4.1, page 66*) compte environ 60 millions d'habitants répartis sur un territoire de 301 225 km^2. L'italien en est la langue officielle, mais de nombreux dialectes régionaux sont parlés. Les principales villes italiennes sont Rome (la capitale), Milan, Venise et Florence. Le régime politique de l'Italie est une démocratie parlementaire.

SAVIEZ-VOUS QUE...

Catelli était le nom d'un des deux fabricants qui se disputaient le marché du spaghetti à Montréal dans les années 1880.

4.2.2 Repères historiques

L'unification de l'Italie survient le 17 mars 1861. Le sud du pays est plus pauvre que le nord et les familles du sud sont obligées de subdiviser leurs terres pour établir leurs enfants. De génération en génération, les lots rapetissent, et il est de plus en plus difficile d'y faire vivre une famille. L'émigration vers l'Amérique (les États-Unis, l'Amérique du Sud et le Canada) devient une solution, et ce, dès la fin du XIXe siècle, jusqu'aux années 1920. L'émigration est si populaire dans les années 1920 que le gouvernement fasciste de Mussolini adopte une loi pour l'interdire entre 1924 et 1929. À la fin de la Seconde Guerre mondiale, l'Italie s'effondre économiquement et l'émigration reprend.

CAPSULE

Guido Nincheri

L'artiste Guido Nincheri, né en 1885 en Italie, arrive à Montréal en 1914. Il produira plus de 2000 vitraux, fresques, peintures et sculptures dans plusieurs églises et institutions du Québec.

4.2.3 L'arrivée et l'installation des Italiens au Québec

Dès le XVIIe siècle, quelques commerçants, artisans et peintres d'église italiens s'installent au Québec.

Le XIXe siècle

Vers la fin des années 1860, une cinquantaine de familles d'origine italienne vivent à Montréal. Ce sont des Italiens aisés provenant du nord de l'Italie. Les Donegani, Del Vecchio et Bruchési, pour ne nommer que ceux-là, constituent le premier noyau de la population italienne au Canada (Ramirez, 1984).

Du début du XXe siècle jusqu'en 1921

La première véritable vague d'immigration italienne a lieu au tournant du XXe siècle. Ainsi, en 1908, Montréal compte de 3000 à 4000 immigrants d'origine italienne. Ils travaillent notamment à la construction du chemin de fer et à l'exploitation des mines et des forêts. Ils construisent des bâtiments, creusent des canaux et pavent les rues de Montréal. Ils sont souvent assujettis à des contrats commerciaux avec des *padroni* qui les exploitent (Painchaud et Poulin, 1988). Cette immigration est essentiellement masculine et temporaire (Ramirez, 1984). Ces Italiens ont pour objectif de faire de l'argent rapidement et de retourner dans leur pays. À cette époque, la plupart des Italiens habitent entre le boulevard Saint-Laurent et la rue Saint-Denis, à la hauteur du boulevard René-Lévesque, souvent dans des logements insalubres et surpeuplés. Cependant, comme le nombre d'immigrants italiens augmente et qu'ils commencent à s'établir de façon permanente, ils achètent des lopins de terre dans la campagne environnante pour y cultiver des légumes et des raisins.

SAVIEZ-VOUS QUE…

On a longtemps désigné les Italiens péjorativement par l'expression « WOPS », qui vient de *workers on pavement*.

CONNAISSEZ-VOUS ?

Marco Micone

Né en Italie et arrivé au Québec en 1958, Marco Micone est l'auteur de plusieurs pièces de théâtre, dont *Addolorata* (1984) et *Gens du silence* (1982), et de romans et recueils de récits tels que *Speak* what (1989), *Le figuier enchanté* (1992) et *Migrances* (2005).

Entre 1921 et 1941

La deuxième vague d'immigration italienne se produit après la Première Guerre mondiale. De 1921 à 1941, le nombre d'immigrants italiens double. Cette vague est surtout composée de familles qui quittent l'Italie en raison des conditions économiques et politiques précipitées par la montée du fascisme dans ce pays.

De 1945 à 1968

Une troisième et dernière vague d'immigration italienne, la plus importante en nombre, se produit de 1945 à 1968. Les déséquilibres économiques de l'après-guerre en Italie, particulièrement la crise prévalant dans le domaine de l'agriculture, justifient la recherche de meilleures conditions de vie. La majorité des immigrants italiens accueillis au Canada à cette époque viennent sur la base de la réunification familiale. Ils proviennent de régions telles que le Molise, la Calabre et la Sicile, et ils s'intègrent rapidement à la structure familiale et économique déjà constituée (Micone, 2011).

Au cours des dernières années (2000-2013), très peu d'Italiens ont immigré au Québec. Ceux qui viennent sont à la recherche de conditions de vie plus intéressantes et sont, pour la plupart, de jeunes, professionnels scolarisés (St-Jacques, 2013).

On peut trouver la statue de Dante Alighieri, poète italien du XIVe siècle, dans le parc Dante, à Montréal.

CONNAISSEZ-VOUS ?

Misstress Barbara

Auteure, compositrice, interprète et DJ reconnue internationalement, Barbara Bonfiglio (de son vrai nom) naît en Sicile en 1975 et arrive à Montréal avec ses parents à l'âge de 8 ans. Elle a fondé sa propre maison de disques, composé et produit une trentaine d'albums technos et performé dans les meilleurs clubs et festivals partout dans le monde. En 2009, elle a réalisé et produit son tout premier album en tant qu'auteure-compositrice-interprète, *I'm No Human*. Son dernier album, *Many Shades of Grey*, est paru en 2012.

4.2.4 La communauté italienne du Québec

Les personnes d'origine italienne forment le troisième groupe en importance au sein de la population québécoise, après les Français et les Britanniques. La population italienne du Québec compte environ 308 000 personnes dont 88 % vivent dans la région de Montréal (Montréal, Laval et Montérégie), mais on trouve aussi quelques Italiens à Québec (3 %) et à Gatineau (2 %). Dans la ville de Montréal, ils sont surtout établis dans les arrondissements de Saint-Léonard (17 %), de Rivière-des-Prairies–Pointe-aux-Trembles (15 %), Villeray-Saint-Michel (8 %) et de Montréal-Nord (7 %). Les Italiens du Québec connaissent très majoritairement le français (93 %) et 76 % connaissent aussi l'anglais (Ville de Montréal, 2014).

Dans l'ensemble, la scolarité des Italiens ressemble à la scolarité moyenne des Québécois : 22 % ont un diplôme d'études secondaires, 18 % ont un diplôme collégial et 18 %, un diplôme universitaire.

Les travailleurs d'origine italienne sont dans le domaine de la vente et des services (27 %), de la finance et de l'administration (20 %), de la gestion (13 %) et dans le secteur de la fabrication, du transport et de la machinerie (10 %).

Les Italiens sont surtout catholiques (83 %) et 11 % d'entre eux disent n'appartenir à aucune religion (MIDI, 2014c).

SAVIEZ-VOUS QUE...

Les fameux jeans Parasuco, qui aujourd'hui habillent les plus grandes vedettes et ont toujours leur siège social à Montréal, ont été créés dès 1966 par Salvatore Parasuco, un immigrant sicilien arrivé au Québec en 1957.

Découvrir la communauté italienne

Apprendre quelques mots en italien

Bonjour : *Buongiorno*
Bonsoir : *Buonasera*
Comment allez-vous ? : *Come sta ?*
Très bien, merci : *Molto bene, grazie*
S'il vous plaît : *Per favore*
Oui : *Si*
Non : *No*

Connaître

- **La Casa d'Italia**
  505, rue Jean-Talon Est, Montréal
  http://casaditalia.org
  Construit en 1936, cet important centre communautaire regroupe plusieurs organismes et services sociaux ainsi qu'une bibliothèque d'ouvrages en langue italienne. En 2010, la Casa d'Italia est transformée en centre d'interprétation de la présence italienne à Montréal.
- **Le Centre communautaire Leonardo da Vinci**
  8350, boulevard Lacordaire, Montréal
  www.centreleonardodavinci.com/fr
  Ce centre offre des activités culturelles, artistiques, sportives et sociales. Ses salles sont utilisées pour des cours, des expositions, des représentations théâtrales, des concerts et des films. Il comporte aussi une bibliothèque.
- **L'Institut culturel italien de Montréal**
  1200, avenue du Docteur-Penfield, Montréal
  www.iicmontreal.esteri.it/IIC_Montreal
  Cet institut offre toute une gamme de services : des manifestations culturelles (expositions, concerts, cinéma, etc.) sur l'Italie, des conférences sur la culture italienne, des cours d'italien, une bibliothèque et une vidéothèque.

Goûter

La cuisine italienne est reconnue dans le monde entier. Qui ne connaît pas les pâtes et la pizza, les antipasti, ces petites bouchées de légumes marinés et de viandes fumées ; le gâteau tartuffo, ce fabuleux dessert au chocolat ; le gelato, cette fameuse glace parfumée ? C'est aussi grâce à la communauté italienne que le *caffè con latte*, l'expresso et le cappuccino ont fait leur apparition au Québec.

Fêter

- **2 juin : Fête de la création de la République italienne**
- **13 juin : Fête de Saint-Antoine**
- **19 et 20 août : Fête de la Madonna di Pompei**

Voir

Des documentaires

- **La série *Histoires d'immigrations*, Canal Savoir.**
  Un épisode de cette série de conférences télévisées porte sur *Les Italiens. Immigrants dans l'espace social et culturel montréalais.*
- **La série *D'ici et d'ailleurs*, Pixcom, 2002.**
  L'épisode *La communauté italienne* présente des témoignages de membres de la communauté italienne qui ouvrent la porte de leurs maisons et de leur quartier.
- **La série *Nos familles*, Orbi-XXI, 2008.**
  Par les témoignages de personnalités connues, l'épisode sur la communauté italienne nous fait découvrir comment les membres de celle-ci se sont adaptés à la société québécoise, ainsi que leur apport à l'essor économique, social et culturel du Québec.
- ***Je fais mon propre courage*, de Giovanni Princigalli, 2007.**
  Ce film s'intéresse à l'histoire de quelques Italiens arrivés au Québec entre 1950 et 1960. La plupart venaient de villages pauvres du sud de l'Italie. Maintenant âgés, ils livrent un témoignage sur l'histoire des Italiens de Montréal et sur leurs conditions de vie.
- ***Caffè Italia*, de Paul Tana, 1985.**
  Faisant usage de documents d'archives et de fiction, de témoignages et d'extraits d'une création théâtrale, ce film brosse un portrait attachant et nuancé des Italiens de Montréal.

Une fiction

- ***Mambo Italiano*, comédie d'Émile Gaudreault, 2003.**
  Angelo est un agent de voyages qui rêve de devenir scénariste. Ses parents ont émigré au Québec au cours des années 1950 et se sont mariés tout de suite après leur arrivée. Ils ne se sont vraiment jamais adaptés au Québec. Leur monde bascule lorsque leur fils révèle son homosexualité.

Lire

Des romans

- ***Guido, le roman d'un immigrant*, de Rita Amabili. Montréal, Éditions Hurtubise, 2004.**
  Une Québécoise d'origine italienne raconte l'histoire de son père, Guido, à travers les archives et les récits de la famille.
- ***Le figuier enchanté*, recueil de récits autobiographiques de Marco Micone. Montréal, Éditions Boréal, 1992.**
  En 1958, Micone s'installe à Montréal avec sa famille. Ce recueil relate sa vie d'enfant immigrant.

Sortir

- **Se promener dans la Petite Italie (Piccolo Italia)**
  Dès le début du xxe siècle, les immigrants italiens achètent des terrains leur permettant de cultiver leurs potagers. Des usines comme Catelli sont tout près, et en 1910, on construit l'église Notre-Dame-de-la-défense. Aujourd'hui, il ne reste plus beaucoup d'Italiens dans le quartier, mais celui-ci demeure un centre commercial et culturel important.
- **Semaine italienne de Montréal (Settimana italiana)**
  Lors de ce festival qui se déroule en août, on peut participer à des concours, faire des visites guidées et assister à des concerts, des tournois de soccer, des défilés de mode, des feux d'artifice et quoi encore !

Écouter

- **Les chansons de Marco Calliari, celles de Giorgia Fumanti.**
- **Les albums de Mistress Barbara.**
- **Les airs d'opéra chantés par le baryton montréalais Gino Quilico.**

4.3 La communauté grecque

4.3.1 La Grèce

La République hellénique (*voir la figure 4.1, page 66*) compte environ 11 millions d'habitants, répartis sur un territoire de 131 944 km^2. Le grec moderne est la langue officielle du pays, mais on y parle aussi le turc, l'albanais, le roman oriental et le bulgare. Le régime politique de la Grèce est une démocratie parlementaire et sa capitale est Athènes.

CONNAISSEZ-VOUS?

Dimitri Dimakopoulos

Né à Athènes en 1929 et décédé à Montréal en 1995, Dimitri Dimakopoulos s'est installé au Québec en 1948 et a étudié l'architecture à l'Université McGill. Au fil de sa carrière d'architecte et d'urbaniste, il a signé des réalisations architecturales importantes, dont, au Québec, la Place-Ville-Marie, la salle Wilfrid-Pelletier de la Place-des-Arts et l'édifice central de l'Université du Québec à Montréal, lequel met en relief le clocher et le portail de l'ancienne église Saint-Jacques. La cathédrale orthodoxe grecque Saint-Georges, que l'on voit sur la photo ci-contre et qui se trouve sur le Chemin de la Côte-Sainte-Catherine à Montréal, constitue une autre de ses réalisations. Ses œuvres et sa contribution à l'architecture sont reconnues dans le monde entier.

4.3.2 Repères historiques

Après la Seconde Guerre mondiale, la Grèce se relève difficilement, et le chômage et la pauvreté y sévissent. Cette situation poussera plusieurs Grecs à immigrer aux États-Unis et au Canada.

En 1967, un coup d'État militaire crée une situation politique catastrophique: des milliers de personnes sont déportées et plusieurs choisissent de s'exiler volontairement à cause des conditions de vie qui prévalent. La dictature des colonels durera six ans, soit jusqu'en 1973, année où des étudiants de Polytechnique se barricadent à l'intérieur de l'Université d'Athènes, réanimant le mécontentement populaire et provoquant la chute de la junte militaire. Le coup d'État de 1967 affectera grandement la communauté grecque installée au Québec.

4.3.3 L'arrivée et l'installation des Grecs au Québec

Du milieu du XIXe siècle au début du XXe siècle

C'est d'abord à la fin du XIXe siècle et au début du XXe siècle qu'a lieu la première vague d'immigration des Grecs. Ceux qui arrivent pendant cette période sont des travailleurs non spécialisés qui ne connaissent ni le français ni l'anglais et qui ne comptent que sur leur force de travail pour réussir. Ils s'investissent principalement dans la restauration et la pâtisserie.

Ces premiers Grecs travaillent dur, de nombreuses heures par jour, et souvent dans des conditions déplorables et à très bas salaire. Petit à petit, la communauté prend forme et des organisations communautaires voient le jour; par exemple, on crée en 1907 la Communauté grecque orthodoxe, ou Koinotita. Celle-ci se veut un lieu de rencontre et d'aide pour les nouveaux arrivants. En 1910, on érige une église grecque orthodoxe (consacrée à l'Annonciation de la Vierge) et une école grecque (l'école Platon), où les enfants peuvent apprendre la langue et l'histoire de leur pays d'origine. La communauté s'installe autour de l'angle du boulevard Saint-Laurent et de la rue Sherbrooke (Constantinides, 1983).

CAPSULE

Des noms de famille grecs

De nombreux noms de famille grecs se terminent par *akis*, *akos*, *iadis*, *poulos* ou *anos*. Dans bien des cas, sinon de façon générale, ces terminaisons révèlent la région d'origine de la personne. Par exemple les Mitsotakis sont originaires de la Crète, les Papadopoulos, du Péloponnèse et les Sakellariadis, de la Thrace.

De 1945 à 1967

La deuxième vague d'immigration grecque, beaucoup plus importante que la première, se produit à l'issue de la Seconde Guerre mondiale. Les immigrants proviennent surtout de régions rurales de la Grèce. Ils sont peu scolarisés et ne parlent ni le français ni l'anglais. Ils sont parrainés par des parents ou des amis, et peuvent ainsi compter sur tout un réseau de connaissances pour trouver un logement et un emploi (Constantinides, 1983). Peu à peu, les Grecs se déplacent vers l'avenue du Parc dans le quartier Saint-Louis de Montréal (aujourd'hui le Mile-End). Ces immigrants œuvreront dans de petites ou moyennes entreprises, telles que des épiceries, des boulangeries, des tabagies, des bijouteries et des restaurants. Certains travailleront dans l'industrie du textile ou dans la construction immobilière.

Entre 1967 et 1976

La dernière vague d'immigration grecque au Québec a lieu entre 1967 et 1976. Cette immigration est composée de gens scolarisés et qualifiés qui arrivent à titre de réfugiés, fuyant la dictature des colonels. En 1973, l'« Opération Mon pays » a permis de légaliser quelques illégaux. Après cette vague, on notera une nette baisse de l'immigration grecque.

SAVIEZ-VOUS QUE…

Plusieurs mots français ont des racines grecques, par exemple *photographie*, qui vient de *photo* (« lumière ») et *grapho* (« écrire »), ou encore *psychologue*, qui vient de *psyché* (« âme ») et *logos* (« science, raison »).

4.3.4 La communauté grecque du Québec

On estime à environ 70 000 le nombre de personnes d'origine grecque résidant au Québec. Plus de la moitié d'entre elles sont nées au Québec. On parle donc de 2e et 3e générations.

La majorité des Grecs (72 %) parlent le français et 90 % d'entre eux parlent anglais. La langue grecque est très bien préservée chez les gens de cette communauté, car près de la moitié la parlent à la maison (Ville de Montréal, 2014).

CONNAISSEZ-VOUS ?

Tania Kontoyanni

Née au Québec en 1967 de parents d'origine grecque, Tania Kontoyanni est actrice, auteure et poète. Elle a joué dans des films tels que *La belle empoisonneuse* et *La conciergerie*, et participé à des séries télévisées telles que *Lance et compte*, *Watatatow*, *Tribu.com*, *Caserne 24* et *30 vies*.

Leur niveau de scolarisation est quelque peu inférieur à celui des Québécois. Plus de la moitié ont tout juste un diplôme d'études secondaires, mais 20 % détiennent un diplôme universitaire. On les retrouve dans des secteurs comme l'hébergement, la restauration et la fabrication, mais aussi dans le domaine de la vente et des services (33 %), des affaires et de l'administration (27 %), et de la gestion (16 %).

La majorité des Grecs vivent dans la grande région de Montréal (94 %), particulièrement dans la ville de Montréal (53 %), à Laval (29 %) et en Montérégie (11 %). Ceux qui vivent à Montréal se trouvent surtout dans l'arrondissement de Villeray–Saint-Michel–Parc-Extension (23 %), mais aussi dans Ahuntsic-Cartierville (16 %), Saint-Laurent (17 %) et Côte-des-Neiges–Notre-Dame-de-Grâce (8 %).

Les Grecs du Québec sont en très grande majorité chrétiens orthodoxes (76 %), et catholiques (13 %) (MIDIc, 2014).

Découvrir la communauté grecque

Apprendre quelques mots en grec

Bonjour : *Kaliméra* Καλημερα!
Bonsoir : *Kalispéra*
Comment allez-vous ? : *Ti kanete ?*
Très bien, merci : *Evkaristo poli*
S'il vous plaît : *Parakalo*
Oui : *Né*
Non : *Ochi*

Goûter

La cuisine grecque est une cuisine méditerranéenne dont les aliments de base sont l'huile d'olive, les tomates, les oignons, le citron, l'ail et le fromage. On trouve au menu des poissons grillés, du féta, des brochettes et des grillades, de même que les spécialités grecques que sont les *dolmades* (feuilles de vigne ou de chou farcies), *le tzatziki* (yogourt battu avec ail et concombre) et la *moussaka* (plat de viande hachée et d'aubergines). L'*ouzo* est une boisson traditionnelle servie en apéritif.

Connaître

- **La Communauté hellénique du grand Montréal**
  5757, avenue Wilderton, Montréal
  Fondé en 1906, cet organisme fait la promotion de la culture, de la langue et des traditions grecques depuis plus de 100 ans. En 2010, l'organisme a fusionné avec la Communauté grecque orthodoxe de Laval.
- **Le Centre d'études grecques de Montréal**
  5757, avenue Wilderton, Montréal
  Relevant de la communauté hellénique du grand Montréal, ce centre vise à conserver l'héritage culturel grec, en offrant des activités comme des cours de grec et de danse traditionnelle grecque. Il est très fréquenté par les deuxième et troisième générations issues de l'immigration grecque.
- **Le parc Athéna**
  Le parc Athéna (*voir la photo ci-contre*), nommé ainsi par la Ville de Montréal, en 1986, en hommage à la communauté grecque, se trouve dans l'arrondissement de Villeray–Saint-Michel–Parc-Extension. Le parc abrite une statue de la déesse Athéna offerte à la Ville de Montréal par la Grèce.

Fêter

- **25 mars : Fête nationale grecque et fête de l'Indépendance contre le joug de l'Empire ottoman (1821)**
  Le 25 mars 1821 marque le déclenchement de l'insurrection qui mènera à l'indépendance de la Grèce en juillet 1832. Ce jour coïncide aussi avec une fête chrétienne, l'Annonciation, célébrée dans la tradition grecque.
- **28 octobre : Okhi, Fête nationale du « Jour du non »**
  Okhi est une fête commémorant l'entrée en guerre de la Grèce contre l'Italie en 1940, alors que les Grecs se rangeaient du côté de la Grande-Bretagne, contre Hitler et le dictateur italien Benito Mussolini.

Voir

Des documentaires

- **La série *Histoires d'immigrations*, Canal Savoir.**
  L'épisode *Les Grecs. Des pionniers du début du 20e siècle à l'intégration actuelle de la communauté grecque du Québec.*
- **La série *D'ici et d'ailleurs*, Pixcom, 2002.**
  L'épisode sur la communauté grecque présente des témoignages de membres de cette communauté de Montréal qui ouvrent la porte de leurs maisons et de leur quartier.
- **La série *Nos familles*, Orbi-XXI, 2008.**
  Par les témoignages de personnalités connues, l'épisode sur la communauté grecque nous fait découvrir comment les membres de cette communauté se sont adaptés à la société québécoise, ainsi que leur apport à l'essor économique, social et culturel du Québec d'aujourd'hui.

Des fictions

- ***Mariage à la grecque* de Joel Zwick, 2002.**
  Dans la famille Portokalos, tout le monde s'inquiète pour Toula, qui n'est toujours pas mariée à 30 ans, n'a même pas de petit ami et se cherche encore, entre ses propres doutes et une famille étouffante, cramponnée à ses traditions. Un jour, elle rencontre Ian, dont elle tombe amoureuse. Le seul ennui, c'est qu'il n'est pas Grec.
- **Les films de Costa Gavras, réalisateur d'origine grecque.**
  Ses plus célèbres sont les films Z (1969) et l'*Aveu* (1970) qui dénoncent la dictature des colonels, *Missing* (1982), la dictature argentine, *Amen* (2002), l'inaction de l'église catholique pendant la 2e guerre mondiale et son tout dernier, *Le capital* (2012), le capitalisme sauvage.

Lire

Un roman

- ***L'homme qui voulait boire la mer* de Pan Bouyoucas. Montréal, Éditions Les Allusifs, 2005.**
  Lukas, un immigrant grec vivant à Montréal, rêve à son amour de jeunesse, Zéphira, 40 ans après l'avoir abandonnée sur une plage de son île natale. Honteux de cette lâcheté, il essaie de rejoindre Zéphira en songe, afin de lui demander pardon. Si sa nouvelle vie au Canada avait effacé le souvenir de Zéphira, quand elle lui apparaît en songe, Lukas en conclut qu'elle est morte depuis peu. Tant qu'il n'aura pas fait la paix avec elle, son fantôme hantera ses journées aussi bien que ses nuits.

Sortir

- **Festival La Flamme Hellénique**
  Lors de ce festival ayant lieu au mois d'août à Montréal, on peut assister à des spectacles de musique et de danse folklorique, magasiner dans un marché grec et se familiariser avec la cuisine traditionnelle de la Grèce.
- **Festival grec de Laval**
  Depuis 25 ans, du 24 juin au 1er juillet se tient le festival grec de Laval.

4.4 La communauté portugaise

4.4.1 Le Portugal

Situé à l'extrême ouest de l'Europe (*voir la figure 4.1, page 66*), la République portugaise compte environ 11 millions d'habitants répartis sur un territoire d'environ 92 080 km^2. Sa capitale est Lisbonne et les villes importantes sont Porto, Coimbra et Braga. On y parle le portugais. Le régime politique est une démocratie parlementaire.

4.4.2 Repères historiques

Au début du XXe siècle, plusieurs milliers de Portugais quittent leur pays en vue de s'installer en Afrique, au Brésil et aux États-Unis, cherchant de meilleures conditions de vie. Ils sont encore plus nombreux à quitter le Portugal sous la dictature d'Antonio de Oliveira Salazar (à partir de 1932) et à émigrer ailleurs en Europe, particulièrement en France.

Après plusieurs années de dictature, tentant de mater le mécontentement du peuple, l'armée occupe Lisbonne. Le 25 avril 1974 a lieu « la révolution des œillets ». Contre toute attente, les gens offrent des œillets aux soldats qui, touchés, refusent de tirer sur la foule. Partout dans la ville, des pancartes affichent : *O povo é quem mais ordena* (« C'est le peuple qui commande désormais », phrase du poète José Afonso). On se met à accrocher des guirlandes aux canons des chars d'assaut. La dictature s'effondre et, en quelques mois, l'empire colonial portugais est liquidé : dans cette foulée, toutes les colonies portugaises (Guinée-Bissau, Mozambique, Cap-Vert et Angola) voient leur indépendance reconnue. Plusieurs Portugais vivant dans les colonies reviennent sur le continent et plusieurs viendront au Québec (Rudel, 1998).

4.4.3 L'arrivée et l'installation des Portugais au Québec

Au XVIIe siècle

La présence portugaise au Québec remonte au XVIIe siècle, avec la venue d'explorateurs et de pêcheurs. Quelques autres Portugais s'établissent en Nouvelle-France dès 1670 ; leurs descendants sont les Rodrigues, les Pire, les Da Silva, les Lepire (Perpétua, 2004).

De 1953 à 1960

Durant le boom économique suivant la Seconde Guerre mondiale, le gouvernement canadien recrute des milliers de Portugais qui viendront s'installer au pays, provenant en majorité de l'archipel des Açores. Ce sont des gens peu scolarisés, surtout des travailleurs agricoles ; ils obtiennent des emplois en tant que journaliers ou travailleurs saisonniers. De plus, au cours de cette période, une entente spéciale conclue entre le régime de Salazar et le Canada permet l'entrée de réfugiés du Portugal. Ces réfugiés s'engagent à travailler dans des secteurs choisis par le Canada (agricole et ferroviaire) pendant un an. Par exemple, en mai 1953, le navire *SS-Saturnia* arrive à Halifax avec 555 Portugais à bord. Plusieurs viendront s'installer au Québec.

SAVIEZ-VOUS QUE...

Le premier facteur sur le territoire du Québec était un Portugais, Pedro Da Silva, nommé messager de l'administration de la Nouvelle-France en 1705.

De 1960 à 1974

Durant les années 1960 et la première moitié des années 1970, le Québec accueille des immigrants portugais un peu plus scolarisés : les hommes travaillent dans des commerces, ils sont techniciens ou occupent des postes d'ouvriers spécialisés,

CAPSULE

Le coq de Barcelos

Le coq de Barcelos, l'un des emblèmes du Portugal. On raconte que, lors d'un dîner chez un riche propriétaire de la ville de Barcelos, un des invités fut accusé d'avoir commis un vol.

Il fut jugé coupable par la cour, mais clama son innocence. Voyant un coq dans un panier près de lui, l'accusé dit : « Si je suis innocent, le coq chantera ! » Le coq chanta et le prisonnier fut libéré.

alors que les femmes travaillent dans l'industrie du vêtement (Labelle *et al.*, 1987). L'année 1974 (année de la révolution des œillets) marque la fin du régime de Salazar.

De 1974 à 1990

Depuis la chute du régime dictatorial en 1974 et jusque dans les années 1990, les immigrants portugais accueillis au Québec viennent principalement des zones urbaines du Portugal continental et des anciennes colonies portugaises, notamment l'Angola et le Mozambique. Ces pays étant devenus indépendants, les Portugais qui y vivent sont perçus comme des colonisateurs et sont forcés de les quitter.

Par la suite, les immigrants portugais qui viennent s'établir au Québec et au Canada sont beaucoup moins nombreux (Robichaud, 2004).

4.4.4 La communauté portugaise du Québec

SAVIEZ-VOUS QUE...

En 1975, la Société d'architecture de Montréal (SAM) décerne son prix annuel aux résidents de la communauté portugaise du quartier Saint-Louis pour les rénovations qu'ils ont faites à leurs maisons.

On compte 59 395 Portugais au Québec et on compte trois générations de Portugais. Ils connaissent le français dans une proportion de 91 %, et plusieurs parlent à la fois le français et l'anglais (60 %). Leur niveau de scolarisation est quelque peu inférieur à celui des Québécois. Plus de la moitié ont tout juste un diplôme d'études secondaires, mais 17 % détiennent un diplôme universitaire. On les retrouve surtout dans le domaine de la vente et des services (32 %), des affaires et de l'administration (17 %), et du transport et de la machinerie (12 %) (MIDI, 2014c ; Ville de Montréal, 2014).

La plupart d'entre eux sont installés dans les régions de Montréal (81 %), de Gatineau (7 %) et de Québec (3,5 %). À Montréal, les premiers Portugais se sont installés le long du boulevard Saint-Laurent au nord de l'actuelle rue Sherbrooke. Ils sont alors nombreux dans le quartier Saint-Louis (l'actuel plateau Mont-Royal). En moins de 10 ans, soit de 1963 à 1970, les Portugais y ont acheté des maisons et les ont rénovées, retapant un quartier que beaucoup vouaient à la démolition.

CONNAISSEZ-VOUS ?

Mike Ribeiro

Mike Ribeiro a joué avec le Canadien de Montréal de 1999 à 2006. De parents portugais, le hockeyeur a donné ses premiers coups de patins dans le quartier Saint-Louis à Montréal.

Les Portugais habitent maintenant plusieurs autres secteurs de Montréal, soit les arrondissements de Villeray–Saint-Michel–Parc-Extension (17 %), du Plateau-Mont-Royal (13 %) et de Rosemont–La Petite-Patrie (13 %). Ils sont de plus en plus nombreux à Laval (13 %) et en Montérégie (16 %).

Les Portugais sont majoritairement de religion catholique (82 %), et 11 % d'entre eux déclarent n'appartenir à aucune religion (MIDI, 2014c).

Découvrir la communauté portugaise

Apprendre quelques mots en portugais

Bonjour: *Bom dia*
Bonsoir: *Boa tarde*
Comment allez-vous ?: *Como esta ?*
Bien merci, et vous ?: *Muito bem, e você ?*
S'il vous plaît: *Por favor*
Merci: *Obrigado* (venant d'un homme) ou *obrigada* (venant d'une femme)
Oui: *Sim*
Non: *Não (noê)*

Connaître

- **L'église Santa Cruz**
  60, rue Rachel Est, Montréal
  Cette église, qui est aussi un centre communautaire, détient entre ses murs une copie d'une statue importante, celle du Senhor Santo Cristo dos Milagres (le Christ aux Miracles). Le cinquième dimanche après Pâques, on la sort pour la promener dans les rues du quartier lors d'un défilé.
- **L'Association portugaise du Canada**
  4170, rue Saint-Urbain, Montréal
  Cet organisme d'aide à la communauté portugaise propose des cours de portugais et offre aussi des spectacles de musique, de théâtre et d'humour.
- **Le parc du Portugal**
  Angle des rues Saint-Laurent et Marie-Anne, Montréal
  Inauguré au début des années 1980, ce parc rend hommage à la communauté portugaise implantée dans le quartier. Une plaque commémorative a été inaugurée en 2003 pour souligner le 50e anniversaire de l'arrivée de la première vague d'immigration des Portugais (en 1953).

Goûter

La base de la cuisine portugaise est sans contredit le poisson. D'ailleurs, les Portugais disent qu'il y a 365 façons d'apprêter la morue. Les sardines salées et grillées au four à bois sont également très populaires. On peut aussi goûter la *caldo verde*, une soupe à base de pommes de terre, de saucisses et de chou vert. La *carne de porco a Alentejana*, un autre plat typique, consiste en des cubes de porc cuits avec des palourdes, des tomates et des oignons. Enfin, on ne saurait oublier les portos, ces vins de la vallée du Douro.

Fêter

- **25 avril: Fête des Œillets**
  Cette fête commémore la révolution des œillets et le retour à la liberté pour le Portugal.
- **10 juin: Fête nationale portugaise**
  Toute la journée, on cuisine au barbecue sur le parvis de l'église Santa Cruz.

Voir

Des documentaires

- **La série *Histoires d'immigrations*, Canal Savoir.**
  L'épisode *Les portugais - Une présence, un héritage au Québec.*
- **La série *D'ici et d'ailleurs*, Pixcom, 2002.**
  L'épisode sur la communauté portugaise présente des témoignages de membres de cette communauté qui ouvrent la porte de leurs maisons et de leur quartier.
- **La série *Nos familles*, Orbi-XXI, 2008.**
  Par les témoignages de personnalités connues, l'épisode sur la communauté portugaise nous fait découvrir comment les membres de cette communauté se sont adaptés à la société québécoise, ainsi que leur apport à l'essor économique, social et culturel du Québec d'aujourd'hui.

Lire

Un essai

- ***Les Portugais: 50 ans à Montréal*, de Belmira Perpétua. Montréal, Éditions Les Intouchables, 2004.**
  En 1953, plusieurs immigrants partent du Portugal et arrivent à la « terre promise », le Canada. En 2003, on célèbre le 50e anniversaire de cette arrivée.

Un roman

- Les romans du grand écrivain Fernando Pessoa (1888-1935), et ceux de José Saramago (1922-2010), prix Nobel de littérature en 1998.

Sortir

- **Festival Luzarts**
  Ce festival a lieu en octobre à Montréal depuis 2006. Il vise à faire connaître les œuvres artistiques écrites en portugais sous toutes leurs formes: théâtre, vidéos, lectures publiques, etc.
- **L'installation *Bancs de pierre et de paroles***
  En bordure du boulevard Saint-Laurent, dans les limites du quartier portugais.

En 2009, la Ville de Montréal a inauguré l'installation de cette œuvre collective, constituée de 12 bancs de granit noir ayant chacun la forme d'une vague stylisée, forme évoquant le lien entre la mer et le Portugal. Sur chaque banc, on peut lire des citations d'écrivains portugais et, sur leur pourtour, admirer des *azulejos* (tuiles décoratives) réalisés par des artistes montréalais d'origine portugaise.

Écouter

- **Du fado dans un restaurant ou un café portugais.**
  Il s'agit d'un chant mélancolique souvent accompagné d'instruments à cordes pincées.
- **Un album d'Amália Rodrigues (1920-1999).**
  Elle est considérée comme la plus grande chanteuse de fado au monde.

4.5 La communauté roumaine

4.5.1 La Roumanie

La Roumanie est un pays de l'Europe de l'Est (*voir la figure 4.1, page 66*) entouré par la Bulgarie, la Serbie, l'Ukraine et la Hongrie. Sa superficie est de 238 391 km^2 pour une population de 21,4 millions d'habitants comptant 90 % de Roumains, 7 % de Hongrois, 1,8 % de Tziganes et 0,5 % d'Allemands. Les principales villes de la Roumanie sont Bucarest (la capitale), Constanta, Iasi, Timisoara et Galati. La religion orthodoxe y est majoritaire; on compte aussi des catholiques et des protestants. Les langues parlées en Roumanie sont le roumain, le hongrois et l'allemand. La Roumanie est une jeune démocratie parlementaire, les premières élections parlementaires et présidentielles libres ayant eu lieu en 1990.

4.5.2 Repères historiques

Chef du parti communiste à partir de 1965, Nicolae Ceausescu imposera sa dictature pendant 25 ans, devenant le premier président de la République populaire de Roumanie en 1974. Le 22 décembre 1989, la radio roumaine passe entre les mains des insurgés, et le Conseil du Front de Salut national prend le pouvoir. En seulement 4 jours, soit du 21 au 25 décembre, le régime communiste, qui aura duré 45 ans, s'effondre, mettant fin au régime de Ceausescu. Le dictateur et son épouse Elena sont accusés de génocide (on les rend responsables de la torture et de la mort de plus de 60 000 personnes) et d'avoir détruit des biens publics ainsi que l'économie nationale. Ils seront exécutés à la suite d'un procès qui n'aura duré que 55 minutes (Durandin, 1990).

4.5.3 L'arrivée et l'installation des Roumains au Québec

CONNAISSEZ-VOUS?

Dan Hanganu

Né en Roumanie en 1939, cet architecte promis à une importante carrière s'est installé au Québec en 1971. On lui doit, entre autres, la conception des plans du musée Pointe-à-Callière, de l'édifice de l'École des Hautes Études commerciales et de l'église abbatiale de Saint-Benoît-du-Lac.

La fin du XIXe siècle et le début des années 1900

À la fin du XIXe siècle, quelques paysans et commerçants roumains immigrent au Québec, tentant de fuir la pauvreté. Plusieurs sont des juifs ou des gens de confession orthodoxe qui essaient d'échapper à la discrimination. En 1901, on compte 354 Roumains à Montréal et, dès 1912, une église orthodoxe roumaine est érigée.

De 1970 à 1990

L'immigration roumaine reprend au cours des années 1970 alors que de nombreux Roumains, surtout des intellectuels et des professionnels urbains hautement scolarisés, fuient le régime dictatorial de Nicolae Caucescu pour des raisons politiques (ils sont discriminés), économiques (le pays est en crise) et à la recherche de liberté. Ils sont accueillis au Québec en tant que réfugiés politiques (Stoï, 2005).

CONNAISSEZ-VOUS ?

Lucian Bute

Né en Roumanie en 1980, il s'installe à Montréal en 2003. Il est boxeur professionnel et a été nommé athlète de l'année en 2011.

De 1990 à 2012

La plus importante vague d'immigration roumaine au Québec se produit cependant après la chute du régime dictatorial de Ceausescu, en 1989. En effet, près de 8000 Roumains sont accueillis au Québec entre 1991 et 2001. Ces immigrants sont de jeunes professionnels qui, ne croyant plus aux réformes promises, rêvent d'une vie meilleure (Busuioc, 2007). On estime que 60 % de la communauté roumaine est arrivée pendant cette période. Par la suite, dans la période comprise entre 2001 et 2013, une moyenne de 1000 Roumains par année s'installent au Québec ; ils sont jeunes, scolarisés et répondent aux critères de sélection du Québec (MIDI, 2014c).

SAVIEZ-VOUS QUE...

Aux Jeux olympiques de 1976, qui se déroulaient à Montréal, la roumaine Nadia Comanesci (aujourd'hui roumano-américaine) avait été la première gymnaste au monde à obtenir la note parfaite de 10 sur 10.

4.5.4 La communauté roumaine du Québec

Environ 42 000 personnes d'origine roumaine sont présentement installées au Québec (MIDI, 2014c). La Roumanie ayant eu une longue tradition francophile, les Roumains du Québec ont, pour la plupart, une bonne connaissance de la langue française (91 % connaissent le français) et la majorité parle le français et l'anglais (69 %) (MIDI, 2014c).

Les immigrants roumains sont très scolarisés ; à leur arrivée, ils sont peu nombreux à n'avoir qu'un diplôme d'études secondaires (22 %) et 49 % ont à leur actif des études universitaires. Ils œuvrent dans les domaines des sciences naturelles et appliquées (16 %) et occupent des postes dans le secteur des affaires et de l'administration (19 %) ainsi que dans l'enseignement (12 %) (MIDI, 2014c).

La très grande majorité est établie dans la région de Montréal : 60 % à Montréal, 13 % à Laval et 17 % en Montérégie ; un faible pourcentage à Québec (2 %) et à Gatineau (2 %). À Montréal, les Roumains habitent surtout dans l'arrondissement de Côte-des-Neiges–Notre-Dame-de-Grâce (27 %) et Saint-Laurent (11 %). Ils sont également présents à Côte-Saint-Luc (8 %) et à Dollard-des-Ormeaux (7 %).

Les Roumains du Québec sont surtout orthodoxes (59 %), catholiques (12 %), juifs (13 %) et 9 % disent n'avoir aucune appartenance religieuse (MIDI, 2014c).

Découvrir la communauté roumaine

Apprendre quelques mots en roumain

Bonjour : *Bun ziua*
Bonsoir : *Bun seara*
Comment allez-vous ? : *Ce mai facei ?*
Bien, merci : *Bine, mulumesc*
S'il vous plaît : *vă rog*
Oui : *Da*
Non : *Nu*

Connaître

- **La place de la Roumanie, à l'intérieur du parc Devonshire**
  Rue Clark, entre l'avenue des Pins et la rue Saint-Cuthbert, Montréal

  Ce petit parc, où l'on retrouve la statue du poète Mihai Eminescu, don de la Roumanie, a été inauguré en 2004, pour marquer la présence centenaire de la communauté roumaine à Montréal.

Goûter

Voici quelques spécialités roumaines :

- *mamaliga* (purée de maïs), souvent accompagnée d'un fromage blanc de brebis et servie au déjeuner ;
- *sarmales* (feuilles de chou farcies de viande) ;
- *ciorba* (potage aux boulettes de viande) ;
- *mititei* ou *mici* (saucisses grillées) ;
- *cozonac* (gâteau brioché aux raisins de Corinthe ou aux fruits confits, aux noix et aux graines de pavot) ;
- *tuica* (alcool de prune servi en apéritif).

Fêter

- **1er décembre : Fête nationale de la Roumanie**

Voir

Des documentaires

- **La série *D'ici et d'ailleurs*, Pixcom, 2002.**
  L'épisode sur la communauté roumaine présente des témoignages de membres de cette communauté qui ouvrent la porte de leurs maisons et de leur quartier.
- **La série *Nos familles*, Orbi-XXI, 2008.**
  Par les témoignages de personnalités connues, l'épisode sur la communauté roumaine nous fait découvrir comment les membres de cette communauté se sont adaptés à la société québécoise, ainsi que leur apport à l'essor économique, social et culturel du Québec d'aujourd'hui.

Des films de fictions réalisés par des cinéastes d'origine roumaine

- ***12 h 08 à l'est de Bucarest*, de Corneliu Porumboiu, 2006.**
- ***4 mois, 3 semaines, 2 jours* (2007) et *Au-delà des collines* (2012), de Cristian Mungiu.**
  Le premier film a obtenu la Palme d'or au Festival de Cannes en 2007 et le second, le Prix du meilleur scénario au Festival de Cannes en 2012.
- ***Train de vie* (1998), *Va vis et deviens* (2005) et *Le concert* (2009), de Radu Mihaileanu.**

Lire

De la poésie et du théâtre écrit par des Roumains

- ***Luceafarul* (Hypérion, en français) et autres poèmes de Mihai Eminescu (1850-1889).**
  On considère Mihai Eminescu comme le plus grand poète romantique de la Roumanie.
- **Des pièces de théâtre d'Eugène Ionesco (1909-1994).**
  Les plus connues sont *La cantatrice chauve*, *Les chaises* et *Rhinocéros*.

Des romans de Québécois d'origine roumaine

- ***Luc, le Chinois et moi* (2004), *Dina* (2008) et *Darling of Kandahar* (2012), de Felicia Mihali. Montréal, Éditions XYZ.**
  Née en Roumanie, Felicia Mihali vit à Montréal depuis 2000. Elle a écrit plusieurs romans, qui étonnent et font voyager le lecteur. On la considère comme une auteure majeure du Canada.
- ***Terre salée*, d'Irina Egli. Montréal, Éditions Boréal, 2006.**

Écouter

- **Les chansons de Corneliu Montano.**
  Né à Bucarest, Corneliu Montano s'est installé au Québec où il est venu étudier le chant. Ténor, il se fait connaître par l'émission *Star Académie* en 2004. Depuis, il se produit sur diverses scènes au Canada et aux États-Unis.

4.6 La communauté française

4.6.1 La France

La République française est un pays de l'Europe du nord (*voir la figure 4.1, page 66*), entouré de la mer du Nord, de la Manche, de l'Atlantique, de la Méditerranée ainsi que de plusieurs pays (Belgique, Luxembourg, Italie, Monaco, Espagne et Andorre). Ses principales villes sont Paris (la capitale), Lyon, Marseille et Toulouse. Sa superficie est de 641 185 km^2 pour une population de 66 millions d'habitants. La langue officielle est le français et la France est une démocratie républicaine.

4.6.2 Repères historiques

Les Français colonisent le Québec à partir du XVIe siècle, avec l'arrivée de Jacques Cartier en 1534. Par la suite viendront, durant quelques siècles, des colons français. La colonie est convoitée par les Britanniques qui gagneront la bataille des Plaines d'Abraham à Québec en 1759. Le *Traité de Paris*, signé en 1763 entre la France et l'Angleterre, fera du Québec une colonie britannique.

À la fin de la Seconde Guerre mondiale, des problèmes économiques touchent la France, qui est à reconstruire : l'endettement national et le manque de travail pousseront plusieurs Français à s'exiler.

CAPSULE

Une phrase controversée

Charles de Gaulle, président de la France, en visite officielle au Canada, prononce un discours à Montréal le 24 juillet 1967, et termine avec ces phrases devenues célèbres :

« Vive Montréal ! Vive le Québec ! Vive le Québec... libre ! Vive le Canada français ! Et vive la France ! »

Ceci créera un incident diplomatique avec le gouvernement du Canada, qui refusera de le recevoir.

Depuis le début des années 2000 et surtout la crise internationale de 2008, la France peine à donner du travail à ses jeunes, qui envisagent un avenir plutôt morose.

4.6.3 L'arrivée et l'installation des Français au Québec

De 1960 à 1990

L'immigration française reprend au cours des années suivant la Seconde Guerre mondiale. En 1967, l'exposition universelle de Montréal, la venue du président français Charles de Gaulle et son discours historique, et enfin des accords entre la France et le Québec (Peyrefitte-Johnson) font que 40 000 Français arrivent à la fin des années 1960 (Laurence et Perreault, 2010).

De 1991 à 2013

Pour contrer la décroissance démographique et le vieillissement de la population, le Québec et son ministère de l'Immigration encouragent la venue d'un grand nombre de travailleurs, francophones ou francophiles, qualifiés et diplômés dans des domaines de formation recherchés, ainsi que d'étudiants étrangers et de gens d'affaires. Depuis 1991, plusieurs ententes franco-québécoises ou franco-canadiennes ont été signées afin de faciliter cette immigration économique francophone au Québec (par exemple, l'*Entente Québec-France sur la reconnaissance mutuelle des qualifications professionnelle* en 2008).

Ainsi, dans la période comprise entre 2001 et 2008, une moyenne de 1000 immigrants français par année s'installent au Québec, mais c'est surtout entre 2009 et 2013 que les Français sont de plus en plus nombreux à immigrer, avec une moyenne de 6000 par année. Une forte majorité, soit 79 % de ces immigrants ont moins de 35 ans et ils viennent comme immigrants économiques. Ils sont jeunes, scolarisés et répondent aux critères de sélection du Québec (MIDI, 2014b).

À ces Français qui s'établissent comme résidents permanents s'ajoutent les étudiants et les détenteurs de permis temporaire ou d'un permis vacances-travail (PVT).

Offert à la Ville de Montréal en 1967, l'édicule en fer forgé de la station de métro Square-Victoria, conçu par Hector Guimard, a été récupéré du métro de Paris.

CONNAISSEZ-VOUS ?

Connaissez-vous Nathalie Bondil ?

De nationalité française, Nathalie Bondil arrive au Québec en 2000. Elle est directrice et conservatrice en chef du Musée des beaux-arts de Montréal depuis 2007. Elle est la première femme à occuper ce poste à la tête de l'institution.

4.6.4 La communauté française du Québec

On estime qu'environ 120 000 personnes d'origine française sont présentement installées au Québec (Consulat de France à Montréal, 2013). Tous connaissent la langue française et 55 % d'entre eux parlent le français et l'anglais (MIDI, 2014b). Les immigrants français sont très scolarisés ; à leur arrivée, peu n'ont qu'un diplôme d'études secondaires et 37 % ont un diplôme universitaire. Ils œuvrent dans les domaines des sciences naturelles et appliquées (16 %) et occupent des postes dans le secteur des affaires et de l'administration (19 %) ainsi que dans l'enseignement (12 %) (MIDI, 2014b).

La très grande majorité est établie dans la région de Montréal : 70 % à Montréal, 7 % en Montérégie. À Québec, on retrouve 10 % des personnes d'origine française. À Montréal, les Français habitent surtout sur le Plateau Mont-Royal (19 %) et dans Rosemont-La-Petite-Patrie (11 %) (Ville de Montréal, 2014).

Découvrir la communauté française

Connaître

Il existe des dizaines d'associations de différents départements français : par exemple, l'Association st-pierraise et miquelonnaise, bretonne, alsacienne, etc.

- **L'association Québec-France**
  Maison Fornel
  9, place Royale, Québec
  Fondée en 1971 par plusieurs personnalités québécoises amoureuses de la France, cet organisme compte 19 associations régionales réparties partout sur le territoire du Québec. Il veut mettre en lumière les défis communs des Français et des Québécois : promotion de la langue française, création d'un réseau de citoyens, animation de la relation privilégiée entre les deux nations, etc.

- **Union française**
  429, avenue Viger est, Montréal
  Fondée en 1886, l'Union Française accompagne les francophones issus de l'immigration dans leur intégration à la société québécoise. Elle est devenue un lieu culturel d'accueil, d'accompagnement et de socialisation, ouvert à tous les francophiles.

Goûter

La cuisine française : on dit qu'elle est la meilleure au monde ! Essayez les calissons d'Aix-en-Provence, les croissants, la bouillabaisse de Marseille, le gigot d'agneau, le pain baguette.

Le vin français : un vin d'Alsace, un bordeaux, un bourgogne, un Côtes-de-Provence ? L'offre est variée et la France fait partie des plus grands producteurs de vin au monde.

Fêter

- **18 juin : La Fête de l'Appel à la résistance**
  Cette fête souligne le premier discours du Général Charles de Gaulle à la radio, en 1940.

- **14 juillet : Fête nationale de la France**
  La date de la fête nationale française commémore la prise de la Bastille en 1789.

Voir

- **Station de métro Square victoria**
  La particularité cette station est son édicule en fer forgé, conçu par Guimard et récupéré du métro de Paris. Il a été offert à la ville de Montréal en 1967 pour commémorer la collaboration entre les ingénieurs français et québécois lors de la construction du métro de Montréal (*voir la photo, page précédente*).

- **Obélisque de la place Charles-de-Gaulle**
  La place Charles-de-Gaulle, créée en 1992 par Olivier Debré, est située à l'extrémité sud du parc Lafontaine, le long de la rue Sherbrooke. On y trouve une sculpture en forme d'obélisque, composée de sept segments superposés. Deux plaques de bronze gravées accompagnent l'œuvre.

CHAPITRE 5

LES COMMUNAUTÉS NOIRES

On n'est pas forcément
du pays où l'on est né.
Il y a des graines que le vent aime semer ailleurs.
DANY LAFERRIÈRE
L'énigme du retour

PLAN DU CHAPITRE

5.1
Des esclaves en Nouvelle-France

5.2
L'arrivée des Afro-Américains

5.3
Les communautés antillaises

5.4
Les communautés africaines subsahariennes

OBJECTIFS D'APPRENTISSAGE

Après avoir lu ce chapitre, vous pourrez :

- distinguer les principales vagues d'immigration de chacune des communautés étudiées et présenter les motifs de leur migration ;
- décrire les profils socioéconomique et culturel de ces communautés au Québec ;
- nommer les apports de ces communautés à la vie culturelle, politique et sociale du Québec ;
- présenter quelques éléments culturels de ces communautés.

CODE NOIR,
OU
RECUEIL D'EDITS,
DÉCLARATIONS ET ARRETS
CONCERNANT
Les Esclaves Négres de l'Amérique,
AVEC
Un Recueil de Réglemens, concernant la police des Isles Françoises de l'Amérique & les Engagés.

A PARIS,
Chez les LIBRAIRES ASSOCIEZ.
M. DCC. XLIII.

Le *Code noir*, promulgué en 1685 par le roi Louis XIV, légitime la pratique de l'esclavage, déjà présente en Nouvelle-France dès 1628.

Les communautés noires qui habitent au Québec ont toutes des origines en Afrique, mais, en raison de la colonisation et de l'esclavage, certaines ont vécu aux États-Unis ou dans les Antilles, parfois pendant de nombreuses générations, avant d'immigrer au Canada. On peut distinguer plusieurs périodes d'immigration au Québec de ces communautés :

- dans la deuxième moitié du XIXe siècle, l'arrivée, notamment par le chemin de fer clandestin, des Afro-Américains qui fuyaient l'esclavage sévissant aux États-Unis, et celle d'Antillais anglophones attirés par les emplois dans la construction ;
- au début du XXe siècle, l'exode des Afro-Américains des grandes villes américaines qui fuyaient la discrimination ;
- au cours des années 1960 et 1970, l'arrivée des Antillais anglophones (les Jamaïcains) et francophones (les Haïtiens), les premiers tentant d'échapper à la pauvreté et les seconds fuyant le régime dictatorial de Duvalier ;
- à partir du milieu des années 1970, l'arrivée des communautés africaines, conséquence directe des troubles politiques de toutes sortes, dont des guerres civiles, des régimes dictatoriaux et des massacres.

Nous aborderons la question de l'esclavage en Nouvelle-France puis l'arrivée des Afro-Américains, avant de présenter certaines communautés antillaises et africaines.

5.1 Des esclaves en Nouvelle-France

On retrouve des traces de l'esclavage en Nouvelle-France dès 1628, avec la capture d'Olivier le Jeune, originaire de l'île de Madagascar (Williams, 1998). En 1685, Louis XIV accorde à ses sujets de Nouvelle-France, par la promulgation du *Code noir*, le droit de faire venir des Noirs d'Afrique dans le but d'en faire des esclaves. Par le *Code noir*, la pratique de l'esclavage des Noirs, déjà répandue dans certaines régions, se trouve ainsi légitimée. Par suite de cette mesure législative, des millions d'Africains sont déportés. En outre, l'un des 60 articles de ce code interdit à tout sujet établi en Nouvelle-France de se marier avec une personne noire.

Au moment de sa conquête par l'Angleterre, en 1760, la Nouvelle-France compte plus d'un millier d'esclaves, qui appartiennent à de riches familles de Montréal (près de la moitié), de Louisbourg et de Halifax. À la fin du XVIIIe siècle, la vente d'esclaves peut se faire au moyen des petites annonces des journaux. Certains esclaves servent dans les Cantons-de-l'Est, en particulier à Saint-Armand. D'ailleurs, le nom d'une colline de ce village, *Nigger Rock*, viendrait de ce qu'on y aurait enterré des esclaves noirs (hommes, femmes et enfants) qui auraient travaillé pour Philip Luke, un producteur de potasse (substance qui servait à blanchir le coton et le papier), entre 1794 et 1833 (Trudel, 2004). Le Centre historique de Saint-Armand lutte pour la conservation de ce lieu, le seul cimetière d'esclaves connu au Canada (Viau, 2003).

Parmi les esclaves des Blancs de Nouvelle-France, on compte aussi des Amérindiens (appelés *panis*). Ils sont utilisés pour effectuer les durs travaux

CAPSULE

Mathieu da Costa

Le premier Noir officiellement recensé en Nouvelle-France est Mathieu da Costa, un homme d'origine africaine qui gagnait sa vie comme navigateur et interprète. Il a accompagné Pierre Dugua de Mons et Samuel de Champlain en Nouvelle-Écosse (Acadie) à la fin du XVIe siècle, et les a aidés dans leurs échanges avec les Amérindiens, car il parlait plusieurs langues, dont le micmac (Laurence, 2009). Une rue du quartier Lebourgneuf, à Québec, porte son nom.

et les tâches agricoles, alors que les esclaves noirs servent surtout de domestiques dans les maisons de riches commerçants, de seigneurs, de hauts fonctionnaires et de membres du clergé (Williams, 1998). Même si les esclaves de Nouvelle-France sont généralement traités de façon plus humaine qu'aux États-Unis et que la sévérité des châtiments qu'ils subissent est régie par des lois, ils n'en demeurent pas moins des esclaves. La fin tragique de Marie-Josèphe-Angélique illustre le type de châtiment qu'il était permis d'infliger aux esclaves (*voir l'encadré 5.1*).

A VENDRE,
UNE NEGRESSE agée d'environ 18 ans, qui est arrivée dernierement de la *Nouvelle York*, avec les Loïalistes; elle a eu la Petite Verole: Cette Négresse s'est toujours très bien comportée, et elle n'est vendue que parceque le propriétaire n'en a aucunement besoin à présent.
On disposera également d'une belle JUMENT baie.
Pour plus amples informations il faut s'adresser à l'IMPRIMEUR.

Cette annonce parue dans *La Gazette de Québec* en 1783 démontre qu'on considère alors les esclaves de façon similaire aux bêtes de somme.

ENCADRÉ 5.1 Marie-Josèphe-Angélique

Marie-Josèphe-Angélique est l'esclave de Marie-Thérèse de Couagnes de Francheville, veuve de François Poulin de Francheville, seigneur de Saint-Maurice, résidant rue Saint-Paul à Montréal. Elle a, dit-on, amorcé une protestation publique contre l'esclavage.

En 1734, apprenant que sa maîtresse voulait la vendre, elle aurait mis le feu à la maison familiale. L'incendie se répand jusqu'à 40 bâtiments, dont l'Hôtel-Dieu. Marie-Josèphe-Angélique est arrêtée, emprisonnée et jugée par le tribunal de la ville.

Le 4 juin 1734, elle est condamnée à être promenée dans un tombereau à immondices, à faire amende honorable devant l'église paroissiale, à avoir les poings coupés et à être brûlée vive. Elle en a appelé au Conseil supérieur de Québec. Le juge a maintenu la sentence, mais a décidé que les poings de l'accusée ne seraient pas coupés et qu'on la pendrait avant de la brûler.

Le 21 juin 1734, sous la torture, Marie-Josèphe-Angélique avoue ses crimes. Elle est exposée en public, puis pendue et brûlée (Brown, 1998).

En 1793, Pierre-Louis Panet, député à la Chambre d'assemblée du Bas-Canada, soumet le premier projet de loi visant l'abolition de l'esclavage, mais celui-ci ne sera pas accepté. Dans le Haut-Canada, on adopte la même année une loi limitant l'esclavage et prévoyant l'émancipation progressive des esclaves. L'Ontario devient ainsi la première province britannique à légiférer en cette matière.

En 1799, Louis-Joseph Papineau dépose à son tour un projet de loi visant à abolir l'esclavage. Ce projet aussi sera défait, mais les juges acceptent de ne plus condamner les esclaves fugitifs. Ce n'est qu'en 1834 que l'esclavage sera aboli dans l'ensemble de l'Empire britannique, et en 1865 aux États-Unis.

Fondée en 1907 par les femmes de l'association Women's Club of Montreal, avec l'aide de leurs maris qui travaillent au Canadien Pacifique comme porteurs de bagages ou garçons de cabine, la Union United Church est devenue un lieu de soutien communautaire des communautés noires anglophones de Montréal. De nombreux leaders noirs y ont prononcé des allocutions, dont Nelson Mandela en 1990 (Forget, 2007).

5.2 L'arrivée des Afro-Américains

Entre 1840 et 1860, des esclaves noirs américains fuient vers le Canada, certains empruntant le chemin de fer clandestin (*voir le chapitre 2, page 27*). Ils s'installent en Nouvelle-Écosse, en Ontario et au Québec (Gay, 2004).

À la fin du XIXe siècle et au début du XXe siècle, le réseau ferroviaire reliant le Canada et les États du nord des États-Unis se développe rapidement, et les compagnies de chemin de fer (Canadien National et Canadien Pacifique) engagent à bas prix des Afro-Américains en tant que constructeurs, puis comme porteurs de bagages et préposés aux voitures-lits (Bessière, 2012). Ceux-ci s'installent près

Créée à partir de photos prêtées par sa famille, une murale en hommage à Oscar Peterson a été inaugurée en 2011 dans le quartier de la Petite Bourgogne à Montréal, où a vécu le célèbre pianiste et compositeur de jazz.

des gares ; à Montréal, ils habitent le quartier St-Henri. Certains travaillent à la construction du canal de Lachine.

Par la suite, plusieurs Afro-Américains issus de grandes villes américaines telles que Chicago et New York émigrent vers Montréal, fuyant le racisme. Plusieurs travaillent le jour et font de la musique la nuit, jouant du jazz, ce mélange aujourd'hui bien connu de blues, de ragtime et de musique européenne. Les Montréalais voient bientôt s'ouvrir plusieurs boîtes de nuit où les clients se massent pour entendre la musique des Noirs.

À partir des années 1940, Oscar Peterson et Charlie Biddle seront reconnus comme de grands musiciens du jazz montréalais. La tradition du jazz au Québec ne se démentira plus : aujourd'hui, le Festival international de jazz de Montréal est l'un des plus importants au monde.

5.3 Les communautés antillaises

Archipel situé dans la mer des Caraïbes, les Antilles comprennent notamment Cuba, l'île d'Hispaniola (Haïti et République Dominicaine) et la Jamaïque (*voir la figure 5.1*). Nous parlerons dans cette section de la communauté jamaïcaine et de la communauté haïtienne qui ont immigré au Québec.

5.3.1 La communauté jamaïcaine

La Jamaïque

La Jamaïque est l'une des plus grandes îles des Antilles, et elle compte environ 2,7 millions de personnes réparties sur un territoire de 10 990 km^2 (*voir la figure 5.1*). La langue officielle y est l'anglais, mais la grande majorité de la population (90 %) parle le créole jamaïcain. Les principales villes de la Jamaïque sont Kingston et Montego Bay, et le régime politique est une démocratie parlementaire.

Quelques repères historiques

Les premiers habitants de la Jamaïque sont les Arawaks, des Indiens d'Amérique du Sud ; ils y vivent depuis près de 1500 ans. Après la conquête de l'île par les Espagnols en 1494, et ce, jusqu'à leur extinction, 50 ans plus tard, les Arawaks de la Jamaïque sont exploités comme une main-d'œuvre bon marché pour les colonisateurs dans les plantations de coton, de cacao et de tabac. À partir de 1517, les Espagnols font aussi venir des esclaves africains. En 1655, les Britanniques envahissent l'île, et bon nombre d'esclaves profitent de la guerre entre les Espagnols et les Anglais pour s'enfuir dans les montagnes, où on leur donne le nom de Maroons (de l'espagnol *cimarron*, qui signifie « animal sauvage » ou « animal de compagnie en fuite »). Ces esclaves affronteront les Britanniques et deviendront rapidement le symbole de la résistance des esclaves à travers les Amériques.

La traite des esclaves amènera plus de 600 000 Africains en Jamaïque entre 1700 et 1810. Après l'abolition de l'esclavage en 1834, plusieurs anciens esclaves restent dans les plantations comme ouvriers salariés, alors que d'autres établissent leurs propres plantations. La Jamaïque obtient son indépendance du Royaume-Uni en 1962.

FIGURE 5.1 Les Antilles

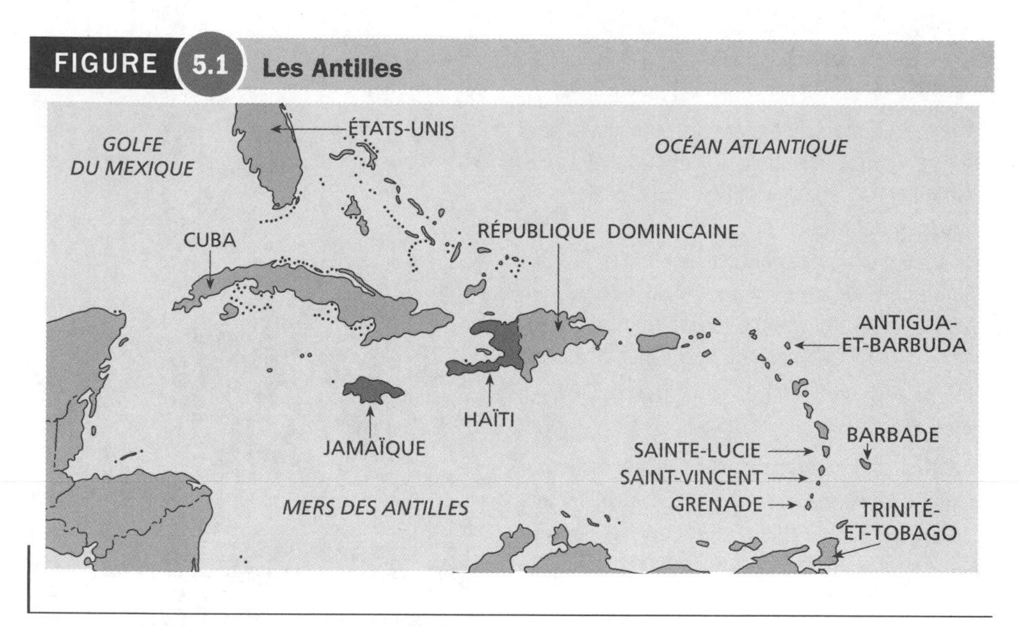

Note : La carte 1 à la fin du volume permet de situer la région où se trouvent les Antilles (*Voir Amérique centrale et Caraïbes*) par rapport au continent américain.

Les religions

Sur le plan de la religion, c'est le christianisme qui est le plus important en Jamaïque. La majorité de la population est protestante, mais on y pratique aussi le catholicisme. Des éléments de religions africaines anciennes perdurent aussi dans certaines régions. Le rastafarisme, qui bénéficie d'une grande notoriété grâce à la musique reggae qui a fait le tour du monde, est une religion, à cause de ses pratiques quasi rituelles et de ses codes vestimentaires, mais peut aussi être considéré comme un mouvement politique (*voir l'encadré 5.2, page suivante*).

Les langues

Les langues parlées en Jamaïque sont l'anglais standard et les dialectes suivants : l'anglais jamaïcain, qui s'inspire à la fois de l'anglais américain et de l'anglais britannique, tout en rejetant l'orthographe de ce dernier ; le créole jamaïcain, composé d'éléments anglais et africains ; et le rastafari (ou *dread talk*), patois qu'utilisent les adeptes du rastafarisme pour affirmer leur indépendance du joug colonial.

L'arrivée et l'installation des Jamaïcains au Québec

La première moitié du XXe siècle À partir de 1916, plusieurs femmes jamaïcaines sont accueillies au Québec en tant qu'aides domestiques ; en 1930, la moitié de la population noire de Montréal est originaire des Antilles anglaises. En 1952, la *Loi sur l'immigration* du Canada limite l'entrée de personnes issues de pays non européens, mais de 1955 à 1966 est appliqué un programme nommé « West Indian Domestic Schema », qui autorise le recrutement et l'engagement de femmes originaires des Antilles anglaises en tant que domestiques dans les familles canadiennes (Williams, 1998).

Des années 1960 jusqu'aux années 1990 Après l'assouplissement des critères d'admission en 1962, l'immigration provenant des Antilles prend de l'ampleur. Entre 1968 et 1977, plusieurs milliers d'Antillais anglophones venant de Trinité-et-Tobago, de la Barbade et surtout de la Jamaïque immigrent au Canada. Ainsi, au cours des deux seules années 1973 et 1974, 1500 personnes d'origine jamaïcaine s'installent au Québec (Williams, 1998). Ces immigrants, hautement qualifiés, travaillent en tant que gestionnaires et professionnels. On qualifie d'ailleurs d'exode des cerveaux l'émigration jamaïcaine de cette période. Plusieurs Noirs

ENCADRÉ 5.2 Le rastafarisme

Le chanteur Bob Marley a grandement contribué au rayonnement du mouvement rastafari dans le monde.

Le rastafarisme est d'abord un mouvement politique. Il fait référence au nationalisme noir, mais aussi à la lutte contre la misère et la discrimination. Au début du XXe siècle, Marcus Mosiah Garvey, un Jamaïcain nationaliste, crée l'Association universelle pour l'amélioration de la condition noire (toujours en activité) et encourage ses compatriotes à retourner en Afrique afin de retrouver la paix et la dignité perdues pendant les siècles d'esclavage. Il prédit aussi qu'un Noir sera couronné roi en Afrique et qu'il accueillera toute la communauté noire dispersée dans le monde. Comme le *Ras* (duc) Tafari est nommé *négus* (roi) d'Éthiopie en 1928 et couronné empereur deux ans plus tard, sous le nom d'Hailé-Sélassié 1er, plusieurs nationalistes jamaïcains voient en lui le « messie » de la prédiction de Garvey.

Le rastafarisme a adopté plusieurs rituels de l'hindouisme et du christianisme. Par exemple, de l'hindouisme, il a retenu la récitation de la prière en hindi, le recueillement et la méditation dans les ashrams, les préceptes végétariens et le port des cheveux longs (Darnault, 2011). Du christianisme, il a retenu certains rituels, tels que la lecture et l'interprétation quotidiennes de passages de la Bible.

Les rastafaris (ou rastas) se distinguent par leurs longues tresses qu'ils ne peignent ni ne coupent (*dreadlocks*) et par les couleurs de leurs vêtements, qui, mis à part le noir, sont celles du drapeau éthiopien, soit le rouge, le vert et le jaune. Ils portent aussi des bonnets tricotés ou crochetés (*tams*) dans lesquels ils rassemblent leurs longues tresses. Ils s'abstiennent, comme nous venons de le mentionner, de consommer de la chair animale et pratiquent le rituel de la *ganga*, au cours duquel ils fument de la marijuana afin de mieux communiquer avec les divinités.

À l'origine, le mouvement rasta n'est associé à aucune musique particulière, mais vers la fin des années 1940, un groupe de jeunes rastas de l'est de Kingston (en Jamaïque) récupère et fait renaître un ancien style de percussions africaines, le *burru*. Ce rythme est rapidement adopté par les rastas. En 1964, une nouvelle musique émerge, du nom de ska, qui, à partir de 1968, devient le reggae que l'on connaît.

anglophones en provenance des Antilles viennent également fréquenter les universités montréalaises. Soixante pour cent de l'immigration jamaïcaine au Québec arrivera entre 1971 et 1990.

En 1976, on compte près de 20 000 Jamaïcains vivant à Montréal. L'adoption de la *Charte de la langue française* (ou loi 101) et le spectre du référendum sur la souveraineté pousseront des milliers d'entre eux à quitter le Québec pour aller s'établir dans les provinces anglophones.

Par la suite, très peu de Jamaïcains immigrent au Québec. Par exemple, on n'en a compté qu'une centaine entre 2001 et 2011.

La communauté jamaïcaine du Québec

On estime à environ 12 370 le nombre de personnes d'origine jamaïcaine vivant au Québec (MIDI, 2014c). Elles habitent très majoritairement dans la région de Montréal (93 %) et une faible proportion vit à Gatineau (3 %). Dans la région de Montréal, 83 % habitent à Montréal, 10,8 % en Montérégie et 3,8 % à Laval. À Montréal, les Jamaïcains se trouvent principalement dans les arrondissements de Côte-des-Neiges–Notre-Dame-de-Grâce (28 %), LaSalle (21 %), Pierrefonds-Senneville (11 %).

Plus de la moitié des gens de cette communauté sont protestants et un cinquième d'entre eux sont catholiques. Près de 20 % disent n'appartenir à aucune religion. Côté scolarisation, près de la moitié n'ont qu'un diplôme d'études secondaires, et 19 % d'entre eux détiennent un diplôme universitaire. Ils travaillent surtout dans le domaine de la santé et des services sociaux et dans le secteur manufacturier.

Même si la nouvelle génération est de plus en plus bilingue et scolarisée, elle continue de plafonner professionnellement, ce qui entraîne des problèmes de chômage et de délinquance. Cette situation crée une image négative de cette communauté qui est souvent entretenue par les médias (Laurence, 2008).

Découvrir la communauté jamaïcaine

Connaître

- **L'Association jamaïcaine de Montréal**
  4065, rue Jean-Talon Ouest, Montréal
  Fondée par Noël Alexander, un membre important de la communauté jamaïcaine, cette association aide les membres de la communauté à trouver du travail et offre des cours de français.
- **Le Black Theatre Workshop**
  3680, rue Jeanne-Mance, Montréal
  Fondé en 1972, le *Workshop* a pour mandat d'offrir un lieu théâtral aux auteurs, acteurs et autres artistes de la communauté noire de Montréal et de promouvoir la culture noire par le théâtre.

Goûter

La cuisine jamaïcaine est composée de mets typiques tels que le *jerk chicken*, poulet mariné dans une sauce piquante, la morue salée (*saltfish*) avec de petits fruits nommés *ackee*, et les *patties*, des chaussons à la viande et aux légumes.

Fêter

- **6 août : Fête de l'indépendance de la Jamaïque**
- **6 février : Jour de l'anniversaire de naissance de Bob Marley**

Lire

- **La poésie de Claude Mac Kay.**
  À l'âge de 23 ans, l'Américain d'origine jamaïcaine Claude Mac Kay (1889-1948) publie *Songs of Jamaica* et *Constab Ballads*, ses deux premiers recueils. Il écrit ensuite de nombreux autres recueils de poésie, des ouvrages de prose et des lettres. Son œuvre s'interroge sur l'identité des Noirs, tant individuelle que collective.
- **Les romans de la Jamaïcaine Patricia Duncker.**
  Les plus connus sont *La folie Foucault*, qui lui a valu deux prix en 1996 et a été traduit en 14 langues, et *James Miranda Barry*, paru en 2003. Elle vit en Angleterre depuis qu'elle y a été envoyée au pensionnat, mais est encore hantée par sa Jamaïque natale...

Sortir

- **Jamaïca Day**
  Cette fête a lieu en juillet et est organisée depuis 1980 par l'Association jamaïcaine de Montréal. Danse, gastronomie, artisanat et musique folklorique traditionnelle sont au rendez-vous.
- **Festival international de reggae de Montréal**
  En juillet de chaque année, ce festival attire des milliers d'amateurs de reggae. L'occasion de voir une bonne partie de la communauté jamaïcaine sortir de son coin de la ville et se rassembler.

Écouter

- **Les chansons de Bob Marley (1945-1981)**
  Il est sans conteste le plus célèbre rasta au monde, avec ses 30 millions de disques vendus. De cet auteur-compositeur-interprète de reggae jamaïcain, on a dit qu'il était la première vedette du tiers-monde et l'ambassadeur du reggae sur la planète.

5.3.2 La communauté haïtienne

Haïti

Haïti est un État des Antilles (*voir la figure 5.1, page 91*) qui compte environ 8 millions d'habitants répartis sur un territoire de 27 750 km². C'est le plus ancien État indépendant du continent américain après les États-Unis et la première république noire à avoir été instituée (en 1804). Haïti est actuellement l'un des pays les plus pauvres de la planète ; presque la moitié de sa population est analphabète. Les langues officielles y sont le créole et le français, et ses principales villes sont

Port-au-Prince, Cap-Haïtien et Les Gonaïves. Plus d'un million d'Haïtiens vivent à l'extérieur de leur pays, entre autres dans les villes de Miami, New York et Montréal. Ayant émergé de nombreuses années de dictature, Haïti connaît aujourd'hui un régime démocratique de type présidentiel.

Quelques repères historiques

Découverte par Christophe Colomb le 5 décembre 1492, l'île d'Hispaniola, qui comprend aujourd'hui Haïti et la République dominicaine, est la plus ancienne colonie espagnole en Amérique latine. En 1697, la propriété de l'île est partagée entre l'Espagne et la France. Les Français occupent la partie occidentale, qui devient Haïti, et font de cette colonie une terre prospère où des dizaines de milliers d'esclaves africains sont importés pour travailler dans les plantations de canne à sucre, de coton et de café.

En 1791, une révolte éclate, dirigée par Toussaint Louverture, un esclave alphabète. Sept ans plus tard, nommé général en chef, ce dernier se lance à la conquête de la partie orientale de l'île, chasse les Britanniques qui s'y sont installés, abolit l'esclavage et se proclame gouverneur de l'île réunifiée.

En 1802, Napoléon Bonaparte rétablit l'esclavage en Haïti, en y envoyant une armée chargée de restaurer sur l'île la souveraineté française. L'armée réussit à faire prisonnier Toussaint Louverture et le transfère en France, où il meurt en 1803. Un an après sa mort, deux de ses compagnons, Jean-Jacques Dessalines et Henri Christophe, prennent la tête d'une insurrection et proclament l'indépendance de la partie occidentale de l'île.

Tout au long du siècle, les luttes politiques et les révoltes se succèdent et, après une longue période d'indépendance précaire, soit en 1915, les Américains interviennent et s'emparent de Port-au-Prince. Sous la pression des États-Unis, une nouvelle constitution est proclamée, autorisant la possession de terres par des étrangers (Soulet et Guinle-Lorinet, 1999).

CONNAISSEZ-VOUS ?

Dany Laferrière

Né en Haïti, Dany Laferrière arrive au Québec en 1976. Il deviendra un écrivain célèbre. Il gagne en 2009 le prix Médicis pour son roman *L'énigme du retour* et est élu à l'Académie française en 2013, devenant le premier écrivain québécois à faire partie de cette prestigieuse institution.

En 1957, François Duvalier (appelé «Papa Doc») prend le pouvoir en Haïti et met en place un régime de terreur sans précédent. En 1964, le dictateur institue une nouvelle constitution et s'autoproclame président à vie. Les incidences de ce régime se font durement sentir dans la population: censure, assassinats politiques, torture, emprisonnements sans jugement et corruption généralisée. À la mort de François Duvalier, en 1971, son fils Jean-Claude (appelé «Bébé Doc») hérite du pouvoir. Rapidement, le déficit économique se creuse, les mouvements de protestation reprennent et des émeutes éclatent. En 1985, Jean-Claude Duvalier est forcé de s'exiler en France.

En 1990, la première élection démocratique a lieu, et elle est remportée par Jean-Bertrand Aristide. Ce prêtre des bidonvilles de Port-au-Prince soulève alors beaucoup d'enthousiasme et d'espoir… qui vont être déçus. Chassé par un coup d'État en 1991, il reprend le pouvoir, après 3 années d'exil, de 1994 à 1996, puis de 2000 à 2004. Pendant les années 1990 à 2000, le pays s'enfonce dans la pauvreté, la corruption, la terreur et la violence. Le tremblement de terre du 12 janvier 2010 n'arrangera rien.

Les religions

En Haïti, trois systèmes religieux se côtoient: le catholicisme, religion officielle et celle des gens associés au pouvoir ; le protestantisme, avec ses sectes apparues sous l'occupation américaine ; et le vaudou, un mélange de pratiques magiques, de sorcellerie et d'éléments chrétiens (*voir l'encadré 5.3*).

Les langues

Il existe deux langues officielles en Haïti : le créole haïtien et le français. La majorité de la population parle le créole, qui est la langue de tous les jours, sans égard à la classe sociale. Quant au français, c'est la langue de l'éducation, des journaux, de la justice et des documents officiels.

L'arrivée et l'installation des Haïtiens au Québec

Cinq périodes distinctes marquent l'immigration des Haïtiens au Québec.

Avant 1967 Peu d'Haïtiens immigrent au Québec avant 1967 : à peine quelques centaines d'Haïtiens qui souhaitent poursuivre des études supérieures dans les universités québécoises. La plupart de ces immigrants décident de demeurer au Québec une fois leurs études terminées (Boucard, 2004). Quelques intellectuels, professionnels et artistes commencent aussi à fuir le régime dictatorial.

Entre 1968 et 1975 Une première vague d'immigration importante (environ 10 000 personnes) se produit entre 1968 et 1975. Les Haïtiens qui arrivent pendant cette période sont issus de la petite bourgeoisie professionnelle et intellectuelle ;

CAPSULE

Le système de noms haïtien

Très souvent, les noms de famille haïtiens sont des prénoms français ; on dira, par exemple, « madame Pierre » ou « monsieur Paul ». C'est parce que, pendant la période de l'esclavage, on nommait les esclaves selon le prénom de leur maître. Quant aux prénoms des Haïtiens, souvent ils évoquent l'origine chrétienne de ce peuple ou font référence à un évènement survenu lors de la naissance de l'enfant. Par exemple, afin de remercier Dieu de l'arrivée d'un nouveau-né, on donnera à ce dernier le prénom Dieudonné ou Dieuquifait.

ENCADRÉ 5.3 Le vaudou

Le vaudou est une religion originaire d'Afrique, plus précisément du Bénin et du Togo, qui est entrée en Haïti avec les migrations d'esclaves. En Haïti, le vaudou s'est développé dans la clandestinité. Les colons français ont tout mis en œuvre pour que les esclaves venus d'Afrique perdent leur culture, entre autres en leur imposant la religion chrétienne et en leur interdisant de parler leur langue. Les esclaves ont riposté à cette dépossession, à cette atteinte à leur identité. Ils ont une langue commune, le créole, et une religion, le vaudou, qui, ensemble, ont servi à la fois d'élément de cohésion culturelle et de ferment de résistance politique. Face au christianisme imposé par les maîtres, les esclaves ont réagi en intégrant les rites et les symboles de l'Église à leur propre système.

Ainsi, le vaudou haïtien se veut chrétien et monothéiste. Son panthéon, si l'on peut dire, consiste en un Dieu créateur unique, au Christ, à la Vierge Marie et aux saints. Sous le *Gran Mèt* (Grand maître), se trouvent 401 esprits ou *loas* (saints), dont chacun a ses particularités : Baron Samedi symbolise la mort, Dambala, la paix et la tranquilité, Erzulie, l'amour et la féminité, etc. Le calendrier ainsi que les sacrements du vaudou haïtien sont assimilés ou intégrés à ceux de l'Église catholique. Ainsi, après la naissance, aussitôt le baptême catholique administré, l'enfant est placé sous la protection d'un esprit. Par ailleurs, on voue un véritable culte aux jumeaux.

Le vaudou est une religion des masses populaires. La prière y est très présente et trouve toute son expression lors des rituels mortuaires. Les cérémonies, qui se déroulent surtout le vendredi et le samedi, comprennent des prières, des chants, des processions et des sacrifices. Les chefs spirituels, qu'ils soient homme (*houngan*) ou femme (*mambo*), sont à la fois prêtres, guérisseurs, voyants et gardiens de la tradition vaudou. Quant au *vévé*, il s'agit d'un dessin incantatoire, qu'on trace sur le sol lors de cérémonies en l'honneur de tel ou tel esprit (Laurence, 2008).

Selon la croyance, Baron Samedi, l'un des principaux personnages de la mythologie vaudou, métamorphose les morts en zombies. On le représente coiffé d'un haut-de-forme et vêtu d'une redingote noire.

ils sont hautement scolarisés, en général assez jeunes, et tous parlent le français. Ce sont des médecins, des infirmières, des enseignants et des ingénieurs qui, très rapidement, occuperont des postes dans leur domaine (Dejean, 1990).

De 1976 à 1985 Cette vague d'immigration haïtienne au Québec se distingue de la précédente non pas tant par les motifs de déplacement (fuite de la dictature) que par ses caractéristiques socioéconomiques et socioculturelles. Elle se compose majoritairement de femmes admises sur la base de la réunification familiale. Les Haïtiens qui arrivent entre 1976 et 1985 sont relativement peu scolarisés et créolophones. En tant que main-d'œuvre non spécialisée, ces personnes occuperont des emplois dans le secteur manufacturier, le transport et la restauration.

De 1986 à 1996 En 1986, Jean-Claude Duvalier est chassé d'Haïti et plusieurs Québécois d'origine haïtienne retournent au pays, pensant à tort que ce dernier va retrouver la stabilité politique et économique. Les années qui suivent le départ de Duvalier seront très difficiles et, même si en 1989 le gouvernement canadien oblige les Haïtiens à obtenir un visa pour entrer au pays, ils seront des milliers à continuer de fuir l'instabilité politique et économique (Gabriel, 2010).

CONNAISSEZ-VOUS?

Joachim Alcine

Né en 1976 en Haïti, Joachim Alcine a grandi à Montréal. Il est devenu boxeur professionnel et a remporté de nombreux titres dans sa discipline. En 2007, il décroche le titre de champion du monde des poids moyens légers en boxe.

Un autre boxeur d'origine haïtienne, Jean Pascal, a pour sa part représenté le Canada aux Jeux olympiques d'Athènes en 2004.

De 1997 à 2013 La première décennie des années 2000 est marquée par une diminution importante de l'immigration haïtienne (MIDI, 2014e), mais le séisme du 12 janvier 2010 en Haïti change la donne. Le tremblement de terre fait 230 000 morts, 300 000 blessés et plus d'un million de sans-abris. Le Canada et le Québec créent alors un programme spécial de parrainage humanitaire qui a permis à des résidents permanents ou citoyens canadiens de faire immigrer leurs frères, leurs sœurs ou d'autres adultes de plus de 22 ans, en s'en portant garant pour une période de 5 ans.

Cette mesure a eu pour effet une augmentation de l'immigration haïtienne, qui se classe parmi les premiers rangs entre 2010 et 2013, avec plus de 17 000 personnes qui s'installent au Québec (MIDI, 2014e).

La communauté haïtienne du Québec

La communauté haïtienne du Québec compte plus 119 000 personnes (MIDI, 2014c). La très grande majorité (98 %) de ces Haïtiens connaît le français et 43 % parlent tant le français que l'anglais, surtout parmi les personnes les plus scolarisées. Le niveau de scolarisation des Haïtiens varie selon leur période d'arrivée. De façon générale, il ressemble à la moyenne du Québec : 44 % ont un diplôme d'études secondaires et 16 % détiennent un diplôme universitaire. Plusieurs travaillent dans le secteur de la santé et des services sociaux (25 %), de l'administration et des finances (16 %), dans l'industrie de la transformation et de la fabrication (10 %) et dans le commerce de détail (10 %).

CONNAISSEZ-VOUS?

Michaëlle Jean

Michaëlle Jean est née à Port-au-Prince en Haïti. Elle a été animatrice de télévision et journaliste avant d'occuper le poste de gouverneure générale du Canada de 2005 à 2010. En 2014, elle se porte candidate à la succession d'Abdou Diouf comme secrétaire générale de l'Organisation internationale de la francophonie.

Les Haïtiens sont surtout établis dans la région de Montréal (94 %). Parmi ceux qui habitent dans la région de Montréal, 63 % vivent à Montréal même, 15 % à Laval et 8 % en Montérégie. Les arrondissements de Montréal où on les trouve sont principalement ceux de Montréal-Nord (21 %), de Villeray–Saint-Michel–Parc-Extension (17 %) et de Rivière-des-Prairies–Pointe-aux-Trembles (16 %) (MIDI, 2014c).

Les principales religions pratiquées par les Haïtiens du Québec sont le catholicisme (50 %) et le protestantisme (anglican, baptiste, pentecôtiste) et autres religions chrétiennes (26 %). Ils sont 9 % à n'avoir aucune appartenance religieuse.

Découvrir la communauté haïtienne

Apprendre quelques mots en créole haïtien

Bonjour, monsieur, madame : *Bonjou, mesye, madam*
Comment allez-vous ? : *Kouman ou ye ?*
Très bien, merci : *Trè byen, mèsi*
Au revoir : *Orevwa*
S'il te plaît : *Souple*
Merci beaucoup : *mèsi anpil*
Oui : *Wi*
Non : *Non*

Connaître

- **La Maison d'Haïti**
  8833, boulevard Saint-Michel, Montréal
  Fondé en 1972, cet organisme a pour mission d'aider les Québécois d'origine haïtienne et les personnes immigrantes à s'intégrer à la collectivité québécoise. Il offre des services d'éducation continue, d'alphabétisation, d'insertion dans le marché du travail et d'intégration des jeunes.
- **L'Association culturelle haïtienne La Perle retrouvée**
  7655, 20e avenue, Montréal
  L'objectif principal de cette association est d'offrir un lieu de promotion de la culture haïtienne. On y dispense, entre autres, des cours de créole, de danse et de chant traditionnel, divers ateliers de formation et du soutien scolaire.
- **Le Centre international de documentation et d'information haïtienne, caribéenne et afro-canadienne (CIDIHCA)**
  430, rue Sainte-Hélène, bureau 401, Montréal
  Existant depuis 1983, ce centre de documentation et d'information est aussi une maison d'édition et de production audiovisuelle qui œuvre dans les domaines de la recherche, des arts et de la culture, et qui offre des services d'animation scientifique et culturelle.
- **La place de l'Unité**
  Angle 20e avenue et rue Crémazie, Montréal
  Inaugurée en 2007 et située sur le terrain de l'Association culturelle haïtienne La Perle retrouvée, la place de l'Unité abrite les statues de personnages clés de l'indépendance d'Haïti : Jean-Jacques Dessalines, Alexandre Pétion, Toussaint Louverture, Henri Christophe, Sanite Bélair et Catherine Flon.

Goûter

La base de la cuisine haïtienne est le riz, souvent servi avec des fèves. La banane plantain est aussi très populaire : bouillie ou frite, elle se mange comme un légume. Le griot est un plat de porc grillé fort prisé des Haïtiens. L'alcool que l'on boit en Haïti est le rhum.

Fêter

- **1er janvier : Fête de l'indépendance d'Haïti**
- **18 mai : Fête du drapeau haïtien**

Voir

Des documentaires

- **La série *D'ici et d'ailleurs*, Pixcom, 2002.**
  L'épisode sur la communauté haïtienne présente des témoignages de membres de cette communauté qui ouvrent la porte de leurs maisons et de leur quartier.
- **La série *Nos familles*, Orbi-XXI, 2008.**
  L'épisode sur la communauté haïtienne présente, entre autres, des Haïtiens établis au Québec. On y rencontre le champion boxeur Joachim Alcide, et une balade colorée en taxi nous dévoile des rythmes créoles, la nouvelle cuisine haïtienne et les institutions montréalaises les plus importantes de cette communauté.

Voir (*suite*)

- ***Raconte-moi… Haïti et Montréal*, de Radu Juster, Centre d'histoire de Montréal, 2013.**
  Ce documentaire raconte le parcours d'intégration montréalais de trois familles d'origine haïtienne qui ont bénéficié du Programme de parrainage du gouvernement du Québec.
- ***Sak Pase ? Au cœur de la communauté haïtienne*, de Roger Boisrond, Centre Mandela King, 2012.**
  Ce documentaire présente une réflexion sur l'implication sociale et l'apport de la communauté haïtienne au sein de la société québécoise.

Lire

Des essais

- ***Ces Québécois venus d'Haïti. Contribution de la communauté haïtienne à l'édification du Québec moderne*, de Samuel Pierre. Montréal, Presses internationales Polytechnique, 2007.**
  Ce livre présente quelques-unes des réalisations de la communauté haïtienne du Québec, en mettant l'accent sur une cinquantaine de personnalités qui ont contribué de façon importante à divers domaines.
- ***Ma race est la meilleure*, de Luck Mervil. Montréal, Éditions Les Intouchables, 2008.**
  Dans cet ouvrage, Luck Mervil nous présente un éloge du métissage. Selon lui, la meilleure de toutes les races est la race humaine, qui est à la fois « savante et ignorante, puissante et faible, grandiose et destructrice ».

Des romans

- **Les romans de Dany Laferrière.**
  Notamment *L'odeur du café* (1991), *Le goût des jeunes filles* (1992), *Je suis un écrivain japonais* (2008) et *L'énigme du retour*, qui lui a valu le prix Médicis 2009, *Journal d'un écrivain en pyjama* (2013).
- **Les romans d'Émile Ollivier.**
  Notamment *Paysage de l'aveugle* (1977), *Mère-solitude* (1983), *Passages* (1991), *La discorde aux cent voix* (1986), *Les urnes scellées* (1995) ; et son conte *Regarde, regarde les lions* (2001).

Sortir

- **Haïti en folie**
  Cet important festival consacré à la culture haïtienne se déroule durant l'été au Parc Lafontaine, à Montréal.
- **Mois du créole à Montréal**
  Cet évènement culturel a lieu en octobre. Il vise à promouvoir la langue et la culture créoles.
- **Festival international du film Black de Montréal**
  Depuis 2005, ce festival a le mandat de développer l'industrie du cinéma indépendant et mettre en valeur les réalités des Noirs de partout dans le monde.

Écouter

- **L'album *Ti peyi* de Luck Mervil, 2004.**
  L'artiste, né en Haïti, arrive à Montréal en 1971 à l'âge de 4 ans. Il est auteur-compositeur-interprète, musicien, comédien et animateur. Cet album a été produit pour rendre hommage à tous ceux qui ont donné leur vie pour que se fasse l'indépendance d'Haïti.
- **L'album *Yo soy Maria* de la soprano Marie-Josée Lord, 2011.**
  Marie-Josée Lord est née en Haïti et a été adoptée par des parents québécois à l'âge de six ans. Depuis quelques années, elle chante comme soprano dans des opéras à travers le monde et a remporté de prestigieux prix.

5.4 Les communautés africaines subsahariennes

Les Africains qui proviennent de l'Afrique subsaharienne (*voir la figure 5.2*) forment le groupe d'immigrants d'origine africaine dont l'arrivée est la plus récente, celle-ci remontant à la fin des années 1970. Ils proviennent surtout de l'Afrique occidentale (Sénégal et Côte d'Ivoire), de l'Afrique centrale (République démocratique du Congo [RDC] et Cameroun) et de l'Afrique orientale (Burundi et Rwanda).

5.4.1 Les langues et les religions

Plusieurs langues sont parlées en Afrique subsaharienne. Par exemple, on parle le kinyarwanda au Rwanda, le swahili au Kenya, le tigrigna en Érythrée, le bambara au Mali, le lingala en RDC, le peul au Sénégal, le bassa au Liberia et l'ewondo au Cameroun.

FIGURE 5.2 L'Afrique subsaharienne

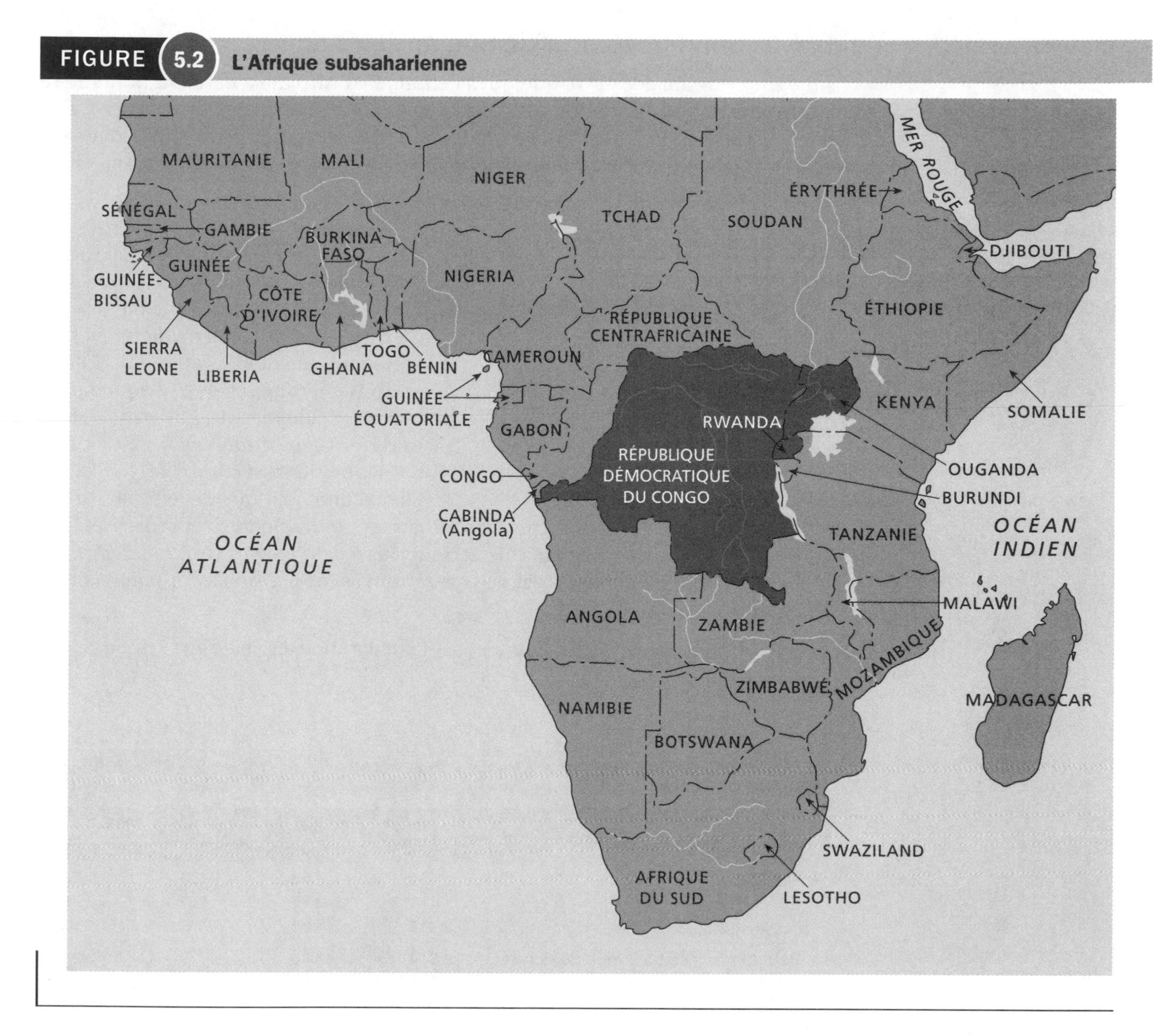

La langue la plus parlée dans cette vaste partie du continent est le swahili. Elle est utilisée comme langue maternelle ou comme langue seconde par 40 à 50 millions de personnes dans de nombreux pays africains, dont le Kenya, la Tanzanie, l'Ouganda, le Rwanda, le Burundi, le Malawi, la Zambie et le Mozambique.

Étant donné que, pendant des générations, de nombreux pays d'Afrique subsaharienne ont été des colonies de pays européens, on y parle aussi les langues de ces pays. Ainsi, on parle le français au Cameroun, en Côte d'Ivoire, dans la République démocratique du Congo et au Sénégal, on parle l'anglais en Somalie, en Tanzanie, au Kenya et en Ouganda, et on parle le portugais en Guinée-Bissau et au Cap-Vert.

Notons enfin qu'on retrouve plusieurs religions en Afrique, dont l'islam, le catholicisme, le protestantisme, l'orthodoxie, le judaïsme. Plusieurs pays pratiquent aussi l'animisme, qui est une manière de percevoir le monde selon laquelle toutes les personnes et tous les objets ont une âme : les arbres, les animaux, les rochers, l'eau, etc.

5.4.2 L'immigration africaine au Québec

Au début des années 1970, quelques centaines d'Africains viennent poursuivre des études dans les universités du Québec. Quelques années plus tard, des troubles politiques, des guerres civiles et des massacres amènent d'autres Africains à immigrer au Canada et au Québec, notamment des Zaïrois (Congolais) et des Rwandais.

C'est surtout depuis 1995 qu'on assiste à une augmentation de l'immigration provenant de l'Afrique occidentale, surtout du Sénégal et de la Côte d'Ivoire, de l'Afrique centrale, particulièrement de la République démocratique du Congo et du Cameroun, et de l'Afrique orientale, particulièrement du Rwanda et du Burundi (*voir le tableau 5.1*). Ces personnes quittent la violence, le chômage et l'instabilité politique de leur pays d'origine. La grande majorité d'entre eux sont jeunes, professionnels et scolarisés. Par contre, le gouvernement québécois accepte aussi des réfugiés (pris en charge par l'État ou par la communauté); ces gens se retrouvent à Sherbrooke, Drummondville, Victoriaville et Trois-Rivières.

CONNAISSEZ-VOUS?

Boucar Diouf

Originaire du Sénégal, Boucar Diouf est arrivé au Québec en 1991 pour y étudier l'océanographie. Depuis 2005, il donne des spectacles empreints d'humour dans lesquels les anecdotes mettant en contraste les environnements québécois et africain côtoient les contes et les proverbes de son pays.

Le tableau 5.1 présente les données sur l'immigration africaine au Québec depuis le milieu des années 1990.

TABLEAU 5.1 Les immigrants africains admis au Québec, 1995-2013

Pays et régions des immigrants africains	1995-1999	2000-2003	2004-2008	2009-2013
• Sénégal	454	552	761	3 573
• Côte d'Ivoire	403	577	967	4 339
Total Afrique occidentale	2 913	3 404	4 042	15 194
• République démocratique du Congo	2 374	3 000	1 879	3 234
• Cameroun	584	695	1 353	7 642
Total Afrique centrale	3 386	4 534	3 887	8 435
• Rwanda	714	592	409	1 002
• Burundi	577	838	656	1 487
Total Afrique orientale	2 805	2 987	2 686	12 100
Total Afrique (occidentale+centrale+orientale)	**9 104**	**10 925**	**10 615**	**35 729**

Sources: Ministère de l'Immigration et des Communautés culturelles (MICC), 2000, 2004, 2009; Ministère de l'Immigration, de la Diversité et de l'Inclusion (MIDI), 2014e.

5.4.3 La communauté rwandaise

Le Rwanda

Le Rwanda (*voir la figure 5.2, page précédente*) compte environ 11 millions d'habitants répartis sur un territoire de 26 000 km^2. Les principales villes sont Kigali (la capitale), Butare et Rubengeri. Le kinyarwanda, parlé par 98 % de la population, est la langue officielle du pays, mais on y parle aussi le français, le swahili et l'anglais. Les religions les plus pratiquées sont le catholicisme, le protestantisme et l'islam. La population est composée de Hutus (environ 90 %), de Tutsis (9 %) et de Twas (1 %).

Quelques repères historiques

Traditionnellement, les Hutus sont des agriculteurs et les Tutsis, des éleveurs de bétails. Ils partagent la même langue et la même culture, et, avant la colonisation par les Européens, ils pouvaient passer d'un groupe à l'autre. Tout change en 1885 avec la Conférence de Berlin : l'Allemagne se voit attribuer le Rwanda et le Burundi. En 1916, ces mêmes pays sont placés sous la tutelle de la Belgique.

C'est à partir de ce moment que les Belges favorisent les Tutsis (15 % de la population), qui sont organisés selon une structure monarchique. Ils leur offrent une éducation à l'occidentale et leur confient des postes dans l'administration.

CAPSULE

Le système de noms rwandais

Au Rwanda, le choix du prénom et du nom de l'enfant sert à mettre en valeur son lignage. Ils illustrent, par exemple, les hauts faits d'un grand-père chasseur ou d'un oncle ou d'un ami de la famille qui s'est illustré par son courage ou son honnêteté. On ajoute souvent au nom de famille le suffixe *imana*, qui signifie « Dieu ». De même, il est fréquent que le nom de famille varie d'un enfant à l'autre. Par exemple, une femme aura pour nom Fetnat Nyrabizeyimana alors que ses frères s'appelleront Jean-Marie Mulenzi et Jean-Pierre Nkongoli.

En 1962, le Rwanda acquiert son indépendance. Celle-ci est l'aboutissement d'une révolution sociale qui débute en 1959 par une révolte des Hutus et qui entraîne le massacre de 20 000 Tutsis ainsi que l'exode de milliers d'autres qui trouvent refuge au Burundi et en Ouganda. Un régime basé sur l'ethnicité et dirigé par des Hutus s'installe alors à Kigali.

En 1990, le Front patriotique rwandais, (FPR) composé en majorité de Tutsis, lance une offensive contre le général Juvénal Habyarimana, un Hutu installé au pouvoir depuis 1973. La Belgique, la France et le Zaïre interviennent et, en 1993, un traité entre l'État rwandais et le Front patriotique est signé à Arusha, en Tanzanie (les accords d'Arusha).

Ce traité prévoit, entre autres, un partage du pouvoir entre les différentes composantes internes et externes de la nation rwandaise. Mais les alliés du président rwandais Habyarimana ne reconnaissent pas les termes de ces accords, et leur mise en œuvre est retardée. Le 6 avril 1994, le président est assassiné, ce qui servira de déclencheur au génocide rwandais, où près d'un million de Rwandais, en majorité tutsis, trouvent la mort en seulement une centaine de jours, soit entre le 6 avril et le 4 juillet 1994 (*voir l'encadré 5.4*).

ENCADRÉ 5.4 La chronique d'un génocide

- **Août 1993** : Début des émissions de la Radio-Télévision libre des Mille Collines incitant au massacre.
- **6 avril 1994** : Attentat meurtrier contre l'avion ramenant au pays les présidents respectifs du Rwanda et du Burundi, Juvénal Habyarimana et Cyprien Ntaryamira.
- **7 avril 1994** : Les massacres commencent à Kigali et, en quelques semaines, un million de Tutsis et de Hutus modérés sont massacrés à la machette et deux millions s'enfuient vers les pays limitrophes.
- **8 novembre 1994** : Le Conseil de sécurité des Nations Unies crée le Tribunal pénal international pour le Rwanda, dont le mandat consiste à juger les responsables des actes de génocide et d'autres violations du droit international. Ce tribunal siège à Arusha, en Tanzanie.
- **Été 1999** : Un accord est signé à Lusaka entre les États impliqués au Rwanda et une partie des groupes armés, mais les combats reprennent sporadiquement. Des élections ont lieu en 2001 et une constitution est adoptée en 2003. Paul Kagamé est élu président en 2003. Depuis, le Rwanda est engagé dans un processus de réconciliation nationale.

CAPSULE

Deux génocidaires au Québec: Désiré Muyaneza et Léon Mugesera

Désiré Muyaneza est un commerçant et criminel rwandais. Arrivé au Canada en 2000, il est arrêté en 2005 à Toronto par la GRC, puis accusé d'avoir participé au génocide de 1994 (sept chefs d'accusation sont portés contre lui). En 2007, à Montréal, débute son procès, le premier en vertu de la *Loi sur les crimes contre l'humanité*. En 2009, il est jugé coupable des sept chefs d'accusation et condamné à la prison à perpétuité.

Léon Mugesera arrive au Canada comme réfugié politique en 1993, après avoir obtenu un doctorat de l'Université Laval à Québec et être retourné au Rwanda, où il a enseigné à l'université et été impliqué en politique. Il devient résident permanent. Deux ans plus tard, il est accusé d'avoir tenu en 1992 un discours incitant au génocide. En 2012, après plusieurs procès, le Canada l'expulse vers le Rwanda, où il subit un procès à partir de janvier 2013.

L'arrivée et l'installation des Rwandais au Québec

Avant les années 1990 Avant le début des années 1990, seulement quelques centaines de Rwandais vivent au Québec, et ce sont surtout des étudiants inscrits dans les universités québécoises.

De 1995 à 1999 À la suite du génocide de 1994, quelques centaines de Rwandais s'installent au Québec en tant que réfugiés. Ces personnes fuient l'horreur; elles ont perdu des membres de leurs familles ou ont elles-mêmes subi des violences et craignent pour leur vie. Pour la plupart, ce sont des gens scolarisés qui travailleront dans toutes sortes de domaines.

De 2000 à 2013 Depuis le début des années 2000, quelques 3000 Rwandais se sont installés au Québec, surtout sur la base de la réunification familiale ou en tant qu'immigrants économiques. Ces personnes ont pour la plupart un haut niveau de scolarisation et certaines sont venues ici pour réaliser des études supérieures.

En juillet 2009, le gouvernement du Canada annonce qu'il met fin au moratoire sur le renvoi de personnes au Rwanda, moratoire datant de 1994. Le gouvernement estime que la population civile n'y est plus en danger.

CONNAISSEZ-VOUS ?

Corneille

Auteur-compositeur-interprète, Cornelius Nyungura, est né d'une mère Hutu et d'un père Tutsi. Il a 17 ans quand un groupe armé entre dans la maison familiale et tue ses parents ainsi que ses frères et sœurs. Corneille assiste au massacre, caché derrière un canapé. Son histoire et ses chansons sont des modèles de résilience.

La communauté rwandaise du Québec

On estime qu'environ 6000 personnes d'origine rwandaise vivent au Québec (MIDI, 2014c, 2014e). La moitié de ces personnes se sont établies à Montréal, 20 % à Québec et 14 % à Gatineau. À Montréal, on les trouve principalement dans les arrondissements de Côte-des-Neiges–Notre-Dame-de-Grâce (17 %) d'Ahuntsic-Cartierville (15 %) et de LaSalle (8 %). La très grande majorité des Rwandais du Québec (97 %) connaissent le français et la moitié parlent français et anglais. Ces immigrants sont pour la plupart jeunes et scolarisés : 40 % d'entre eux n'ont qu'un diplôme d'études secondaires, mais 35 % détiennent un diplôme universitaire. Ils travaillent principalement dans les domaines de la vente et des services (30 %), dans les affaires et l'administration (20 %) ainsi que dans la transformation et la fabrication de produits (10 %). Cette communauté connaît cependant un taux de chômage très élevé (30 %).

Les Rwandais du Québec sont surtout de confession catholique (65 %) ou protestante (18 %).

5.4.4 La communauté congolaise

La République démocratique du Congo

La République démocratique du Congo (à différencier de son voisin, la République du Congo, ou, plus simplement, le Congo) est le deuxième plus grand pays d'Afrique. Elle compte 75 millions d'habitants. Plusieurs centaines d'ethnies y sont présentes dont les Bantous (80 % de la population), les Lubas, les Mungos et les Kongos. La langue officielle y est le français, mais le lingala, le kikongo, le swahili et le tchiluba sont reconnus comme langues nationales. Sa capitale est Kinshasa. Les Congolais (habitants de la République démocratique du Congo) sont chrétiens (catholiques et protestants).

Des réfugiés rwandais qui ont fuient le Rwanda arrivent à Goma, en République démocratique du Congo.

Quelques repères historiques

Le 30 juin 1960, mettant fin à de nombreuses années de colonisation, le Congo belge (actuellement la République démocratique du Congo) accède à l'indépendance. Cet évènement est suivi de troubles politiques et de multiples épisodes sanglants. Le président Patrice Lumumba est assassiné et le général Mobutu prend le pouvoir en 1965. Porté par le nationalisme africain qui marquera ce régime, Mobutu change le nom du pays, qui devient le Zaïre, et instaure un régime de terreur politique.

En 1997, Laurent-Désiré Kabila renverse la dictature de Mobutu et change à son tour le nom du pays, qui devient la République démocratique du Congo. Kabila sera assassiné en 2001 et son fils Joseph lui succède. Une constitution est approuvée par les électeurs et, le 30 juillet 2006 ont lieu les premières élections multipartites du Congo depuis son indépendance en 1960. Joseph Kabila est élu, mais la violence et la révolte éclatent un peu partout au pays. Depuis, Kabila a été réélu en 2011. Le pays vit dans une insécurité politique et économique.

L'arrivée et l'installation des Congolais au Québec

Ces évènements poussent de jeunes Zaïrois ou Congolais à venir s'établir au Québec à partir du début des années 1970. Au cours des années 1990, plusieurs Congolais, fuyant eux aussi l'instabilité politique, le chômage et la pauvreté, viennent s'installer au Québec. Ce phénomène se poursuit également depuis les années 2000 et on note que les deux tiers des Congolais du Québec sont arrivés après 2001 (Laurence, 2010).

CONNAISSEZ-VOUS ?

François Bungingo

Né en République démocratique du Congo, François Bungingo est arrivé au Québec en 1997. Journaliste, animateur et producteur, il a fondé et assumé la présidence du chapitre canadien de l'organisme Reporter Sans Frontières, dont il est aussi l'ex-vice-président international. Il a couvert de nombreux conflits un peu partout sur la planète, notamment en Somalie, au Rwanda, en Algérie et en Afghanistan. En février 2009, il est lauréat du Mois de l'histoire des Noirs à Montréal.

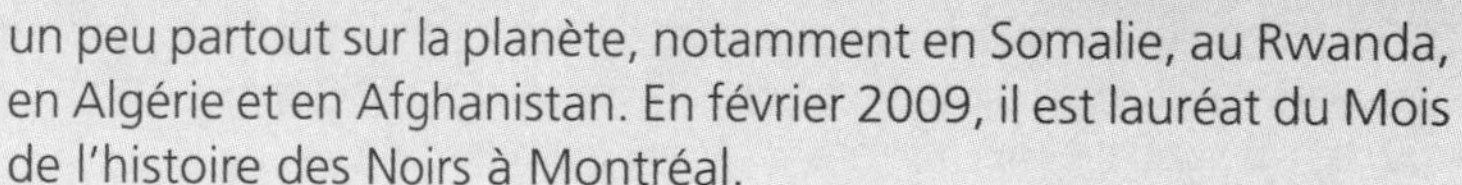

La communauté congolaise du Québec

On estime à environ 13 000 le nombre de personnes composant la communauté congolaise du Québec (MIDIc, 2014). La grande majorité de ces gens s'installent dans la grande région de Montréal (75 %), à Gatineau (11 %), à Québec (5 %) et à Sherbrooke (4 %). À Montréal, on les retrouve principalement dans les arrondissements du Sud-Ouest (15 %), de Mercier–Hochelaga-Maisonneuve (10 %) et d'Ahuntsic-Cartierville (10 %). Pratiquement tous les membres de cette communauté parlent le français (98 %) et près de 57 % parlaient aussi l'anglais au moment de leur arrivée.

Ces immigrants sont pour la plupart jeunes et très scolarisés : 25 % détiennent un diplôme universitaire. Ils travaillent principalement dans la vente et les services (32 %), dans les affaires et l'administration (18 %) et le domaine de la santé (14 %). La communauté connaît cependant un taux de chômage très élevé (30 %). Les trois quarts des Congolais du Québec sont de confession chrétienne (catholique et protestante) et 7 % disent n'appartenir à aucune religion.

Découvrir quelques communautés africaines

Apprendre quelques mots

Dire « Bonjour »

En swahili: *Yambu* ou *Yambo*
(parlé dans de nombreux pays d'Afrique centrale et occidentale)

En peul: *Salminadou* ou *On djarama*
(parlé dans de nombreux pays d'Afrique centrale et occidentale)

En lingala: *Mbote*
(parlé en République démocratique du Congo)

En kinyarwanda: À quelqu'un que l'on vouvoie: *Mwaramutsé (et Bonsoir*: Mwiriwé) (parlé au Rwanda)

Connaître

- **Le Centre Afrika, centre culturel africain**
  1644, rue Saint-Hubert, Montréal
  Ouvert en 1988, ce centre est un lieu d'échange et de participation à des activités interculturelles, spirituelles et religieuses. Il vise l'intégration des Africains dans toutes les réalités de la vie montréalaise. Depuis 2004, il organise les Journées africaines, qui se tiennent chaque automne.

- **Le parc de la Francophonie**
  Grande Allée Est en face de la place George-V et du Manège militaire, à Québec.
  On peut y lire la plaque commémorative à la mémoire du poète sénégalais Léopold Sédar Senghor (*voir la section « Lire – De la poésie »*), qui a été dévoilée le 25 juin 2003.

Goûter

Parmi les spécialités rwandaises, on trouve l'*isombé*, une purée de manioc additionnée de poisson et de viande, servie lors des fêtes et des mariages.

Le plat national sénégalais est le *thiéboudienne*, une préparation à base de poisson frais, de fruits de mer, de tomates et de piments.

Le *pondu*, plat national de la République démocratique du Congo, est fait à partir de feuilles de manioc pilées, de poisson fumé et de pâte d'arachides. Le *moambe* est un plat de poulet à l'arachide et à l'huile de palme, accompagné de banane plantain.

Fêter

- **4 avril: Fête nationale du Sénégal**
- **7 avril: Journée de la commémoration du génocide rwandais**
- **20 mai: Fête nationale du Cameroun**
- **1er juillet: Fête de l'indépendance du Rwanda et fête nationale du Burundi**
- **7 août: Fête nationale de la Côte d'Ivoire**
- **30 juin: Fête nationale de la République démocratique du Congo**

Voir

Des documentaires

- **La série *D'ici et d'ailleurs*, Pixcom, 2002.**
  L'épisode sur les communautés de la Côte d'Ivoire et du Sénégal présente des témoignages de membres de ces communautés qui ouvrent la porte de leurs maisons et de leur quartier.

- **La série *Nos familles*, Orbi-XXI, 2008.**
  L'épisode sur la communauté sénégalaise nous fait découvrir, à travers les yeux de l'humoriste Boucar Diouf, les apports de cette communauté à la vie du Québec.

Des fictions

- ***Hôtel Rwanda*, de Terry George, 2005.**
  Ce film américain raconte la vie de Paul Rusesabagina, gérant de l'hôtel des Mille Collines à Kigali, qui a abrité et sauvé plus d'un millier de Tutsis en 1994.

- ***La pirogue*, de Moussa Touré, 2012.**
  Le film raconte l'histoire d'hommes et de femmes qui quittent le Sénégal à bord d'une grande pirogue, dans le but d'atteindre les côtes de l'Espagne. Le film sera en compétition dans la section Un certain Regard au Festival de Cannes en 2012.

- ***Rebelle*, de Kim Nguyen, 2011.**
  Quelque part en Afrique subsaharienne, dans un petit village isolé, Komona, une jeune fille de douze ans, vit tranquillement avec ses parents, jusqu'au jour où les rebelles arrivent, pillent le village, capturent Komona et l'obligent à commettre l'irréparable: tuer ses parents. À quatorze ans, Komona est enceinte et décide de raconter son histoire à cet enfant qu'elle n'a pas voulu dans son ventre. Ce film québécois a gagné de nombreux prix internationaux: Berlin (2012), sélectionné aux Oscars à Hollywood (2013), Meilleur film aux Jutras (2013).

- ***Un dimanche à Kigali*, de Robert Favreau, 2006.**
  Ce film du réalisateur québécois est l'adaptation du roman *Un dimanche à la piscine de Kigali* de Gil Courtemanche. Au printemps 1994, alors qu'il réalise un reportage sur le sida à Kigali, un journaliste québécois assiste impuissant à la montée des tensions raciales entre Hutus et Tutsis. Caméra à la main, il filme la préparation du génocide et tente d'alerter les médias canadiens. À l'horreur des évènements se mêle une histoire d'amour déchirante entre le journaliste et une jeune rwandaise.

Lire

Des essais

- ***J'ai serré la main du diable,* de Roméo Dallaire. Montréal, Éditions Libre Expression, 2004.**
  Peu après son arrivée à Kigali, en août 1993, l'auteur, alors commandant de la Mission des Nations Unies pour l'assistance au Rwanda, avertit les hautes instances de l'ONU qu'il manque de matériel et d'hommes pour mener à bien sa mission et alerte divers pays, dont la France, les États-Unis et le Canada.
- ***Les immigrants sénégalais au Québec*, d'Amadou Ndoye. Paris, Éditions L'Harmattan, 2003.**
  L'auteur analyse les perceptions identitaires et les stratégies d'intégration des Sénégalais dans la société québécoise.

Des contes

- ***Sous l'arbre à palabres, mon grand-père disait*, de Boucar Diouf. Montréal, Éditions Les Intouchables, 2007.**
  Dans ce recueil de contes et d'anecdotes, l'humoriste et scientifique québécois d'origine sénégalaise a rassemblé certains de ses monologues.

Des romans

- ***Allah n'est pas obligé*, d'Ahamadou Kourouma. Paris, Seuil, 2000.**
  Dans ce roman, l'auteur d'origine ivoirienne relate de manière crue et réaliste la situation créée par les guerres ethniques et religieuses de l'Afrique de l'Ouest. Ce livre lui a valu en 2000 le prix Renaudot et le prix Goncourt des lycéens.
- ***Les pieds sales* et *Explication de la nuit*, de Edem Awuney. Montréal, Éditions Boréal, 2009 et 2013.**
  Dans *Les pieds sales*, l'auteur québécois d'origine togolaise traite de l'immigration et des personnes qui parcourent les routes à pied pour pouvoir survivre. Dans *Explication de la nuit*, il pose un regard lucide sur son Togo natal, la dictature, l'immigration et l'intégration.
- ***Notre-Dame-du-Nil*, de Scholastique Mukasongo. Paris, Gallimard, 2012.**
  Au début des années 1970, dans un internat catholique pour jeunes filles de bonne famille du Rwanda, les tensions entre Tutsis et Hutus sous-tendent la vie quotidienne et les soucis des adolescentes.
  D'origine rwandaise, Scholastique Mukasongo est établie en France lorsqu'elle apprend que 27 membres de sa famille, dont sa mère, ont été massacrés pendant le génocide de 1994. Elle a reçu les prix Ahmadou-Kourouma et Renaudot pour *Notre-Dame-du-Nil*. En 2014, elle publie *Ce que murmurent les collines. Nouvelles rwandaises.*

De la poésie

- **Les poèmes de Léopold Sédar Senghor.**
  Poète, essayiste et premier président du Sénégal, Senghor (1906-2001) a aussi été le premier Africain à siéger à l'Académie française. Il a reçu de nombreux prix et honneurs pour ses activités littéraires.

Sortir

- **Festival international Nuits d'Afrique à Montréal et festival des Journées d'Afrique à Québec**
  En juillet, ces festivals présentent des spectacles de musique d'Afrique, des Antilles et des Caraïbes, en salle et en plein air.
- **Mois de l'histoire des Noirs**
  Le mois de février rend hommage aux populations noires et est célébré depuis 1926 aux États-Unis et 1995 au Canada. Des activités variées soulignant l'histoire et l'apport culturel, social, économique et politique des Noirs dans le monde sont offertes dans toutes les régions du Québec.
- **Vues d'Afrique, festival international de cinéma**
  Ce festival, qui existe depuis 1984, se déroule au printemps à Montréal, Québec et Ottawa. Pendant 10 jours, il présente le meilleur du cinéma africain et créole.

Écouter

- **La musique de Lionel Kizaba**
  Lionel Kizaba est un musicien originaire de la République Démocratique du Congo. Batteur, percusionniste, chanteur et danseur, il a touché notamment à la musique africaine, au jazz, et à la musique électronique. Il est installé à Montréal depuis octobre 2011.
- **Les chansons de Corneille**
  Notamment sa chanson la plus célèbre, *Parce qu'on vient de loin* (2002) et, plus récemment, *Les sommets de nos vies* (2013).

CHAPITRE 6

LES COMMUNAUTÉS ARABES

Vos enfants ne sont pas vos enfants.
Ils sont les fils et les filles de l'appel de la vie à elle-même.
Ils viennent à travers vous mais non de vous.
Et bien qu'ils soient avec vous, ils ne vous appartiennent pas.
[...] ne tentez pas de les faire comme vous.
Car la vie ne va pas en arrière, ni ne s'attarde avec hier.

KHALIL GIBRAN
(1883-1931)

PLAN DU CHAPITRE

6.1
La diversité ethnoculturelle et l'héritage du monde arabe

6.2
L'immigration arabe au Québec

6.3
La communauté libanaise

6.4
La communauté marocaine

6.5
La communauté algérienne

OBJECTIFS D'APPRENTISSAGE

Après avoir lu ce chapitre, vous pourrez :

- distinguer les principales vagues d'immigration de chacune des communautés étudiées et présenter les motifs de leur migration ;
- décrire les profils socioéconomique et culturel de ces communautés au Québec ;
- nommer les apports de ces communautés à la vie culturelle, politique et sociale du Québec ;
- présenter quelques éléments culturels de ces communautés.

Le monde arabe comprend 24 pays et s'étend, dans la partie septentrionale de l'Afrique, de l'océan Atlantique à l'ouest jusqu'au golfe Persique à l'est (*voir la figure 6.1*). Couvrant plus de 15 millions de km^2, les pays arabes sont classés sur la base de leur position géographique dans deux catégories : le Maghreb et le Machrek. Le Maghreb, dont le nom signifie « couchant », comprend le Maroc, la Mauritanie, l'Algérie, la Tunisie et la Libye. Le Machrek, dont le nom signifie « levant » comprend le Tchad, l'Égypte, le Soudan, le Liban, la Palestine, la Syrie, la Jordanie, l'Irak, le Koweït, l'Arabie saoudite, le Bahreïn, le Qatar, les Émirats arabes unis, le Sultanat d'Oman, la République du Yémen, l'Érythrée, la République de Djibouti, la Somalie et, plus au sud, au large de l'Afrique orientale, l'Union des Comores (non visible sur la carte). Mis à part l'Érythrée et le Tchad, tous ces pays font partie de la Ligue des États arabes, créée en 1945.

FIGURE 6.1 Le monde arabe

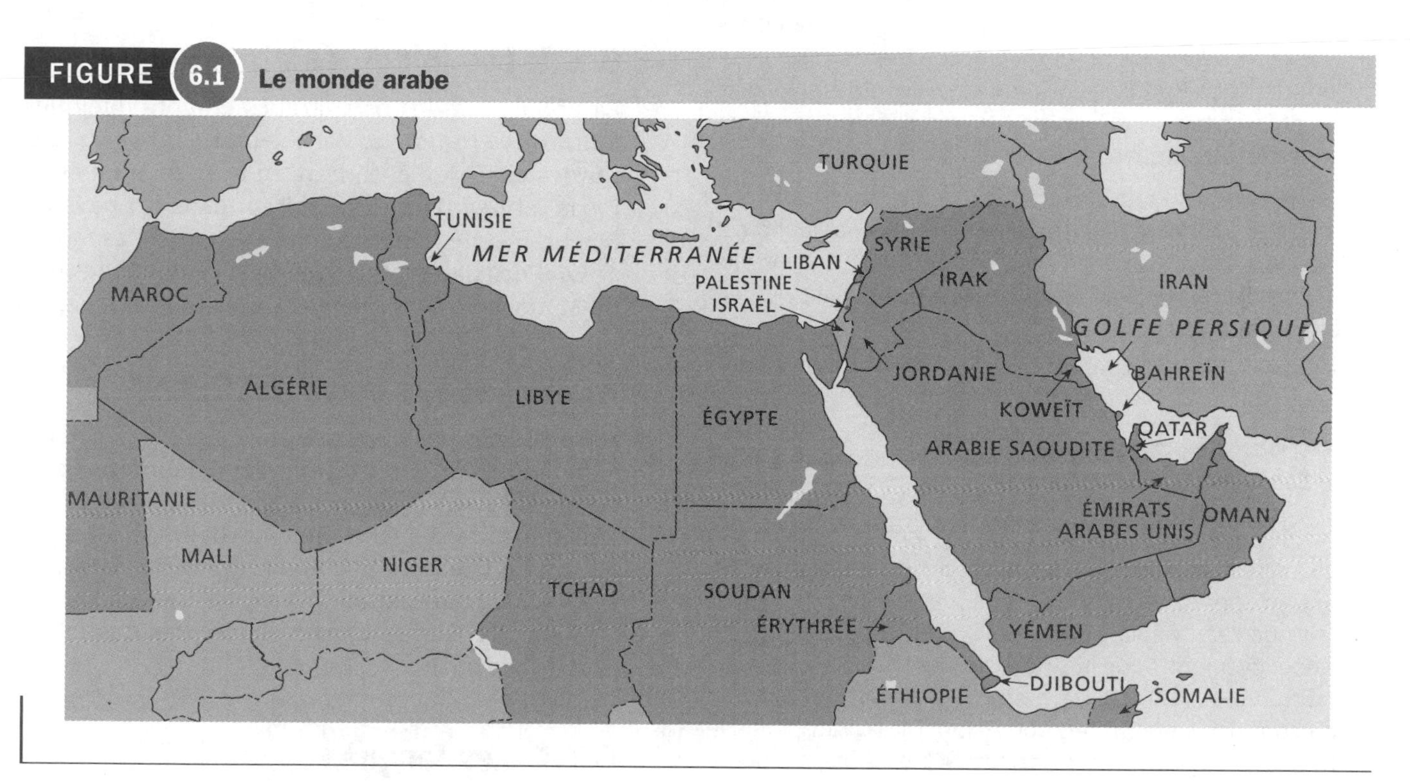

6.1 La diversité ethnoculturelle et l'héritage du monde arabe

Le monde arabe ne constitue pas un tout uniforme. Ce qui le définit le plus est certainement la langue parlée, qui y est majoritairement l'arabe, mais les peuples qui le composent ont plusieurs autres points communs, dont la prédominance de la religion musulmane et certains aspects historiques auxquels le colonialisme n'est pas étranger. Quant aux systèmes politiques, aux modes de vie et aux minorités ethniques et religieuses, ils varient considérablement d'un pays à l'autre.

CAPSULE

Le printemps arabe

Le 17 décembre 2010, un jeune marchand ambulant tunisien s'immole par le feu, protestant ainsi contre la saisie de sa marchandise par la police. Dans un contexte de gouvernements autoritaires, souvent dictatoriaux, corrompus et répressifs, cet évènement déclenchera une série de contestations et de révoltes, en Tunisie mais aussi dans plusieurs pays arabes : en janvier 2011, l'Égypte, l'Algérie, le Yémen ; en février, le Maroc, le Bahreïm et la Libye ; en mars, la Syrie. Des milliers de gens défilent dans les rues, réclamant la démission du président ou du dictateur, la démocratie et des libertés individuelles, une justice équitable, du travail.

On qualifiera ce mouvement de « printemps arabe ».

CAPSULE

Quelle est la différence entre « arabe » et « musulman » ?

Un Arabe est une personne dont la langue maternelle est l'arabe ; un musulman est une personne qui déclare une appartenance à la religion musulmane (islam). Pourquoi confondons-nous souvent « arabe » et « musulman » ? Il y a 1,6 milliard de musulmans dans le monde, mais seulement 360 millions d'entre eux proviennent du monde arabe (Pew Research religion and Public Life Project, 2012). Donc les musulmans ne sont pas tous arabes. En effet, près de 1,5 milliard de musulmans vivent ailleurs que dans les pays arabes ; ils se retrouvent sur tous les continents, et surtout en Indonésie, au Pakistan, en Turquie, en Égypte et au Nigéria. De plus, comme on l'a vu précédemment, certains Arabes sont juifs ou chrétiens.

Ce qui crée aussi souvent la confusion, c'est que le fondateur de l'islam, Muhammad (traduit en français par Mahomet), était un Arabe. De plus, tous les musulmans du monde doivent lire et réciter le Coran, qui a été rédigé au VIIe siècle et qui est écrit en arabe.

CAPSULE

Le système de noms dans les pays arabes

Les prénoms d'origine arabe ont chacun leur signification. Par exemple, les parents choisiront pour leurs filles des prénoms tels que Leila, Rania, Anissa, Hamsa et Nour, qui signifient respectivement douceur, richesse ou noblesse, amabilité, murmure et lumière. De même, ils choisiront pour leurs garçons des prénoms tels que Habib, Malik, Amir, Karim et Noam, qui signifient respectivement bien-aimé, roi, prince, généreux ou bienfaisant, et plaisir ou prospérité.

Un nom arabe est formé de plusieurs éléments. Il peut comprendre, notamment, le prénom, le nom du fils ou de la fille précédé de *Abû* (« père de ») ou *Umm* (« mère de »), le nom de filiation introduit par *Ibn* (« fils de ») ou *Bint* (« fille de ») ou encore, le nom du lieu ou du groupe d'origine.

6.1.1 Les religions

L'islam est la religion la plus répandue dans le monde arabe ; elle est pratiquée par près de 90 % des personnes qui y habitent (Pew Research Center, 2012). D'autres religions sont quand même présentes dans les pays arabes : on trouve des juifs au Maroc et en Tunisie, des chrétiens maronites au Liban et des chrétiens coptes en Égypte.

L'islam, dont nous reparlerons en détail au chapitre 9 (*voir la page 176*), est loin d'être uniforme et compte plusieurs variantes.

6.1.2 Les minorités ethniques

La population des pays arabes compte quelques minorités ethniques. Par exemple, on verra des Kurdes en Turquie, en Iran, en Irak, en Syrie et au Liban, et des Berbères habitent dans les pays du Maghreb et de l'Afrique subsaharienne. Pas moins de 30 % des habitants d'Algérie et la moitié de ceux du Maroc sont de souche et de langue berbères.

6.1.3 Les systèmes politiques

Des systèmes politiques très divers se côtoient dans le monde arabe. On y trouve des démocraties parlementaires (Algérie et Liban), des monarchies, soit héréditaires (Barheïm, Jordanie, Koweït et Sultanat d'Oman), soit constitutionnelles (Maroc). En Syrie, un parti unique gouverne sous un régime militaire ; la Tunisie a un système présidentiel de type européen.

6.1.4 Les langues

L'arabe est la langue officielle commune à tous les pays du Maghreb et du Machrek, mais on y parle aussi d'autres langues. Par exemple, en Irak, on compte, en tant que langues officielles, l'arabe, le kurde et le syriaque, mais on y parle aussi le persan, le turkmène et le sabéen. Dans les pays du Maghreb qui ont été colonisés par la France, tels que le Maroc et l'Algérie, on parle aussi bien le français que le berbère. Au Liban, on parle le français et en Jordanie, l'anglais.

L'arabe écrit ne comporte que des consonnes et s'écrit de droite à gauche. Les mots se déclinent au féminin ou au masculin, suivant la personne à qui l'on s'adresse. L'image à la page suivante présente les 28 caractères de l'alphabet arabe. À l'écrit, le caractère varie selon sa position dans le mot (initiale, médiane, finale ou isolée).

6.1.5 L'héritage du monde arabe

La civilisation arabe s'est constituée il y a plusieurs millénaires et elle a eu une grande influence culturelle sur plusieurs autres civilisations. La littérature et la poésie constituent deux importants apports culturels du monde arabe ; les contes poétiques et les gestes qui les accompagnent ont marqué l'imaginaire de nombreux peuples. Songeons à l'impact culturel qu'a pu avoir le recueil de contes *Les Mille et une Nuits* (« Aladin et la lampe merveilleuse », « Ali Baba et les quarante voleurs », etc.).

SAVIEZ-VOUS QUE...

Les noms « matelas », « café », « tasse », « sofa » et « divan » sont d'origine arabe, de même que « cotonnade », « mousseline », « mohair », « safran », « muscade », « cumin » et « estragon ».

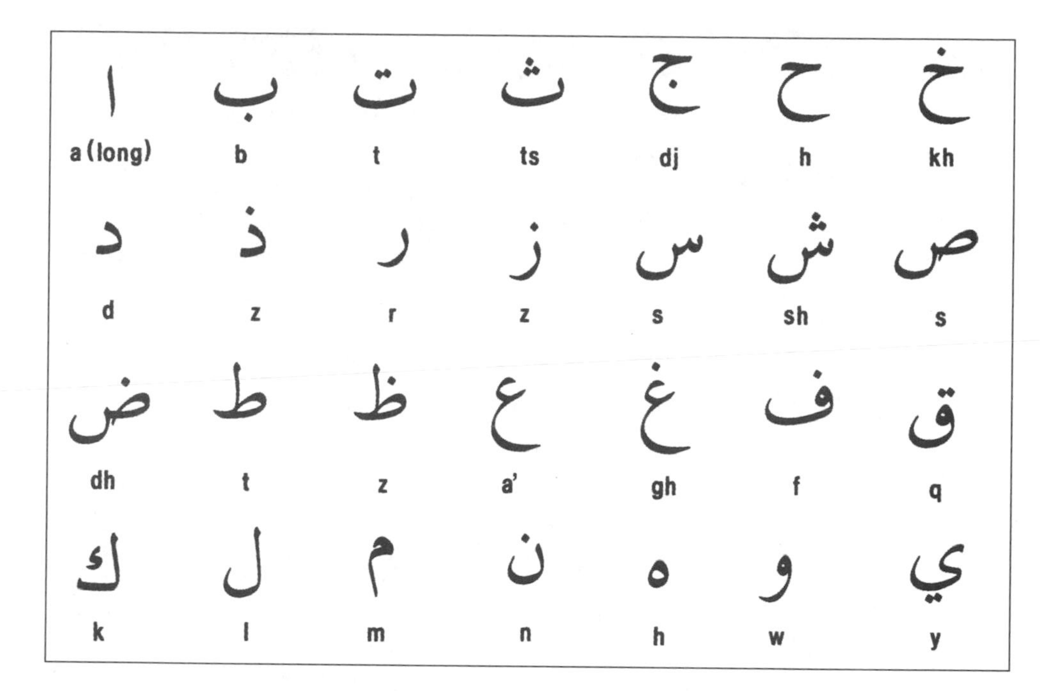

L'alphabet arabe compte 28 caractères, dont l'écriture varie selon leur position dans le mot.

La calligraphie et l'enluminure sont au cœur de l'art arabo-musulman. Selon la tradition islamique, l'arabe est la langue que Dieu a utilisée pour communiquer son message à Mahomet. Par conséquent, l'écriture arabe a été grandement valorisée et les calligraphes ont joui d'un statut social important. Afin de décourager l'idolâtrie, le Coran évite de représenter Dieu sous une forme humaine. Le culte musulman ne fait donc pas usage de statues, d'icônes ou autres représentations de Dieu ou de ses prophètes. Ce sont plutôt la calligraphie et les arabesques qui ornent les mosquées ; elles reproduisent le nom de Dieu ainsi que ses paroles (Milot, 2004).

Les mathématiques sont aussi importantes dans l'histoire et le patrimoine culturel arabes, et l'histoire des mathématiques abonde d'inventions issues de cette civilisation. Par exemple, ce sont des Arabes qui ont fait connaître le zéro aux Occidentaux, et le mot *algorithme* vient du nom du grand mathématicien Al-Khwarizmi (780-850 apr. J.-C.) qui a inventé l'algèbre.

6.2 L'immigration arabe au Québec

Très diversifiée sur les plans ethnique, religieux et culturel, l'immigration arabe au Canada et au Québec a débuté il y a déjà plus d'un siècle. L'immigration arabe commence avec l'arrivée des Syro-Libanais, au XIXe siècle, et se poursuit avec celle des Marocains (juifs) ainsi que des Égyptiens (chrétiens coptes) au cours des années 1970. Ces groupes fuient la discrimination et recherchent de meilleures conditions de vie. Arrivent ensuite, à la fin des années 1980, les Libanais, les Marocains et les Algériens qui fuient les conflits politiques, la pauvreté et le chômage. Enfin, immigrent au Québec, au cours des années 1990, les Soudanais, les Irakiens et les Somaliens qui fuient l'instabilité politique et sociale, la violence et les abus des intégrismes religieux. Malheureusement, il n'est pas toujours facile d'être arabe au Québec, comme l'explique l'encadré 6.1 (*voir la page suivante*).

Une calligraphie du nom d'Allah, qui est le créateur de l'univers selon la religion musulmane.

Les communautés arabes sont donc arrivées au Québec en diverses vagues, avec des bagages culturels, des religions et des motifs d'immigration variés. Puisque nous ne pouvons dresser le portrait de toutes ces communautés établies au Québec, nous nous limiterons aux plus importantes en nombre, soit les Libanais, les Marocains et les Algériens.

ENCADRÉ 6.1 Difficile d'être arabe au Québec ?

Depuis la fin des années 1980, le Québec met tout en œuvre pour attirer des immigrants jeunes, hautement scolarisés, qualifiés et connaissant le français. Les Maghrébins répondent tout à fait à ces exigences, et nombreux sont ceux qui sont venus s'établir ici.

Cependant, il est bien connu que plusieurs immigrants connaissent d'énormes difficultés à se trouver un emploi au cours des premières années suivant leur arrivée. Par exemple, en 2011, alors que le taux de chômage dans l'ensemble du Québec est de 7,7 %, il est plus important chez les immigrants, soit de 11 %. Or, chez les immigrants maghrébins, cette situation est exacerbée avec 22 % de chômage ; les difficultés d'insertion professionnelle que vivent ces personnes sont supérieures à celles des autres communautés (Ménard, 2012 ; Benzakour *et al.*, 2013).

Les obstacles à l'emploi pour les immigrants sont le manque de maîtrise du français et de l'anglais, la difficulté à faire reconnaître leurs diplômes et compétences, et la méconnaissance de la culture d'entreprise québécoise, pour ne citer que les plus importants (Benzakour *et al.*, 2013). Or, dans le cas des immigrants arabes s'ajoutent à ces obstacles des stéréotypes et des préjugés tenaces liés à certains évènements politiques et sociaux ainsi qu'à la couverture qu'en font les médias.

Les évènements du 11 septembre 2001

Le regard du monde sur les musulmans et les Arabes a changé à partir de cette date fatidique. Dès les premiers jours qui ont suivi ces évènements, les musulmans en général, et ceux d'origine arabe en particulier, ont été l'objet d'ostracisme, se sont fait insulter, attaquer, montrer du doigt. Au Québec, la question du foulard islamique (hidjab) a fait les manchettes et on associe encore trop souvent la violence à la religion musulmane (Labelle, Rocher et Antonius, 2009).

L'islamophobie ou la représentation négative de l'islam dans les médias

La couverture médiatique des conflits en Irak et au Moyen-Orient, les tensions entourant le débat sur les accommodements raisonnables (Bouchard et Taylor, 2008) et ceux concernant le projet de *Charte des valeurs québécoises* présenté par le gouvernement du Québec à l'automne 2013 (Lefebvre, 2014) ont contribué à maintenir des préjugés négatifs sur la communauté arabo-musulmane. De plus en plus de chercheurs affirment que l'hypothèse de la discrimination explique en partie les difficultés professionnelles que vivent les membres de cette communauté.

Comme le dit le sociologue québécois Ali Daher (2003) : « Il ne fait pas bon d'être arabe ou musulman, ces jours-ci... »

En 2008, à l'occasion du 125ᵉ anniversaire de naissance du grand écrivain Khalil Gibran, on a inauguré à Saint-Laurent, en présence de plusieurs dignitaires, la rue Khalil-Gibran, dans un quartier où la présence libanaise est très marquée.

6.3 La communauté libanaise

6.3.1 Le Liban

Le Liban fait partie du Croissant fertile, réel carrefour de l'Orient et de l'Occident de par sa position tant géographique que stratégique, à l'extrémité orientale de la mer Méditerranée (*voir la figure 6.1, page 107*). C'est un petit pays tant par sa taille (10 400 km^2) que par sa population (4 millions d'habitants).

Le Liban se remet encore présentement de deux guerres, l'une ayant duré plus de 15 ans, soit de 1975 à 1991. L'autre, relativement récente, s'est produite au cours de l'été 2006. Les deux ont entraîné de lourdes conséquences économiques et politiques. La très grande majorité de la population du Liban vit dans les villes, principalement à Beyrouth. D'autres villes sont aussi importantes : Tripoli, Byblos et Tyr.

La population comprend plusieurs communautés ethniques, dont les Libanais, les Palestiniens, les Arméniens, les Syriens et les Kurdes. De plus, la *Constitution du Liban* reconnaît 18 communautés religieuses, dont les plus importantes sont les communautés chrétiennes (maronite, grecque catholique, arménienne catholique, syrienne catholique, chaldéenne catholique, protestante et orthodoxe) et les communautés musulmanes (sunnite, chiite, alaouite, ismaélienne).

L'arabe est la langue officielle du pays, mais le français fait partie des langues nationales.

Le régime politique libanais est une démocratie parlementaire. Depuis 1943, le Liban répartit les charges de l'État à l'Assemblée nationale sur une base confessionnelle, c'est-à-dire que selon la Constitution, le président de la République est un chrétien maronite, le président du Conseil, un musulman sunnite et le président de l'Assemblée nationale, un musulman chiite (Perspective monde, 2014).

CONNAISSEZ-VOUS?

Wajdi Mouawad

Né à Beyrouth en 1968 et arrivé au Québec en 1977, Wajdi Mouawad est auteur, comédien, metteur en scène, directeur de théâtre et réalisateur de films. Il a écrit et mis en scène des pièces de théâtre mondialement saluées, dont *Littoral*, et a reçu plusieurs prix prestigieux au Québec, au Canada et à l'étranger. Il est l'auteur de la pièce de théâtre *Incendies*, qui a fait l'objet en 2010 d'une adaptation cinématographique réalisée par Denis Villeneuve. Ce film a représenté le Québec lors des Oscars 2011.

6.3.2 Quelques repères historiques

En 1861, à la suite de conflits religieux et de massacres massifs, les grandes puissances européennes interviennent et exigent de l'Empire ottoman qu'il crée une province autonome, du nom de Mont-Liban. À cette époque, le territoire actuel du Liban fait partie de la Syrie, qui comprend aussi, en plus des territoires actuels de la Syrie, ceux de la Jordanie, de la Cisjordanie, d'Israël et de la bande de Gaza (*voir la figure 6.1, page 107*). En 1920, au lendemain de la Première Guerre mondiale, le Liban est redessiné sous sa forme actuelle, passe sous mandat français et est proclamé république en 1926. Mais le Liban n'acquiert véritablement son indépendance qu'en 1941. La France aura laissé son empreinte sur ce pays par la langue, les infrastructures et le système d'enseignement qu'elle y aura établis (Civard-Racinais, 1997).

En 1975, des incidents armés entre chrétiens et musulmans sont à l'origine d'un déferlement de violence qui embrase le Liban. À partir de ce moment, le pays devient le terrain de sanglants combats et d'assassinats, et on assiste à l'entrée de troupes militaires syriennes et israéliennes. Le siège de Beyrouth par l'armée israélienne commence le 12 juin 1982 et se termine trois mois plus tard. Les combats perdurent jusqu'en 1991. La guerre prend fin officiellement le 22 mai 1991, par un traité signé à Damas (Syrie). Ce traité consacre juridiquement l'hégémonie de la Syrie sur le Liban (El Zein *et al.*, 2013).

SAVIEZ-VOUS QUE...

À la fin du XIXe siècle, des colporteurs syro-libanais s'installaient dans des villes telles que Mont-Joli, Trois-Rivières, La Pocatière, Rouyn-Noranda, Sherbrooke et Joliette, et vendaient de village en village toutes sortes de menus articles (des boutons, de la dentelle, des crayons, des objets religieux, etc.) (Aboud, 2003).

Le 12 juillet 2006, le Liban est attaqué par l'armée d'Israël : en trente-trois jours, des milliers de civils meurent ou sont blessés. On assistera, quelques jours plus tard, à la plus grande évacuation de citoyens canadiens présents dans ce pays : plus de 15 000 seront rapatriés. Une trêve intervient le 14 août 2006 grâce à une résolution de l'ONU.

6.3.3 L'arrivée et l'installation des Libanais au Québec

La fin du XIXe siècle et le début du XXe siècle

La première vague d'immigration syro-libanaise au Québec se produit à la fin du XIXe siècle. Ces immigrants fuient les conflits religieux et politiques qui sévissent dans leur pays et recherchent de meilleures conditions de vie. Selon le recensement, 1500 personnes d'origine syro-libanaise vivent à Montréal en 1921.

Plusieurs, pour la plupart d'origine paysanne, se font colporteurs (vendeurs ambulants) dans les rues et ruelles de Montréal, puis, le territoire devenant saturé, ils se dispersent dans diverses régions du Québec. On retrouve des descendants de ces premiers immigrants dans des villes comme Trois-Rivières, Sherbrooke, Joliette, La Pocatière et Rouyn-Noranda. D'autres deviennent propriétaires de commerces, livreurs de marchandises et manœuvres. Certains d'entre eux sont des professionnels, notamment des médecins et des avocats. Quelques-uns ouvrent

SAVIEZ-VOUS QUE...

Le premier magasin Dollarama a été ouvert à Matane en 1992 par le petit-fils de Salim Rossy, le Libanais arrivé au Québec en 1910 qui a créé la chaîne de magasins Rossy.

CONNAISSEZ-VOUS ?

Maria Mourani

Née en Côte d'Ivoire de parents libanais, Maria Mourani est arrivée au Québec en 1988. Elle a été élue députée à la Chambre des communes en 2006, 2008 et 2011 sous la bannière du Bloc québécois. Criminologue et sociologue de formation, elle a publié en 2006 *La face cachée des gangs de rue,* qui traite de la nature et du fonctionnement des gangs de rue à Montréal, et, en 2009, *Gangs de rue inc.*, qui étend la compréhension de ce phénomène à l'ensemble de l'Amérique.

des salles de cinéma et de grands magasins. À Montréal, on nommera « la petite Syrie » une partie de la rue Notre-Dame où on retrouve alors des dizaines de commerces syro-libanais (Aboud, 2003).

Le milieu du xxe siècle

Aux premiers commerçants du début du xxe siècle succèdent des entrepreneurs qui investissent principalement dans la restauration et la lunetterie. Les professionnels qui arrivent durant la Révolution tranquille (1960-1975) s'intègrent rapidement dans les secteurs de la santé, de l'enseignement et de la fonction publique.

De 1975 à 2013

À partir du milieu des années 1970, et particulièrement à la fin des années 1980, l'immigration libanaise s'intensifie. Des milliers de Libanais viennent s'installer au Québec pour fuir la guerre civile et l'effondrement économique qui s'ensuit. Les immigrants arrivés à ce moment vivent des problèmes d'intégration économique, voyant souvent leurs diplômes non reconnus. Ils arrivent en outre dans un contexte économique relativement difficile (Fortin, 2007). Depuis 1991, le Liban fait toujours partie des 10 premiers pays de provenance des nouveaux arrivants au Québec (Ministère de l'Immigration, de la Diversité et de l'Inclusion [MIDI], 2014e).

6.3.4 La communauté libanaise du Québec

On compte plus de 70 000 Libanais au Québec. Ils vivent surtout dans les régions de Montréal (88 %) de Gatineau (7 %) et de Québec (2 %). Parmi ceux qui sont établis dans la région de Montréal, la plupart vivent à Montréal même, dans les arrondissements de Saint-Laurent, d'Ahuntsic-Cartierville et Pierrefonds-Roxboro ; plusieurs habitent à Laval et en Montérégie (MIDI, 2014c).

Pour la majorité des Libanais du Québec, l'arabe est la langue maternelle, mais plus de 90 % d'entre eux connaissent le français et une majorité d'entre eux connaissent aussi l'anglais.

Les immigrants libanais sont entrés au Québec en tant que réfugiés, entrepreneurs ou investisseurs. Plus du tiers détiennent un diplôme universitaire. Plus du quart travaillent dans le secteur de la vente et des services et plusieurs occupent des postes de directeurs, de gérants ou d'administrateurs (MIDI, 2014c). Plusieurs immigrants libanais continuent de faire des affaires dans leur pays d'origine et y séjournent régulièrement.

Le Liban étant une réelle mosaïque de communautés religieuses, l'ensemble des immigrants libanais du Québec reflète cette diversité. La plupart sont chrétiens (dont des catholiques maronites, des orthodoxes et des protestants) ; le quart est de confession musulmane.

6.4 La communauté marocaine

6.4.1 Le Maroc

Le Maroc, ou Royaume du Maroc, est situé dans la partie nord-ouest de l'Afrique (*voir la figure 6.1, page 107*). Sa population est d'environ 33 millions de personnes. La capitale est Rabat et les principales villes sont Casablanca, Fès et Marrakech. Le Maroc est une monarchie constitutionnelle. La langue officielle y est l'arabe (60 % des habitants parlent l'arabe marocain, ou darija) et 40 % de la population parle le berbère (ou amazigh) et ses divers dialectes. Le français est enseigné dans les écoles primaires, lycées, collèges et institutions d'enseignement supérieur, et il demeure la langue d'usage dans plusieurs ministères marocains. L'anglais s'est imposé en tant que langue de communication internationale et est de plus en plus privilégié par les jeunes Marocains (Perspective monde, 2014).

CONNAISSEZ-VOUS ?

Édouard Lock

Né à Casablanca en 1954, Édouard Lock arrive au Québec en 1957 avec ses parents. À 21 ans, il retient l'attention du public avec sa première œuvre de danse moderne, composée pour le Groupe Nouvelle Aire. En 1980, il fonde sa troupe, La La La Human Steps, qui est maintenant reconnue partout dans le monde.

6.4.2 Quelques repères historiques

En 1911, le sultan du Maroc, menacé par une révolte populaire, demande l'aide de la France. L'année suivante, au terme d'un bras de fer opposant l'Allemagne et la France, le Maroc passe sous protectorat français (*Traité de Fès*), alors que deux régions (le Nord et le Sud) sont tenues par l'Espagne. De 1921 à 1926, une lutte anticoloniale menée par les Berbères échouera. Enfin, le Maroc obtiendra son indépendance en 1956.

Jusqu'à ce moment, des milliers de Juifs sépharades installés au Maroc vivent harmonieusement avec les musulmans : grâce au statut de *dhimmi* (protégé), juifs et chrétiens peuvent pratiquer leur religion discrètement (Berdugo-Cohen *et al.*, 1987). Or, à partir de la proclamation d'indépendance du Maroc, le pays donne des signes d'arabisation rapide et les Juifs marocains sont de plus en plus inquiets. Plusieurs émigreront alors, certains dans l'État d'Israël, récemment créé (en 1948), d'autres en France et quelques-uns au Canada.

Depuis quelques décennies, le marché de l'emploi marocain ne peut absorber les jeunes diplômés. Pour plusieurs d'entre eux, le projet migratoire s'offre comme l'unique façon d'échapper à la pauvreté et à l'exclusion. De plus, des réformes politiques et économiques sont exigées des citoyens mais tardent à être implantées (Beddaoui, 2010).

6.4.3 L'arrivée et l'installation des Marocains au Québec

Avant les années 1960

Le premier immigrant marocain au Québec, Mohammed El Momo, un marin, arrive en 1886, au port de Montréal. Cependant, très peu de ses compatriotes l'imitent, et la première vague d'immigration vers l'Amérique du Nord ne se produit qu'après l'accession du Maroc à son indépendance, en 1956.

Entre 1962 et 1975

L'arrivée des Marocains en tant que mouvement migratoire important ne commence qu'après 1962, avec la

CONNAISSEZ-VOUS ?

Fatima Houda-Pépin

Née en 1951 à Meknès au Maroc, Fatima Houda arrive au Québec en 1976. De 1994 à 2014, elle siège comme députée libérale à l'Assemblée nationale. Madame Houda-Pépin s'oppose à l'introduction du droit islamique au Québec. Elle présentera avec deux collègues une motion selon laquelle « l'Assemblée nationale s'oppose à l'implantation des tribunaux dits islamiques au Québec et au Canada ». Cette motion sera adoptée à l'unanimité en mai 2005. En 2014, elle quitte le caucus libéral parce qu'elle s'oppose, entre autres, au port du tchador.

CONNAISSEZ-VOUS ?

Rachid Badouri

Rachid Badouri est né en 1976 à Laval, de parents d'origine marocaine. Il fait ses premiers pas d'humoriste dans l'équipe d'improvisation du collège Montmorency. En 1999, il présente à Juste pour rire son premier numéro, portant sur l'immigration. En 2007, il lance un premier spectacle solo dans lequel il fait appel à ses racines marocaines, québécoises et nord-américaines. Depuis, il est connu comme humoriste, comédien et animateur.

levée des mesures discriminatoires établies par les lois canadiennes sur l'immigration.

Au Québec, entre 1964 et 1975, de nombreux Marocains très scolarisés viennent occuper des emplois que la Révolution tranquille génère au Québec. Ce sont surtout des médecins, des ingénieurs, des enseignants et des comptables, pour la plupart issus de milieux urbains, qui connaissent bien le français. La majorité est de religion juive et fuit la discrimination.

Des années 1990 à 2013

Depuis le début des années 1990, on assiste à la vague d'immigration marocaine la plus importante que le Québec aura connue, surtout après l'année 2001. Les possibilités d'emplois et la publicité que fait le gouvernement québécois attirent de jeunes Marocains scolarisés et parlant le français. Ils quittent le Maroc à cause de la faible croissance économique, de la répartition inégale des revenus, du chômage élevé, de la pauvreté et de l'exclusion, de la violence et des violations des droits de la personne (Beddaoui, 2010). Entre 2000 et 2013, un peu plus de 3000 Marocains s'installent au Québec en moyenne chaque année. Ainsi, 70 % de la population marocaine du Québec est arrivée après 2000 (MIDI, 2014e).

6.4.4 La communauté marocaine du Québec

On estime à environ 60 000 personnes les membres de la communauté marocaine du Québec. Ils vivent surtout dans les régions de Montréal (91 %), de Québec (3 %) et de Gatineau (2 %). Ceux qui ont choisi la région de Montréal habitent surtout à Montréal même (70 %), à Laval (12 %) et en Montérégie (11 %). À Montréal, on les retrouve surtout dans les arrondissements de Côte-des-Neiges–Notre-Dame-de-Grâce (15 %), de Saint-Laurent (14 %), d'Ahuntsic-Cartierville (12 %) et de Villeray–Saint-Michel–Parc-Extension (11 %). Tous les Marocains établis au Québec au cours des années 2000 parlent l'arabe, 95 % connaissent le français et la moitié connaissent le français et l'anglais (MIDI, 2014c).

Les Marocains établis au Québec ont un très haut niveau de scolarisation (36 % détiennent un diplôme universitaire). Malgré cela, beaucoup d'entre eux éprouvent de la difficulté à trouver un emploi ; à preuve, le taux de chômage au sein de cette communauté était de 16 % en 2011. Les membres de la communauté marocaine du Québec œuvrent principalement dans le secteur de la vente et des services (25 %), dans le domaine des affaires et de l'administration (17 %), dans le secteur des sciences naturelles et appliquées (11 %) et enfin en enseignement et dans les services reliés à la santé et aux services sociaux (10 %).

Ils sont, pour la très grande majorité, de religion musulmane (76 %) ou juive (14 %). Près de 7 % n'ont aucune appartenance religieuse. (MIDI, 2014c).

6.5 La communauté algérienne

6.5.1 L'Algérie

L'Algérie est un pays de l'Afrique du Nord qui fait partie du Maghreb (*voir la figure 6.1, page 107*). Son système politique est un régime républicain et une démocratie populaire. Il compte environ 39 millions d'habitants répartis sur un territoire de

2 381 741 km^2. Sa capitale, Alger, compte 3,7 millions d'habitants, et les autres villes d'importance sont Oran, Batna, Constantine et Annaba. Le pays a connu et connaît encore un fort taux d'émigration, d'abord vers la France et quelques autres pays européens, puis, plus récemment, vers le Canada.

La langue officielle de l'Algérie est l'arabe classique, et la langue berbère (amazigh) est reconnue comme langue nationale depuis 2002. L'arabe algérien, un dialecte arabe, est utilisé par la majorité de la population, et la plupart des Algériens s'expriment également en français (Perspective monde, 2014).

CONNAISSEZ-VOUS ?

Djemila Benhabib

Elle est née en 1972 et a grandi à Oran en Algérie. Elle arrive au Québec en 1997, fuyant l'Algérie parce qu'elle et ses parents sont menacés de mort.

Journaliste, féministe, femme politique et militante contre le fondamentalisme musulman, Djemila Benhabib est l'auteure de *Ma vie à contre-Coran* (2009), *Les Soldats d'Allah à l'assaut de l'Occident* (2011) et *Des femmes au printemps* (2012). Elle se présente comme députée à deux reprises sous la bannière du Parti québécois (en 2012 et en 2014). En 2012, elle reçoit le Prix international de la laïcité décerné par le Comité Laïcité République.

6.5.2 Quelques repères historiques

L'Algérie a connu au cours de son histoire de nombreuses flambées de violences, dont des guerres anticoloniales et civiles et des épisodes de terrorisme. Après plus de 130 ans de colonisation française et d'importants mouvements de résistance armée (de 1830 à 1962), dont une guerre contre la France (guerre d'Algérie) qui aura duré 8 ans (de 1954 à 1962), l'Algérie obtient son indépendance en 1962 (Eveno, 1998).

Le Front de libération nationale prend alors le pouvoir et engage le pays sur une voie socialiste. Puis, par suite d'importants mouvements de protestation exacerbés par la crise économique, le régime sera démocratisé à la fin des années 1980. Le 26 décembre 1991, le Front islamique du salut obtient 47 % des suffrages exprimés au premier tour des élections législatives, ce qui annonce de façon certaine la victoire des islamistes. Le deuxième tour des élections est annulé par l'armée et on proclame l'état d'urgence dans le pays.

Quelques mois plus tard, un tribunal d'Alger dissout le Front islamique du salut. En 1992, le pays est sous l'autorité directe des militaires. Ce coup d'État déclenchera une spirale de violence et de répression ainsi qu'une guerre civile qui entraînera la mort de 150 000 personnes, sans compter les milliers de disparus. Les conflits se termineront en 1999, mais le pays devra être reconstruit (Zaater, 2003).

SAVIEZ-VOUS QUE...

La chanson de Raymond Lévesque *Quand les hommes vivront d'amour* (« Quand les hommes vivront d'amour, il n'y aura plus de misère, et commenceront les beaux jours, mais nous, nous serons morts mon frère ») lui a été inspirée par les malheurs causés par la guerre d'Algérie.

6.5.3 L'arrivée et l'installation des Algériens au Québec

De la fin des années 1970 à 1991

L'exposition universelle de Montréal en 1967 attire de jeunes Algériens et le Canada établit des relations diplomatiques et économiques avec l'Algérie. Mais à la fin des années 1970, les immigrants algériens vivant au Québec sont à peine une centaine, et ils sont surtout de religion juive. En 1980, le Canada signe une entente de réciprocité concernant les frais de scolarité des universités canadiennes et algériennes pour les étudiants des deux pays, et quelques étudiants algériens viendront ainsi étudier au Québec.

De 1991 à 2002

La première véritable vague d'immigration est déclenchée par les crises qui secouent l'Algérie par suite du coup d'État de 1991-1992. Ces immigrants fuient le terrorisme

CAPSULE

Le cas de Mohamed Cherfi

En février 2004, Mohamed Cherfi, un Algérien vivant au Canada depuis 1999, se voit refuser le statut de réfugié. Après avoir reçu son avis d'expulsion du Canada, il se réfugie dans une église de Québec, car il craint pour sa vie s'il retourne en Algérie. Selon Immigration Canada, Cherfi n'a pas réussi à s'intégrer, car il n'a pas d'emploi rémunéré… sauf qu'il est alors porte-parole des sans-papiers algériens au Québec. En mars 2004, les policiers de la Ville de Québec l'arrêtent et le déportent aux États-Unis, où il est gardé en détention pendant 16 mois, avant d'obtenir le statut de réfugié américain. À la suite de pressions de militants des droits de la personne, le Québec émet un certificat de sélection, préalable à la résidence permanente. En août 2009, Cherfi obtient le statut de résident permanent et revient vivre au Canada.

et les massacres dans leur pays. Encouragée par les autorités québécoises, cette vague d'immigration fait entrer un grand nombre d'Algériens très scolarisés ou ayant occupé de hautes fonctions dans leur pays d'origine (Camarasa-Bellaube, 2010).

Entre 1992 et 1996, pas moins de 5256 Algériens sont accueillis officiellement au Canada. Entre 1997 et 2002, ce nombre est presque trois fois plus élevé, avec près de 14 500 résidents permanents reçus au Canada. Cette augmentation résulte du moratoire instauré par les autorités fédérales, en mars 1997, sur l'expulsion des Algériens qui s'étaient vu refuser l'asile politique au Canada (*voir l'encadré 6.2*). Plusieurs s'installent au Québec parce qu'on y parle français.

De 2002 à 2013

En 2002, le moratoire sur l'expulsion des Algériens prend fin, mais l'immigration algérienne continue, les gens fuyant cette fois l'instabilité économique et politique. Depuis 2002, en moyenne 3000 ressortissants par année s'installent au Québec. L'Algérie fait partie des cinq principaux pays de provenance des immigrants en 2013 (MIDI, 2014e).

ENCADRÉ 6.2 L'affaire des sans-papiers algériens

Les années 1990 auront été des années noires en Algérie : terrorisme, violence en tout genre, enlèvements, etc. Le conflit opposant l'armée étatique et divers groupes islamistes aura fait des dizaines de milliers de morts, de blessés et de disparus. À partir de 1997, et ce, jusqu'à 2002, le Canada a donc considéré que les demandeurs d'asile devaient être accueillis au pays, et a institué un moratoire sur l'expulsion des Algériens en raison des conditions qui les attendaient s'ils retournaient dans leur pays. Le 5 avril 2002, le Canada annonce la levée du moratoire : il n'y avait prétendument plus de risques pour les Algériens à retourner dans leur pays. Pourtant, en 2002, plus de 1000 personnes ont été tuées en Algérie. Quelque 1040 Algériens et Algériennes qui étaient en attente de statut de réfugié ont reçu une lettre de renvoi dans leur pays d'origine. Plusieurs associations et citoyens se sont opposés à cette mesure.

6.5.4 La communauté algérienne du Québec

On estime à environ 45 000 les membres de la communauté algérienne du Québec (MIDI, 2014c). Ces gens se sont surtout installés dans les régions de Montréal (92 %), de Québec (3 %) et de Gatineau (2 %). Ceux qui ont choisi la région de Montréal habitent surtout à Montréal même (70 %), à Laval (10 %) et en Montérégie (9 %). À Montréal, on les retrouve dans les arrondissements de Saint-Léonard (17 %), d'Ahuntsic-Cartierville (11 %) et de Villeray–Saint-Michel–Parc-Extension (11 %).

Presque tous les Algériens qui s'installent au Québec connaissent le français (94 %), et 38 % connaissent le français et l'anglais. Ce sont pour la plupart des gens très scolarisés et des travailleurs qualifiés ; plus de 44 % ont un diplôme universitaire. D'ailleurs, parmi tous les immigrants, ce sont les femmes algériennes qui sont les plus scolarisées (Rousseau, 2012). Malgré cela, le taux de chômage prévalant chez cette communauté est très élevé (19 %). Les Algériens travaillent dans l'enseignement, les services de santé et sociaux (21 %), les domaines de la vente et des services (21 %)

et les sciences naturelles et appliquées (15 %). Plusieurs sont obligés d'accepter de petits emplois en attendant de meilleures conditions. Ils sont en grande majorité de religion musulmane (86 %), mais 10 % déclarent n'appartenir à aucune religion.

Découvrir quelques communautés arabes

Apprendre quelques mots en arabe

Bonjour (ou bon matin) : *Sabah el-kheir* سلام !

Bonsoir : *Massa el-kheir*

Comment ça va ? : *Kaifa-haluk ?*

Merci : *Shukran* شكراً !

S'il te plaît : *Min fadlik*

Oui : *Naàm*

Non : *La*

Les musulmans se saluent en disant :

As-salâm'alaykoum (« Que la paix soit sur vous ! »),

ce à quoi l'on répond : *Wa'alaykoum as-salâm* (« Et sur vous soit la paix ! »).

Connaître

- **L'Association du patrimoine libanais canadien**
  4480, chemin de la Côte-de-Liesse, Montréal
  Fondée en 1919 sous le nom de *Syrian National Society*, cette association est devenue en 2005 l'Association du patrimoine libanais canadien. Elle organise des évènements sociaux, culturels et sportifs pour la communauté libanaise et en fait la promotion. Elle tente aussi de répondre aux différents besoins de la communauté.
- **Le Centre culturel algérien**
  2348, rue Jean-Talon Est, bureau 307, Montréal
  Ce centre communautaire, dont la mission tourne autour de la création de liens entre les nouveaux arrivants et la société d'accueil, offre beaucoup de services et d'activités, notamment du soutien scolaire aux enfants et de l'aide à la recherche d'emploi, un accès à l'informatique ainsi que des cours d'informatique. Il assure une présence algérienne dans la plupart des festivals et publie aussi un bulletin d'information sur ses activités.
- **L'œuvre de Gilles Mihalcean intitulée *Daleth***
  située dans le parc Marcelin-Wilson, dans l'arrondissement d'Ahuntsic-Cartierville, à Montréal
  Cette œuvre souligne le 125e anniversaire de la présence des Libanais au Québec.
- **Centre culturel du Royaume du Maroc. Dar al Maghrib**
  515, rue Viger Est, Montréal
  Ce centre culturel a pour objectif de promouvoir la culture marocaine et l'intégration des immigrants marocains.

Goûter

La cuisine libanaise

- Labneh : yaourt salé et égoutté qui a la consistance du fromage.
- Pita : galette de blé plate et souple.
- Falafel : boulette de pois chiches et de fèves frite.
- Taboulé : salade de persil haché et de blé concassé.
- Hoummos : purée à base de pois chiches.
- Tahini : pâte lisse faite de graines de sésame moulues.

La cuisine marocaine

- Couscous : plat de semoule de blé dur traditionnellement servie avec de la viande et des légumes.
- Tajine : ragoût de viande ou de poisson. Le nom tajine est aussi celui d'une marmite de terre cuite résistante aux hautes températures et dotée d'un couvercle conique dans laquelle on cuit ce ragoût.
- Pastilla : plat constitué de viande ou de fruits de mer, d'oignon, de persil, de coriandre, d'œufs cuits dur et d'amandes, dans une pâte feuilletée, mélange de sucré et de salé parfumé à la cannelle.
- Méchoui : agneau ou bœuf cuit à la broche sur un feu.

La cuisine algérienne

- *Tcharak* (cornes de gazelle) : pâtisseries à base de pâte d'amande et d'eau de fleur d'oranger, en forme de petit croissant. Incontournables durant la fête de l'Aïd el-Fitr (*voir le chapitre 9, page 178*).
- *Makroudh* : pâtisserie faite de pâte d'amande et de citron, taillée en forme de losange et enrobée de sucre glace.
- Thé à la menthe : infusion de feuilles de thé vert et de menthe verte, additionnée de beaucoup de sucre. Boisson de l'hospitalité, traditionnelle dans les pays du Maghreb, le thé à la menthe peut être servi à tout moment de la journée. À la différence de la cuisine qui est davantage l'affaire des femmes, le thé est traditionnellement préparé et servi par les hommes.

Fêter

- **3 mars : Fête nationale du Maroc**
- **5 juin : Fête de l'indépendance de l'Algérie**
- **1er novembre : Fête nationale de l'Algérie**
- **18 novembre : Fête de l'indépendance du Maroc**
- **22 novembre : Fête nationale (et de l'indépendance) du Liban**

Voir

Des documentaires

- **La série *D'ici et d'ailleurs*, Pixcom, 2002.**
  Les épisodes sur les communautés algérienne, égyptienne, libanaise, marocaine et tunisienne présentent des témoignages de membres de communautés arabes qui ouvrent la porte de leurs maisons et de leur quartier.
- **La série *Nos familles*, Orbi-XXI, 2008.**
  Les épisodes portant sur le Liban, le Maroc et la Tunisie nous font découvrir par les témoignages de personnalités connues comment les membres de leur communauté se sont adaptés à la société québécoise, ainsi que leur apport à l'essor économique, social et culturel du Québec d'aujourd'hui.
- ***Bledi, mon pays est ici*, de Malcolm Guy et Eylem Kaftan, 2006.**
  Ce film, qui relate entre autres l'histoire de Mohamed Cherfi (*voir la capsule de la page 116*), porte sur les difficultés qu'éprouvent certains Algériens à faire reconnaître leur statut de réfugié politique par les autorités de l'Immigration, surtout depuis le 11 septembre 2001.

Des fictions

- ***L'Ange de goudron*, de Denis Chouinard, 2001.**
  Ahmed Kasmi et sa famille ont immigré au Canada pour fuir une Algérie au bord de la guerre civile. Trois semaines avant d'obtenir sa citoyenneté canadienne, Ahmed apprend que son fils aîné de 19 ans, qui s'est impliqué dans un groupe d'activistes, a fait un geste radical et est en fuite. Parti à la recherche de son fils, il fait une immersion forcée dans sa société d'accueil.
- ***Littoral*, de Wajdi Mouawad, 2004.**
  À la mort de son père, Wahab, un jeune Québécois né au Liban, apprend que sa mère est morte en lui donnant naissance, et ce, par la négligence de son père. Ses oncles et tantes qui l'ont élevé refusent de faire enterrer la dépouille près de la tombe de leur sœur. Wahab entreprend alors d'offrir à son père une sépulture au Liban, dans son village natal. À travers les péripéties de ce voyage, Wahab passera de l'insouciance toute nord-américaine à la dure réalité des pays touchés par la guerre.
- ***Valse avec Bachir*, de Ari Folman, 2008.**
  Le film d'animation aborde la question de la mémoire et de l'oubli. Il s'intéresse en particulier aux soldats israéliens confrontés aux souvenirs du massacre de Sabra et Chatila, deux camps de réfugiés palestiniens à Beyrouth, en 1982. Le film a obtenu de nombreux prix dans le monde, dont le Golden Globe du meilleur film étranger et le César du meilleur film étranger en 2009.
- ***Incendies*, de Denis Villeneuve, 2010.**
  Le film est inspiré de la pièce de théâtre *Incendies* de Wadji Mouawad. Il raconte l'histoire de jumeaux, Jeanne et Simon, qui se voient remettre deux lettres par le notaire à la mort de leur mère, Nawal Marwan. Commence alors pour les jumeaux une longue quête vers leurs origines. Cette fiction a gagné le prix du meilleur film canadien au Festival de Toronto 2010 et a été en compétition pour le meilleur film étranger à Hollywood en 2011.
- ***Monsieur Lahzar*, de Philippe Falardeau, 2011.**
  Réalisé à partir de la pièce de théâtre *Bashir Lazhar* d'Évelyne de la Chenelière, ce film a reçu plusieurs prix internationaux. Il raconte l'histoire d'un immigrant algérien, embauché comme enseignant remplaçant dans une école primaire. On apprend à connaître le passé douloureux de cet enseignant qui risque d'être expulsé du pays à tout moment. Il apprend à connaître les élèves de sa classe, malgré le fossé culturel qui apparaît dès la première leçon.

Lire

Des essais

- ***Destins et défis. La migration libanaise à Montréal*, de Sylvie Fortin. Anjou, Éditions Saint-Martin, 2000.**
  Ce livre est le résultat d'entrevues réalisées par cette anthropologue auprès de Libanais récemment établis au Québec.
- ***Paroles d'immigrants. Les Maghrébins au Québec*, de Dounia Benchaâlal. Paris, Éditions L'Harmattan, 2007.**
  Les immigrants maghrébins installés à Montréal dont les témoignages ont été recueillis par cette journaliste canadienne d'origine marocaine partagent leurs expériences et leurs impressions concernant leur installation en terre étrangère, leur contact avec d'autres cultures et leurs difficultés à trouver du travail, de même que leurs opinions sur la place que leur réserve leur société d'accueil.

Des romans

- ***Le bonheur a la queue glissante*, d'Abla Farhoud. Montréal, Éditions L'Hexagone, 1998.**
  Nombreux et profonds sont les thèmes abordés dans ce livre, par l'entremise des pensées simples et touchantes d'une Libanaise septuagénaire qui a émigré avec sa famille au Québec en 1975. Ne parlant que l'arabe, ne pouvant lire ni écrire, cette femme ne peut communiquer sa sagesse à ses petits-enfants. De plus, son mari souhaite retourner au Liban, alors qu'elle-même souhaite rester auprès de sa famille. L'auteure a aussi écrit *Le sourire de la petite juive* (2011).
- ***Parfum de poussière*, de Rawi Hage. Québec, Éditions Alto, 2007.**
  Deux amis d'enfance qui ont grandi dans un Beyrouth déchiré par la guerre civile des années 1980 doivent choisir entre prendre les armes ou s'enfuir. Tandis que l'un est séduit par les idéologies guerrières de la milice, l'autre rêve de partir pour l'Europe. Québécois d'origine libanaise, Rawi Hage a remporté pour ce roman plusieurs prix littéraires. Il a aussi écrit *Le Cafard* (2009) et *Carnival City* (2014).
- ***Le long retour*, de Naïm Kattan. Montréal, Éditions Hurtubise, 2011.**
  Naïm Kattan, écrivain québécois d'origine juive irakienne né en 1928 et arrivé au Québec en 1954, a également écrit *L'Écrivain migrant* (2001) et *Châteaux en Espagne* (2006), ainsi que de nombreux autres livres (romans, nouvelles, essais). Il est reconnu comme un pionnier de la défense de la langue française dans les milieux juifs et migrants au Québec et au Canada. Son œuvre a été plusieurs fois primée.

De la poésie

- ***Le prophète***
  Cet ouvrage du grand poète et peintre Khalil Gibran, Libanais né en 1883 et mort en 1931, est un véritable hymne à la vie et à l'épanouissement de soi.

Sortir

- **Festival du monde arabe de Montréal**
  Ce festival, qui a lieu chaque année en octobre ou en novembre depuis 1999, offre des films et des spectacles de danse, de musique, de théâtre ainsi que d'autres formes d'art. Il a pour mission de faire reconnaître les multiples apports culturels et artistiques des pays arabes et d'établir un dialogue entre les cultures.
- **Festival de musique du Maghreb**
  Ce festival présenté par les Productions Nuits d'Afrique se déroule au mois de mars à Montréal et invite à écouter des musiques raï, gnawa, berbère et andalouse.
- **Festival libanais de Montréal**
  Depuis 2002, ce festival a lieu au mois de juin, au parc Marcelin-Wilson, boulevard de l'Acadie, à Montréal.
- **Le petit Maghreb de Montréal**
  Sur la rue Jean-Talon, entre les rues Pie IX et Saint-Michel, se trouve une cinquantaine de commerces offrant pâtisseries, boulangeries, cafés et restaurants marocains, tunisiens et algériens.
- **Spectacles d'humoristes**
  Un spectacle de Nabila Ben Youssef, une humoriste tunisienne qui a émigré au Québec en 1996, ou de Rachid Badouri, né au Québec de parents berbères marocains.

Écouter

- **Les chansons de Lynda Thalie**
  Cette auteure-compositrice-interprète, née en 1978 à Oran en Algérie, est arrivée au Québec en 1994.
- **L'*achewiq***
  Chant sacré traditionnellement chanté par des femmes berbères.
- **Le raï**
  Musique d'origine oranaise (nord-ouest de l'Algérie) qui s'est transformée pour intégrer diverses influences (espagnole, française, latino-américaine, judéo-algérienne et berbère) et mélanger aux sons des instruments traditionnels ceux des instruments électroniques, remettant au goût du jour de vieilles mélodies algériennes.

CHAPITRE 7

LES COMMUNAUTÉS ASIATIQUES

Je ne cherche pas à connaître les réponses,
je cherche à comprendre les questions.

CONFUCIUS
551-479 avant J.-C.

PLAN DU CHAPITRE

7.1
La communauté chinoise

7.2
La communauté indienne

7.3
La communauté vietnamienne

7.4
La communauté iranienne

OBJECTIFS D'APPRENTISSAGE

Après avoir lu ce chapitre, vous pourrez :

- énumérer les principales vagues d'immigration de chacune des communautés étudiées et expliquer les motifs de leur immigration ;
- décrire les profils socioéconomique et culturel de chacune de ces communautés ;
- présenter les apports de ces communautés à la vie culturelle, économique, politique et sociale du Québec ;
- nommer quelques éléments culturels propres à ces communautés.

Près de 30 % des immigrants canadiens proviennent de l'Asie, et ce pourcentage vaut également pour le Québec. Le mandarin est ainsi la troisième langue parlée au Canada. L'engagement massif de Chinois pour la construction du chemin de fer à la fin du XIXe siècle, le drame des réfugiés de la mer (*boat people*) à la suite de la chute de Saigon, en 1975, et l'exode des Hongkongais provoqué par la rétrocession de Hong-Kong à la Chine continentale, en 1997, ont grandement contribué à l'immigration asiatique au Canada.

Les Asiatiques qui ont trouvé terre d'accueil au Canada et au Québec viennent surtout de l'Asie orientale (notamment de la Chine), de l'Asie méridionale (notamment de l'Inde, du Sri Lanka et du Pakistan) et de l'Asie du Sud-Est (notamment du Vietnam, du Cambodge, du Laos et des Philippines). Depuis quelques années, des ressortissants des pays de l'Asie occidentale (notamment de l'Iran) sont également venus s'établir au Canada et au Québec (*voir la figure 7.1*).

FIGURE 7.1 L'Asie

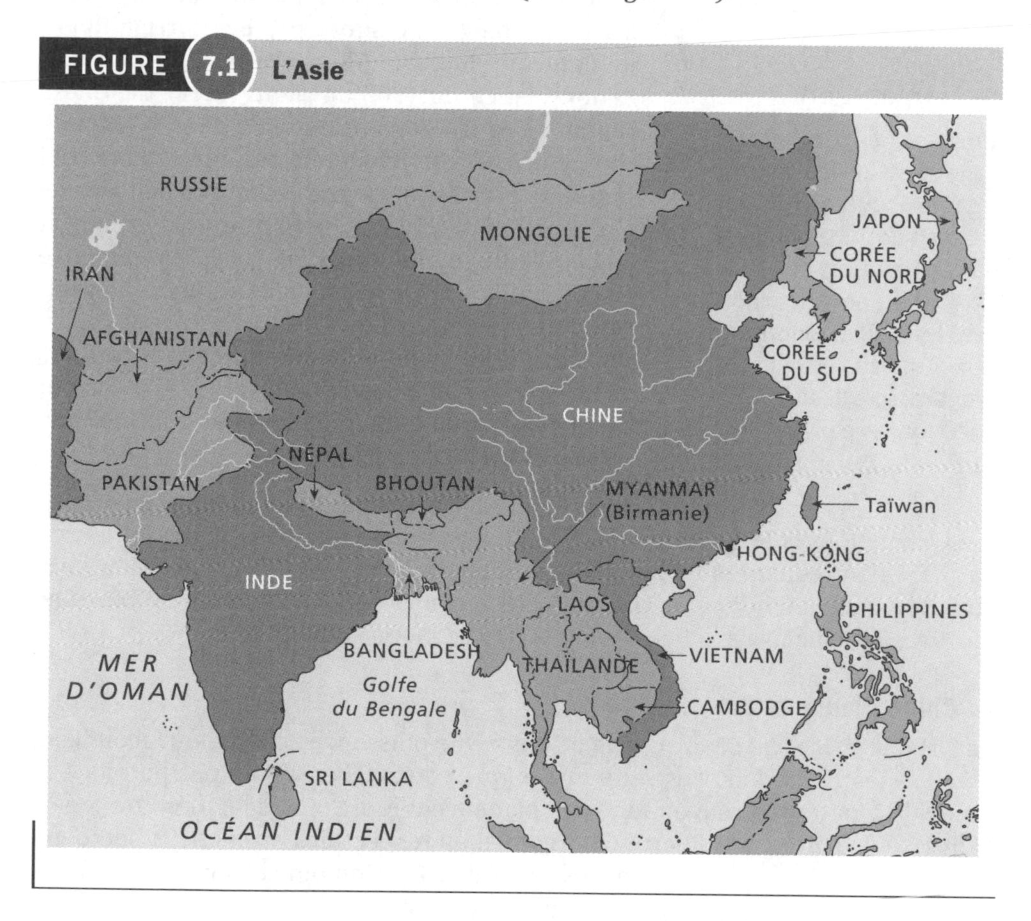

Comme nous ne pouvons présenter toutes les communautés asiatiques qui vivent au Québec et au Canada, nous avons choisi d'en présenter quatre : les communautés chinoise, indienne, vietnamienne et iranienne. Ces communautés se distinguent les unes des autres par les moments et les motifs de leur immigration, et, bien sûr, par leur langue, leur histoire et leur culture.

7.1 La communauté chinoise

7.1.1 La Chine

La République populaire de Chine est le troisième plus grand pays du monde avec une superficie de 9 596 961 km^2 (*voir la figure 7.1*). C'est aussi le pays le plus peuplé de la planète, avec 1,4 milliard d'habitants. Bien que les Han représentent 93 % de la population chinoise, 55 autres ethnies, dites minoritaires, existent en Chine, dont certaines comptent plus d'un million de personnes. Parmi ces ethnies, mentionnons les Mandchous, les Hus, les Zhuangs, les Miaos et les Ouïgours.

Les principales villes chinoises sont Beijing (la capitale) et Shanghai. La Chine est dirigée par le Parti communiste et un conseil des affaires de l'État.

7.1.2 Quelques repères historiques

La naissance de la République populaire de Chine

Le 1er octobre 1949, Mao Zedong, chef du Parti communiste, proclame la naissance de la République populaire de Chine et se consacre à la remise sur pied de l'économie et des institutions dévastées par le régime précédent; il procède à la mise en place de communautés agricoles, de gigantesques projets d'irrigation et de contrôle de l'eau. Mis à l'écart en 1959, Mao Zedong lance en 1962 un mouvement destiné à ranimer l'esprit révolutionnaire chez la population. L'armée est érigée en modèle et son chef diffuse le *Petit Livre rouge*, recueil des pensées de Mao. À la fin de 1965, la Révolution culturelle est lancée. Cette révolution (1966-1969) vise à mettre en place des structures socialistes, mais conduit rapidement à des aberrations. Par exemple, on interdit la publication de périodiques littéraires et artistiques; des intellectuels, des écrivains et des artistes sont tués, persécutés ou soumis aux travaux forcés dans les campagnes.

En 1976, Mao meurt et ses successeurs tentent une reconstruction économique de la Chine, tout en renforçant le pouvoir politique du parti. Pendant les années 1980, le gouvernement chinois réforme l'économie du pays, l'ouvrant aux marchés mondiaux tout en en conservant la structure de contrôle. En 1992, la Chine passe officiellement à une économie dite mixte.

CAPSULE

Les évènements de la place Tian'anmen

Du 15 avril au 4 juin 1989, des milliers de manifestants se regroupent sur la place Tian'anmen à Beijing, et des manifestations s'organisent dans plusieurs autres villes du pays. Trois mille étudiants chinois entament une grève de la faim, réclamant la démocratie, la liberté de la presse et la fin de la corruption. Le 20 mai, le gouvernement chinois proclame l'état de siège et, le 4 juin, les blindés défoncent les barricades et les soldats mitraillent les foules massées sur la place Tian'anmen. Résultat: des milliers de morts, de blessés et de personnes emprisonnées ou exilées.

La Chine d'aujourd'hui

En 2014, la Chine a accédé au rang de deuxième puissance économique mondiale, derrière les États-Unis. Les Jeux olympiques de 2008 à Beijing ont permis à la Chine de montrer son savoir-faire à la planète entière. Cependant, des atteintes à la liberté de parole, à la liberté de presse et au respect des droits de la personne en général subsistent toujours et sont condamnées par plusieurs pays.

7.1.3 Les langues

La langue nationale de la Chine est le mandarin (835 millions de personnes le parlent), mais chaque minorité a son propre dialecte; ainsi, on parle le cantonais (71 millions), le wu (77 millions), le min (60 millions), pour ne nommer que ceux-là. Cependant, tous ces dialectes partagent le même système d'écriture, qui comprend des pictogrammes et des idéogrammes. Il existe 45 000 caractères, mais seulement 3500 à 9000 sont utilisés couramment. Par exemple, pour lire un quotidien chinois, on doit en connaître 2000 à 3000. On écrit en colonnes, de haut en bas et de droite à gauche.

CAPSULE

Deux arts chinois: le feng shui et le taï-chi

Le feng shui est un art chinois d'aménagement des lieux, de l'espace. Son but consiste à maximiser la circulation de l'énergie, de manière à favoriser la santé, le bien-être et la prospérité des occupants. Les gens qui pratiquent le feng shui prêteront une attention spéciale, par exemple, à l'orientation de leur maison, à la disposition des portes et des fenêtres et aux couleurs utilisées pour la décoration.

Le taï-chi est un art martial chinois qui consiste en l'exécution de mouvements lents selon une séquence très précise. Il a pour effet de fortifier le corps en augmentant la tonicité musculaire et de favoriser la détente et la santé en général.

Il existe six modes de formation des signes chinois. De façon générale, les caractères ou signes simples (pictogrammes) correspondent à un mot et on peut les décoder en interprétant leur forme. Les signes composés (idéogrammes) sont formés d'une association de pictogrammes. La figure 7.2 montre des exemples de pictogrammes ainsi que la composition d'un idéogramme. De l'interprétation de cette association naît une idée. Par exemple, la combinaison des mots *wei* (qui signifie « dangereux ») et *ji* (qui signifie « occasion ») donne le mot *weiji* qui signifie « crise ».

CAPSULE

Le système de noms en Chine

Les Chinois placent le nom de famille devant le prénom. Près de 96 % de la population chinoise se partage une centaine de noms de famille. Parmi les plus populaires, on retrouve les Li, les Wang, les Fong, les Chan et les Zhang. Traditionnellement, les prénoms féminins font référence à des fleurs, à des oiseaux ou à des bijoux : par exemple, Hua, Huan et Geng, respectivement. Les prénoms masculins, quant à eux, évoquent les ancêtres ou une qualité virile : par exemple, Shaozu et Zhijiang, qui signifient respectivement « hommage à vos ancêtres » et « esprit ferme ».

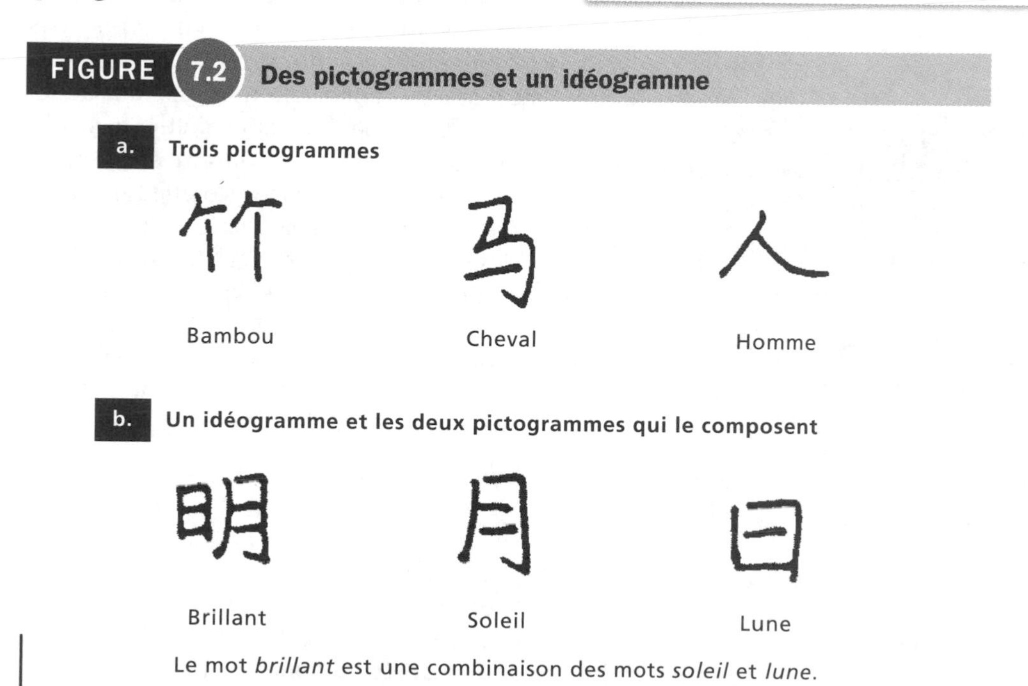

FIGURE 7.2 Des pictogrammes et un idéogramme

7.1.4 Des philosophies chinoises

Le taoïsme

Le taoïsme est une philosophie de vie qui tend vers l'harmonie de l'univers. Il repose sur un idéal de paix, de sérénité grâce à la méditation. Son fondateur, Lao-Tseu, était archiviste et astronome à la cour de l'empereur de Chine au VIe siècle avant Jésus-Christ. Selon la légende, il serait mort à l'âge de 180 ans. *Tao* est un mot chinois qui signifie « le sens du chemin, de la voie ».

C'est à partir de l'observation de la nature que le taoïsme révèle les énergies vitales de l'univers : le Yin et le Yang (*voir l'illustration ci-contre*). Ce sont les fondements de cette philosophie chinoise. Le Yin et le Yang sont indissociables. Le cercle représente l'univers. La moitié claire est le Yang et représente la lumière, la chaleur et l'activité. La moitié foncée est le Yin et représente l'obscurité, le froid, la passivité.

Le symbole du Yin et du Yang, aujourd'hui connu partout dans le monde, représente la dualité complémentaire, une notion fondamentale de la philosophie chinoise.

Le confucianisme

Confucius (551-479 av. J.-C.) est probablement le philosophe chinois le plus célèbre. Le confucianisme a marqué l'histoire de la Chine. Cette doctrine prône la vertu et la correction morale. Confucius a décrit les rapports entre les dirigeants et leur peuple, entre le père et le fils, entre le frère aîné et le cadet, entre les époux et entre les amis. Pour être viables, ces rapports devraient être régis par deux grands principes : le *li* et le *jen*, le *li* étant la morale, les bonnes mœurs, le respect des rites, le *jen* désignant l'amour de l'humanité, le respect d'autrui et la charité désintéressée. Les cinq grandes vertus du sage confucéen sont le respect de soi et d'autrui, la générosité, la loyauté, le zèle et la bonté (Yu, 2012).

7.1.5 L'arrivée et l'installation des Chinois au Québec

Au XIXe siècle

La présence chinoise au Canada et au Québec remonte au milieu du XIXe siècle. En effet, les premiers immigrants chinois arrivent en Colombie-Britannique vers 1858, en provenance de la Californie, où la ruée vers l'or les aura attirés quelques années auparavant. D'autres Chinois arrivent directement de la Chine au cours des années suivantes. Plus de 15 000 Chinois travaillent dans les mines du nord de la Colombie-Britannique et à la construction du chemin de fer canadien au cours de la deuxième moitié du siècle. À la fin du siècle, lorsqu'un courant de racisme anti-asiatique souffle sur cette province et qu'on tend à les exclure de certains métiers, les Chinois adoptent des stratégies d'évitement (Helly, 1987). Ils deviennent alors leurs propres patrons en ouvrant des boutiques, des restaurants, des cordonneries, des ateliers de tailleurs et des blanchisseries. D'autres quittent la Colombie-Britannique et vont s'établir dans les provinces plus à l'est.

Le quartier chinois de Montréal existe depuis plus de 100 ans. Aujourd'hui, très peu de Chinois habitent ce quartier (environ 600 personnes), mais il demeure un endroit commercial, culturel et religieux important pour la communauté chinoise.

Au Québec, les immigrants chinois s'installent à Montréal, rue Saint-Laurent ; ils y ouvrent des blanchisseries où le linge est lavé à la main, une pratique qui, bien qu'elle exige beaucoup de temps, demande peu d'investissement financier. C'est un certain Jo Song Long qui ouvre la première blanchisserie chinoise à Montréal, en 1877. Plusieurs autres immigrants chinois l'imiteront, effectuant une percée remarquable dans ce secteur. Ainsi, en 1911, la ville de Montréal compte 2254 employés blanchisseurs, dont 919 sont des Chinois (Helly, 1987). En 1902, l'expression « quartier chinois » apparaît pour la première fois dans un quotidien (le journal *La Presse*) pour désigner la section de la rue De La Gauchetière qui se trouve entre les rues Chenneville et Saint-Charles-Borromée (l'actuelle rue Clark). Épiceries, restaurants, missions chrétiennes chinoises, maisons de chambres, herboristeries et diverses associations y trouvent pignon sur rue. Dans bien des cas, les commerçants vivent dans l'arrière-boutique de leur établissement.

CAPSULE

La Loi sur la reconnaissance et l'indemnisation des Canadiens d'origine chinoise

En décembre 2003, le gouvernement du Canada adopte la *Loi sur la reconnaissance et l'indemnisation des Canadiens d'origine chinoise* et, en juin 2006, le premier ministre Stephen Harper prononce une allocution dans laquelle il reconnaît « les stigmates et l'exclusion subis par les Chinoises et les Chinois ». Il annonce alors que le gouvernement du Canada offrira des paiements symboliques aux personnes ayant été soumises à la taxe d'entrée et qui sont encore vivantes, de même qu'aux conjoints ou conjointes de celles qui sont décédées.

Le début du XXe siècle

Déjà à partir de 1885, une taxe d'entrée sur l'immigration chinoise ralentit l'entrée des Chinois au Canada, mais en 1923, la *Loi de l'immigration chinoise* interdit carrément l'immigration chinoise au pays. Les Chinois arrivés au Canada avant 1923 sont incapables de trouver une femme chinoise à épouser, puisque très peu de Chinoises sont déjà entrées au Canada. En promulguant un tel règlement, non seulement le gouvernement cherche-t-il à s'assurer qu'aucun autre immigrant chinois ne viendra s'installer au pays, mais encore que la communauté chinoise s'éteindra d'elle-même, faute de descendance.

De 1950 à 1980

À partir de 1950, par suite de l'abrogation, en 1947, de la *Loi de l'immigration chinoise*, on assiste à une deuxième vague d'arrivée d'immigrants chinois, la plupart demandant à être acceptés sur la base du regroupement familial. Ce sont surtout des femmes qui viennent rejoindre leur conjoint ou leur fiancé et des personnes qui viennent rejoindre leur père, ces hommes étant établis au Canada depuis plusieurs décennies. Certains ne se sont pas vus depuis 30 ans ou même plus.

CAPSULE

Des Chinois à Brossard

Depuis presque trois décennies, la ville de Brossard, dans la banlieue sud de Montréal, attire des immigrants chinois. Elle en compte aujourd'hui plus de 8000, ce qui représente plus de 10 % de la population, et 30 % dans certains secteurs de la ville. À la fin des années 1980, des Hongkongais sont arrivés et se sont installés dans la ville, plusieurs comme investisseurs, s'y faisant construire ou achetant des maisons. Beaucoup de Hongkongais sont repartis après 1997, rassurés quant à la possibilité de vivre en sécurité sur leur île natale. Puis est venue une petite vague d'immigrants d'origine chinoise en provenance de l'île Maurice. Enfin, dans les années 2000, ce sont les immigrants de la Chine continentale qui s'y établissent. (Lambert, 2013).

De 1981 à 1996

La troisième vague d'immigration chinoise s'amorce en 1981, caractérisée par l'arrivée d'investisseurs et d'entrepreneurs originaires de Hong-Kong qui fuient l'île avant son annexion à la Chine continentale, prévue pour 1997. Ainsi, de 1988 à 1993, des milliers de Chinois quittent Hong-Kong, à la recherche d'une terre d'accueil où ils pourront vivre, dans l'éventualité où l'annexion ne se ferait pas de façon harmonieuse (Vear, 1995). Au Canada, ces migrants s'établissent à Vancouver, à Toronto et à Montréal.

CONNAISSEZ-VOUS ?

Adrienne Clarkson

Clarkson, née à Hong-Kong en 1939, arrive au Canada en 1942 avec ses parents qui ont été exceptionnellement acceptés comme réfugiés. Animatrice à la radio et à la télévision pendant plusieurs années, elle a été la première personne d'origine étrangère à occuper le poste de gouverneure générale du Canada, de 1999 à 2005.

De 1997 à 2013

À partir de 1997, le nombre d'immigrants venant de Hong-Kong diminue, alors que celui des arrivants de la Chine continentale augmente, atteignant, au Québec, plus de 3 000 personnes par année, entre 1997 et 2013. La Chine est l'un des cinq premiers pays de provenance de l'immigration admise au Québec. Ces nouveaux arrivants s'insèrent dans les catégories de l'immigration économique et du regroupement familial (Ministère de l'Immigration, de la Diversité et de l'Inclusion [MIDI], 2014e).

7.1.6 La communauté chinoise du Québec

La communauté chinoise du Québec comprend 102 000 personnes. Ses membres sont plus nombreux à connaître l'anglais (71 %) que le français (61 %), et 12 % ne connaissent ni l'anglais ni le français. Ils sont très scolarisés : 36 % d'entre eux possèdent un diplôme universitaire. Ce taux de scolarisation se reflète dans les occupations professionnelles : quelques-uns travaillent dans le secteur de la transformation et de la fabrication, mais ceux qui sont scolarisés travaillent dans le secteur de la vente et des services (31 %), des affaires, de la finance et de l'administration (17 %) et dans les sciences naturelles et appliquées (14 %) (MIDI, 2014c).

SAVIEZ-VOUS QUE…

Au cours des trois dernières décennies, des milliers de petites Chinoises ont été adoptées par des couples québécois en raison de la politique chinoise de l'enfant unique visant à contrôler la démographie, qui a amené de nombreux couples à abandonner leurs filles dès la naissance dans l'espoir d'avoir un garçon ultérieurement. L'amélioration des conditions économiques, l'assouplissement de cette politique de l'enfant unique en 2013 et l'adoption nationale a fait en sorte que le nombre d'enfants à adopter a grandement chuté.

CONNAISSEZ-VOUS ?

Ying Chen

Née à Shanghai en 1961, elle s'installe au Québec en 1988. Après des études en littérature française, elle devient écrivaine avec un premier roman, *La mémoire de l'eau* (1992), qui relate l'histoire de la Chine contemporaine à travers les yeux de femmes de plusieurs générations. Dans son deuxième roman, *Lettres chinoises* (1993), on lit la correspondance d'un jeune immigrant à sa fiancée restée en Chine, témoignage du choc des cultures et du déracinement. Elle a publié une vingtaine de romans et a gagné de nombreux prix nationaux et internationaux.

Les Chinois habitent surtout les régions de Montréal (90 %), de Québec (2 %) et de Gatineau (2 %). Dans la région de Montréal, 65 % habitent à Montréal même, 19 % en Montérégie, surtout à Brossard, et 3 % sont à Laval. Dans la ville de Montréal, les Chinois sont présents dans la plupart des arrondissements, mais ils sont un peu plus nombreux dans les arrondissements de Côte-des-Neiges–Notre-Dame-de-Grâce (15 %), de Saint-Laurent (15 %) et de Ville-Marie (11 %).

Plus de la moitié des Chinois du Québec (56 %) déclarent n'appartenir à aucune religion, 17 % se disent bouddhistes et 18 % catholiques (MIDI, 2014c).

Découvrir la communauté chinoise

Apprendre quelques mots en mandarin

Bonjour : *Ni hăo* 你好

Comment allez-vous ? : *Nin hăo ma ?*

Je vais très bien : *Hĕnhăo*

S'il vous plaît : *Qĭng nĭ*

Merci : *Xiè xiè* 谢谢

Oui : *Shi de* 是的

Non : *Bú shì* 不

Connaître

- **L'Association des Chinois de Québec**
  www.chinoisdequebec.org
  Cet organisme a pour mission d'aider les Chinois résidant dans la région de Québec à s'intégrer et de permettre aux Québécois de mieux connaître la culture chinoise.
- **Le Centre communautaire et culturel chinois de Montréal**
  1088, rue Clark, Montréal
  Cet organisme se veut un lieu d'ancrage à partir duquel les Chinois du Québec pourront développer des liens avec les autres membres de la société. Le projet s'articule autour de la participation active au développement du quartier chinois, du quartier des spectacles et du quartier international de Montréal, notamment dans les secteurs des affaires et du tourisme.
- **Le Centre Sino-Québec de la Rive-Sud**
  7209, boulevard Taschereau, Brossard
  www.sinoquebec.ca
  Ce centre communautaire travaille à l'intégration des nouveaux arrivants chinois et asiatiques et cherche à leur apporter un soutien linguistique, économique et culturel.
- **L'église de la Mission catholique chinoise du Saint-Esprit**
  205, rue De La Gauchetière Ouest, Montréal
  Cette église bâtie en 1834 fait partie du patrimoine de Montréal. Son clocher a été érigé en 1872.
- **Le Service à la famille chinoise du Grand Montréal**
  987, rue Côté, Montréal
  www.famillechinoise.qc.ca
  Cet organisme, qui travaille à l'intégration de nouveaux arrivants chinois et asiatiques et qui cherche à leur apporter un soutien, offre entre autres des services d'information, de référence et d'orientation, des activités d'intégration à l'emploi, de l'assistance aux personnes en difficulté et des activités sociales pour des groupes ciblés.

Goûter

- Les saveurs de la cuisine chinoise varient selon les régions : salées au nord, sucrées au sud, épicées à l'est et aigres à l'ouest. Tout le monde connaît la soupe won ton et le chop suey, mais ces mets, tels qu'on les connaît, sont souvent le produit d'une occidentalisation. L'authentique cuisine chinoise est peu connue.
- Les spécialités cantonaises les plus savoureuses sont sûrement les *dim sum* (ou *dumplings*), de petites préparations cuites à la vapeur et servies dans des tamis de bambou tressé. Faits à partir de pâte de riz, les *dim sum* salés sont farcis de viande, de légumes ou de crevettes, et les sucrés le sont de fleurs de lotus, de haricots ou de pâte de noix.
- Les bonbons à la barbe de dragon : bonbons faits de sirop de maïs et de farine de riz. Selon la légende, ces bonbons auraient été inventés par l'empereur de Chine il y a 2000 ans.

Fêter

- **Nouvel An chinois (premier jour du calendrier lunaire chinois)**
  Les gens font éclater des pétards dans les rues, ils offrent des cadeaux et de l'argent et ils visitent parents et amis.
- **1er octobre : Anniversaire de la création de la République populaire de Chine**
- **Fête de la Lune ou Fête de la mi-automne :**
  Cette fête a lieu le quinzième jour du huitième mois lunaire, toujours lors d'une pleine lune. On y célèbre les récoltes de l'année et on festoie. On y mange, entre autres, des gâteaux de lune.

Voir

Des documentaires

- **La série télévisée *D'ici et d'ailleurs*, Pixcom, 2002.**
  L'épisode sur la communauté chinoise présente des témoignages de membres de cette communauté qui ouvrent la porte de leurs maisons et de leur quartier.
- **La série *Nos familles*, Orbi-XXI, 2008.**
  L'épisode sur la communauté chinoise, qui traite, entre autres, des apports culturels de cette communauté à la société québécoise, nous fait découvrir le quartier chinois et le Jardin de Chine du Jardin botanique de Montréal.

Des fictions

Quelques films sur les Chinois du Québec et du Canada

- ***Être chinois au Québec : Un road movie*, de Malcom Guy et William Ging Wee Dere, Productions Multi-Monde, 2012.**
  Ce voyage identitaire suit deux jeunes Québécois d'origine chinoise, qui remontent le fil de la présence chinoise au Québec. On y présente également une nouvelle immigration chinoise, plus éduquée, immigrant par choix et non par nécessité.
- ***La montagne d'or*, de William Ging Wee Dere et Malcolm Guy, Productions Multi-Monde, 1993.**
  Un montréalais d'origine chinoise remonte le cours de l'histoire de sa famille et de ses compatriotes au Canada. Taxe d'entrée imposée aux Chinois, loi freinant l'immigration, séparation… Il lève le voile sur les années perdues.
- ***Pâté chinois*, de Philippe Falardeau, 1997.**
  À quelques mois de la rétrocession de Hong-Kong à la Chine, un jeune espion industriel québécois fait l'inventaire des restaurants chinois du Canada, d'un océan à l'autre, pour le compte d'un riche homme d'affaires hongkongais qui souhaite émigrer au Canada. Ce film de fiction déguisé en documentaire révèle la présence de Sino-Canadiens (et de restaurants chinois) partout au Canada et nous fait découvrir les épisodes sombres de l'histoire de cette communauté.

Un film d'un cinéaste chinois

- ***Balzac et la petite tailleuse chinoise*, de Dai Sijie, 2002.**
  Ce film est inspiré du roman du même titre écrit par le réalisateur lui-même et paru en 2000. Dans les années 1970, deux jeunes Chinois, fils de médecins et de dentiste, sont envoyés dans un camp de rééducation situé dans les montagnes chinoises. Ils découvrent dans une valise de grands chefs-d'œuvre classiques de la littérature française. La fille du tailleur du village, à qui ils lisent ces romans, s'éprend des images que font naître en elle les romans de Balzac. Daie Sijie est romancier et cinéaste. Parmi ses films les plus connus, il y a *Chine ma douleur* (1989) et *les Filles du botaniste* (2006)

Lire

Des romans

- **Les romans de Mo Yan, prix Nobel de la littérature en 2012.**
  Né en 1955 en Chine, Mo Yan est fils de cultivateurs. Il quitte l'école à 12 ans durant la Révolution culturelle pour travailler en usine et dans l'agriculture. En 1976, il rejoint l'Armée populaire de libération et commence à étudier la littérature et à écrire des récits. Il a publié quelque 80 romans et nouvelles. Parmi les plus connus et traduits en français, mentionnons : *Le clan du Sorgho* (1986), *Beaux seins, belles fesses* (2005), *Le maître a de plus en plus d'humour* (2006) et *Grenouilles* (2011).
- **Les romans de Ying Chen.**
  Née à Shangai, Ying Chen s'est installée à Montréal en 1989. Elle a publié de nombreux romans qui nous font réfléchir à la problématique de la création littéraire dans un autre pays que le sien. Ses romans les plus connus sont *Les lettres chinoises* (1999), *Le champ dans la mer* (2002), *L'ingratitude* (1995), qui lui a valu le prix Québec-Paris, *Quatre mille marches : un rêve chinois* (2004) et *La rive est loin* (2013).

Sortir

- **Festival international des bateaux dragons de Montréal**
Ce festival, organisé chaque année depuis 1996, se déroule principalement au bassin de l'île Notre-Dame. Il comprend, outre les courses, des spectacles de danse et de musique traditionnelles et la présentation de mets typiques. La Fête des bateaux dragons, vieille de quelque 2300 ans, se veut un hommage au héros patriote et poète Qu Yuan. Les courses de bateaux dragons se tiennent dans plusieurs villes du Québec.
- **Jardin de Chine du Jardin botanique de Montréal**
C'est le plus grand jardin chinois à l'extérieur de la Chine. En septembre et octobre, on peut admirer une exposition de lanternes chinoises dans ce décor unique.

Écouter

- **La musique de Liu Fang**
Virtuose du *pipa* (luth chinois) et du *guzheng* (cithare chinoise), Liu Fang est née en Chine et s'est installée à Montréal en 1996. Elle est connue internationalement et a gagné de nombreux prix prestigieux.
- **La musique de Shen Qi**
Virtuose du *erhu* (instrument traditionnel chinois qui se joue avec un archet sur deux cordes), Shen Qi est née en Chine et joue de cet instrument depuis l'âge de six ans. Elle vit à Montréal depuis 1994. Elle est reconnue internationalement et interprète de la musique pour le cinéma et la télévision.

SAVIEZ-VOUS QUE...

L'industrie indienne du cinéma, ou « Bollywood » (contraction des noms de villes « Bombay » et « Hollywood »), produit plus de 1000 films par année, soit 3 fois plus que les États-Unis.

7.2 La communauté indienne

7.2.1 L'Inde

La République de l'Inde est l'un des pays les plus peuplés au monde, avec 1,2 milliard d'habitants répartis sur un territoire d'environ 3 287 000 km^2 (*voir la figure 7.1 à la page 121*). Ses principales villes sont New Delhi (la capitale politique), Mumbai (la capitale économique) et Calcutta. La langue officielle de l'administration centrale est l'hindi et la langue officielle associée est l'anglais. L'Inde est constituée de 29 États au sein desquels on parle une vingtaine de langues : par exemple, dans l'État du Penjab, on parle le pendjabi, dans celui de l'Uttar Pradesh, l'hindi et l'ourdou, dans l'État du Tamil Nadu, le tamoul, etc. L'Inde est une république démocratique parlementaire ; elle est la plus grande démocratie du monde.

Mohandas Karamchand Gandhi (1869-1948) est reconnu dans le monde pour son action non violente qui a contribué à conduire l'Inde à l'indépendance. Situé sur la place de l'Assemblée-Nationale, ce buste de bronze de l'artiste indien Gutam Pal est un cadeau de la République de l'Inde et de la communauté indienne du Québec.

7.2.2 Quelques repères historiques

Dès la première moitié du XIXe siècle, les Britanniques colonisent l'Inde et imposent leurs systèmes politique, juridique et éducatif, leurs industries et l'usage généralisé de l'anglais. Un siècle plus tard, après des années de protestations et de résistance passive (dont des grèves de la faim) et grâce aux efforts tenaces du président Jawaharlal Nehru et du Mahatma Gandhi, l'Inde acquiert son indépendance le 15 août 1947. Un État est créé pour les musulmans dans la partie occidentale de l'Inde, qui deviendra le Pakistan. Cette question du partage du territoire donnera lieu à plusieurs guerres entre le Pakistan et l'Inde, et des tensions entre hindous et musulmans subsistent.

En juin 1984, à la suite du massacre du Temple d'Or (dans la ville d'Amritsar), où des centaines de personnes occupant ce lieu éminemment sacré pour les sikhs trouvent la mort, les sikhs se vengent : la première ministre Indira Gandhi est assassinée par deux de ses gardes du corps, des sikhs. Le Penjab connaît à ce moment une répression majeure entraînant tortures, emprisonnements et des milliers de morts (Castel, 2007).

Depuis le début des années 2000, l'Inde est redevenue une importante puissance économique. Elle est le premier pays exportateur de services de programmation informatique et de conception de logiciels. Les centres de biotechnologie et les technopoles informatiques s'y multiplient. L'Inde dispose en outre de plusieurs atouts sur le plan économique: elle est riche en ressources naturelles et sa population, très nombreuse, est majoritairement jeune et scolarisée. Sa puissance militaire, économique et démographique fait de ce pays l'un des principaux acteurs sur l'échiquier mondial (Jaffrelot, 2014).

CAPSULE

Le système de caste

Même si la constitution indienne de 1947 affirme que tous les citoyens sont égaux en droit, quand on naît Indien, on sait rapidement à quelle caste on appartient. Celle-ci détermine à la fois le rang social, le futur métier et le mariage qui, souvent, ne peut avoir lieu qu'à l'intérieur d'une même caste. Chaque caste correspond à une fonction sociale particulière dont l'individu ne peut s'affranchir: les *brahmanes* sont les prêtres, les philosophes et les érudits; les *kshatryia* sont les nobles, les soldats et les chefs politiques; les *vaishya* sont les marchands et les producteurs; les *shudra* sont les domestiques ou serviteurs. S'ajoutent aussi les intouchables (ou *dalit*), des individus qui exécutent les tâches jugées impures (Corto, 2009).

7.2.3 Les religions

La spiritualité est une dimension centrale de la vie en Inde. D'ailleurs, de nombreuses religions y sont pratiquées: l'hindouisme, l'islam, le sikhisme, le bouddhisme, le jaïnisme, le christianisme et le judaïsme. La religion dominante demeure l'hindouisme; elle est pratiquée par près de 900 millions de personnes. D'ailleurs, le terme «hindou» désigne non pas les habitants de l'Inde, mais les adeptes de l'hindouisme.

SAVIEZ-VOUS QUE...

Le mot «pyjama» vient de l'hindi et signifie «vêtement des jambes», le mot «catamaran», du tamoul («bâteau de bois») et le mot «bungalow», du bengali («hutte») (Williams et Rajani, 1998).

7.2.4 Les langues

Plus de 325 langues et dialectes sont parlés en Inde. L'hindi est la langue nationale, mais les autorités gouvernementales reconnaissent plusieurs langues principales, dont le sanskrit, langue classique réservée à la religion et à la littérature. Dans le nord, on parle le punjabi, le gujarati et le kashmiri; dans le sud, on parle le tamoul, le télougou, le kannada et le malayâlam. Comme l'Inde a longtemps été une colonie britannique, l'anglais est beaucoup utilisé dans toutes les provinces.

7.2.5 L'arrivée et l'installation des Indiens au Québec

La fin du XIXe siècle et la première moitié du XXe siècle

L'immigration indienne au Canada commence à la fin du XIXe siècle et comprend surtout des Indiens sikhs provenant du Penjab qui s'installent dans l'ouest du pays, à Vancouver et à Victoria. Au début du XXe siècle, voyant de plus en plus d'Asiatiques s'installer, le gouvernement canadien abolit certains droits des Indiens: par exemple, en 1907, on leur retire le droit de vote, on leur interdit de travailler dans les services publics ou d'effectuer des contrats de travaux publics, de pratiquer certaines professions comme celles d'avocat et de pharmacien.

L'immigration indienne est aussi rapidement freinée avec la *Loi de la traversée directe*, votée en 1908, qui interdit l'immigration en provenance de l'Inde à moins que la personne n'ait voyagé sans escale à partir de ce pays... Condition impossible à satisfaire, car aucune compagnie de transport maritime n'offre à cette époque de liaison directe entre l'Inde et le Canada (St-Germain Lefebvre, 2005).

CAPSULE

Les systèmes de noms hindou et sikh

En Inde, le système de noms varie selon l'appartenance religieuse. Un nom hindou se compose habituellement d'un prénom personnel (Mohan), d'un prénom complémentaire (das), d'un nom personnel (Karam), du nom complémentaire du père (Chand) et du nom de famille (Gandhi). Le nom formé à partir de ces exemples sera Mohandas Karamchand Gandhi. Les prénoms les plus courants des hommes sont Anand, Anil et Naresh, et, pour les femmes, Leela, Rama et Nirmala. Le nom de famille indique, entre autres, la caste à laquelle la personne appartient.

Le système de noms sikh est quelque peu différent. Un nom sikh se compose d'un prénom, qui est commun aux deux sexes (Ajit, Davinder, Pritan ou Rajindar) et d'un nom médian, Singh, qui signifie «lion», pour les hommes, et Kaur, qui signifie «princesse», pour les femmes. Vient ensuite le nom de famille (Bahra, Kalsi ou Sidh). La meilleure façon de s'adresser à une personne sikhe est de la nommer par son prénom et son nom médian: Ranjit Singh ou Ranjit Kaur (Ministère de l'Emploi et de l'Immigration, 1990).

De 1947 à 1969

En 1947, le gouvernement du Canada redonne des droits au Indiens comme le droit de vote et une plus grande accessibilité à des emplois intéressants. En 1951, le Canada et les gouvernements de l'Inde, du Pakistan et du Sri Lanka (alors nommé Ceylan) conviennent qu'un certain nombre d'immigrants en provenance de ces pays peuvent être admis au Canada chaque année. Les quotas annuels sont alors de 150 pour les Indiens, 100 pour les Pakistanais et 50 pour les Sri-Lankais.

Les années 1970 à 1980

Si très peu d'Indiens s'installent au Québec avant 1970, une petite vague d'immigration indienne a lieu entre 1970 et 1980. Attirés par une économie en expansion, ces arrivants proviennent de milieux urbains, ont un haut niveau de scolarisation et sont spécialisés dans des domaines tels que le génie civil, l'administration, la médecine et l'enseignement.

CONNAISSEZ-VOUS ?

Sugar Sammy (Samir Khullar)

Humoriste et auteur, Sugar Sammy est né à Montréal en 1976, de parents d'origine indienne. Il utilise dans ses spectacles quatre langues : français, anglais, hindi et punjabi. Grâce à un riche bagage culturel, il fait rire son public avec des sujets comme le racisme ou l'intégration des nouveaux arrivants.

De 1980 à 2013

C'est surtout au cours des trois dernières décennies que les immigrants indiens sont accueillis au Québec, d'abord sur la base du regroupement familial. À partir de 1990, l'immigration indienne se fait sur la base de motifs économiques et s'intensifie : près de 1000 immigrants d'origine indienne s'installent au Québec, chaque année, surtout dans la région de Montréal. Ainsi, plus de la moitié de la communauté indienne établie au Québec est arrivée après 1990. Ces immigrants sont admis en tant que travailleurs et investisseurs. Ils sont jeunes et scolarisés (MIDI, 2014e).

CONNAISSEZ-VOUS ?

Anju Dhillon

Ses parents ont émigré du Penjab en 1970. En 2007, elle devient la première femme sikh à pratiquer le droit dans les tribunaux au Québec. Passionnée par la politique, elle est candidate officielle du Parti libéral pour la circonscription de Dorval-Lachine-LaSalle pour l'élection fédérale de 2015.

7.2.6 La communauté indienne du Québec

On estime à environ 49 000 personnes les Indiens qui vivent au Québec. La grande majorité connaît l'anglais (89 %), mais plus de la moitié (57 %) connaissent le français. En fonction du moment de leur arrivée, les Indiens du Québec sont soit peu, soit très scolarisés : en effet, un peu plus de 40 % d'entre eux ont tout juste un diplôme d'études secondaires, mais 30 % détiennent un diplôme universitaire. Ils œuvrent principalement dans les domaines de la vente et des services (25 %), des affaires, de la finance et de l'administration (17 %), dans le secteur de la fabrication et du commerce de détail (10 %), enseignement, droit et services sociaux (10 %) (MIDI, 2014c).

La communauté indienne est surtout installée dans la région de Montréal (94 %), dont 70 % à Montréal même, 17 % en Montérégie et 6 % à Laval. À Montréal, ils

SAVIEZ-VOUS QUE…

Traditionnellement réservé aux femmes mariées, le *bindi*, point rouge que de nombreuses femmes indiennes portent sur le front, est devenu avec le temps un article de mode offert dans des couleurs variées.

habitent les arrondissements de Villeray–Saint-Michel–Parc-Extension (19 %), principalement dans le quartier de Parc-Extension, où se niche un quadrilatère que l'on nomme *Little India* (entre les rues Jean-Talon, L'Acadie, Beaumont et l'autoroute métropolitaine). Ils habitent aussi Côte-des-Neiges–Notre-Dame-de-Grâce (13 %) et LaSalle (11 %), où plusieurs Sikhs se retrouvent. Plusieurs Indiens habitent aussi à Pierrefonds-Roxboro (14 %).

Le profil religieux des Indiens du Québec est marqué par une très grande diversité : 34 % d'entre eux sont hindous, 17 % sont sikhs, 16 % sont musulmans, 14 % sont catholiques et 20 % sont d'autres religions ; 9 % n'ont aucune appartenance religieuse (MIDI, 2014c).

Découvrir la communauté indienne

Apprendre quelques mots en hindi

Bonjour : *Namaste* नमस्कार
Comment allez-vous ? : *Aap kaise hain*
Ça va bien : *Main theek hun*
Merci : *Dhanyavad*

Apprendre quelques mots en tamoul

Bonjour : *Vanakkan*
Comment allez-vous ? : *Ebbedi iroukkingue ?*
Ça va bien : *Naala iroukke*
Merci : *Nandri*

Apprendre quelques mots en punjabi

Bonjour : *At sri akal*
Comment allez-vous ? : *Tuhāḍā kī hāla ai ?*
Ça va bien : Maiṁ ṭhīka āṁ
Merci : Sukriya Dhanavāda

Connaître

- **La Fondation Bharat Bhavan (Maison de l'Inde)**
  4225, rue Notre-Dame Ouest, Montréal et 419, rue Saint-Roch, Montréal
  Cet organisme fondé en 1984 s'inspire de la vie et du travail du Mahatma Gandhi et offre à la communauté indienne des cours de langues indiennes et d'informatique, des services de traduction et d'interprète, et un lieu de divertissement et de rencontre.
- **La Fondation Kala Bharati et La Fondation Nrithyalaya**
  3410, rue Sherbrooke Est, Montréal et 9035, boulevard Rivard, Brossard
  Ces organismes ont pour mission de faire connaître la culture de l'Inde par la danse classique et la musique. Ils offrent des cours et l'accès à des ressources documentaires sur ces disciplines.

Goûter

La cuisine indienne utilise beaucoup d'épices : le cumin, le curcuma, la coriandre, etc. Parmi les mets les plus populaires, on retrouve les *papadams* (croustilles à base de farine de légumineuses ou de grains à grignoter en attendant le repas), les *bhajis* (préparation de légumes servis dans une galette mince), la *soupe dal* (purée de lentilles épicée et légèrement citronnée) et le poulet *tandoori* (mariné dans une sauce rouge et traditionnellement cuit dans un four en argile chauffé au charbon de bois dur), sans oublier le *nân*, ce pain que l'on peut déguster en accompagnement dans la plupart des restaurants indiens.

Fêter

- **14 janvier : Fête des moissons (Pongal-Sankranti)**
  Lors de cette fête, on célèbre les récoltes et on visite parents et amis.
- **26 janvier : Fête nationale des Indiens (Fête de la République de l'Inde)**
- **15 août : Fête de l'indépendance de l'Inde**
- **2 octobre : Anniversaire de naissance du Mahatma Gandhi**

Voir

Des documentaires

- **La série *D'ici et d'ailleurs*, Pixcom, 2002.**
L'épisode sur la communauté indienne présente des témoignages de membres de celle-ci qui ouvrent la porte de leurs maisons et de leur quartier.

- **La série *Nos familles*, Orbi-XXI, 2008.**
Dans l'épisode sur la communauté indienne, qui traite entre autres des apports culturels de celle-ci à la société québécoise, le cinéaste militant québécois d'origine indienne, Feroz Mehdi, nous présente la cuisine indienne, la danse millénaire de l'Inde et le cinéma bollywoodien.

- ***Un quartier à livrer*, de Feroz Mehdi, 2006.**
Ce film raconte l'histoire de Mehdi, un immigrant indien arrivé à Montréal en 1985, qui est livreur dans un dépanneur. Il parcourt son quartier à triporteur pour nous faire découvrir l'histoire militante du quartier Hochelaga-Maisonneuve et la pauvreté des gens qui y vivent. En parallèle, on suit la lutte pour les droits des chauffeurs de pousse-pousse ou *rickshaws* (vélos taxis indiens) menée en Inde par le beau-frère de Mehdi, mort assassiné.

Des fictions

- ***Joue-la comme Beckham*, de Gurinder Chadha, 2002.**
Jessminder, une adolescente benjamine d'une famille hindoue habitant la banlieue de Londres, est passionnée de soccer et admiratrice de David Beckham. Contactée par un club, elle voit s'ouvrir des perspectives professionnelles, mais ses parents ont des plans bien différents pour elle.

- ***Le pouilleux millionnaire* (*Slumdog Millionaire*), de Danny Boyle, 2008.**
Jamal, un orphelin de 18 ans issu d'un bidonville, gagne le gros lot à un jeu-questionnaire télévisé. Chaque question qui lui est posée le ramène à un évènement qu'il a vécu : la mort de sa mère sous les coups de tyrans, ses mois de captivité aux mains d'adultes malveillants, ses rapports violents avec son frère aîné devenu gangster et son histoire d'amour avec une enfant de la rue. Adaptation par un réalisateur britannique du premier roman de Vikas Swarup, ce film a gagné neuf oscars.

- ***Saveurs indiennes*, de Ritesh Batra, 2014.**
Plusieurs travailleurs indiens reçoivent leur diner au travail d'un service de livraison. Saajan reçoit un jour un repas aux saveurs plus relevées qu'Ella a concocté pour son mari. Les deux individus profitent alors de cette erreur pour entamer une correspondance à travers le va-et-vient quotidien des contenants de nourriture.

- **Les films de Mira Nair**
La réalisatrice d'origine indienne a notamment offert au public *Salaam Bombay* (1988), *Le mariage des moussons* (2001), *Un nom pour un autre* (2007) et *L'intégriste malgré lui* (2012).

Lire

Des romans

- ***Le Dieu des Petits Riens*, d'Arundhati Roy, 1998.**
L'histoire de Rahel et Estha, deux jumeaux (sœur et frère), et de leur mère traite de choses non dites et d'amours interdites à l'intérieur du système indien des castes des années 1960. La romancière indienne a reçu pour ce livre le prix Booker, la plus prestigieuse récompense littéraire de Grande-Bretagne.

- ***L'équilibre du monde*, de Robinson Mistry, 1995.**
Le livre raconte l'histoire de quatre personnages, venus d'horizons culturels très différents, qui partagent un appartement à Bombay. Cette histoire qui se déroule en 1975, alors que l'état d'urgence fait rage avec le massacre d'opposants politiques, met en évidence le système des castes. Le romancier canadien d'origine indienne a reçu le Prix Giller en 1995. Il a publié d'autres livres, dont *Une simple affaire de famille* (2005), pour lequel il a remporté le Neustadt International Prize for Literature.

- ***Les versets sataniques*, de Salman Rushdie, 1988.**
Deux acteurs indiens de Londres sont victimes de l'explosion de leur avion en raison d'un attentat terroriste. Ils se retrouvent sur Terre, l'un dans la peau de l'archange Gabriel, l'autre sous les traits du diable. Ils engagent un dialogue autour de la lutte entre le bien et le mal, la foi et le doute, le moderne et l'antimoderne, l'Occident et l'Islam. Ce roman a valu à l'auteur britannique d'origine indienne le Whitbread Award, l'un des prix littéraires les plus prestigieux de Grande-Bretagne… et une publication de *fatwa* (condamnation) de mort de l'ayatollah Khomeiny (chef politique et religieux d'Iran). Il publiera plusieurs autres livres et est scénariste de plusieurs films.

- **Les romans de Vikas Swarup.**
Cet écrivain et diplomate indien a écrit *Les fabuleuses aventures d'un Indien malchanceux qui devint milliardaire* (2005), dont a été tiré le film *Le pouilleux millionnaire*, *Meurtre dans un jardin indien* (2010) et *Pour quelques milliards et une roupie* (2014).

Sortir

- Suivre un cours de yoga.
- Séjourner dans un ashram, qui est un lieu où l'on pratique le yoga et la méditation.
- Visionner des documentaires et des fictions dans le cadre du Festival des films de l'Inde se déroulant à Montréal, chaque automne.

Écouter

- **La musique du sitariste et compositeur indien Ravi Shankar**
Ce musicien de notoriété international est mort en 2012. Le sitar est un instrument de musique à cordes pincées.

- **Les disques de Shawn Mativetsky, joueur de tabla**
Le tabla, qui date d'environ 300 ans, est l'instrument de percussion le plus populaire de l'Inde.

7.3 La communauté vietnamienne

7.3.1 Le Vietnam

La République socialiste du Vietnam a la forme d'un « s » et s'étend sur 1650 km, le long de la côte de la péninsule indochinoise. Elle a des frontières communes avec la Chine, le Laos et le Cambodge et est bordée par le golfe de la Thaïlande et la mer de Chine (*voir la figure 7.1 à la page 121*). Sa population d'environ 90 millions d'habitants est répartie sur un territoire de 333 000 km^2. Ses principales villes sont Hanoï, Hô Chi Minh-Ville (anciennement Saigon) et Haiphong. Le régime politique est le communisme à parti unique. Le vietnamien est la langue nationale, mais on y parle aussi de nombreuses autres langues, comme le khmer, le chan, le mandarin et le thaï.

7.3.2 Quelques repères historiques

Le Vietnam devient une colonie française en 1883 et fait désormais partie de l'Indochine, qui comprend également le Laos et le Cambodge. En 1948, le Vietnam devient un État au sein de l'Union française puis, au terme d'une guerre victorieuse contre la France, il est reconnu indépendant et souverain par les accords de Genève (1954). C'est la fin de la présence française en Indochine.

Cependant, le pays est divisé en deux parties : le nord dirigé par un gouvernement communiste et le sud par un régime qui, en pleine guerre froide, va obtenir le soutien des Américains. Ainsi, pendant les années suivantes, une guérilla communiste s'organise au Nord et dans certaines régions du Sud, soutenue par la Russie et la Chine, et, en 1961, l'armée américaine débarque massivement à Saigon. C'est le début d'une guerre qui durera plus de 12 ans et qui fera des centaines de milliers de morts.

En avril 1975, les forces communistes du Vietnam du Nord s'emparent de Saigon, la capitale du Sud. Le 30 avril, le pays est définitivement réunifié sous l'autorité communiste de Hanoï. Commence alors ce qui constituera le plus grand exode de l'histoire du pays. Plus de 800 000 réfugiés de la mer, entassés sur des bateaux de fortune, empruntent des chemins d'exil multiples et périlleux (*voir la photo, page 35*). Beaucoup y perdent la vie (Vaillant, 2013).

Depuis le début des années 1990, le pays libéralise son économie et les conditions de vie s'améliorent.

7.3.3 Les religions

Le Vietnam ayant été l'un des points de rencontre des civilisations chinoise et indienne, toutes deux plusieurs fois millénaires, on y retrouve les systèmes philosophico-religieux qui leur sont caractéristiques. Le taoïsme, le confucianisme et le bouddhisme, qui forment le Tiam Giao (ou triple religion), sont les trois premières religions ou philosophies ayant été introduites au Vietnam.

7.3.4 Les minorités ethniques

Les Vietnamiens (aussi appelés Viets ou Kinhs, ce dernier terme signifiant « la majorité ») représentent 88 % de la population du Vietnam. Il existe cependant une cinquantaine d'autres ethnies officiellement reconnues au Vietnam, dont les principales sont les Nungs, les Tày et les Thaïs, les Chams, les Khmers et les Chinois.

7.3.5 Les langues

Le vietnamien est la seule langue asiatique qui s'écrit en caractères romains, comme l'anglais ou le français. Autrefois, l'écriture vietnamienne (*chu nho* ou *chu han*) utilisait des caractères qui ressemblaient aux signes chinois, mais, au XVIIe siècle, un jésuite portugais, parmi les missionnaires catholiques, a retranscrit le système phonétique vietnamien en un système d'écriture romain, afin de faciliter l'évangélisation des Vietnamiens. L'utilisation de cet alphabet est imposée durant la colonisation française. Ce système a vite été adopté, car il est facile à lire et à écrire; depuis 1906, son étude est obligatoire dans toutes les écoles du pays et il est retenu comme méthode officielle d'écriture à l'indépendance du pays.

La langue vietnamienne est monosyllabique et tonale, ce qui signifie que chaque syllabe a un sens et qu'elle comprend un ton mélodique. Ces tons sont indiqués par des accents, que l'on écrit au moyen de petits signes rattachés aux voyelles, un peu comme les accents aigu et circonflexe que l'on utilise en français. En vietnamien, il y a un accent aigu, un accent grave, un accent interrogatif, un accent horizontal, un accent sous-voyelle et un symbole qui signifie l'absence d'accent. Il suffit de changer l'accent pour que la signification du mot change complètement. Par exemple, le mot *ma* revêt différentes significations selon qu'on utilise un accent ou un autre sur le «a»: il signifiera, selon le cas, «fantôme», «cheval», «maman» ou «plant de riz».

CAPSULE

Le système de noms vietnamien

Le nom de famille se place en premier et est suivi d'un nom intercalaire et d'un prénom. On aura, par exemple, Nguyen Van Trung. Les gens s'appellent généralement par leur prénom. Ainsi, on dira: «Bonjour, monsieur Trung.» Les noms de famille vietnamiens les plus répandus sont Nguyen, Pham, Phan, Tran et Lê. Les noms médians les plus utilisés sont Van pour les hommes et Thi pour les femmes, et les frères d'une même famille ont le même nom médian. Les prénoms ont chacun une signification. Par exemple, une femme aura pour prénom Anh-Dào, Mai, Hong, Liên ou Nga, qui signifient respectivement cerise, prune, rose, lotus et cygne. Les prénoms masculins évoquent pour leur part l'énergie, l'héroïsme, la grandeur ou la vertu. Ainsi, souvent, un homme sera appelé Liêm, Duc, Binh ou Loc, qui signifient respectivement intégrité, vertu, paix et prospérité.

7.3.6 L'arrivée et l'installation des Vietnamiens au Québec

Avant 1975

Avant 1975, environ 800 étudiants vietnamiens sont inscrits dans les universités québécoises. Ce sont des jeunes issus de la classe supérieure, et la plupart retourneront dans leur pays au terme de leurs études, mais quelques-uns s'établiront et occuperont des postes comme professeurs, ingénieurs ou autres professionnels.

En 1975 et 1976

À la fin de la guerre du Vietnam, et comme effet direct de la chute de Saigon, le 30 avril 1975, près de 160 000 Vietnamiens quittent précipitamment leur pays. La plupart sont stationnés temporairement sur une base militaire américaine dans une île du Pacifique. L'année suivante, des milliers de personnes partent par voie d'eau. Plusieurs se retrouvent en Thaïlande, en Malaisie et à Hong-Kong. Devant l'arrivée massive de réfugiés, les pays limitrophes réagissent en faisant remorquer les bateaux loin des côtes après les avoir approvisionnés.

La première vague d'immigration vietnamienne au Canada se produit donc pendant ces deux années, avec l'arrivée de 6500 réfugiés. Ces Vietnamiens sont hautement scolarisés; ils sont issus de la classe moyenne supérieure (professionnels, fonctionnaires et commerçants), ils viennent des villes et parlent le français et l'anglais (Dorais et Richard, 2007).

De 1979 à 1982

De 1975 à 1982, alors que des centaines de milliers de personnes sont exécutées au Vietnam ou sont envoyées dans des camps de rééducation, plus d'un million de Sud-Vietnamiens fuient leur pays et cherchent une terre d'accueil. À l'automne 1978, le *Hai Hong*, un navire infesté de rats transportant à son bord 2500 Vietnamiens, se voit refuser l'accès aux côtes malaisiennes. Cet évènement amène l'opinion publique internationale à prendre conscience de la situation critique de ces réfugiés. Les gouvernements occidentaux se concertent sur la question de l'accueil des réfugiés vietnamiens parqués dans des camps de transit et, de 1979 à 1982, le Canada reçoit près de 59 000 personnes originaires du Vietnam.

Ces nouveaux réfugiés sont d'un niveau d'éducation moins élevé que ceux de la première vague. Peu parlent le français ou l'anglais ou ont des parents établis au Canada. Ce sont principalement des Vietnamiens d'origine chinoise qui sont, entre autres, des techniciens, des ouvriers plus ou moins spécialisés et des commerçants (Dorais et Richard, 2007). Le Canada et le Québec créent des programmes gouvernementaux de parrainage collectif dès le début de 1979 pour leur permettre de s'installer (Méthot, 1995).

CONNAISSEZ-VOUS ?

Kim Thúy

Née à Saigon en 1968, Kim Thúy quitte le Vietnam avec sa famille à l'âge de 10 ans et arrive au Québec avec la vague des réfugiés de la mer de la fin des années 1970. Son premier roman, *Ru*, paru en 2009, connaît un succès retentissant et est publié dans plusieurs autres langues.

De 1982 à 1999

À partir de 1982, on assiste à une troisième vague d'immigration qui durera une vingtaine d'années. Ces immigrants sont des intellectuels et des cadres politiques, administratifs et militaires venant des camps de rééducation ainsi que des gens qui profitent du programme de regroupement familial (Dorais et Richard, 2007).

De 2000 à 2013

L'immigration vietnamienne a beaucoup ralenti depuis le début des années 2000 et seulement un peu plus d'un millier de Vietnamiens se sont installés au Québec au cours de la dernière décennie (MIDI, 2014e).

7.3.7 La communauté vietnamienne du Québec

La communauté vietnamienne du Québec compte environ 43 000 personnes, dont 88 % sont arrivés avant 2001. Plus de 80 % de la communauté connaît le français et plus de la moitié parle le français et l'anglais. La scolarisation varie beaucoup parmi les membres de cette communauté : près de 45 % ont tout juste terminé des études secondaires tandis que 30 % détiennent un diplôme universitaire. Plusieurs travaillent dans les secteurs de la fabrication, de l'hébergement et de la restauration, mais aussi dans les secteurs de la vente et des services (29 %), des affaires, de la finance et de l'administration (15 %) et des sciences naturelles et appliquées (13 %) (MIDI, 2014c).

Les Vietnamiens habitent surtout les régions de Montréal (92 %), de Québec (3 %), de Gatineau (2 %) et de Sherbrooke (1 %). Dans la région de Montréal, ils habitent surtout à Montréal même (77 %), en Montérégie (13 %) et à Laval (8 %). Dans la ville de Montréal, on les trouve dans la plupart des arrondissements, mais ils sont plus nombreux dans les arrondissements de Villeray–Saint-Michel–Parc-Extension (21 %), de Côte-des-Neiges–Notre-Dame-de-Grâce (12 %), de Saint-Laurent (11 %).

Près de la moitié des Vietnamiens du Québec déclare appartenir à la religion bouddhiste, un peu plus du quart se dit catholique et 26 % disent n'appartenir à aucune religion (MIDI, 2014c).

CONNAISSEZ-VOUS ?

Connaissez-vous Andy Thê-Anh

Né au Vietnam en 1965, Andy Thê-Anh arrive à Montréal en 1981 avec ses deux sœurs et sa grand-mère. À l'époque, il fabriquait déjà ses propres vêtements et, après des études au collège Lasalle, il devient un designer de mode parmi les plus connus de sa génération.

Découvrir la communauté vietnamienne

Apprendre quelques mots en vietnamien

Bonjour Monsieur : *Chào Ông*
Bonjour Madame : *Chào Bà*
Comment allez-vous, Monsieur ? : *Ông có khoẽ không ?*
Comment allez-vous, Madame ? : *Bà có khoẽ không ?*
Je vais bien : *Tôi cũng bình thuòng*
S'il vous plaît : *Làm ơn*
Merci : *Cám ơn*
Oui : *Dạ ou Vâng*
Non : *Không*

Connaître

- **L'Association des aînés vietnamiens de Montréal**
  7378, rue Lajeunesse, bureau 207, Montréal
  Notamment par des activités de tai-chi et de danse, des repas communautaires et des sorties de groupe, cette association vise à préserver l'autonomie des aînés vietnamiens en favorisant leur santé physique et mentale.
- **L'Association des femmes vietnamiennes – région de Montréal**
  2500, Place-Naubert, Brossard, Québec
  Cet organisme offre des services d'accompagnement et de traduction, des activités sociales et interculturelles. Il propose également des cours de vietnamiens pour adultes non vietnamiens.
- **La Communauté vietnamienne au Canada (région de Montréal)**
  6767, chemin de la Côte-des-Neiges, Montréal
  www.vietnam.ca/fr
  Cet organisme voué à l'intégration des immigrants vietnamiens au Québec et au rayonnement de la culture vietnamienne offre des cours de français et de préparation à la citoyenneté canadienne, et organise des activités culturelles, dont des fêtes commémoratives, dans le quartier Côte-des-Neiges.

Goûter

La cuisine vietnamienne se caractérise par sa finesse et sa légèreté et par l'omniprésence de la sauce *nuoc-mam*, faite à partir de petits poissons salés et séchés. Les plats nationaux sont nombreux, mais les plus connus en Occident sont les *nems* (ou rouleaux impériaux) et la soupe *phở* (ou soupe tonkinoise). Les premiers sont des petits rouleaux de crêpes de riz frits farcis d'une garniture de vermicelles, de crabe, de porc, d'oignon, d'herbes et de champignons parfumés. La soupe *phở* est composée d'un bouillon à base de sauce de poisson, d'anis et de cannelle, de fines tranches de bœuf ou de poulet, de vermicelles de riz et de tranches d'oignon, le tout parsemé d'échalotes et de coriandre fraîche. Cette soupe sert de repas (Laurence, 2011).

Fêter

- **Fête du Têt (ou Nouvel An vietnamien)**
  La fête vietnamienne la plus importante, la fête du Têt, est célébrée lors de la nouvelle lune à mi-distance entre le solstice d'hiver et l'équinoxe du printemps ; elle tombe entre le 20 janvier et le 19 février. La fête dure généralement trois jours, au cours desquels les Vietnamiens se rendent visite pour se souhaiter la bonne année. Pour se préparer à cette fête, les familles nettoient la maison, polissent les objets de culte, procurent des vêtements neufs aux enfants et achètent des fruits et des gâteaux traditionnels. Le matin du Nouvel An, on fait des offrandes aux ancêtres et aux génies du Sol et du Foyer, les enfants souhaitent la bonne année aux parents et aux grands-parents, et ceux-ci leur offrent une enveloppe rouge contenant un petit montant d'argent.
- **Fête des sœurs Trung**
  Cette fête est généralement célébrée le quinzième jour du premier mois lunaire. On y commémore la lutte des sœurs Trung contre l'occupant chinois au premier siècle de notre ère.
- **Culte des ancêtres**
  Un autel est dressé dans la pièce la plus importante de la maison. On y dépose des photos des parents, grands-parents, arrière-grands-parents, ainsi que des fleurs, des chandeliers, des plats, des verres. On offre de l'encens, des fruits. Le chef de la famille demande conseil aux ancêtres, on leur fait part des naissances, des décès, des mariages, des évènements importants dans la famille.
- **Fête de l'indépendance du Vietnam**
  Cette fête a lieu le 2 septembre.

Voir

Des documentaires

- **La série *D'ici et d'ailleurs*, Pixcom, 2002.**
  L'épisode sur la communauté vietnamienne présente des témoignages de certains de ses membres qui ouvrent la porte de leurs maisons et de leur quartier.
- **La série *Nos familles*, Orbi-XXI, 2008.**
  L'épisode sur la communauté vietnamienne nous fait découvrir, entre autres, l'histoire des Vietnamiens venus s'établir au Québec. Le designer Andy Thê-Anh raconte ce qu'a vécu sa famille.

Voir (*suite*)

- ***Bà Nôi*, de Khoa Lê, 2014.**
  Né au Vietnam et arrivé au Québec à l'âge de 5 ans, Kho Lê se révèle grâce au documentaire *Je m'appelle Denis Gagnon* (2010), consacré au designer québécois. Avec *Bà Nôi* (2014), Khoa Lê nous invite dans sa famille, lors d'un voyage pour le Nouvel An, dans le pays où il est né. Il propose une chronique sur la filiation familiale, en plaçant sa grand-mère au centre de son portrait. Le film est récipiendaire du Prix du pluralisme de la Fondation Inspirit au *Canadian International Documentary Festival* en 2013.

Une fiction

- ***Apocalyse Now*, de Francis Ford Coppola, 1979.**
  Un officier de l'armée américaine reçoit pour mission, en pleine guerre du Vietnam, de retrouver un colonel qui s'est taillé un empire sur lequel il règne par la terreur. Cet officier assistera au bombardement au napalm d'un village vietnamien. Ce classique du cinéma a reçu la Palme d'or du Festival de Cannes de 1979 et de nombreux prix internationaux. Un nouveau montage du film est sorti en 2001.

Lire

Un essai

- ***Les Vietnamiens de Montréal*, de Louis-Jacques Dorais et Éric Richard, Montréal, PUM, 2007.**
  Privilégiant une approche anthropologique, les auteurs essaient de comprendre les mécanismes par lesquels la communauté vietnamienne a réussi à se construire, au Québec, une nouvelle vie économique, sociale et culturelle en adéquation avec son identité.

Un roman

- ***Ru*, de Kim Thúy, Montréal, Libre Expression, 2009.**
  Une femme voyage dans ses souvenirs : l'enfance dans sa cage dorée à Saigon, l'arrivée du communisme au Vietnam du Sud, la fuite dans la cale d'un bateau, l'internement dans un camp de réfugiés en Malaisie, les premiers frissons dans le froid du Québec, à Granby. L'auteure a publié un autre roman, *Mãn*, en 2013.

7.4 La communauté iranienne

7.4.1 L'Iran

L'Iran est un pays d'Asie occidentale délimité par l'Arménie, l'Azerbaïdjan, le Turkménistan, la Turquie et l'Irak jusqu'à la rivière Chott el-Arab, l'Afghanistan, le Pakistan et le golfe persique *(voir les figures 6.1, p. 107 et 7.1, p. 121)*. Sa population est de 81 millions d'habitants en 2014, sur une superficie de 1 648 195 km^2. L'Iran est le seul État officiellement chiite (une des branches de l'islam) et un des rares pays à être une théocratie, c'est-à-dire qu'on y considère que le pouvoir émane de Dieu, donc il réside dans les mains du clergé. Son représentant est un ayatollah (guide suprême), élu à vie et chef de l'État. Un président est élu pour un mandat de 4 ans (Statistiques mondiales, 2014).

Les villes principales sont Téhéran (la capitale), Mashhad et Ispahan. Plusieurs ethnies se côtoient : les Perses (qui constituent 55 % de la population), les Azaris (24 %), les Mazandaranis (8 %), les Kurdes (7 %) et les Arabes (3 %). La langue officielle est le persan (farsi), mais on y parle plusieurs autres langues.

Les Iraniens ne sont pas des Arabes (seule une faible minorité de la population du pays est constituée d'Arabes), même s'ils utilisent un alphabet fondé sur l'alphabet arabe (arabo-persan). Cet alphabet persan compte 32 caractères, soit 4 de plus que l'alphabet arabe.

Les Iraniens sont musulmans à 99 % (89 % chiites et 10 % sunnites).

7.4.2 Quelques repères historiques

L'Iran est une des plus vieilles civilisations du monde. Nous nous intéressons surtout à l'histoire plus moderne pour expliquer la venue assez récente des Iraniens au Québec. Trois évènements semblent marquer cette histoire :

1979 : Le renversement du régime politique du shah d'Iran

À partir de 1920, l'empereur (ou shah) d'Iran, Reza Khan, entreprend des réformes sociales et économiques avec l'objectif de moderniser le pays. Il crée un système d'éducation nationale, modernise le code civil, améliore la situation des femmes (interdiction du port du voile). Son fils Mohammad Reza Pahlavi prend le pouvoir en 1941. Il continue les réformes amorcées et occidentalise l'Iran. Ses initiatives déclenchent des protestations, en particulier d'un groupe relié à l'ayatollah Roudollah Khomeini. Au terme de 10 ans de protestations, l'Ayatollah renverse le régime du Shah en février 1979.

1980-1988 : Guerre entre l'Iran et l'Irak

En 1980, Roudollah Khomeini, fort d'un référendum sur l'islamisation de l'Iran, appelle les Irakiens à renverser le régime de leur nouveau président, Saddam Hussein. La guerre qui en découle durera jusqu'en 1988. En 1989, l'ayatollah Khomeini meurt et l'ayatollah Ali Khamenei est élu « Guide suprême » de la révolution islamiste.

À partir de 2000 : Radicalisation des politiques économiques, sociales et internationales

En 2005, un nouveau président de la République, Mahmoud Ahmadinejad, est élu. Pendant presque une décennie (2005-2012), on assiste à une radicalisation des politiques économiques, sociales et internationales de l'Iran : par exemple, l'Iran est accusé d'avoir des armes nucléaires (des mesures telles qu'embargos et sanctions économiques sont prises par les Occidentaux, ce qui conduira à une entente en 2013). Plusieurs Iraniens doutent de plus en plus de la prospérité économique et, surtout, de l'instauration du respect des droits de la personne (Dadashzadeh, 2003 ; Namazi, 2006). La réélection d'Ahmadinejad en 2009 mène à des manifestations importantes qui seront fortement réprimées. En 2013, Hassan Rohani, un religieux, considéré comme le plus modéré des candidats, est élu président de la République.

7.4.3 L'arrivée et l'installation des Iraniens au Québec

Avant 1979

Avant 1979, très peu d'Iraniens émigrent au Québec (on en dénombre alors 374). Cette immigration est composée de membres de l'ancien régime royal du pays et ces immigrants sont relativement riches.

Les années 1980

C'est surtout au début des années 1980 que plusieurs Iraniens fuient la guerre (Irak-Iran) et l'incertitude économique et sociale qu'elle engendre. De plus, les pressions économiques, le chômage, le rétablissement de lois islamistes (comme l'obligation de porter le hidjab pour les femmes) et les limitations des libertés politiques et sociales forceront plusieurs Iraniens à quitter leur pays pour aller en Europe, aux États-Unis, au Canada et au Québec. On note qu'environ 1000 Iraniens s'installent au Québec durant cette période (Dadashzadeh, 2003 ; Namazi, 2010).

CONNAISSEZ-VOUS ?

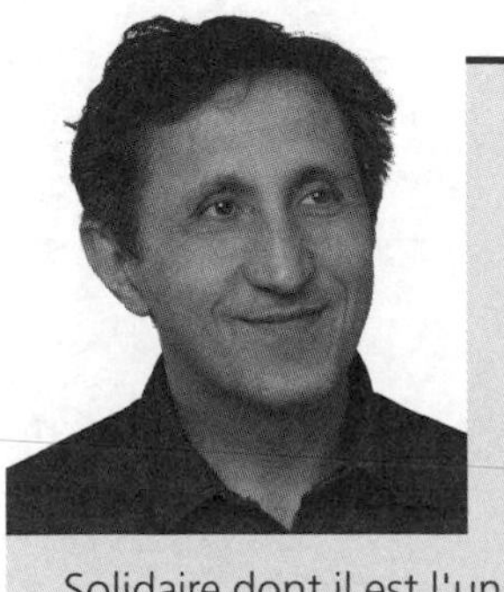

Amir Khadir

Amir Khadir est né à Téhéran en 1961 et arrive au Québec en 1971 avec sa famille. Il devient physicien et médecin spécialisé en microbiologie et épidémiologie. Très rapidement, il s'engage politiquement et socialement comme médecin (missions humanitaires au Nicaragua, au Zimbabwe, en Inde, en Irak et en Afghanistan) et comme membre du parti Québec Solidaire dont il est l'un des deux porte-parole jusqu'en 2012. Il est élu député de la circonscription de Mercier depuis 2008.

Depuis 1986

À la fin de la guerre entre l'Irak et l'Iran, la détérioration du tissu social, le durcissement des politiques sociales et la violation des droits de la personne font augmenter l'arrivée des Iraniens au Canada et au Québec. Ainsi entre 1986 et 1996, près de 3400 Iraniens viendront s'installer au Québec. Cette tendance continue dans la décennie qui suit avec plus de 4000 personnes. L'élection du président Mahmoud Ahmadinejad en 2005 fera doubler le nombre d'immigrants iraniens en seulement 5 ans : de 2006 à 2013, près de 8800 Iraniens choisissent le Québec. L'Iran figure actuellement parmi les 15 premiers pays de provenance des immigrants du Québec (MIDI, 2014e).

7.4.4 La communauté iranienne du Québec

La communauté iranienne du Québec compte environ 18 000 personnes, dont plus de 40 % sont arrivés au cours des années 2006 à 2013. La très grande majorité des Iraniens connaissent l'anglais (89 %), 67 % connaissent le français à leur arrivée et 60 % d'entre eux connaissent à la fois le français et l'anglais. Ils sont très scolarisés (50 % détiennent un diplôme universitaire). Ils travaillent surtout dans le commerce et les services (23 %), les services reliés à l'enseignement ou aux soins de santé et d'assistance sociale (17 %), la gestion (13 %) et enfin les sciences naturelles et appliquées (13 %) (MIDI, 2014 c).

Ils habitent surtout la région de Montréal (93 %), dont 77 % à Montréal, 11 % en Montérégie et 5 % à Laval. À Montréal, on les retrouve particulièrement dans les arrondissements de Côte-des-Neiges (29 %), Ville-Marie (15 %), Plateau-Mont-Royal (9 %), Saint-Laurent (9 %) et Pierrefonds (9 %).

Si plus de la moitié (56 %) des Iraniens du Québec sont musulmans, le tiers d'entre eux disent n'appartenir à aucune religion (MIDI, 2014c).

CONNAISSEZ-VOUS ?

Mani Soleymanlou

Mani Soleymanlou est né à Téhéran, mais ses parents quittent rapidement l'Iran pour des raisons politiques et s'installent en France, puis à Toronto. Mani vient étudier l'art dramatique à Montréal, en 2004. Comédien et dramaturge, il fonde une compagnie de création, *Orange noyée*, qui évoque la tradition du Nouvel An iranien où l'on dispose des objets sur la table, dont un bol d'eau où flotte une orange.

Découvrir la communauté iranienne

Apprendre quelques mots en farsi

Bonjour : *Selām* سلام

Comment allez-vous ? : *Hâletun chetore ?*

Merci : *Mamnoon*

Au revoir : *Khoda Hafez*

Connaître

- **Association des femmes iraniennes à Montréal**
  872 Chemin de la Rive-Boisée, Pierrefonds

Association qui fait la promotion des droits des femmes. Vise la formation et l'intégration des femmes iraniennes à la société québécoise.

Goûter

Parmi les spécialités iraniennes, on compte l'*asheh reshteh* (une soupe traditionnelle), le *tadik* (riz à l'iranienne), le *mirza ghasemi* (purée d'aubergines) ; on goûte aussi au *fesewnjoun*, plat composé de poulet cuit dans une sauce de grenade et de noix.

Fêter

- **Nowrouz, le Nouvel An iranien**
Entre le 19 et le 21 mars, on mange, on fête, on danse. On place sur une table plusieurs objets, comprenant une orange qui flotte dans l'eau et les *Haft Sîn*, sept objets dont le nom commence par un « s » (en persan), comme pommes, ail, sumac, pâtisseries, germe de blé, pièces de monnaie et vinaigre.

- **Chahar Shanbe Suri ou fête du feu**
À l'occasion de cette fête, qui date de 1700 avant Jésus-Christ et se déroule le dernier mercredi de l'année, des luminaires et des feux sont allumés dans les places publiques. Ceci symbolise l'espoir que l'année qui suit soit heureuse.

Voir

- **Les films d'Asghar Farhadi.**
Parmi les succès de ce réalisateur iranien, on trouve le film *Une séparation* qui a remporté plusieurs honneurs au niveau international : Ours d'or du meilleur film au Festival de Berlin en 2011 et Oscar du meilleur film étranger en 2012. Son film *Le passé* a reçu le prix œcuménique du Festival de Cannes en 2013.

- **Les films d'Abbas Kiarostami.**
Réalisateur, scénariste et producteur de cinéma iranien actif depuis 1970, Kiarostami signe quelques dizaines de films. *Le goût de la cerise*, caméra d'or à Cannes en 1997, le fera connaître au niveau international.

- **Les films de Jafar Panahi.**
Notamment, le *Ballon blanc*, caméra d'or à Cannes en 1995. En 2000, ce réalisateur iranien présente *Le cercle*, qui gagne le Lion d'or à la Mostra de Venise, et, en 2003, *Sang et Or*, Prix du jury « Un certain regard » à Cannes. Ces deux films, qui dénoncent les inégalités et l'absence de liberté dans la société iranienne, sont interdits par le gouvernement de la République islamique de l'Iran. Un autre film, *Hors Jeu*, gagne l'Ours d'argent au Festival de Berlin en 2006. Depuis, alors que les œuvres de Panahi sont systématiquement primées dans les grands festivals internationaux, elles sont interdites dans son propre pays. En 2010, il lui est aussi interdit de réaliser des films ou de quitter l'Iran pendant vingt ans.

- **Les films et les dessins animés de Marjane Satrapi.**
Française d'origine iranienne, cette auteure, dessinatrice, scénariste et réalisatrice a notamment créé *Persépolis*, une bande dessinée racontant l'histoire moderne de l'Iran à travers les yeux d'une petite fille de 8 ans qui voit sa vie changer lors de la révolution islamique de 1979. L'œuvre est adaptée en film d'animation en 2007 et rafle le Prix spécial du jury à Cannes.

Lire

- **Les poèmes du grand poète perse soufi Roumi**
Djalāl ad-Dīn Muḥammad Rūmī ou Roumi est un poète persan qui a vécu de 1207 à 1273 et a fondé l'ordre des « derviches tourneurs », une des principales confréries soufies de l'islam. Il écrivait tous ses poèmes en persan (farsi). Les Iraniens lui vouent un culte et reconnaissent son ouverture à la spiritualité, aux notions de beauté, d'art et à l'importance de la musique, de la danse et de l'amour.

Écouter

- **La musique du groupe Constantinople**
Nés à Téhéran, les frères Kiya et Zya Tabassian arrivent au Québec avec leur famille en 1990. Kya apprend la musique persane et le sitar. Zya joue du *tombak*, instrument de percussion digitale. En 2001, ils cofondent le groupe Constantinople. En 2008, ils accueillent Pierre-Yves Martel, qui joue de la viole de gambe. Ils se produisent partout dans le monde et ont une dizaine d'enregistrements à leur actif.

CHAPITRE 8

LES COMMUNAUTÉS LATINO-AMÉRICAINES

Il meurt lentement
celui qui ne voyage pas,
celui qui ne lit pas,
celui qui n'écoute pas de musique,
celui qui ne sait pas trouver
grâce à ses yeux.

MARTHA MEDEIROS
Poète, écrivaine et journaliste brésilienne

PLAN DU CHAPITRE

8.1
La communauté chilienne

8.2
La communauté salvadorienne

8.3
La communauté guatémaltèque

8.4
La communauté colombienne

8.5
La communauté mexicaine

8.6
La communauté argentine

OBJECTIFS D'APPRENTISSAGE

Après avoir lu ce chapitre, vous pourrez:

- énumérer les principales vagues d'immigration de chacune des communautés étudiées et présenter les motifs de leur migration;
- décrire les profils socioéconomique et culturel de ces communautés;
- présenter les apports de ces communautés à la vie culturelle, politique et sociale du Québec;
- nommer quelques éléments culturels propres à ces communautés.

On estime que plus de125 000 personnes d'origine latino-américaine vivent actuellement au Québec (Bertrand, 2014). Il n'y a pas à proprement parler de communauté latino-américaine, mais plutôt des immigrants qui proviennent de 22 pays d'Amérique latine (Amérique centrale et Amérique du Sud) (*voir les figures 8.1 et 8.2*). Ils partagent souvent la même langue, l'espagnol (même si d'autres langues y sont parlées, comme le portugais au Brésil), et les mêmes religions chrétiennes. Leurs trajets migratoires se ressemblent souvent, car ils ont pour la plupart fui des conflits politiques, des dictatures et la violation des droits de la personne, surtout à partir des années 1970 (Garcia Lopez, 2003).

FIGURE 8.1 L'Amérique centrale

FIGURE 8.2 L'Amérique du Sud

Dans le présent chapitre, nous nous intéresserons plus particulièrement à quelques communautés : les Chiliens, arrivés dans les années 1970, les Salvadoriens et les Guatémaltèques, plutôt dans les années 1980, et enfin, plus récemment, les communautés colombienne, mexicaine et argentine. Nous tenterons de présenter les motifs de leur migration, leur installation au Québec, quelques éléments de leur culture et leur apport à la société québécoise.

8.1 La communauté chilienne

8.1.1 Le Chili

Pays d'Amérique du Sud, le Chili se situe entre l'océan Pacifique et la cordillère des Andes, limitée au nord par le Pérou et à l'est par l'Argentine et la Bolivie (*voir la figure 8.2*). L'île de Pâques fait également partie du Chili depuis 1888. Près de 17 millions d'habitants se partagent le territoire chilien de 1,2 million de km^2. Les principales villes du Chili sont Santiago (la capitale), Concepción et Valparaíso. Les Chiliens sont en grande majorité catholiques (70 %). La langue officielle du Chili est l'espagnol, mais on y parle aussi différentes langues amérindiennes (par exemple, l'aymara) et, sur l'île de Pâques, une langue polynésienne (Guay, 2014).

8.1.2 Quelques repères historiques

Le 4 septembre 1970, Salvador Allende, candidat socialiste à la tête d'une alliance de partis de gauche et de centre gauche du pays (l'Unité populaire), est élu président du Chili. Ce gouvernement poursuit et intensifie les transformations sociales, économiques et politiques entreprises par le gouvernement précédent : il accentue la redistribution des terres en faveur des paysans pauvres, nationalise le reste des mines de cuivre encore sous contrôle privé et réquisitionne ou nationalise de nombreuses autres entreprises. Il prévoit également un plan de construction de logements, d'écoles et de centres de santé. Rapidement, ces mesures font figure de menace pour les intérêts des élites économiques, tant nationales qu'étrangères.

Trois ans seulement après son élection à la tête du pays, soit le 11 septembre 1973, Salvador Allende est assassiné lors d'un coup d'État militaire dirigé par le général Augusto Pinochet. On cherche dès lors à effacer les traces de l'Unité populaire en interdisant toute activité politique. Des milliers de gens sont faits prisonniers, plusieurs sont torturés, beaucoup disparaissent. En 1974, Pinochet devient président du Chili. Il abolit les partis politiques, restreint les droits civils, et, en 1980, une nouvelle Constitution légalise son pouvoir. Ce n'est qu'en 1989 qu'il est possible d'observer un certain retour à la démocratie, mais le général Pinochet s'institue chef de l'armée et sénateur à vie. Même si quelques progrès sont observables (par exemple, concernant la liberté d'expression), les possibilités d'action de la volonté populaire demeurent très limitées. Il faudra attendre la fin des années 1990 pour que le Chili retrouve une véritable démocratie.

CAPSULE

Les persécutions sous la dictature de Pinochet : l'histoire de Carmen Quintana

Le 2 juillet 1986, Carmen Quintana, une jeune étudiante de Santiago, se rend à une manifestation contre le régime de Pinochet. À une intersection, une camionnette militaire fonce sur elle et son ami qui l'accompagne. Les militaires les aspergent d'essence et mettent le feu, les transformant en véritables torches humaines. Son ami décède des suites de cet assaut, mais Carmen survit. Alertés par ce drame, des amis, des comités de soutien aux Chiliens et le gouvernement du Canada mettent tout en place pour que Carmen puisse venir se faire soigner à Montréal. Brûlée sur 60 % de la surface de son corps, elle passe 7 mois au pavillon des grands brûlés de l'hôpital de l'Hôtel-Dieu et y subit plusieurs interventions. Son combat l'a fait connaître partout dans le monde, et elle est invitée à prononcer une conférence à l'ONU. En 1987, elle identifie le lieutenant responsable de ses brûlures et témoigne contre lui. Au terme d'un procès, celui-ci est condamné à 300 jours d'internement dans une caserne militaire. En 1988, Carmen retourne vivre au Chili où elle œuvre en tant que travailleuse sociale (Jacob, 1990). En 2010, elle revient vivre à Montréal avec sa famille.

Lors du coup d'état au Chili, le 11 septembre 1973, l'armée assiège la Monela, le palais présidentiel.

SAVIEZ-VOUS QUE...

Arrêté le 16 octobre 1998 à la suite de l'émission d'un mandat d'arrêt international, Augusto Pinochet a été libéré en 2002, pour des raisons de santé. Il est mort en 2006 sans avoir été jugé.

8.1.3 L'arrivée et l'installation des Chiliens au Québec

Avant 1973

Avant le coup d'État de 1973, peu d'immigrants d'origine chilienne vivent au Canada et au Québec, mais, à la suite de ce drame, des milliers de Chiliens cherchent asile partout dans le monde (Laurence, 2013).

De 1974 à 1978

Très rapidement après le coup d'État, une coalition composée d'universitaires, de syndicats, de groupes populaires (dont le Secrétariat Québec-Amérique latine et le Comité de solidarité avec le Chili) et de groupes religieux exige du gouvernement canadien des actions précises visant à permettre aux Chiliens d'être admis au Canada. C'est ainsi qu'entre 1974 et 1978 le Québec a reçu environ 3000 Chiliens. Les ressortissants de cette première vague d'immigration fuient le régime dictatorial de Pinochet ; ce sont principalement des professionnels issus de milieux urbains, et la plupart sont jeunes et très scolarisés (Del Pozo, 2009). Ils organisent la résistance à distance et orchestrent à Montréal et dans d'autres villes canadiennes des manifestations contre la dictature.

De 1979 à 1989

La situation économique du début des années 1980 est difficile au Chili. Les arrestations et les disparitions sont encore nombreuses et le taux de chômage demeure élevé. Cette situation amènera une deuxième vague d'immigration chilienne, qui sera toutefois beaucoup plus modeste. Environ 3300 Chiliens immigrent au Québec au cours de cette décennie. Le tiers d'entre eux sont des réfugiés, mais ils sont, en majorité, admis en tant qu'immigrants économiques ou dans la catégorie du regroupement familial. Ces arrivants sont principalement des techniciens, des cols bleus et des cols blancs.

CAPSULE

Demande de refuge et grève de la faim

En septembre 1998, une soixantaine de Chiliens représentant une centaine de familles ont occupé l'église Saint-Jean-de-la-Croix, sur le boulevard Saint-Laurent, à Montréal. L'hiver précédent, plusieurs avaient fait une grève de la faim de 38 jours pour que le gouvernement canadien les accepte au pays, alléguant que la démocratie n'est qu'une façade au Chili. Le Canada n'a accepté que 1,4 % de ces demandes.

De 1990 à 2013

Le supposé retour à la démocratie en 1990 ne change pas grand-chose à la vie des Chiliens, car la mainmise du régime dictatorial de Pinochet se maintient. Au début de 1996, le gouvernement fédéral du Canada supprime l'obligation pour les Chiliens d'obtenir un visa canadien pour entrer au pays et, en moins de six mois, 43 000 Chiliens se présentent et demandent le statut de réfugié. Pour contrer ce mouvement, l'obligation de visa est de nouveau instaurée dès juin 1996. Par la suite, très peu de Chiliens seront acceptés en tant que réfugiés, et peu de Chiliens, toutes catégories, immigreront au Québec (Del Pozo, 2009).

La sculpture *L'Arc*, de l'artiste montréalais Michel de Broin, est installée depuis 2009 dans le parc Jean-Drapeau. Cette œuvre rend hommage à Salvador Allende et témoigne de l'enracinement de la communauté chilienne à Montréal.

8.1.4 La communauté chilienne du Québec

On dénombre à environ 12 000 les membres de la communauté chilienne vivant au Québec (Ministère de l'Immigration de la Diversité et de l'Inclusion [MIDI], 2014c). Leur langue maternelle est l'espagnol, mais la très grande majorité d'entre eux connaissent le français (96 %) et plus de la moitié parlent aussi l'anglais. Leur niveau de scolarisation est comparable à celui de la population québécoise ; 18 % détiennent un diplôme universitaire. Ils travaillent surtout dans les domaines de la vente et des services (38 %), dans les affaires, la finance et l'administration (13 %) et dans le secteur de la fabrication, de la machinerie et du transport (12 %). Les membres de la communauté chilienne vivent principalement dans la région de Montréal (54 % à Montréal ; 24 % en Montérégie et 10 % à Laval), à Québec (5 %) et à Gatineau (1 %) (MIDI, 2014c).

Quand ils habitent la ville de Montréal, on les retrouve surtout dans les arrondissements de Rosemont-La-Petite-Patrie (15 %), Villeray–Saint-Michel–Parc-Extension (11 %), Plateau Mont-Royal (9 %) et Côte-des-Neiges–Notre-Dame-de-Grâce (9 %). Ils sont pour la plupart de religion catholique (63 %) et 26 % affirment n'appartenir à aucune religion (MIDI, 2014c).

CONNAISSEZ-VOUS ?

Alexandra Diaz

Née à Santiago au Chili, elle arrive au Québec à l'âge de 3 ans et sa famille s'installe à Sainte-Foy. Elle devient journaliste, chroniqueuse, animatrice à Radio-Canada, TVA et Télé-Québec.

8.2 La communauté salvadorienne

8.2.1 Le Salvador

Le Salvador est un pays d'Amérique centrale situé entre l'océan Pacifique, le Guatemala et le Honduras (*voir la figure 8.1, page 142*). Il compte environ 7 millions d'habitants répartis sur un territoire de 21 041 km^2. Sa capitale est San Salvador (Guay, 2014).

8.2.2 Quelques repères historiques

Des évènements violents marquent le début des années 1980 dans ce pays : coup d'État, prise de pouvoir par la junte militaire, assassinat de Mgr Oscar Romero, archevêque de San Salvador, ardent défenseur des droits de l'homme, et massacre perpétré par les escadrons de la mort (groupes armés à la solde du pouvoir qui procèdent à l'exécution ou à l'enlèvement d'opposants politiques) et les militaires.

La guerre civile qui s'enclenche alors durera 12 ans, soit de 1980 à 1992, et fera 12 000 morts. Le 16 janvier 1992, des accords de paix (*Accords de Chapultepec*) sont signés, sous l'égide de l'Organisation des Nations Unies, entre le gouvernement salvadorien et le Front Farabundo Martí de libération nationale, principal acteur depuis les années 1970. Ce dernier remportera la victoire lors des élections du 15 mars 2009.

Malgré le retour à la démocratie, plus de la moitié des Salvadoriens peinent à survivre et une partie importante de la population est analphabète.

8.2.3 L'arrivée et l'installation des Salvadoriens au Québec

Quelques immigrants d'origine salvadorienne arrivent au Québec au début des années 1970, mais à partir du déclenchement de la guerre civile, en 1980, et surtout de 1986 à 1991, des milliers de réfugiés sont admis au pays grâce à des programmes spéciaux d'accueil; quelques-uns le sont aussi sur la base du regroupement familial.

8.2.4 La communauté salvadorienne du Québec

SAVIEZ-VOUS QUE...

Les salvadoriens, plutôt que de pointer du doigt, utilisent une expression faciale, qui consiste à avancer les lèvres (comme pour envoyer un baiser) vers la personne ou la chose qu'ils souhaitent désigner. Ce geste est considéré comme étant beaucoup plus poli que de pointer du doigt.

On dénombre à environ 16 000 les membres de la communauté salvadorienne du Québec. Leur langue maternelle est l'espagnol, mais la grande majorité des Salvadoriens connaissent le français (92 %) et un peu plus de la moitié parlent le français et l'anglais. Les Salvadoriens installés au Québec n'ont pas un très haut niveau de scolarisation; en effet, 57 % n'ont pas dépassé le niveau des études secondaires et peu (10 %) détiennent un diplôme universitaire. Ils travaillent dans le commerce de détail (15 %), la fabrication (14 %) et les soins de santé (12 %) (MIDI, 2014c).

Ils habitent surtout dans la région de Montréal (90 %), quelques-uns se retrouvent à Québec (4 %) et à Gatineau (4 %). Dans la région de Montréal, 65 % d'entre eux habitent la ville même, 13 % à Laval et 12 % en Montérégie. Ceux qui s'installent à Montréal habitent dans les arrondissements de Villeray–Saint-Michel–Parc-Extension (22 %), de Montréal-Nord (13 %), de Rivière-des-Prairies (9 %) et d'Ahuntsic-Cartierville (9 %). Ces immigrants sont surtout de religion catholique (60 %) et autres religions chrétiennes (25 %) et 14 % déclarent n'appartenir à aucune religion (MIDI, 2014c).

8.3 La communauté guatémaltèque

8.3.1 Le Guatemala

Le Guatemala est un pays d'Amérique centrale situé juste au sud du Mexique et entouré par le Belize, la mer des Caraïbes, le Honduras, le Salvador et l'océan Pacifique (*voir la figure 8.1, page 142*). Près de 15 millions d'habitants sont répartis sur un territoire de 108 890 km^2. Sa capitale est la ville de Guatemala (Guay, 2014).

8.3.2 Quelques repères historiques

Au cours des années 1950, alors que l'ensemble des terres et de l'économie du pays est contrôlé par la compagnie United Fruit, une réforme agraire visant à redonner des terres fertiles aux paysans est instaurée. En réaction, la Central Intelligence Agency des États-Unis (CIA) organise un coup d'État et installe un régime militaire.

Dans les années 1960, un vaste mouvement de résistance populaire s'organise. Soutenue de toutes sortes de façons (aide technique, armes, renseignements, ressources financières) par l'agence américaine, l'armée mène, à partir de 1966, une terrible répression, rasant des centaines de villages et laissant sur son passage des centaines de milliers de morts et de sans-abri. Pendant de nombreuses années, l'aide américaine sera renouvelée et le scénario se maintiendra. Le massacre aura éliminé 200 000 personnes, dont 80 % d'origine maya. Une élection tenue en 1985 redonnera le pouvoir aux civils. Le 29 décembre 1996, un accord est signé entre le gouvernement et un regroupement des divers mouvements de guérilla, et le conflit prend fin, laissant le pays complètement ruiné.

SAVIEZ-VOUS QUE...

De 1992 à 1999, environ 65 bénévoles du Québec et du Canada ont accompagné des Guatémaltèques parmi les quelques 25 000 qui retournaient chez eux après avoir fui le conflit armé en s'exilant au Mexique.

8.3.3 L'arrivée et l'installation des Guatémaltèques au Québec

De 1970 à 1996

L'immigration guatémaltèque au Québec s'amorce dès le début des années 1970, mais s'intensifie au cours des années 1980 à1996. Plus de la moitié de l'immigration guatémaltèque viendra au Québec au cours de ces années, fuyant la répression et la violence. Ces immigrants sont jeunes, issus principalement de milieux urbains, peu ou moyennement scolarisés et majoritairement catholiques. La plupart viendront comme réfugiés. (Laurence et Perreault, 2010)

De 1996 à 2013

Après 1996, il n'y a plus de guerre civile au Guatemala, et les Guatémaltèques seront peu nombreux à venir s'installer au Québec. Quelques-uns viendront par le biais du programme de travailleurs agricoles saisonniers, mais ne pourront s'installer de façon permanente au Québec.

8.3.4 La communauté guatémaltèque du Québec

On estime qu'environ 8000 personnes d'origine guatémaltèque vivent actuellement au Québec. Leur langue maternelle est l'espagnol, mais la grande majorité d'entre eux connaissent le français (91 %) et près de la moitié parlent le français et l'anglais (47 %). Les Guatémaltèques installés au Québec n'ont pas un très haut niveau de scolarisation ; en effet, 61 % n'ont pas dépassé le niveau des études secondaires et peu (7 %) détiennent un diplôme universitaire. Ils travaillent surtout dans la fabrication (19 %), le commerce de détail (16 %), la restauration et l'hébergement (11 %) (MIDI, 2014c).

Ils habitent surtout dans la région de Montréal (93 %), quelques-uns se retrouvent à Québec (3 %) et à Gatineau (1 %). Dans la région de Montréal, 67 % d'entre eux habitent la ville même, 13 % à Laval et 14 % en Montérégie. Ceux qui s'installent à Montréal habitent dans les arrondissements de Villeray–Saint-Michel–Parc-Extension (15 %), de Montréal-Nord (14 %) et de Rivière-des-Prairies–Pointe-aux-Trembles (9 %). Ces immigrants sont surtout de religion catholique (58 %), 21% disent appartenir à d'autres religions chrétiennes et 13 % déclarent n'appartenir à aucune religion (MIDI, 2014c).

8.4 La communauté colombienne

8.4.1 La Colombie

La Colombie est située dans la partie nord-ouest de l'Amérique du Sud. Sur le continent, elle est entourée du Venezuela, du Brésil, du Pérou et de l'Équateur, et son littoral touche l'océan Pacifique et la mer des Caraïbes (*voir la figure 8.2, page 142*). La Colombie compte 48 millions d'habitants répartis sur un territoire de 1 141 748 km². Les trois quarts vivent dans les villes, dont les plus importantes sont Bogotá (la capitale) et Medellín. Plus de la moitié de la population est métissée, d'ascendance à la fois européenne et amérindienne, et les Amérindiens représentent environ 2 % de la population. Plus de 98 % des Colombiens parlent l'espagnol, mais une centaine de langues amérindiennes sont également parlées dans le pays (Guay, 2014).

SAVIEZ-VOUS QUE...

Les jeunes Colombiennes de 15 ans fêtent la Quinceañera, un rite marquant le passage à la vie adulte qui ressemble à un mariage : il y a une magnifique robe, des filles et des garçons d'honneur, une cérémonie à l'église, un repas et un gâteau.

8.4.2 Quelques repères historiques

Au cours des années 1950, des guerres civiles opposent les factions conservatrice et libérale. Plusieurs mouvements de libération populaire comme les Forces armées

Guérilla
Mouvement armé qui tente de renverser un gouvernement, par des embuscades, du harcèlement, des enlèvements, etc.

révolutionnaires de Colombie (FARC) prennent naissance pendant les années 1960 et connaissent un important essor. Au cours des années 1980 et 1990 apparaît le commerce de narcotiques qui sert à financer la **guérilla**. De véritables cartels s'installent et, face à leur puissance, le gouvernement est contraint d'amorcer une politique de dialogue avec les guérilleros.

La Constitution de 1991 résulte de cette tentative de réconciliation, mais la méfiance réciproque demeure. De plus, cette politique déplaît à certains membres du Congrès américain et aux dirigeants de l'armée américaine. Élaboré aux États-Unis en 1999 et comportant une importante aide tant militaire que financière à ce pays, le *Plan Colombie* est lancé en 2000 et, depuis, les forces armées colombiennes tentent d'écraser les guérilleros.

Pendant toutes ces décennies, les luttes donnent lieu à de multiples atteintes aux droits de la personne, tant par les forces de sécurité gouvernementales (exécutions extrajudiciaires et attaques contre des civils soupçonnés de sympathie pour les guérillas) que par les guérilleros (homicides délibérés, enlèvements, recrutement forcé de combattants). Tous ces évènements seront marquants dans l'exil des Colombiens (Humanez-Blanquiccet, 2012).

CAPSULE

Íngrid Betancourt, otage des FARC

Íngrid Betancourt est née à Bogotá en Colombie. Élue députée en 1994, elle s'attaque à la corruption. En 2002, elle se présente à l'élection présidentielle du pays, mais le 23 février, elle est enlevée par les Forces armées révolutionnaires de Colombie (FARC). Elle sera détenue dans la jungle pendant sept années. Plusieurs campagnes et des pétitions dans divers pays cherchent à la faire libérer, mais ce ne sera que le 2 juillet 2008 qu'elle pourra enfin rejoindre les siens (Bétancourt, 2010).

8.4.3 L'arrivée et l'installation des Colombiens au Québec

Avant 1996

Avant les années 1970, quelques étudiants colombiens s'établissent au Québec, mais c'est surtout entre 1973 et 1978 que le Québec commence à recevoir un bon nombre d'immigrants provenant de la Colombie. Surtout d'origine urbaine, cette première vague d'immigration est essentiellement composée de jeunes, en majorité des femmes. La plupart sont acceptés sous la catégorie de l'immigration économique et quelques-uns sous celle du regroupement familial. Par la suite, et ce, jusqu'au milieu des années 1990, l'immigration colombienne sera plutôt faible.

CONNAISSEZ-VOUS ?

Yayo

Diego Herrera, artiste connu sous le nom de Yayo, est né en Colombie en 1961 et s'installe au Québec en 1987. Il se démarque comme illustrateur de livres jeunesse et comme caricaturiste. Il gagne plusieurs prix au Québec et dans le monde.

De 1996 à 2013

À partir de 1996, on enregistre une importante hausse du nombre d'immigrants colombiens qui viennent s'établir au Québec ; on passe de 300 à 1000 personnes environ par année. Ces Colombiens fuient l'instabilité tant politique qu'économique, et la majorité sont acceptés au Canada en tant que réfugiés (Charland, 2006). Le non-respect des droits de la personne, le chômage, la violence et le trafic de drogues continuant d'augmenter en Colombie, l'immigration s'intensifie. Entre 2002 et 2013, plusieurs milliers de Colombiens s'établissent au Québec. La moitié d'entre eux sont admis en tant que réfugiés et l'autre moitié en tant qu'immigrants économiques. La Colombie fait encore partie des 10 premiers pays de provenance au Québec en 2013 (MIDI, 2014c).

SAVIEZ-VOUS QUE...

En 2004, alors que la population vieillissante du petit village de Sainte-Clotilde-de-Beauce (570 habitants) voyait partir ses jeunes et ressentait durement le manque de main-d'œuvre, elle a décidé de jouer d'audace et de faire venir 25 familles d'immigrants colombiens, ce qui a entraîné la réouverture de l'école primaire qui avait été fermée par manque d'élèves (Humeres, 2007).

8.4.4 La communauté colombienne du Québec

On estime à 27 000 les membres de la communauté colombienne du Québec. Leur langue maternelle est l'espagnol, mais la grande majorité connaît le français (89 %) et 37 % parlent le français et l'anglais. Leur niveau de scolarisation est très élevé : 35 % détiennent un diplôme universitaire. Ils travaillent principalement dans les domaines de la vente et des services, dans les affaires, la finance et l'administration (MIDI, 2014c).

On trouve plus de 60 % des Colombiens dans la région de Montréal, environ 10 % à Québec et 5 % à Gatineau. Ceux qui s'établissent dans la région de Montréal habitent dans la ville même (40 %), en Montérégie (15 %) et à Laval (5 %). Dans la ville de Montréal, ils sont surtout présents dans les arrondissements de Villeray–Saint-Michel–Parc-Extension, de Côte-des-Neiges–Notre-Dame-de-Grâce, de Rosemont–La Petite-Patrie et de Saint-Léonard. Ils sont majoritairement de religion catholique.

CAPSULE

Une famille colombienne se réfugie dans une église pendant plus d'un an

En juin 2001, Alvaro Vega-Ulloa, professeur dans une université colombienne, a été enlevé et torturé après avoir dénoncé l'enlèvement d'un étudiant par une force de sécurité de la Colombie et pour avoir parlé publiquement des droits de la personne. Des marques très visibles sur son corps témoignent encore de ces mauvais traitements. En octobre de la même année, après avoir échappé à une tentative d'assassinat, il quitte la Colombie avec sa conjointe et leur fille de 20 ans. Arrivée au Canada, la famille demande l'asile et sollicite l'aide d'un consultant en immigration. Malheureusement, celui-ci commet une erreur en traduisant les renseignements en espagnol fournis par la famille. Ainsi, les documents soumis à la Commission de l'immigration et du statut de réfugié laissent croire à une contradiction lors de l'audience. Le commissaire rejette la demande.

N'ayant aucun droit d'appel, la famille est sommée de retourner en Colombie. À l'été 2003, le couple et leur fille se réfugient dans une église de l'arrondissement de Saint-Laurent et ils y restent 567 jours. Appuyés par des groupes de citoyens, ils sont finalement acceptés au Canada.

8.5 La communauté mexicaine

8.5.1 Le Mexique

Le Mexique est un pays d'Amérique du Nord qui s'étend de l'océan Pacifique à l'océan Atlantique ; il est bordé au nord par les États-Unis et au sud par le Guatemala et le Belize (*voir la figure 8.1, page 142*). Ce pays compte environ 120 millions d'habitants, dont 21 millions vivent dans la capitale, Mexico. La langue officielle y est l'espagnol, mais une soixantaine de langues autochtones y sont aussi d'usage. La grande majorité (83 %) des Mexicains sont catholiques (Guay, 2014).

8.5.2 Quelques repères historiques

Depuis la fin du XXe siècle, le Canada et le Québec ont tissé des liens diplomatiques avec le Mexique. À cet égard, la signature, en 1994, de *l'Accord de libre-échange nord-américain* (ALENA) entre le Canada, les États-Unis et le Mexique a permis le renforcement de liens privilégiés entre les trois pays, le développement d'accords commerciaux et l'échange de produits et de services.

Au début des années 2000, le Mexique connaît une forte croissance économique ; les secteurs industriel et touristique sont florissants. Toutefois, les écarts socioéconomiques sont encore très importants, la corruption est endémique et le système d'éducation favorise la reproduction des inégalités, ce qui déprime une grande partie de la population et l'amène à ne voir d'issue que dans l'immigration.

CONNAISSEZ-VOUS ?

Lhasa

Lhasa de Sela, chanteuse et artiste reconnue internationalement, est née de parents mexicains, a vécu aux États-Unis et s'installe au Québec en 1991. Dès 1997, elle produit à Montréal *La Llorona*, un disque qui deviendra un succès international. Elle décède en 2010 à l'âge de 38 ans des suites d'un cancer du sein.

CAPSULE

Les travailleurs saisonniers mexicains

Les employeurs qui font usage du *Programme des travailleurs saisonniers mexicains* sont astreints au code réglementaire des normes du travail du Québec et du Canada. Malgré ces règles, on a dénoncé plus d'une fois l'exploitation de ces travailleurs qui, souvent, sont logés dans des conditions insalubres et travaillent dans des conditions difficiles.

8.5.3 L'arrivée et l'installation des Mexicains au Québec

Entre 1974 et 2005

Déjà, en 1974, le Canada et le Mexique signent une entente visant à faciliter l'admission des Mexicains qui souhaitent venir travailler dans les entreprises agricoles du pays. Il s'agit du *Programme des travailleurs saisonniers mexicains*. Ainsi, depuis cette entente, plusieurs milliers de Mexicains admis en tant que travailleurs saisonniers travaillent de trois à six mois dans les fermes, vignobles et pépinières du Québec.

Quant aux Mexicains admis en tant que travailleurs qualifiés et sur une base permanente, ils commencent à arriver surtout à partir de 1996. Ces immigrants sont jeunes et scolarisés, et ils recherchent des emplois qui leur offriront de meilleures perspectives de vie.

De 2006 à 2013

Depuis 2006, on assiste à un nouveau phénomène dans l'immigration mexicaine : l'augmentation importante du nombre de demandes de statut de réfugié. Par exemple, en 2008, plus de 9400 demandes provenaient de citoyens mexicains, ce qui représente 25 % de toutes les demandes présentées au Canada. Pour contrer ce phénomène, à partir du 13 juillet 2009, le gouvernement canadien exige des Mexicains l'obtention d'un visa pour entrer au Canada, car il considère que plusieurs Mexicains contournent la *Loi sur l'immigration*, que la criminalité organisée et la corruption constituent des risques pour les Canadiens et, enfin, que ceux qui demandent refuge n'ont souvent pas vraiment besoin de protection. Cette mesure aura pour effet une importante réduction du nombre de demandes (Martin, Lapalme et Roffe Gutman, 2013).

Le Mexique est l'un des 15 premiers pays de provenance des immigrants entre 2009 et 2013, et les Mexicains qui sont admis le sont surtout dans la catégorie des travailleurs qualifiés (MIDI, 2014c).

CAPSULE

La piñata, une jolie tradition mexicaine !

Très populaire dans les fêtes d'enfants, la piñata aurait été importée en Amérique latine par les Espagnols. À l'origine, il s'agissait d'une marmite colorée qui symbolisait le mal et qu'on frappait avec un bâton représentant la vertu, pour obtenir en récompense des fruits et des bonbons. Aujourd'hui faite de papier mâché, elle est remplie de bonbons et de jouets. Il faut tenter, les yeux bandés, de briser la piñata à l'aide d'un bâton.

8.5.4 La communauté mexicaine du Québec

On dénombre à environ 25 000 les membres de la communauté mexicaine du Québec. Leur langue maternelle est l'espagnol, mais la grande majorité des Mexicains connaissent le français (83 %) et la moitié parlent le français et l'anglais. La plupart des Mexicains installés au Québec ont un haut niveau de scolarisation : le tiers d'entre eux détiennent un diplôme universitaire. Ils travaillent dans les domaines de la vente et des services (34 %), des affaires, de la finance et de l'administration (15), de l'enseignement et des services sociaux (12 %) et enfin de la fabrication et de la transformation (12 %) (MIDI, 2014c).

Plus de 8 Mexicains sur 10 habitent dans la région de Montréal, quelques-uns se retrouvent à Québec (4 %)

et à Gatineau (4 %). Dans la région de Montréal, 65 % d'entre eux habitent la ville même, 12 % en Montérégie et 6 % à Laval. Ceux qui s'installent à Montréal habitent dans les arrondissements de Côte-des-Neiges–Notre-Dame-de-Grâce (15 %), de Villeray–Saint-Michel–Parc-Extension (13 %), de Rosemont-La-Petite-Patrie (9 %). Ces immigrants déclarent être surtout de religion catholique (71 %) et d'autres religions chrétiennes (12 %), et 15 % déclarent n'appartenir à aucune religion (MIDI, 2014c).

8.6 La communauté argentine

8.6.1 L'Argentine

L'Argentine est le pays de l'Amérique du Sud situé le plus au sud de ce continent (*voir la figure 8.2, page 142*). Il compte près de 41 millions d'habitants répartis sur un territoire de 2 766 890 km^2 et sa capitale est Buenos Aires (Guay, 2014).

8.6.2 Quelques repères historiques

Pendant tout le xxe siècle, des dictatures et des gouvernements démocratiquement élus alternent à la tête du pays, entraînant souvent de violents conflits entre les civils et l'armée. Le bilan est lourd : 30 000 personnes « disparues », 5000 fusillées, 9000 prisonniers politiques et 1,5 million d'exilés. L'Argentine – qui a longtemps été l'un des pays les plus riches du monde – accumulera à la fin des années 1980 une lourde dette externe, subira une inflation galopante et une chute considérable de sa production. Après une tentative de redressement au cours des années 1990, le pays est plongé, vers la fin de la décennie, dans une crise économique sans précédent.

Culminant en 2001, cette crise amène plus de la moitié de la population sous le seuil de la pauvreté. Par conséquent, l'émigration argentine aura pour principal motif la recherche de meilleures conditions de vie et se produira aux moments les plus creux de la situation économique (Armony, 2004).

CONNAISSEZ-VOUS ?

Pablo Rodriguez

Né en Argentine en 1967 et arrivé au Québec en 1974, Pablo Rodriguez s'établit à Sherbrooke. Il a été élu 3 fois sous la bannière libérale dans la circonscription Honoré-Mercier. Il a occupé un siège de député à la Chambre des communes entre 2004 et 2011.

8.6.3 L'arrivée et l'installation des Argentins au Québec

La première vague d'immigration argentine correspond à la période de 1984 à 1988 avec l'arrivée de quelques centaines de personnes par année. La deuxième vague d'immigration se situe entre 2001 et 2008, alors que quelque 3 000 Argentins viendront s'installer au Québec. Plus de la moitié des Argentins qui se sont installés au Québec l'on fait entre 2001 et 2006. Depuis, très peu d'Argentins viennent s'installer au Québec.

8.6.4 La communauté argentine du Québec

On estime qu'environ 4000 personnes d'origine argentine vivent actuellement au Québec (MICC, 2011 ; MIDI, 2014a). Leur langue maternelle est l'espagnol, mais la grande majorité d'entre eux connaissent le français (92 %) et plus de la moitié parlent le français et l'anglais (53 %). Les Argentins installés au Québec détiennent un très haut niveau de scolarisation ; en effet, 37 % d'entre eux détiennent un diplôme universitaire. Ils travaillent dans les domaines de la vente et des services (23 %), dans les affaires, la finance et l'administration (18 %), l'enseignement et les services sociaux (13 %), et dans le secteur de la fabrication et de la transformation (10 %) (MICC, 2011).

Ils habitent surtout dans la région de Montréal (75 %) et 8 % d'entre eux s'installent à Québec. Dans la région de Montréal, 55 % d'entre eux habitent la ville même, 10 % en Montérégie et 7 % à Laval. Ceux qui s'installent à Montréal habitent surtout dans les arrondissements de Côte-des-Neiges–Notre-Dame-de-Grâce (15 %), Ville-Marie (12 %) et Rosemont-La-Petite-Patrie (11 %) (Charbonneau, 2011).

Découvrir quelques communautés latino-amérlcaines

Apprendre quelques mots en espagnol

Bonjour : *Buenos días*
Bonsoir : *Buenas tardes*
Comment allez-vous ? : *¿Comó está usted ?*
Très bien, merci : *Muy bien, gracias*
Merci beaucoup : *Muchas gracias*
S'il vous plaît : *Por favor*
Oui : *Sí*
Non : *No*

Connaître

- **L'Association hispanophone de Laval**
  CP. 1502, succursale Saint-Martin, Laval
  www.hispanolaval.com
- **L'Association latino-américaine et multiethnique de Côte-des-Neiges**
  5307, chemin de la Côte-des-Neiges, Montréal
  www.alac.qc.ca
  Fondée en 1983, cette association favorise l'intégration des communautés ethnoculturelles de Montréal.
  Depuis 1994, cet organisme a comme objectif principal de faciliter l'intégration des hispanophones de Laval.
- **La bibliothèque latino-américaine Gabriel-García-Márquez**
  320, rue Saint-Joseph Est, Québec
  Cette bibliothèque est située en partie dans les locaux de la bibliothèque Gabrielle-Roy ; les livres scientifiques et spécialisés se trouvent au cégep Limoilou et dans les locaux de la Confédération des Associations latino-américaines de Québec (CASA). Le cercle littéraire de la bibliothèque organise des conférences visant à favoriser le dialogue entre les cultures latino-américaines et québécoise.
- **La Corporation culturelle latino-américaine de l'amitié**
  1357, rue Saint-Louis, Montréal
  Ce centre offre une foule de services d'entraide communautaire, allant des services d'interprète ou de récupération de vêtements aux camps de jour pour enfants, en passant par des cuisines collectives et des jardins écologiques.
- **La Mission catholique latino-américaine Notre-Dame-de-Guadalupe**
  2020, rue de Bordeaux, Montréal
  Cet organisme de charité offre des services à la communauté latino-américaine, dont des rencontres de groupes de jeunes, d'aînés et d'adultes. Il a également une troupe de théâtre et, deux fois par année, on y offre une activité ouverte à toute la population.
- **Le parc de l'Amérique latine**
  en bordure de la rivière Saint-Charles, à Québec
  Ce parc a été inauguré en 1995 en hommage aux peuples d'Amérique latine avec lesquels le Québec entretient des liens d'amitié. Plusieurs monuments ou bustes ont été offerts par différents pays : mentionnons, entre autres, la statue de Simon Bolivar (Venezuela) et celle de José Marti (Cuba).
- **Le parc des Amériques**
  À l'angle de la rue Rachel et du boulevard Saint-Laurent, Montréal
  Les motifs qui décorent l'arcade du parc sont d'inspiration aztèque.
- **Le parc Lhasa-De Sela**
  Au coin de Van Horne et Saint-Urbain
  Ce parc a été inauguré le 15 mai 2014 dans le quartier Mile-End, où la chanteuse et compositrice a habité.
- **La rue Salvador-Allende**
  À Laval
  Cette rue est la seule en Amérique du Nord qui ait été nommée en l'honneur de l'ancien président du Chili.

Goûter

Voici quelques plats typiques d'Amérique centrale et d'Amérique du Sud :

- tortillas : petites crêpes de maïs ou de blé ;
- *porotos con riendas* : préparation de haricots, courges et pâtes alimentaires ;
- *empanadas* : petits chaussons farcis de viande, de poisson ou fruits de mer ou de fromage ;
- *pupusas* : petites crêpes de farine de maïs, farcies de fromage ou de purée de haricot ;
- *tamales* : petites portions de maïs farcies d'une préparation faite à partir de porc ou de poulet et de fruits séchés, enveloppées dans des feuilles d'épi de maïs ou des feuilles de bananier, le tout cuit à la vapeur ;
- *ceviche* : poisson cru mariné dans du jus de citron ;
- *quesadillas* : tortillas farcies de fromage et parfois de poulet, de bœuf ou d'autres ingrédients, grillées, frites ou cuites à la poêle ;
- *pan de muerto* : pain ayant la forme d'un os pour souligner la fête des Morts, le 2 novembre.

Fêter

- **9 juillet : Fête de nationale de l'Argentine**
- **20 juillet : Fête nationale de la Colombie**
- **11 septembre: Journée de commémoration pour les victimes du coup d'État de Pinochet au Chili**
- **15 septembre : Fête nationale du Guatemala**
- **15 septembre : Fête nationale du Salvador**
- **16 septembre : Fête nationale du Mexique**
- **18 septembre : Fête nationale du Chili**
- **23 septembre : Anniversaire de naissance du poète chilien Pablo Neruda**
- **12 octobre : Fête de Christophe Colomb**
  Dans plusieurs pays d'Amérique latine, on ne célèbre pas, cette journée-là, l'arrivée de Christophe Colomb en Amérique, mais plutôt les premiers habitants de l'Amérique, qui étaient des Amérindiens.

Voir

Des documentaires

- **La série *D'ici et d'ailleurs*, Pixcom, 2002.**
  Les épisodes sur les communautés chilienne, mexicaine et cubaine présentent des témoignages de membres de ces communautés, qui ouvrent la porte de leurs maisons et de leur quartier.
- **La série *Nos familles*, Orbi-XXI, 2008.**
  Les épisodes de cette série télévisée portant sur les communautés chilienne, mexicaine et cubaine nous font découvrir, à travers les yeux de personnes immigrantes, leurs apports à la vie culturelle du Québec.
- **Les films de Patricio Henriquez.**
  Québécois d'origine chilienne vivant à Montréal, le réalisateur Patricio Henriquez a reçu de nombreuses récompenses pour son œuvre. Parmi ses films, on compte *11 septembre 1973 : le dernier combat de Salvador Allende* (1998), qui nous fait partager les derniers moments de celui qui a voulu apporter la justice au Chili ; *Le côté obscur de la Dame Blanche* (2007), qui raconte comment L'Esmeralda, un navire-école chilien, a servi de centre de torture, au lendemain du coup d'État de 1973 ; et *Sous la cagoule, un voyage au bout de la torture* (2008), qui dénonce la pratique de la torture depuis les attentats de septembre 2001.

Des fictions

- **Les films d'Alejandro González Iñárritu.**
  Amours chiennes (2000), *21* grammes (2003), *Babel* (2006), *Biutiful* (2010), *Birdman* (2014) sont quelques-uns des films du réalisateur mexicain, qui a remporté le Prix de la mise en scène au Festival de Cannes de 2006 pour *Babel* et quelques autres prix pour *Amours chiennes*.
- **Les films de Marilú Mallet.**
  Née à Santiago au Chili, Marilù Maillet est déjà cinéaste quand elle est forcée de quitter le Chili en 1973 pour s'installer à Montréal. Elle continue sa carrière avec de nombreux films portant beaucoup sur l'exil et la condition de réfugiés. Mentionnons *Il n'y a pas d'oubli* (1975), *Le journal inachevé* (1982), *Chère Amérique* (1991) et *Double portrait* (2000). La réalisatrice a remporté plusieurs prix internationaux.
- ***Bombón el perro*, de Carlos Sorin, 2005.**
  Au chômage pour cause de licenciement, Juan, la cinquantaine avancée, sillonne les routes de Patagonie à la recherche de travail. En remerciement d'un dépannage sur l'autoroute, on lui offre un chien. Celui-ci s'avère être un chien de grande valeur qui commence à gagner des concours canins. Ce film a valu au réalisateur argentin de nombreux prix. Plus récemment, le cinéaste a produit *Jours de pêche en Patagonie* en 2012.
- ***Frida*, de Julie Taymor, 2002.**
  Frida Khalo (1907-1954) et Diego Rivera (1886-1957) ont formé un couple mythique du Mexique, lui muraliste connu internationalement et elle peintre surréaliste. Le film relate une partie de leur vie tumultueuse.
- ***Mon ami Machuca*, de Andrés Wood, 2005.**
  À la veille du renversement d'Allende au Chili, 2 garçons âgés de 11 ans, l'un issu des beaux quartiers et l'autre d'un bidonville, se lient d'amitié. Ensemble, ils sont les témoins impuissants du coup d'État sanglant du 11 septembre 1973. Le réalisateur chilien a obtenu plusieurs prix pour son œuvre. Son dernier film, *Violetta* (2012), raconte le destin de Violeta Parra, chanteuse, poète et peintre chilienne.

Lire

Des romans

- **Les romans d'Isabel Allende.**
  Cette écrivaine chilienne a notamment écrit *La maison aux esprits* (1982), *Les contes d'Eva Luna* (1989), *Portrait sépia* (2000) et *Le Cahier de Maya* (2011). Elle a reçu de nombreux prix littéraires au Chili, en Europe et aux États-Unis.
- **Les romans de Gabriel García Márquez (1927-2014).**
  Les romans les plus célèbres de cet auteur colombien renommé internationalement sont *Cent ans de solitude* (1967), *Chronique d'une mort annoncée* (1981) et *L'amour aux temps du choléra* (1985). Cet auteur a reçu le prix Nobel de littérature en 1982. Son chef-d'œuvre, *Cent ans de solitude*, est l'histoire d'une dynastie vivant dans une ville imaginaire et condamnée à vivre 100 ans de solitude par la prophétie d'un gitan.
- **Les romans de Jorge Luis Borges**
  Ce prolifique écrivain argentin né en 1899 et mort en 1986 a publié tant des romans et des nouvelles que de la poésie et des essais. L'originalité, la qualité et la diversité de son œuvre lui ont valu de nombreux prix, partout dans le monde.
- **Les romans de Mauricio Segura.**
  L'écrivain québécois d'origine chilienne a entre autres publié *Côte-des-Nègres* (1998), *Bouche-à-bouche* (2003) et *Eucalyptus* (2010).

Lire (*suite*)

- **Les romans de Carlos Fuentes.**
  Le bonheur des familles (2006), *La volonté et la fortune* (2008) comptent parmi les romans de cet auteur mexicain décédé en 2012.
- **Les romans de Sergio Kokis.**
  Québécois d'origine brésilienne, Sergio Kokis a notamment écrit *Le pavillon des miroirs* (1994), *Les amants de l'Alfama* (2003) *et Makarius* (2014).
- **Les romans de Luis Sepúlveda**
  Parmi les romans de cet auteur, *Le vieux qui lisait des romans d'amour* (1992) reste le plus célèbre. Cet écrivain chilien s'est également démarqué par le récit autobiographique *Le neveu d'Amérique* (1996), le recueil La folie de Pinochet (2003) et l'album *Histoire du chat et de la souris qui devinrent amis* (2013).

De la poésie

- **Les poèmes de Pablo Neruda.**
  Ce célèbre poète chilien mort en 1973 a notamment écrit *Vingt poèmes d'amour et une chanson désespérée* (publié en français en 1998), *La Centaine d'amour* (1995) et ses mémoires, *J'avoue que j'ai vécu* (1975).

Sortir

- **Festival du cinéma latino-américain de Montréal**
  Créé en 2010, ce festival met de l'avant la diversité culturelle de l'Amérique latine et présente chaque printemps, à Montréal, des films et des spectacles de diverses disciplines.
- **Festival international de tango de Montréal**
  Cet événement réunit chaque année, depuis 2003, quelques grands noms du tango argentin, de nombreux danseurs et musiciens. En plus des spectacles sont proposés des ateliers de formation et des soirées de danse.

Écouter

- **Les chansons de Lhasa de Sela**
  Les 3 disques de la chanteuse née de parents mexicains et installée au Québec en 1991, *La Lloroma* en 1998, *The living Road* en 2003 et *Lhasa* en 2009, l'ont promue au niveau international.
- **La voix de Mercedes Sosa (1935-2009)**
  Cette grande chanteuse argentine est très populaire dans toute l'Amérique latine.
- **Les albums de Robert Lopez**
  Ce québécois d'origine colombienne a notamment vu son album *Azul* (2012), parmi les finalistes pour le meilleur album de l'année au gala de l'ADISQ de 2013.
- **La musique de l'Argentin Astor Piazzolla (1921-1992)**
  Bandonéoniste et compositeur, ce musicien est considéré comme le plus important de la seconde moitié du XXe siècle en matière de tango.

CHAPITRE 9

À PROPOS DE QUELQUES RELIGIONS

On trouve des sociétés
qui n'ont ni science,
ni art, ni philosophie,
mais il n'y a jamais eu
de sociétés sans religions.

HENRI BERGSON
(1859-1941)

PLAN DU CHAPITRE

9.1
L'hindouisme

9.2
Le judaïsme

9.3
Le bouddhisme

9.4
Le christianisme

9.5
L'islam

9.6
Le sikhisme

OBJECTIFS D'APPRENTISSAGE

Après avoir lu ce chapitre, vous pourrez :

- relater la fondation de chacune des six grandes religions du monde ;
- décrire les principes de foi de chacune d'elles ;
- préciser quels sont leurs principaux livres ou textes sacrés ;
- énumérer quelques pratiques, symboles et rituels propres à chacune de ces religions ;
- nommer certaines fêtes religieuses ainsi que des lieux de culte et de pèlerinage.

La planète est religieuse, dit-on. En effet, 84 % des êtres humains affirment appartenir à une religion (Trécourt, 2013). Au Québec, la séparation entre l'État et le fait religieux a été établie au cours des années 1960. Il n'en demeure pas moins que partout où notre regard se pose, des traces du passé et des traces plus récentes nous rappellent la présence de la religion : noms de rues et de villes (Saint-Denis, Saint-Hubert, Sainte-Rose-du-Nord, Saint-Hyacinthe), croix de chemin, croix de sommets de montagnes, églises et lieux de pèlerinage, sans oublier les mosquées, synagogues, temples et autres lieux de culte.

Pour les croyants, les religions fournissent des réponses aux questionnements spirituels et des balises pour les comportements face aux situations de la vie. Ainsi, les croyants considèrent généralement les prêtres, imams, rabbins et autres représentants religieux comme des autorités morales et spirituelles, voire des autorités politiques. C'est ainsi qu'à partir des significations et préceptes fournis par les croyances et religions, les sociétés ont réalisé des œuvres humanitaires, éducatives et hospitalières. On n'a qu'à penser aux écoles, hôpitaux et services sociaux que l'institution catholique du Québec a mis en place ou pris sous son aile, avant que l'État ne les reprenne à son compte. Les religions font également la promotion de valeurs telles que l'entraide, la solidarité, le pardon et la dignité.

Les croyances religieuses et les religions ont cependant été et sont encore à l'origine de nombreuses guerres et persécutions. Les exemples sont si abondants qu'on ne saurait les énumérer, mais qu'il suffise d'évoquer l'Inquisition catholique du Moyen Âge et, plus récemment, les conflits en Irak (entre chiites et sunnites), en Syrie (entre musulmans et chrétiens), en Birmanie (entre musulmans et bouddhistes). De plus, les pratiques d'endoctrinement sont courantes, surtout chez certains groupes.

Les traces de la religion sont également très présentes dans la littérature, dans les comportements, dans les expressions orales (comme les sacres), de même que dans les rites entourant la naissance et la mort. Par exemple, nos activités scolaires et professionnelles sont ponctuées de fêtes chrétiennes telles que Noël et Pâques. La religion est loin d'avoir disparu du paysage (en 2011, 83 % de la population québécoise se disait catholique). Quant à l'immigration, elle a diversifié le visage religieux de la société québécoise.

S'il est difficile de comprendre les attitudes et croyances de beaucoup de Québécois sans se référer à l'histoire du Québec et à son héritage religieux, il en va de même pour ceux qui viennent d'ailleurs : il est impossible de faire abstraction de leurs valeurs, de leurs croyances et de leurs rituels, si l'on souhaite connaître ou du moins appréhender l'univers dans lequel ils évoluent et comprendre leurs attitudes et comportements (Rousseau, 2012). Notons que les immigrants n'ont pas tous de croyances religieuses ; ainsi 15 % des immigrants disent n'appartenir à aucune religion. De plus, les croyants ne sont pas tous pratiquants.

Dans ce chapitre, nous analysons les particularités de six grandes religions : l'hindouisme, le judaïsme, le bouddhisme, le christianisme, l'islam et le sikhisme. Elles sont ici présentées dans leur ordre d'apparition historique (*voir la figure 9.1*). Nous exposons brièvement l'histoire de leur naissance, les principes de foi qui animent leurs adeptes, leurs textes sacrés, leurs caractéristiques rituelles ou liturgiques, leurs lieux de culte et de pèlerinage, les fêtes qui marquent leur calendrier ainsi que les codes qui régissent le comportement de leurs pratiquants (Rousseau, 2012).

CAPSULE

Les sacres au Québec

Jurons typiques au Québec, les sacres font foi de son héritage religieux. Pour la plupart tirés de termes ayant trait à la religion catholique, ils ont longtemps été un exutoire vis-à-vis du contrôle exercé dans toutes les sphères de la société québécoise par l'élite ecclésiastique d'avant 1960.

FIGURE 9.1 La ligne du temps de l'apparition des grandes religions

–2000	–1300	–600	0	600	1500
Hindouisme	Judaïsme	Bouddhisme	Christianisme	Islam	Sikhisme

Vous trouverez, en encart couleur à la fin du livre, une carte des grandes religions et croyances dans le monde. En 2010, on retrouve 2,3 milliards de chrétiens (catholiques, protestants et orthodoxes), 1,6 milliard de musulmans (sunnites et chiites), 1 milliard d'hindous, 500 millions de bouddhistes, 22 millions de sikhs, 14 millions de juifs et 400 millions qui ont des croyances ou une allégeance religieuse autres que celles mentionnées (par exemple, les traditions africaine, amérindienne, chinoise, etc.) (Pew Research Center, 2012). La figure 9.2 illustre le nombre de personnes adhérant à chacune des grandes religions dans le monde.

FIGURE 9.2 Le nombre d'adeptes des religions dans le monde (en milliards)

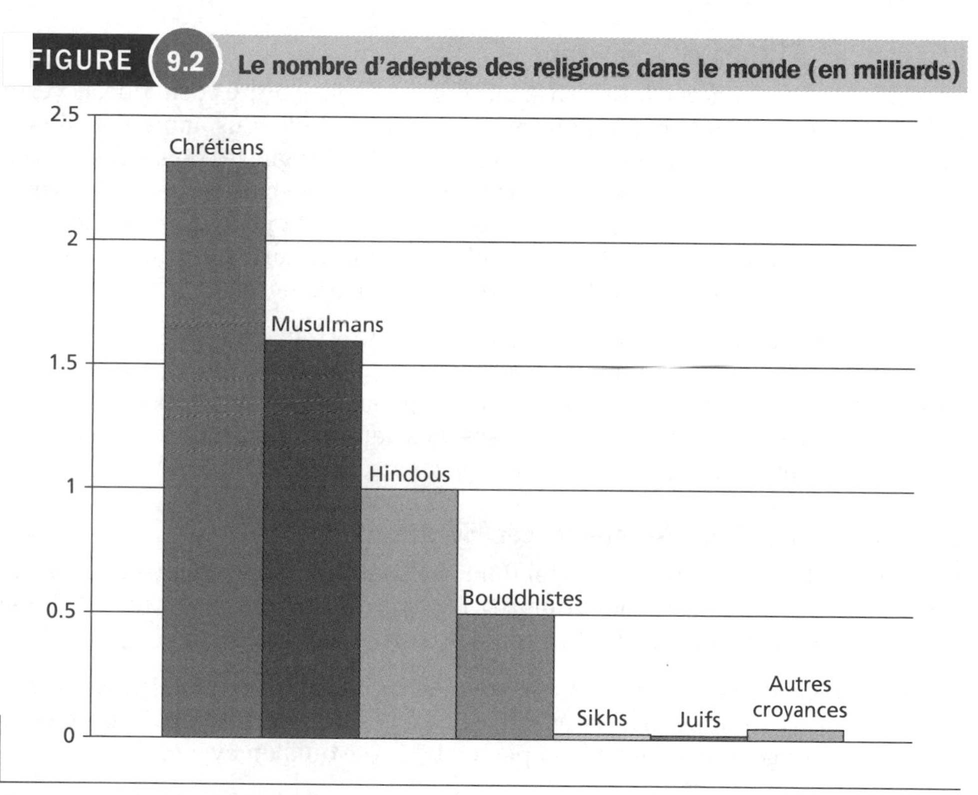

Source : Pew Research Center, 2012.

9.1 L'hindouisme

Mais celui qui perçoit tous les devenirs dans l'Être même et l'Être en tous les devenirs, celui-là alors ne se replie plus.

Isha Upanishad (Védas)

Om ou *Aum* est une syllabe sacrée pour les hindous. Elle est composée de trois lettres sanskrites et sa graphie rappelle le chiffre 3. Cette syllabe représente les trois principaux dieux hindous et l'Absolu.

On compte environ 1 milliard d'hindous dans le monde. Ils vivent surtout en Inde, au Népal, au Bangladesh, au Sri Lanka et au Pakistan. Au Québec, ils sont au nombre 33 540 (Statistique Canada, 2013b).

9.1.1 La naissance de l'hindouisme

Au fil des siècles, cette religion a assimilé les croyances et les philosophies des nombreux peuples qui ont envahi le sous-continent indien. L'une des influences majeures a probablement commencé à s'exercer plus de 2000 ans avant J.-C., alors que les Aryens, des tribus nomades de l'Asie centrale, envahissent le nord de l'Inde (vallée de l'Indus) et y imposent leur religion, le védisme, ainsi que leur langue, le sanskrit. Une autre influence majeure est le brahmanisme, survenu 600 à 500 ans avant J.-C. L'hindouisme est ainsi le produit de la rencontre de plusieurs cultures.

9.1.2 Les principes de foi

La religion hindoue accorde une place centrale au dharma, au karma et au samsara, notions reliées entre elles dans le concept de réincarnation ou de vies multiples. De même, les hindous croient en l'existence d'un principe divin unique qui peut se manifester sous diverses formes ou divinités, celles-ci s'élevant à plus d'une trentaine. Pour eux, les actes sont plus importants que les croyances et les représentations : « Être hindou, c'est d'abord faire correctement, plus que croire à des normes conformes à une autorité » (Astier, 2014).

Le dharma, le karma et le samsara

Le terme sanskrit *dharma* désigne à la fois l'ordre social, l'ordre cosmique, la vertu et l'ensemble des devoirs que doivent accomplir les individus afin de maintenir leur place dans cette harmonie. Le concept de karma désigne les conséquences de l'ensemble des actions réalisées par une personne ; celui-ci détermine le devenir et les renaissances de cette personne. Le samsara est le cycle des existences, de renaissance en renaissance, et il est conditionné par le karma. Le but ultime des hindous est de se sortir du cycle perpétuel des renaissances.

Dans le système des castes tel que celui que l'on retrouve en Inde, la notion de karma est utilisée pour maintenir l'ordre social (celui des castes), car, selon sa logique, le fait de naître dans une caste plutôt qu'une autre est la conséquence des actions réalisées par la personne dans ses vies antérieures. L'individu accepte sa condition et soigne ses gestes afin d'améliorer sa condition future.

Un seul principe divin, de nombreuses divinités

Les trois divinités principales de l'hindouisme sont Brahma, Vishnou et Shiva, qui forment la triade brahmanique (Trimurti). Brahma est le principe créateur, Vishnou figure les forces évolutives et Shiva est le principe de destruction.

Brahma, le créateur de l'Univers, est souvent représenté avec quatre visages et quatre bras. Il a pour épouse Sarasvati, déesse des arts, de la connaissance et de la parole. Il est généralement accompagné d'une oie ou d'un cygne.

Dans cette illustration de la triade brahmanique, on reconnaît Brahma à gauche, Vishnou au centre et Shiva à droite.

Vishnou a pour fonction de préserver l'ordre dans l'Univers. Il a quatre bras et tient dans la première main une conque, dans laquelle il souffle pour vaincre les démons ; dans la deuxième, un disque avec lequel il se bat contre les forces du mal ; dans la troisième, une masse d'or, symbole de son pouvoir ; et dans la quatrième, une fleur de lotus. Vêtu de jaune, il est souvent en compagnie d'un serpent à plusieurs têtes et d'un aigle. Son épouse, Lakshmi, est la déesse de la prospérité et de la beauté, et la protectrice des gens d'affaires.

Ganesh évoque la sagesse, la prudence et l'intelligence. La plupart des rituels hindous commencent par une prière à Ganesh, surtout lorsqu'il est question d'entreprendre quelque chose de nouveau : un mariage, un voyage, une entreprise, etc.

Quant à Shiva, il renvoie à la destruction, mais une destruction qui a pour but la création d'un monde nouveau. Dans ses représentations, il a généralement un cobra autour du cou, il est armé d'un trident et porte le tambour de la création (le damaru). Il a trois yeux, qui évoquent les trois sources de la lumière (le Soleil, la Lune et le Feu) et il écrase le démon de l'ignorance avec son pied droit. On le montre souvent assis sur une peau de tigre, symbole de l'énergie, et sa monture est un taureau. Ses épouses sont Durga, Kali et Parvati.

Une divinité peut se manifester sous diverses formes, par exemple, celle d'un humain (généralement un héros) ou d'un animal ; ce sont des avatars. Vishnou a 10 avatars, dont les plus connus sont Rama et Krishna. On peut ainsi voir des statuettes ou des images de divinités singes ou éléphants. Par exemple, Ganesh, fils de Shiva et de Parvati, est représenté avec une tête d'éléphant. Selon la légende, au retour d'un très long voyage, Shiva a trouvé un jeune homme devant la porte de la chambre de son épouse Parvati. Face aux refus de ce dernier de le laisser entrer, il lui a coupé la tête. Quand il a réalisé qu'il venait de décapiter son propre fils, Shiva a ordonné qu'on lui apporte la tête de la première créature qui passerait par là pour qu'il en coiffe son fils et lui redonne la vie. Ce fut celle d'un éléphant.

9.1.3 Les textes sacrés

La doctrine hindoue est exposée dans un grand nombre de textes sacrés consignés en sanskrit au fil des siècles. Les plus anciens sont les Védas qui datent de plus de 1500 ans avant J.-C. Quelques siècles avant J.-C. sont apparus le *Mahabharata*, la *Bhagavad-Gita*, le *Ramayana* et les *Puranas*, qui sont des épopées ou des sagas mythico-historiques véhiculant des préceptes moraux.

Le *Ramayana* est l'un des textes sacrés les plus populaires chez les hindous. Il raconte l'histoire de Rama (un avatar de Vishnu) et de son épouse Sita qui se fait enlever par le démon Ravana. Rama la sauvera, aidé par le dieu-singe Hanuman. Le texte décrit les épreuves que traverse le héros, les émotions qu'il ressent au fil de ces épreuves de même que les choix moraux qu'il fait.

De plus récente création (quelques siècles après J.-C.), les *Soutras* sont des livres (traités, grammaires et analyses) portant sur divers sujets. Par exemple, le *Kamasutra* est un traité classique de l'art d'aimer. Quant aux *Upanishads*, qui sont plus d'une centaine, ils consistent en des commentaires sur les Védas.

9.1.4 Quelques pratiques, symboles et rituels religieux

Parmi les pratiques religieuses de l'hindouisme, on retrouve tout d'abord le *puja*, un rite personnel que l'on fait quotidiennement, soit chez soi, devant un petit autel, soit au temple. Le *puja* est une cérémonie d'offrande et d'adoration de la divinité, et, au niveau du geste, il se compare à l'accueil d'un invité. Le fidèle se lave ou fait des **ablutions**, puis il y a une offrande de fleurs, de fruits ou de graines, une offrande d'encens, de la musique et la récitation de **mantras**.

Ablutions
Purification rituelle de certaines parties du corps au moyen de l'eau, par exemple en s'aspergeant le visage, les bras, le torse et les pieds.

Mantra
Formule ou succession de sons répétés en silence ou à haute voix, dont la récitation facilite la transformation spirituelle.

CAPSULE

La cérémonie du cordon sacré

L'un des plus importants rituels de l'hindouisme se nomme la cérémonie du cordon sacré ou *Upanayanam*. Il consiste à donner à un garçon, entre 6 et 14 ans, ou à une fille, à l'occasion de ses premières règles, un cordon fait de 3 fils de coton, symbole de leur lien avec Dieu, ses parents et son maître spirituel. Ils le porteront toute leur vie.

CAPSULE

Hare Krishna

Les adorateurs de Krishna sont bien connus à cause de leur pratique, dans les lieux publics, du *kirtan*, une musique dévotionnelle qui consiste, dans leur cas, en la récitation du mantra *Hare Krishna*.

Les *samskara* sont des rituels qui marquent les étapes de la vie des hindous. Selon la pratique moderne, les plus courants sont ceux qui entourent la naissance d'un enfant, l'atteinte de la puberté, le mariage et la mort. Le végétarisme, assez répandu chez les hindous, peut aussi être considéré comme une pratique religieuse.

Les brahmanes aident les fidèles à effectuer leurs offrandes et à assurer la pratique du *puja*; membres de la caste supérieure, ce sont des érudits qui sont choisis par leur communauté pour assumer ces fonctions. Quant aux gourous, ils prodiguent des enseignements religieux.

La voie de l'hindouisme la plus connue en Occident est le Hatha yoga, qu'on appelle simplement yoga. Elle consiste en la pratique régulière de postures, de respirations et de méditation. Mais plusieurs autres voies existent comme le Bhakti yoga, le Karma yoga et le Jnana yoga.

Les enseignements qui appartiennent ou qui peuvent être assimilés à l'hindouisme sont nombreux... autant que le sont les maîtres. Pour devenir maître, il suffit d'avoir des disciples. Quand le nombre de disciples augmente, le cadre d'enseignement se structure et ceux-ci peuvent construire un ashram. L'hindouisme insiste d'ailleurs sur le respect du gourou, le maître spirituel.

9.1.5 Le calendrier des fêtes hindoues

Le calendrier hindou est un calendrier lunisolaire; il est basé à la fois sur le cycle annuel et celui des phases de la Lune. Les principales fêtes hindoues sont les suivantes.

- **Diwali**: Cette fête de la lumière, qui correspond au Nouvel An dans certaines régions de l'Inde, est dédiée au dieu Rama et à son épouse Sita. On allume des lampes à chaque fenêtre pour guider le retour à la maison du bon prince Rama, on nettoie la maison de fond en comble et on la décore. Les gens revêtent des costumes traditionnels pour aller chez les amis et les parents. Au Québec, cette fête est célébrée dans tous les temples hindous.
- **Holi**: Cette fête appelée « fête des couleurs » correspond à l'équinoxe du printemps. En Inde, cette journée-là, tous les membres de la famille sont aspergés d'eau colorée par l'homme le plus âgé d'entre eux. Dans la rue, les hindous, habillés de blanc, s'aspergent les uns les autres d'eau et de poudre colorée, sans distinction de caste, de sexe ou d'âge, dans une atmosphère de joie.
- **Maha Shivaratri**: Lors de cette fête où l'on célèbre la naissance du dieu Shiva, les fidèles jeûnent toute la journée et veillent toute la nuit dans les temples de Shiva. Elle est célébrée juste avant la nouvelle lune du onzième mois du calendrier hindou (janvier ou février).

9.1.6 Les lieux de culte et de pèlerinage

Les gens, individuellement ou collectivement, créent eux-mêmes leur espace de culte, que ce soit un autel à la maison, un temple, la résidence d'un maître ou un ashram.

Le Temple hindou du Québec est situé à Dollard-des-Ormeaux.

Un temple hindou est consacré à une ou plusieurs divinités. Il y en a beaucoup dans la région de Montréal. En voici quelques-uns.

- **Mission hindoue du Canada**: 955, rue de Bellechasse, Montréal
- **Temple hindou du Québec** (Hindu Mandir Temple): 50, rue Kesmark, Dollard-Des Ormeaux
- **Temple Durkai Amman**: 271, rue Jean-Talon Ouest, Montréal

Enfin, la ville de Bénarès en Inde est un lieu sacré de l'hindouisme; elle longe le fleuve sacré du Gange dans lequel les fidèles se baignent et se purifient par des ablutions. Lors du décès d'une personne, ses cendres sont déposées dans le fleuve sacré.

ॐ L'hindouisme en bref

- **Nombre de fidèles dans le monde:** 1 milliard.
- **Nombre de fidèles au Québec:** 33 540
- **Naissance de l'hindouisme:** Environ 2000 avant J.-C.
- **Divinités:** Un principe divin unique, la Trimurti (Brahma, Shiva et Vishnou) et une trentaine de divinités mineures.
- **Textes sacrés:** Les Védas, le *Mahabharata*, la *Bhagavad-Gita*, le *Ramayana*, les *Puranas*, les *Soutras* et les *Upanishads*.
- **Croyances:** le dharma, le karma et le samsara.
- **Clergé:** Il n'y a pas de clergé ni d'institution. Le brahmane aide les fidèles à effectuer leurs offrandes, assure le *puja* (rite pratiqué cinq fois par jour) et enseigne la doctrine hindoue. Il y a aussi des gourous ou des maîtres spirituels qui résident dans des ashrams.
- **Rituels religieux:** Le *puja* (ablutions, offrandes et récitation de mantras) et les *samskara*, des rituels de passage.
- **Principales fêtes:** Diwali, Holi, Maha Shivaratri.
- **Lieux de culte et de pèlerinage:** Les autels domestiques, les temples et les ashrams comme lieux de culte; la ville de Bénarès, en Inde, est le principal lieu de pèlerinage.

9.2 Le judaïsme

Au commencement, Dieu créa le ciel et la terre. [...] le septième jour, Dieu avait fini l'œuvre qu'il avait faite, il se reposa. [...] Dieu bénit le septième jour et le sanctifia [...].

Genèse, premier livre de la Torah

La ménora, chandelier à sept branches, sert à rappeler celui qui se trouvait dans le temple de Jérusalem. La branche centrale représente le jour du Seigneur, le shabbat.

Le terme «judaïsme» désigne plus qu'une religion: il désigne aussi la tradition, la culture et le mode de vie des juifs. Il véhicule, outre son code de conduite, des rites et des coutumes qui ne sont pas spécifiquement religieuses. Nous utilisons le terme «juif» pour désigner les adeptes du judaïsme. On dénombre dans le monde environ 14 millions de juifs, qui vivent surtout en Israël, en Europe et en Amérique du Nord. On compte environ 67 000 juifs au Québec (Ministère de l'Immigration, de la Diversité et de l'Inclusion [MIDI], 2014c).

9.2.1 La naissance du judaïsme

Le judaïsme remonte à des patriarches qui ont vécu autour de 2000 av. J.-C., notamment Abraham qui est reconnu comme le père du monothéisme, mais c'est à Moïse que l'on attribue la fondation du judaïsme autour de l'an 1300 avant J.-C. Au moment de la naissance de ce prophète, les Juifs, descendants d'Abraham, sont tenus en esclavage en Égypte. La loi veut que tous les nouveau-nés mâles des Hébreux soient noyés dans le fleuve, mais Moïse est sauvé des eaux par la fille du roi d'Égypte et grandit à la cour. Un jour, il s'enfuit et, lors de son séjour sur le mont Sinaï, il voit Yahvé, le Dieu d'Israël, qui se révèle à lui. Yahvé lui confie la mission de faire sortir le peuple hébreu d'Égypte et de le conduire vers la Terre promise (la Palestine). À cette occasion, Moïse reçoit la Loi de Yahvé sous la forme d'un décalogue (les Dix Commandements), à partir duquel seront rédigés cinq livres ou rouleaux (la Torah). Le voyage qui a conduit le peuple hébreu de l'Égypte à la Terre promise dure près de 40 ans ; Moïse meurt avant d'entrer en Palestine (Ludwig, 2011b).

9.2.2 Les principes de foi

Le judaïsme est une religion monothéiste fondée sur la croyance en un seul Dieu : Yahvé. Celui-ci est le créateur et le maître absolu de l'univers. Il est omniprésent et omniscient. Il est le Dieu juste, celui qui récompense les bons et punit les méchants. Les relations entre Yahvé et l'individu ne sont pas des rapports de soumission aveugle, de servilité, mais plutôt de partenariat égalitaire basé sur des obligations mutuelles.

Orthodoxe
Ce qui est conforme au dogme d'une religion ou aux opinions et usages établis, considérés comme seuls valables.

Cette relation à Yahvé n'est pas seulement valable pour la vie religieuse : elle concerne et régit toute la vie quotidienne. En effet, la religion juive insiste sur la conduite morale des individus, et, dans le cas des pratiquants **orthodoxes**, sur l'observance absolue des rites religieux. En obéissant à la loi divine de Yahvé, les individus seront témoins de sa miséricorde et de sa justice.

CAPSULE

Le rabbin

Il n'existe pas de clergé dans le judaïsme. Le rabbin, un érudit des questions de la loi juive, est choisi par la communauté des fidèles, et on lui reconnaît une autorité en tant que conseiller, chef spirituel et politique de la communauté juive. Il peut se marier et avoir des enfants. Les femmes peuvent être ordonnées rabbins depuis le XXe siècle, mais seulement au sein des courants libéraux ; les orthodoxes rejettent officiellement cette possibilité.

9.2.3 Les textes sacrés

La Torah est le plus saint et le plus ancien des textes sacrés du judaïsme. Elle est composée de cinq livres (d'où le nom « Pentateuque », *penta* signifiant « cinq » en grec) : ce sont la Genèse, l'Exode, le Lévitique, les Nombres et le Deutéronome. Sous une variété de genres littéraires, dont la poésie, l'allégorie et la narration historique, ces livres couvrent l'histoire des Israélites, leur généalogie et divers codes de lois.

Le Talmud est un recueil comprenant la loi orale et les enseignements des grands rabbins, qui a été composé environ 1500 ans après la Torah (vers l'an 200 après J.-C.), à partir de discours de rabbins. Il édicte des règles à suivre concernant tous les aspects de la vie religieuse et civile des juifs. Ceux-ci sont tenus de vivre dans le respect de 613 commandements liés à des prescriptions interdisant le blasphème, l'idolâtrie, l'inceste, l'adultère, le meurtre, le vol et la cruauté envers les animaux.

Le Zohar est le livre de référence de la tradition mystique de la Kabbale. Il a été écrit entre 1280 et 1286, et explique la mystique juive, le destin du peuple juif, la délivrance d'Israël et de l'humanité (*The Religions Book*, 2013).

9.2.4 Quelques pratiques, symboles et rituels religieux

Nous verrons maintenant quelques pratiques, symboles et rituels du judaïsme :

- **La prière :** La prière occupe une place importante dans la vie religieuse des juifs, et elle se pratique tant à la maison qu'à la synagogue. Les hommes doivent porter la **kippa** à la synagogue, mais ils peuvent aussi la porter dans d'autres circonstances.
- **Le shabbat :** Le shabbat est le jour de repos et de prière que le juif doit observer chaque semaine. Il commence le vendredi au coucher du soleil et se termine le samedi également au coucher du soleil. C'est un jour de ressourcement religieux et moral au cours duquel l'individu réfléchit à sa relation avec Dieu et avec les autres. Le shabbat est assorti d'une série d'interdictions et d'obligations. Par exemple, toute activité de production ou d'échange est interdite ; on s'abstient de travailler, de cuisiner, d'allumer les lumières (bien que l'emploi de minuteries pour l'allumage automatique soit permis), de conduire une auto, etc. Les obligations concernent la prière, le repos, le partage des repas en famille (ceux-ci étant bien entendu confectionnés avant le shabbat) et, si l'on sort de la maison, la protection par l'***érouv***. L'*érouv* permet d'avoir des activités obligeant à porter des objets ou à actionner des mécanismes (par exemple, transporter des sacs à l'auto, actionner un fauteuil roulant) sans pour autant enfreindre la loi religieuse.
- **La bar-mitsva** : Selon le judaïsme, les garçons atteignent la majorité à 13 ans. C'est l'occasion d'une cérémonie religieuse : la bar-mitsva. Pour la première fois, le jeune garçon porte les **téfillins** et le **taleth** et fait la lecture de la Torah à la synagogue. Pour les filles, la bat-mitsva a lieu quand elles ont 12 ans. C'est une cérémonie plus informelle et plus simple : la jeune fille prononce un discours à la synagogue portant sur un sujet de son choix. Ces cérémonies sont suivies d'un repas au cours duquel la jeune personne reçoit des cadeaux de sa famille et d'amis de sa famille.
- **Les lois alimentaires :** Les juifs doivent se conformer à un code alimentaire, nommé *kashrout*, dicté dans divers passages de la Torah. Ce code concerne essentiellement les aliments d'origine animale, mais il peut s'appliquer à d'autres aliments. Certains mélanges sont interdits, par exemple le mélange de lait (ou de produits contenant du lait) et de viande. Le porc, les crustacés et les oiseaux de proie sont radicalement interdits à la consommation. La viande de ruminants (par exemple, le bœuf) et de volailles domestiquées est par contre autorisée. Dans tous les cas, un animal destiné à être consommé doit être abattu par quelqu'un qui connaît les lois de l'abattage rituel. Cette personne égorge les animaux avec un couteau spécial et fait couler le sang, qui n'est jamais consommé, car le sang symbolise la vie et l'âme de l'être vivant. Chaque morceau de viande est trempé dans l'eau, salé et rincé. Les aliments qui sont conformes à ces lois sont dits kasher, et on les reconnaît aux lettres MK ou U entourées d'un cercle imprimées sur les emballages. Les boutiques et les restaurants où l'on vend des produits kasher sont inspectés par un conseil de la communauté juive.

Kippa
Petite calotte que portent les juifs pratiquants.

Érouv
Fil en nylon transparent fixé à 4,5 mètres de haut dans l'espace public (par exemple, à des poteaux ou à des immeubles) qui sert de « clôture » visant à agrandir la zone dans laquelle certaines activités normalement interdites à l'extérieur de la maison peuvent être réalisées lors des jours de shabbat et de certaines fêtes juives.

Téfillins
Deux petites boîtes de cuir noir contenant des morceaux de parchemin sur lequel sont inscrits des passages de la Torah. Elles se portent au front et au bras gauche et sont fixées à l'aide d'étroites lanières de cuir.

Taleth
Châle que les juifs portent pendant la prière et lors de cérémonies religieuses.

Ce symbole indique qu'un aliment est kasher, c'est-à-dire qu'il a été préparé selon les lois alimentaires juives.

9.2.5 Les branches du judaïsme

Les juifs ashkénazes et sépharades constituent les deux branches principales du judaïsme. La branche ashkénaze s'est développée en Allemagne au XIIe siècle et est à l'origine de la langue yiddish. La branche sépharade s'est développée en Espagne et au Portugal au VIIIe siècle, et est à l'origine de la langue ladino.

Le hassidisme est une orthodoxie qui s'inspire de la Kabbale. Regroupés autour d'un rabbin, les hassidim (ou juifs hassidiques) ont leurs propres institutions (écoles et synagogues) et fréquentent leurs propres magasins, lieux de travail, etc. Ils ont de nombreux enfants et s'astreignent à une vie simple et pieuse. Pour eux, le groupe est très important et tout se passe en communauté. Ils respectent fidèlement les fêtes et vont à la synagogue tous les jours (Bauer, 2010).

SAVIEZ-VOUS QUE...

En guise de protection, les juifs installent sur le cadre des principales portes de leur maison la *mezouzah*, un rouleau de parchemin sur lequel sont inscrits des passages de la Torah et qui est emboîté dans un réceptacle.

CAPSULE

Les habitudes vestimentaires des hassidim

Les hassidim ont gardé les habitudes vestimentaires du XVIIIe siècle. Les hommes coiffent leurs cheveux en papillotes de chaque côté de la tête et portent un manteau noir et un chapeau. Pendant les fêtes religieuses, ils mettent un chapeau qui est bordé de fourrure, le *shtraïmel*. Le port de la barbe et des boudins est obligatoire, à cause de l'interdiction biblique d'utiliser des objets tranchants sur le visage. Chez les femmes, on insiste sur l'attitude pudique et on recommande le port d'un foulard, d'une perruque, d'un béret ou d'un petit chapeau.

9.2.6 Le calendrier des fêtes juives

Le calendrier juif est un calendrier soli-lunaire. L'année comporte 12 ou 13 mois qui alternent de 29 à 30 jours. Ces derniers se nomment Tishri, Hechvan, Kislev, Tévet, Chavat, Adar, Nissan, Iyar, Sivane, Tamouz, Au et Eloul. Pratiquement chaque mois comporte un évènement religieux, que ce soit une fête, un jeûne, une commémoration, etc. Voici une brève description des principales fêtes juives.

- **Rosh Hashanah :** Il s'agit du Nouvel An juif. Il est célébré à l'automne, pendant les premier et deuxième jours du mois de Tishri. Pendant ces deux jours, on observe une liturgie ayant pour thèmes la prière et le repentir.
- **Yom Kippour :** Jour d'expiation et de pardon consacré à la prière et au jeûne. Il a lieu 10 jours après Rosh Hashanah. C'est le jour le plus solennel et le plus important du calendrier juif. Le jeûne débute au coucher du soleil et prend fin le lendemain au coucher du soleil. La veille du jeûne, on donne de l'argent ou de la nourriture aux pauvres. Outre l'interdiction de manger et de boire, on ne doit ni se laver, ni se parfumer, ni avoir des relations sexuelles, ni porter des chaussures à semelles de cuir.
- **Soukkoth :** Célébrée pendant le mois Tishri, soit 5 jours après Yom Kippour, cette fête commémore la traversée du désert par les Hébreux après leur sortie d'Égypte. On construit de petites huttes, tentes ou cabanes appelées *souccah*, dans lesquelles on prend ses repas pendant un peu plus d'une semaine.
- **Pessah :** Cette fête est la Pâque juive. Elle commémore la sortie d'Égypte du peuple hébreu. Elle se tient au printemps, le 15 du mois de Nissan et dure

8 jours. La veille du premier jour, les fidèles prennent part à un repas, comprenant du pain sans levain et de l'agneau, au cours duquel on récite des passages de la Torah.

- **Hanoukkah :** Aussi appelée « fête des lumières », cette fête qui dure 8 jours est célébrée pendant le mois de Kislev, en décembre. Le principal rituel consiste à allumer une chandelle la première journée et une de plus chaque jour, tout au long de la fête. La coutume veut que l'on offre des pièces de monnaie aux enfants et aux nécessiteux.

9.2.7 Les lieux de culte et de pèlerinage

Le principal lieu de culte juif est la synagogue. Son axe est généralement orienté vers la ville de Jérusalem. À l'intérieur se trouvent une « arche sacrée » dans laquelle sont conservés un ou plusieurs livres de la Torah ainsi qu'une chaire, où les lectures liturgiques sont faites, sous la présidence d'un rabbin.

Il y a plusieurs synagogues situées dans la région de Montréal et dans la ville de Québec. En voici quelques-unes :

- **Congrégation Shaar Hashomayim** : 450, avenue Kensington, Westmount
- **Temple Emanu-El-Beth Sholom** : 4100, rue Sherbrooke Ouest, Westmount
- **Congrégation Yetev Lev-Satmar (orthodoxe)** : 5555, rue Hutchison, Montréal
- **Congrégation Beth-El** : 1000, chemin Lucerne, Mont-Royal
- **Rabbinat sépharade du Québec** : 5850, avenue Victoria, Montréal
- **Communauté juive de Québec** : 1251, avenue de Mérici, Québec

Les principaux lieux de pèlerinage des communautés juives sont le Mur des Lamentations à Jérusalem et les tombes des patriarches, principalement à Hébron, Bethléem et Jérusalem.

Construite en 1768, la plus ancienne synagogue du Canada, la Spanish and Portuguese Synagogue, se trouve à Montréal au 4894, avenue Saint-Kevin, dans l'arrondissement Côte-des-Neiges–Notre-Dame-de-Grâce.

Le judaïsme en bref

- **Nombre de fidèles dans le monde :** Environ 14 millions.
- **Nombre de fidèles au Québec :** 67 000
- **Fondateur :** Moïse.
- **Naissance du judaïsme :** Environ 1300 avant J.-C.
- **Divinité :** Un seul Dieu, Yahvé.
- **Textes sacrés :** La Torah, le Talmud et le Zohar.
- **Croyances :** L'unicité, l'omniprésence, l'omniscience et la justice de Dieu.
- **Clergé :** Aucun clergé. Le rabbin est le maître spirituel et souvent politique de la communauté juive. Il est élu par sa communauté. Il joue aussi le rôle d'officiant lors de la lecture des livres sacrés et des cérémonies.
- **Rituels religieux :** La prière, le shabbat, la bar-mitsva, le kashrout.
- **Fêtes religieuses :** Yom Kippour, Rosh Hashanah, Pessah, Hanoukkah, Soukkoth.
- **Lieux de culte et de pèlerinage :** Les synagogues et, pour les pèlerinages, le Mur des Lamentations, à Jérusalem, et les tombes des patriarches à Hébron, à Jérusalem et à Bethléem.

9.3 Le bouddhisme

La roue du dharma est dotée de huit rayons dont chacun représente une partie de la Voie du milieu (le Sentier octuple); circulaire, elle indique qu'il n'y a ni de début ni de fin, comme l'enseignement du Bouddha.

Chérir toute chose vivante. Voici ce qui doit être accompli par celui qui est sage, qui prêche le bien et a obtenu la paix.

Tripitaka

On compte environ 500 millions de bouddhistes dans le monde; on les retrouve principalement au Japon, en Chine, en Thaïlande, en Birmanie et au Vietnam. Au Québec, ils sont environ 52 385 (Le Monde, 2012).

9.3.1 La naissance du bouddhisme

Le fondateur du bouddhisme est le prince Siddhartha Gautama, qui est né au Népal et a vécu en Inde de 566 à 483 environ avant J.-C. À la naissance du prince, un brahmane prédit au roi que son fils sera un sage qui aidera les autres à surmonter leurs souffrances. Le roi met tout en œuvre pour que son fils reçoive une éducation digne de son rang et qu'il ne soit pas tenté par la religion ou l'ascétisme. C'est ainsi que le prince Gautama vit une jeunesse heureuse et oisive dans le palais royal, sans contact avec l'extérieur. Il épouse une princesse (Yasodhra) et a un fils (Rahula). Un jour, alors qu'il s'aventure à l'extérieur de l'enceinte du palais, il est confronté à la souffrance de son peuple, qu'on avait tenté de lui cacher. Soucieux de comprendre et déçu de la pauvreté de sa vie spirituelle, il entreprend des voyages, au cours desquels il prend conscience de conditions telles que la maladie, la pauvreté et la mort, et de la place de la douleur dans la vie humaine.

Au terme d'une démarche qui a duré six ans, le prince Gautama reçoit l'Éveil et devient le **Bouddha**. Il consacre les 45 dernières années de sa vie à révéler aux êtres humains le secret de sa découverte. De son exemple et de sa doctrine est né le bouddhisme. Ses disciples ont continué son œuvre de prédication.

Bouddha
Titre qui signifie «l'Éveillé» ou «celui qui a réussi à atteindre l'Éveil et à s'extraire du cycle des existences».

9.3.2 Les principes de foi

Les principes de foi du bouddhisme reposent d'abord sur trois valeurs fondamentales : la sagesse, la moralité et la concentration. Ceux-ci reposent sur les «quatre nobles Vérités» du bouddhisme. La première Vérité affirme que toute vie implique la souffrance. La deuxième explique que l'origine de la souffrance est le désir et les attachements, qui enchaînent l'individu. La troisième enseigne qu'il est possible de faire cesser la souffrance. La quatrième indique enfin la façon de se libérer de la souffrance en supprimant le désir. En supprimant le désir, on se libère du karma, et cette libération donne accès au **nirvana**. Le chemin qui conduit à la cessation de la souffrance s'appelle le «noble Sentier octuple». Ce sentier est constitué d'actions morales et de discipline mentale, moyens qui permettent d'accéder à l'Éveil (Gabriel et Geaves, 2007).

Nirvana
État de félicité résultant de la délivrance de l'individu des illusions et de la souffrance.

Le noble Sentier octuple, qui mène à la cessation de la souffrance et au nirvana, est un élément central dans le bouddhisme. Le terme «octuple» indique que le Sentier comporte huit principes constamment rappelés aux fidèles par la roue du **dharma**, avec ses huit rayons. Chaque être humain peut choisir sa propre voie et atteindre l'Éveil.

Dharma (au sens bouddhiste)
La doctrine issue des enseignements du Bouddha.

Le tableau 9.1 montre les huit principes ou éléments du Sentier octuple qui découlent des trois valeurs fondamentales du bouddhisme.

TABLEAU 9.1 Le noble sentier octuple

Valeurs fondamentales	Principes du Sentier	Attitudes menant à l'Éveil
1. Sagesse	1. Vision juste	Comprendre la réalité, les quatre nobles Vérités et la nature de l'existence.
	2. Intention juste	Avoir une pensée sans haine, avidité et ignorance, tâcher d'éliminer le désir.
2. Moralité	3. Parole juste	Ne pas mentir, tenir un langage grossier, se vanter ou semer la discorde.
	4. Action juste	Respecter les cinq préceptes : ne pas tuer, voler, mentir, commettre d'inconduite sexuelle ou prendre des substances altérant l'esprit.
	5. Moyens d'existence justes	Avoir un travail utile et honnête.
3. Méditation	6. Effort juste	Cultiver l'effort et la discipline.
	7. Attention juste	Viser la pleine conscience de soi, des autres et de la réalité, et éviter les attitudes extrêmes.
	8. Concentration juste	Favoriser l'établissement de l'être dans l'éveil, la transformation de sa nature intérieure.

Sources : Charbonneau et Deraspe, 2001 ; Noble Chemin octuple (s.d.). Dans *Wikipedia*.

9.3.3 Les textes sacrés

Le Bouddha lui-même n'a rien écrit, mais ses enseignements ont été transmis par les moines pendant plusieurs générations, avant d'être consignés, à partir du IIIe siècle avant J.-C. Ces écritures, dont la rédaction s'est étendue sur cinq siècles, sont réunies dans le *Tripitaka* (trois Corbeilles ou trois Trésors). Celui-ci, comme son nom l'indique, comporte trois parties : *Vinaya*, qui contient les prescriptions de la vie monastique, *Sutra*, qui rassemble les sermons du Bouddha, transmis par cœur par un des disciples du Bouddha, et *Abhidharma*, un ensemble d'ouvrages métaphysiques et doctrinaux, qui sont souvent des analyses des sermons du Bouddha (Becker, 2013).

9.3.4 Quelques pratiques, symboles et rituels religieux

Le bouddhisme se manifeste plus comme un mode de vie que comme un ensemble de pratiques, mais la méditation, la récitation de prières et les offrandes en demeurent des éléments clés. Les bouddhistes manifestent leur vénération pour le Bouddha en déposant des offrandes (fleurs, nourriture, encens et eau pure) devant des images qui le représentent.

Généralement, les pratiques s'effectuent selon les techniques suivantes :

- des exercices de visualisation, dont certains utilisent des mandalas (des représentations symboliques de l'Univers), ou des personnages reconnus pour leur grande sagesse, ou des bouddhas ;
- des exercices de respiration ;
- la récitation de mantras.

CAPSULE

Le dalaï-lama

Le dalaï-lama est le chef spirituel et politique du Tibet, considéré par les bouddhistes comme la réincarnation d'Avalokiteshvara, ou sage de la compassion. Le dalaï-lama actuel, Tenzin Gyatso, dispose d'un grand rayonnement spirituel.

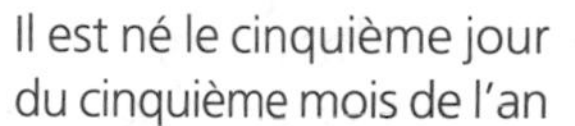

Il est né le cinquième jour du cinquième mois de l'an du Cochon-de-Bois, selon le calendrier lunaire (6 juillet 1935), dans le village de Taktser, au Tibet. À l'âge de 2 ans, il a été reconnu comme dalaï-lama par une mission de hauts dignitaires religieux, puis amené à Lhassa en octobre 1938, où il a reçu une formation religieuse rigoureuse et solitaire.

Lorsqu'après avoir été envahi par la Chine en 1950, le Tibet y est annexé de force en 1959, le dalaï-lama doit s'exiler à Dharamsala, en Inde. Il réussit à rassembler la communauté tibétaine, à obtenir des terres et à réorganiser le système éducatif. Depuis, il sillonne le monde pour soutenir la cause de son peuple, en préserver l'identité culturelle et enseigner le bouddhisme aux Occidentaux. Il a reçu le prix Nobel de la paix en 1989 (Dalaï-Lama et Vernier-Pelliez, 2008).

Cette image présente un bouddha thaïlandais dans une posture de méditation ; selon les pays et les croyances, on trouve aussi d'autres représentations du Bouddha, notamment celle d'un personnage bien en chair, souriant et rassurant.

Certaines personnes se consacrent totalement à ce mode de vie ; ce sont les moines et les nonnes. Les moines observent un mode de vie très simple : ils font vœu de célibat, étudient et méditent. Leur subsistance dépend de la générosité des laïcs. Les seuls biens qu'ils sont censés posséder sont un récipient pour les aumônes, un bâton de pèlerin, une ceinture, un rasoir, une aiguille, un filtre pour purifier l'eau et un cure-dents. Les laïcs manifestent leur respect à leur égard en leur donnant à manger, ce qui leur permet de continuer à mener une vie sainte.

9.3.5 Les branches du bouddhisme

Au fil des siècles, le bouddhisme a donné naissance à plusieurs écoles de pensée, desquelles se dégagent trois grandes traditions (The Religions Book, 2013) :

- **Le bouddhisme Theravada :** également nommé « petit véhicule », cette branche se distingue par une stricte observance de l'enseignement du Bouddha. Le bouddhisme Theravada affirme que le salut individuel s'obtient en menant une vie austère. Il s'est développé surtout au Sri Lanka, en Thaïlande, au Laos, au Cambodge et en Birmanie.
- **Le bouddhisme Mahayana :** aussi appelé « grand véhicule », cette branche affirme que la vie monastique n'est pas la seule façon d'être délivré de la souffrance et d'atteindre le nirvana. Le bouddhisme Mahayana insiste sur la libération de tous les êtres humains et croit en l'existence des **bodhisattvas**. Il s'est surtout développé en Chine, en Corée et au Japon.

  Le bouddhisme zen est l'une des traditions appartenant à cette branche, probablement une des plus philosophiques. Selon son approche, tout le monde est un bouddha en devenir. Le terme « zen », bien connu en Occident en raison du nombre relativement élevé de personnes qui le pratiquent, a acquis un sens plus large, s'appliquant notamment à la façon de se comporter devant les difficultés de la vie et, aussi, à la façon de décorer la maison.
- **Le Vajrayana :** aussi appelé « véhicule de la Foudre et du Diamant », il s'agit d'une branche du bouddhisme tantrique. Il se caractérise par la nécessité d'être initié par un maître reconnu (gourou ou lama) et préconise une quête radicale de l'Éveil. Cette branche s'est développée surtout au Tibet.

Bodhisattva
Personne qui a atteint le nirvana, mais qui retarde sa libération afin d'aider les autres à trouver la voie de l'Éveil.

9.3.6 Le calendrier des fêtes bouddhistes

La plupart des bouddhistes utilisent un calendrier lunisolaire. Les fêtes typiquement bouddhistes et le moment où on les célèbre varient selon la tradition (theravada, mahayana, vajrayana et tibétaine) et quelquefois selon les pays. Les commémorations les plus importantes concernent les grands évènements de la vie du Bouddha : sa naissance, son illumination, son premier enseignement et sa mort. Voici quelques informations sur les fêtes bouddhistes :

- **Visakha Puja :** cette fête commémore la naissance, l'illumination et la mort du Bouddha. Elle se déroule généralement lors de la pleine lune de mai. La célébration de l'anniversaire du Bouddha se nomme aussi Vesak.
- **Makha Puja :** cette fête commémore le premier sermon du Bouddha devant 1250 disciples spontanément réunis. Dans certaines communautés bouddhistes, elle est célébrée lors de la pleine lune de février.

- **Nouvel An bouddhiste:** il est célébré à différentes dates selon les pays.
- **Khao Phansa:** cette fête correspond au début des trois mois de la saison des pluies, pendant lesquels les moines renoncent à toute pérégrination et vivent en communauté.

9.3.7 Les lieux de culte et de pèlerinage

On trouve des autels bouddhistes dans les maisons, les commerces et les temples. Le temple bouddhiste, parfois appelé « pagode » ou ***stûpa***, est un lieu d'enseignement, de prière et de méditation. On y conserve des reliques, des objets ayant appartenu au Bouddha ou des textes sacrés. Sur l'autel, on place des offrandes telles que de l'eau fraîche, de la nourriture, des fruits, de petits gâteaux et de l'encens. On doit se déchausser en entrant dans le temple.

Stûpa
Lieu de culte bouddhiste caractérisé par une forme architecturale particulière, généralement un dôme surmonté d'une structure conique.

La pagode Chùa Quan Am, rue de Courtrai à Montréal, a été construite en 1982. Elle comprend une salle de prière et une salle communautaire ainsi qu'un jardin extérieur.

Il existe plusieurs pagodes sur l'île de Montréal, qui sont fréquentées par différentes communautés asiatiques. En voici quelques-unes :

- **Association bouddhiste chinoise de Montréal:** 1072, boulevard Saint-Laurent, Montréal
- **Pagode Quan Am:** 3781, avenue de Courtrai, Montréal (vietnamienne)
- **Pagode khmère du Canada:** 7188, rue de Nancy, Montréal (cambodgienne)
- **Temple bouddhiste tibétain de Montréal:** 1870, rue de l'Église, Montréal

Dans la région de Québec :

- **Centre Paramita de bouddhisme tibétain du Québec:** 1156, rue Louis-Armand-Desjardins, Cap-Rouge
- **Centre bouddiste Toushita** : 41, rue Saint-Jean, Québec

Il y a quatre lieux importants de pèlerinage chez les bouddhistes : Lumbini, au Népal, est le lieu de naissance de Bouddha. Les trois autres se trouvent en Inde : Bodhgaya, lieu où Siddharta Gautama a atteint l'illumination ; Sarnath, où a eu lieu son premier sermon ; le dernier est à Kushinagar, où il mort.

Le bouddhisme en bref

- **Nombre de fidèles dans le monde:** Environ 400 millions.
- **Nombre de fidèles au Québec:** 52 385
- **Fondateur:** Siddhartha Gautama.
- **Naissance du bouddhisme:** Au Ve siècle avant J.-C.
- **Divinité:** Aucune. Bouddha n'est pas un dieu. Par contre, les bouddhistes vénèrent ceux qui ont atteint l'état du Bouddha (les bodhisattvas).
- **Textes sacrés:** *Tripitaka*.
- **Croyances:** La loi du karma, les trois valeurs fondamentales, les quatre nobles Vérités et le noble Sentier octuple.
- **Clergé:** Aucun. Par contre, il y a les moines, les maîtres spirituels et les lamas.
- **Rituels religieux:** La prière, la méditation et les offrandes.
- **Fêtes religieuses:** Viasakha Puja, Makha Puja, Nouvel An bouddiste, Khao Phansa.
- **Lieux de culte et de pèlerinage:** Les temples (ou pagodes) et les *stûpas*. Les principaux lieux de pèlerinage sont Lumbini au Népal, Bodhgaya, Sarnath et Kushinagar en Inde.

La croix rappelle la souffrance du Christ; elle symbolise aussi sa mort et sa résurrection. Il en va de même pour le signe de la croix, un geste rituel courant dans le christianisme.

9.4 Le christianisme

Heureux les artisans de la paix. Heureux les doux, car ils posséderont la terre. Heureux les affligés, car ils seront consolés. Heureux les affamés et assoiffés de la justice, car ils seront rassasiés.

Matthieu 5, 1-12

On compte plus de 2,3 milliards de chrétiens dans le monde, répartis dans plusieurs Églises, dont les catholiques romains (1,2 milliard), les protestants (930 millions, incluant les anglicans), les orthodoxes (276 millions) et environ 200 millions d'autres confessions chrétiennes (Mormons, Adventistes du 7e jour, Témoins de Jéhovah, etc.) (Pew Research Center, 2012).

Au Québec, il y a 6,4 millions de chrétiens, dont 5,7 millions de catholiques romains, 73 545 anglicans, 335 000 protestants, 129 780 orthodoxes et 248 550 personnes appartenant à d'autres confessions chrétiennes (Statistique Canada, 2013).

9.4.1 La naissance du christianisme

Issu du judaïsme, le christianisme a repris, de façon plus ou moins importante selon les courants, plusieurs éléments présents dans cette religion. Il est cependant fondé sur les enseignements de Jésus de Nazareth, aussi appelé Jésus-Christ. Né sous le règne d'Hérode (gouverneur de la Galilée) entre l'an 7 et l'an 5 avant notre ère, et ayant vécu son enfance à Nazareth, en Galilée (Palestine), Jésus était un Juif. Il amorce sa vie publique en s'entourant de 12 disciples (apôtres), qui, après sa mort, diffuseront son message. Jésus accomplit de nombreux miracles : guérisons, multiplication de pains, résurrection, etc. Trahi par l'un de ses apôtres, Judas, il est envoyé devant le gouverneur romain, Ponce Pilate. On le déclare coupable de s'être proclamé roi des Juifs, et il est condamné à la mort par crucifixion. Selon la croyance, il est ressuscité trois jours plus tard (ce que souligne la fête de Pâques) et est alors apparu à ses disciples.

9.4.2 Les principes de foi

Les chrétiens croient qu'il n'existe qu'un seul Dieu, qui se manifeste en trois entités constituant la Sainte Trinité: le Père, qui est le créateur, le Fils, qui est venu sur Terre pour sauver l'humanité et proposer un nouveau modèle de vie, et le Saint-Esprit, qui aide chacun à parcourir son chemin vers Dieu.

L'enseignement de Jésus prône l'amour de son prochain (« Tu aimeras ton prochain comme toi-même »), condamne la violence et la haine. Comme Jésus a souffert et qu'il a donné sa vie pour que les humains soient pardonnés de leurs péchés, son enseignement permet la rédemption : quiconque a péché peut être pardonné. Il offre l'espoir et le réconfort à tous les croyants.

Un autre fondement de la foi chrétienne est la croyance en une vie éternelle. Ceux qui auront eu une bonne vie pourront aller au ciel, ceux qui auront eu une mauvaise vie passeront l'éternité en enfer.

Jésus de Nazareth, est né entre l'an 7 et 5 avant notre ère, d'une femme prénommée Marie et d'un père nommé Joseph.

9.4.3 Le texte sacré

La Bible est le texte sacré du christianisme. Elle est composée de l'Ancien Testament et du Nouveau Testament, qui comptent, au total, 66 livres rédigés à des époques différentes. L'Ancien Testament correspond à la Torah, texte fondamental du judaïsme, additionnée de quelques textes s'adressant aux chrétiens. Quant au Nouveau Testament, il comprend 27 documents qui ont été écrits après la mort de Jésus, soit entre l'an 50 et l'an 150 de notre ère. Il contient les quatre Évangiles, livres attribués aux apôtres Matthieu, Marc, Luc et Jean, qui relatent la vie et l'enseignement de Jésus ; les Actes des apôtres, la deuxième œuvre de Luc, qui constitue la source de la naissance de l'Église chrétienne ; les Épîtres, composés de 21 lettres écrites par des apôtres et généralement adressées à des communautés que l'on souhaitait convertir ; enfin, l'Apocalypse, un livre qui annonce une rupture entre le monde caractérisé par le péché et le mal, et le monde à venir, celui du règne de Dieu.

L'Ancien Testament a été écrit en hébreu puis traduit en grec (au IIIe siècle), alors que le Nouveau Testament a été écrit en grec et traduit en latin.

9.4.4 Quelques pratiques, symboles et rituels religieux

Dans cette section, nous présentons d'abord quelques pratiques reliées au christianisme, dont les sacrements, la prière et la messe, ainsi que la vénération des saints ; puis nous abordons quelques symboles-clés du christianisme.

Les sacrements

Les sacrements sont au cœur du rituel chrétien. Les plus importants sont le baptême et l'eucharistie. Le baptême est un rite d'initiation à la religion ; la personne y est consacrée disciple du Christ. Ce sacrement requiert que la personne soit immergée dans l'eau ou à tout le moins aspergée. Selon les communautés chrétiennes, il est administré peu de temps après la naissance de l'enfant ou plus tard, à l'âge adulte.

L'eucharistie, aussi appelée « communion », fait référence au dernier repas de Jésus-Christ et de ses apôtres (la Cène). Les catholiques romains, les orthodoxes et quelques anglicans croient que le pain (hostie) et le vin de l'eucharistie se changent respectivement en la substance du corps et du sang du Christ. On nomme ce changement la transsubstantiation. Ce dogme est rejeté par les protestants qui ne voient dans l'eucharistie qu'un rite de mémoire de la Cène. Pour les catholiques et les orthodoxes, seules les personnes baptisées sont autorisées à recevoir la communion (Vauclair, 2011).

Les autres sacrements, au nombre de cinq, sont importants dans la plupart des Églises chrétiennes : la confirmation, qui réaffirme le lien de l'enfant à l'Église (vers l'âge de 10 ou 11 ans) ; la confession, un acte privé de confession au prêtre et de pénitence qui offre au fidèle la possibilité d'être absous de ses fautes ; le mariage, qui offre aux époux la possibilité de se sanctifier dans leur vie familiale ; l'Ordre (ou ordination), qui permet à un laïc d'être admis au sein du clergé et d'ainsi exercer un pouvoir sacré au nom et par l'autorité du Christ (notons qu'en 2014, l'église anglicane d'Angleterre a approuvé l'ordination des femmes) ; et l'onction des malades (extrême-onction), par laquelle une personne qui se trouve au seuil de la mort est confiée à la compassion du Christ.

La bénédiction du pain et du vin est un rituel important de la messe.

La prière et la messe

La prière du matin et du soir ainsi que le bénédicité aux repas sont des rites facultatifs que l'on pratique seul ou en famille. Plusieurs chrétiens utilisent un chapelet, sorte de collier composé de dizaines de grains qui commandent la récitation de prières à la gloire de la Vierge Marie, de la Croix et de la Trinité

Un autre rituel d'importance est la messe, qui est généralement célébrée tous les dimanches, lors de fêtes chrétiennes, de funérailles, de même qu'à l'occasion de sacrements, comme le mariage.

La vénération des saints

La vénération des saints (sauf pour les protestants) est une façon d'honorer la mémoire et la spiritualité des hommes et des femmes qui ont mené une vie vertueuse exemplaire, qui ont accompli des miracles ou qui sont morts en martyrs. Par exemple, le Québec a six saints dont quatre ont été canonisés durant les cinq dernières années. Il s'agit du Frère André (Alfred Bessette, 1845-1937), canonisé en 2010 ; de Kateri Tekakwitha (1656-1680), en 2012 ; de François de Montmorency-Laval (1623-1708) et Marie de l'Incarnation (1599-1672) en 2014. Ceux-ci s'ajoutent à Marguerite Bourgeois (1620-1700), canonisée en 1982 et Marguerite d'Youville (1701-1771), en 1990.

Quelques symboles-clés du christianisme

La croix, bien qu'antérieure au christianisme, rappelle la crucifixion de Jésus. La messe ne peut avoir lieu sans la proximité de cet objet de culte. Les chrétiens portent une croix au cou, ils en placent au-dessus des portes des pièces de leur maison et ornent leurs tombes de crucifix ou de croix. Les chapelets, objets de dévotion, sont aussi ornés d'un crucifix. Les catholiques font avec leur main droite le signe de la croix, geste répété maintes fois au cours de la messe, et la bénédiction du prêtre est une réplique de ce geste. La forme de nombreuses églises, vues de haut, est également celle d'une croix.

L'autel est l'élément le plus important dans les églises chrétiennes. Cette table haute est habituellement faite de bois, de marbre ou de pierre et on y célèbre l'eucharistie.

L'eau fait partie de nombreux rituels chrétiens. Par exemple, à l'entrée des églises, des bénitiers invitent les fidèles à faire le signe de la croix après s'être trempé le bout des doigts dans l'eau bénite. Cette eau est bénie par un prêtre (à Pâques). On baptise aussi avec de l'eau.

Le tabernacle est un petit meuble qui renferme les hosties (pain consacré) et qui est situé sur l'autel où brûlent une lampe et des cierges. Sur cet autel, il y a également un calice pour servir le vin et une patène pour servir le pain (Vauclair, 2011).

9.4.5 Les branches et mouvements du christianisme

Plus de 400 Églises se réclament de la chrétienté, mais toutes ne sont pas reconnues comme telles. La plupart peuvent être classées dans trois grandes catégories : l'Église catholique, les Églises protestantes et l'Église orthodoxe. Ce qui les distingue les unes des autres concerne non seulement l'organisation de l'Église, mais également ses croyances. Nous les présentons ci-après, de même que quelques autres mouvements chrétiens (*The Religions Book*, 2013).

CAPSULE

Le clergé catholique

Le clergé catholique est l'un des plus hiérarchisés : pape, cardinal, archevêque, évêque, prêtre... Aucune autre religion n'a un clergé aussi sophistiqué. Un membre du clergé est indispensable dès qu'il est question de célébrer une messe ou d'administrer des sacrements. Les autres Églises chrétiennes ne partagent pas ce type d'organisation.

L'Église catholique

L'Église catholique se caractérise par la reconnaissance de l'autorité et de l'infaillibilité du pape qui réside au Vatican. Elle assoit son autorité sur une hiérarchie cléricale très définie (cardinaux, archevêques, évêques, prêtres, etc.). Cette branche du christianisme regroupe l'Église catholique romaine, la plus importante et la plus répandue en Occident, et les Églises catholiques orientales. Ces dernières, qui diffèrent de la première quant aux rites liturgiques, sont les Églises copte, syriaque occidentale, syriaque orientale, maronite, byzantine, arménienne et guèze.

Les Églises protestantes

Le protestantisme regroupe les courants chrétiens issus du catholicisme qui ont pris naissance lors d'une réforme en Europe, au XVIe siècle. Les réformateurs se sont élevés contre l'avidité de l'Église catholique romaine et ont rejeté certains de ses dogmes notamment l'autorité du pape et la virginité de la mère de Jésus. Les protestants ne reconnaissent que deux sacrements : le baptême et l'eucharistie. Ils se subdivisent en plusieurs confessions, dont les anglicans, les baptistes, les luthériens, les églises évangélistes, les églises réformées, les méthodistes et les pentecôtistes.

L'Église orthodoxe

L'Église orthodoxe est une communion d'Églises indépendantes qui partagent une foi commune, des principes communs de politique et d'organisation religieuses ainsi qu'une tradition liturgique commune. Les primats, évêques ou archevêques, détiennent l'autorité de façon égale. On y autorise l'ordination d'hommes mariés. Le culte orthodoxe fait grand usage des icônes (images sacrées) en tant que supports de la spiritualité.

Quelques mouvements chrétiens

Les Témoins de Jéhovah, l'Église mormone et les Adventistes du septième jour, pour ne nommer que ceux-là, constituent des exemples de mouvements issus de la chrétienté.

Les Témoins de Jéhovah sont bien connus pour leur prêche au porte-à-porte. Né aux États-Unis au XIXe siècle, ce mouvement est dit millénariste, car il soutient qu'après le jugement dernier, les prédestinés demeureront 1000 ans sur la Terre et y jouiront de toutes sortes de plaisirs. Les Témoins de Jéhovah rejettent le concept de la Trinité : Jésus existe, mais il n'est pas un dieu, et le Saint-Esprit n'existe pas. Ils refusent de faire le service miliaire, de recevoir des transfusions sanguines et de célébrer certaines fêtes telles que Noël et les anniversaires de naissance. Ils sont très critiques envers les autres religions, qui pour eux font partie de l'organisation de Satan.

Née en 1830 dans l'État de l'Illinois et ayant maintenant son siège en Utah (États-Unis), l'Église mormone (officiellement l'Église de Jésus-Christ des saints des derniers jours) se considère comme le rétablissement de l'Église établie à l'origine par Jésus-Christ. Sa doctrine s'appuie sur le *Livre de Mormon*, rédigé par le fondateur Joseph Smith. Les mormons ont une conception particulière de la Trinité et ils croient en un plan de salut permettant à l'homme qui en est digne d'atteindre l'exaltation et de devenir lui-même un dieu.

Née en 1860 dans l'État du Michigan (États-Unis), l'Église adventiste du septième jour tient son nom de sa croyance au retour (avènement) du Christ un samedi (septième jour de la semaine), tel que prédit dans la Bible. Ils adhèrent aux principes de foi du protestantisme, avec quelques nuances. Les adeptes de cette Église observent un rituel à compter du vendredi au coucher du soleil jusqu'au samedi soir. Celui-ci ressemble beaucoup au shabbat juif: prier, ne pas travailler, prendre ses repas en famille, etc.

9.4.6 Le calendrier des fêtes chrétiennes

Le calendrier chrétien est basé sur le calendrier grégorien, qui est solaire. Cependant, quelques dates des fêtes qui sont liées à Pâques sont déterminées par un calendrier lunaire; elles sont donc mobiles par rapport au calendrier civil. Les fêtes les plus importantes pour les chrétiens sont les suivantes :

- **Noël :** Cette fête commémore la naissance de Jésus de Nazareth. Vers le milieu du IVe siècle, on fixe la date du 25 décembre, en remplacement des célébrations païennes du solstice d'hiver. Elle sera adoptée par l'ensemble de la chrétienté, à l'exception des orthodoxes. La fête de Noël est précédée de l'Avent, une période de quatre semaines (pour les orthodoxes, elle dure plutôt 40 jours). Elle est l'occasion, pour les chrétiens, de se recueillir, de prier, de se purifier afin de se préparer à la fête de Noël. Une tradition veut que l'on confectionne une couronne pour le premier dimanche de l'avent. Celle-ci est faite de branches de sapin ou de pin. Elle est nouée de rubans rouges et ornée de quatre bougies et parfois de cônes de pin. On allume la première bougie le premier dimanche de l'Avent et une bougie supplémentaire chacun des autres dimanches.
- **L'Épiphanie :** Communément appelée jour des Rois, cette fête commémore l'arrivée des trois rois mages, guidés par une étoile, au chevet de Jésus qui venait de naître à Bethléem. Elle est célébrée le 6 janvier. Selon la tradition, on partage ce jour-là un gâteau dans lequel est dissimulée une fève. La personne qui trouve la fève dans sa part du gâteau est déclarée roi ou reine. On dépose une couronne sur la tête de la personne, qui choisit alors sa reine ou son roi. Dans certaines familles, on réserve la « part du pauvre » ou celle « du Bon Dieu » au visiteur imprévu.
- **Pâques :** Cette fête commémore la résurrection de Jésus. Précédée d'une période de 40 jours de pénitence et de jeûne (le carême), elle est célébrée le dimanche qui suit la première pleine lune après l'équinoxe du printemps. Les quelques jours qui précèdent le dimanche de Pâques s'appellent « semaine sainte ». Celle-ci commence le mercredi dit « des Cendres », et plusieurs offices liturgiques sont offerts aux fidèles : le Jeudi saint, on commémore la dernière Cène ; le Vendredi saint, on se rappelle la crucifixion, et le Samedi saint, on se recueille sur l'idée du repos du corps de Jésus dans sa tombe.

9.4.7 Les lieux de culte et de pèlerinage

Basiliques, cathédrales, églises et chapelles sont les lieux où se rassemblent les chrétiens pour suivre les messes et autres manifestations religieuses. Voici quelques lieux de culte de communautés chrétiennes à Montréal.

- **Basilique Notre-Dame de Montréal:** 110, rue Notre-Dame Ouest, Montréal
- **Église évangélique baptiste de Montréal-Nord:** 4332, boulevard Henri-Bourassa, Montréal
- **Salle du Royaume des Témoins de Jéhovah:** 7170, boulevard Saint-Michel, Montréal
- **Église adventiste du septième jour:** 4505, boulevard Rosemont, Montréal
- **Église unie St James:** 463, rue Sainte-Catherine Ouest, Montréal
- **Cathédrale Saint-Maron de Montréal:** 10 755, avenue Saint-Charles, Montréal
- **Église orthodoxe Saint-Nicolas d'Antioche:** 80, rue De Castelnau Est, Montréal
- **Église copte Saint-Marc:** 7395, rue Garnier, Montréal
- **Basilique-Cathédrale Notre-Dame de Québec** : 16, rue de Buade, Québec
- **Basilique-Cathédrale Saint-Michel de Sherbrooke** : 130, rue de la Cathédrale, Sherbrooke
- **Cathédrale Saint-Joseph** : 245, boulevard Saint-Joseph, Gatineau

La basilique Notre-Dame de Montréal, de style néogothique, a été construite entre 1824 et 1829. Elle était, à ce moment, le plus grand temple d'Amérique du Nord, toutes confessions confondues.

De nombreux chrétiens se rendent en pèlerinage sur les lieux où a vécu Jésus-Christ. Les villes de Bethléem et de Jérusalem sont parmi les plus célèbres de ces lieux. D'autres pèlerinages sont associés au culte de la Vierge Marie, notamment en des lieux où elle serait apparue: Fatima, au Portugal, Lourdes, en France et Czestochowa, en Pologne. Les catholiques se rendent aussi dans la cité du Vatican où se trouvent l'église Saint-Pierre de Rome ainsi que le pape; les orthodoxes vont prier au mont Athos en Grèce. Au Québec, les principaux lieux de pèlerinage sont l'Oratoire St-Joseph à Montréal et la basilique Sainte-Anne-de-Beaupré à Beaupré.

Le christianisme en bref

- **Nombre de fidèles dans le monde:** Environ 2,3 milliards.
- **Nombre de fidèles au Québec:** 6,4 millions.
- **Fondateur:** Jésus-Christ.
- **Naissance du christianisme:** Une décennie avant notre ère.
- **Divinité:** Un seul Dieu, qui se manifeste en trois entités constituant la Sainte Trinité.
- **Texte sacré:** La Bible, constituée de l'Ancien Testament et du Nouveau Testament.
- **Croyances:** L'unicité de Dieu, composé d'une Trinité (le Père, le Fils et le Saint-Esprit), l'amour du prochain, la rédemption, la croyance en la vie éternelle.
- **Clergé:** Varie selon les Églises. Le clergé de l'Église catholique romaine est très hiérarchisé et est composé de prêtres, d'évêques, d'archevêques, de cardinaux et du pape. Celui des autres Églises chrétiennes est plus simple.
- **Rituels religieux:** Les sacrements, la prière et la messe, la vénération des saints, les funérailles.
- **Lieux de culte et de pèlerinage:** Les lieux de culte sont l'église, la cathédrale ou la basilique. Les divers lieux de pèlerinage sont reliés à la vie de Jésus et aux apparitions de sa mère Marie ; il y a aussi la basilique Saint-Pierre de Rome dans la cité du Vatican.

L'étoile à cinq branches accompagnée du croissant de lune est le symbole de l'islam : le croissant, à cause du calendrier lunaire de cette religion, et l'étoile à cinq branches, représentant les cinq piliers de l'islam.

9.5 L'islam

Allah est la lumière des cieux et de la terre. [...] Allah, de toute chose, est omniscient.

Coran, sourate XXIV, 33-40

L'islam compte plus de 1,6 milliard de fidèles dans le monde. Contrairement à ce que l'on pense parfois, les musulmans ne sont pas tous des Arabes ; les musulmans arabes ne constituent en fait qu'un peu plus de 20 % des adeptes de l'islam. On trouve environ 992 millions de musulmans en Asie, 262 millions en Afrique subsaharienne, 48 millions en Europe et 8 millions en Amérique. Au Québec, il y a environ 243 430 musulmans (Rousseau, 2012).

9.5.1 La naissance de l'islam

Le fondateur de l'islam est Muhammad ibn Abdullah (Mahomet), né en 570 après J.-C. à La Mecque, en Arabie saoudite. Homme d'affaires, il épouse une riche veuve, Khadija. Le matérialisme qui l'entoure le trouble profondément et il prend l'habitude d'aller méditer dans une grotte du mont Hira, près de La Mecque. Au cours de l'une de ces retraites, vers l'an 612, il entend une voix, celle de l'archange Gabriel qui lui dit : « Prêche la parole ! Prêche au nom du Créateur qui a fait l'homme d'un caillot de sang. Prêche ! » Muhammad, qui ne sait ni lire ni écrire, réussit à déchiffrer le parchemin que lui a offert l'archange Gabriel. Il décide alors de consacrer sa vie à répandre la parole de Dieu (Allah). Bientôt une communauté se forme autour de lui et il s'impose peu à peu comme chef religieux, politique et militaire. Il meurt en 632.

9.5.2 Les principes de foi

La foi musulmane s'articule autour de six croyances fondamentales : la croyance en un seul Dieu (Allah) ; la croyance en l'existence des anges, qui ont pour tâche d'obéir à Dieu ; la croyance au caractère sacré des quatre livres révélés que sont la Torah, les Psaumes, l'Évangile et le Coran ; la foi aux messagers d'Allah, dont les prophètes Abraham, Noé, Moïse, Jésus et Mahomet, celui-ci étant le dernier ; la croyance au jour du Jugement dernier, où l'homme sera jugé et ressuscitera ; la prédestination, c'est-à-dire la croyance que Dieu connaît tout ce qui surviendra, et que toute chose se produit par sa volonté, ce qui n'empêche pas qu'il a donné aux êtres humains un libre arbitre (ce qui signifie qu'ils peuvent choisir entre le bien et le mal et qu'ils sont responsables de leurs choix et de leurs actes) (Ludwig, 2011a).

9.5.3 Les textes sacrés : le Coran, les Hadiths et la Charia

Le Coran est le livre de référence de la foi musulmane et le guide de prière de tous les musulmans. Il représente la parole de Dieu, transmise à Muhammad par l'archange Gabriel. Même si le Coran est traduit dans plusieurs langues, sa seule version officielle est écrite en arabe et il doit être lu dans cette langue. Il comporte 114 chapitres (sourates) et 6236 versets.

Les Hadiths contiennent les discours de Muhammad et, par extension, les traditions relatives aux actes et aux paroles de celui-ci et de ses compagnons. Ils sont des recueils dont s'inspirent les musulmans pour leur gouvernance personnelle et collective.

CAPSULE

Le clergé musulman

Le clergé musulman diffère selon les branches de l'islam : il est inexistant chez les sunnites (par exemple au Maroc) et très hiérarchisé et autoritaire chez les chiites (par exemple en Iran), mais, dans tous les cas, les femmes en sont exclues. Les imams (guides spirituels) peuvent se marier.

Finalement, la charia définit les règles de conduite applicables aux musulmans, dans les domaines tant privé que public ou social. C'est la loi islamique. La charia s'inspire de quelque 200 versets du Coran qui contiennent des règles religieuses, mais aussi des Hadiths. C'est dans la charia que sont répertoriés, par exemple, les actes obligatoires tels que l'aumône, les actes blâmables tels que la consommation d'alcool ou de viande de porc, et les gestes interdits, tels que le meurtre.

SAVIEZ-VOUS QUE...

Les musulmans doivent s'abstenir de boire de l'alcool et de manger de la viande de porc (ceci est *haram* ou interdit); ils peuvent manger toutes les autres viandes, à condition que l'animal ait été tué selon certains rites (ceci est *halal* ou permis).

9.5.4 Quelques pratiques, symboles et rituels religieux

Les croyants musulmans doivent se soumettre à cinq obligations, aussi appelées les cinq piliers de l'islam: la profession de foi, la prière, le jeûne, l'aumône et le pèlerinage.

La profession de foi musulmane (*chahada*) doit être faite quotidiennement et peut se traduire ainsi: «Je témoigne qu'il n'y a de vraie divinité que Dieu et que Muhammad est Son messager.»

La prière (*salat*) doit être récitée à cinq moments particuliers de la journée: à l'aube, à midi, en milieu d'après-midi, au coucher du soleil et le soir. Ces prières sont précédées d'ablutions rituelles de purification, qui consistent à se laver la bouche, le nez, le visage, les mains et les avant-bras et à faire couler de l'eau sur la tête et les pieds. Le musulman peut prier seul ou en groupe à la mosquée, surtout le vendredi midi, où l'imam préside à la prière. Toutefois, celle-ci peut être prononcée n'importe où, pourvu que le lieu soit propre et calme. Les femmes prient généralement chez elles, cependant elles sont admises à la mosquée lorsqu'elles n'ont pas leurs règles. Le tapis de prière permet de recréer un espace sacré, mais il n'est pas absolument nécessaire.

La troisième obligation est le jeûne ou ramadan (*sawn*), un jeûne partiel de 30 jours qui a lieu normalement le neuvième mois du calendrier musulman. De l'aube jusqu'au coucher du soleil, le pratiquant ne doit ni manger, ni boire, ni fumer, ni avoir de relations sexuelles. Seules les personnes malades, les voyageurs, les femmes enceintes et les enfants peuvent manger. Le jeûne peut cependant être reporté à une autre période.

La quatrième obligation du musulman est l'aumône (*zakat*). Il s'agit d'un impôt religieux payé par les riches, qui est redistribué parmi les pauvres. Acte de charité et de solidarité, l'aumône purifie le donateur.

Enfin, tout musulman doit effectuer le pèlerinage à La Mecque (*hadj*) au moins une fois dans sa vie, s'il le peut physiquement et financièrement. Le *hadj* a lieu chaque année lors du douzième mois du calendrier islamique. Pendant plusieurs jours, le pèlerin y accomplit un grand nombre de gestes rituels: par exemple, il touche la pierre noire située sur l'angle de l'édifice de la Kaabah, au centre de la mosquée de La Mecque, autour duquel il tourne sept fois. Il va méditer sur le mont Arafat aux environs de la ville et, dans certains cas, il se rend à Médine où se trouve le tombeau du prophète.

La pierre noire, relique islamique très importante, est située sur l'angle de la Kaabah, au centre de la mosquée de La Mecque en Arabie saoudite.

Les musulmans ont un chapelet, le *tasbih* (on peut aussi dire *misbaha*). Il est composé de 99 grains représentant les 99 noms d'Allah. Le fidèle récite ces 99 noms durant la journée (*The Religions Book*, 2013).

CAPSULE

Le soufisme : un mouvement spirituel et mystique

On ne peut s'empêcher de mentionner le soufisme, un mouvement spirituel et mystique, plutôt qu'une branche de l'islam. Les soufis observent les pratiques musulmanes, mais ils se distinguent par la pratique assidue du *dhikr*, qui consiste en l'invocation des 99 noms d'Allah, parfois accompagnée de musique et de danse. La confrérie la plus connue est celle des « derviches tourneurs » de Turquie et d'Iran.

9.5.5 Les principales branches de l'islam

L'islam comprend plusieurs branches, les plus importantes étant le sunnisme, le chiisme et le kharidjisme. Chacune se divise en plusieurs courants.

La branche sunnite est la principale en nombre, avec près de 85 % des musulmans dans le monde. Elle se caractérise par le respect de la **sunna**, d'où son nom. Généralement considérés comme les orthodoxes de l'islam, les sunnites croient que l'interprétation des textes sacrés est terminée depuis le IXe siècle.

Sunna
Ensemble des paroles du prophète Muhammad, de ses actes et de ses jugements.

Le chiisme regroupe environ 15 % des musulmans. Ses fidèles croient que la succession de Muhammad en la personne de son gendre Ali, est une désignation divine, et qu'un imam doit être l'un de ses descendants. On retrouve des chiites surtout en Iran, en Irak, en Azerbaïdjan et au Yémen du Nord.

Les adeptes du kharidjisme, peu nombreux, font une interprétation littérale du Coran et ont une pratique puritaine de l'islam ; leur mode de vie est très austère. La plupart vivent dans le Sultanat d'Oman.

9.5.6 Le calendrier des fêtes musulmanes

Le calendrier musulman est un calendrier lunaire. Les principales fêtes musulmanes sont les suivantes :

- **Aïd el-Fitr :** cette fête marque la fin du ramadan et dure trois jours. Chacun réfléchit sur ce qu'il a accompli pendant le jeûne. On décore la maison, on invite parents et amis, on mange des pâtisseries et on boit du thé avec les voisins. On s'offre de nouveaux vêtements et on échange des cadeaux.
- **Aïd al-Adha :** cette grande fête, dite « du sacrifice », marque la fin du *hadj*. Lorsque cela est possible, on mange une brebis, une chèvre ou un mouton, afin de se rappeler que Dieu a donné à Abraham un bélier en remplacement de son fils sur l'autel du sacrifice. On distribue une partie de l'animal aux plus démunis. C'est un jour de réconciliation, où chacun est invité à pardonner à celui qui lui a fait du tort.
- **Mouharram :** ce premier mois du calendrier musulman commémore un évènement important de l'histoire musulmane : l'Hégire, moment où Muhammad a quitté La Mecque avec ses compagnons pour se rendre à Médine, lieu de fondation de la communauté musulmane. Les festivités varient selon les coutumes et traditions propres à chaque pays.
- **Malwid :** cette fête commémore la naissance du prophète Muhammad. Les célébrations varient d'un pays à l'autre.
- **Laylat al-Qadr :** se célèbre pendant la nuit, l'une des dernières du ramadan. Cette fête commémore le moment où l'archange Gabriel s'est adressé pour la première fois au prophète Muhammad. Les musulmans croient que prier tout au long de cette nuit équivaut à prier durant mille mois, soit toute une vie.

9.5.7 Les lieux de culte et de pèlerinage

Le lieu de culte où les musulmans se rassemblent pour prier est la mosquée (*masjid*). On n'y trouve ni peintures, ni icônes, ni statues, car l'univers du Coran ne fait aucun usage de représentations terrestres. La mosquée comprend un grand hall entouré d'une enceinte, une salle de prière, une niche intérieure (*mihrab*) servant à indiquer la direction de La Mecque, et une chaire (*minbar*), du haut de laquelle l'imam conduit la prière. Seules les personnes en état de pureté rituelle ont accès à la mosquée, et tous ceux qui y entrent doivent se déchausser.

La première mosquée québécoise a été érigée en 1965, à Montréal. Voici quelques associations et lieux de culte musulmans à Montréal et à Québec :

- **Mosquée Makkah-Al-Mukarramah :** 11900, boulevard Gouin Ouest, Montréal
- **Mosquée Assuna Annabawiyah :** 7220, rue Hutchison, Montréal
- **Centre islamique du Québec :** 2520, chemin Laval, Saint-Laurent
- **Mosquée Nour El Islam :** 4675, rue D'Amiens, Montréal-Nord
- **Centre soufi Zaouiya Naqshbandi de Montréal :** 138, rue Fairmount, Montréal
- **La Grande Mosquée de Québec :** 2877, chemin Ste-Foy, Québec
- **Mosquée A'Rahmane :** 1200, rue Massé, Sherbrooke
- **Centre islamique de l'Outaouais :** 4, rue Lois, Gatineau

Le Centre islamique du Québec est situé dans l'arrondissement de Saint-Laurent à Montréal.

Les lieux de pèlerinage des musulmans sont La Mecque et Médine en Arabie Saoudite, et Jérusalem en Israël.

L'islam en bref

- **Nombre de fidèles dans le monde :** Plus de 1,6 milliard.
- **Nombre de fidèles au Québec :** 243 430
- **Fondateur :** Muhammad ibn Abdullah (Mahomet).
- **Naissance de l'islam :** Fin du VIe siècle.
- **Divinité :** Un seul Dieu, Allah.
- **Textes sacrés :** Le Coran, les Hadiths et la Charia.
- **Croyances :** Un seul Dieu, les anges, les prophètes, le caractère sacré des livres révélés, la résurrection de tous les humains à la fin des temps et la prédestination.
- **Clergé :** Aucun dans le sunnisme ; l'imam préside simplement la prière. Chez les chiites, le clergé est hiérarchisé et autoritaire.
- **Rituels religieux :** Les cinq piliers de l'islam : la profession de foi, la prière, le jeûne du ramadan, l'aumône et le pèlerinage à La Mecque.
- **Lieux de culte et de pèlerinage :** La mosquée et certains lieux de pèlerinage tels que La Mecque, Médine et Jérusalem.

9.6 Le sikhisme

Lève toi tôt et médite sur le Nom. Demeure avec le Seigneur nuit et jour. Puis tu ne souffriras aucun chagrin et tous les malheurs disparaîtront.

Guru Granth Sahib

Le symbole du sikhisme est le Khanda, qui est composé de trois parties : au centre, une épée à deux tranchants représentant la justice et la liberté ; de chaque côté, un kirpan, symbole du sikhisme, et, entre les deux, le cercle, qui symbolise l'infinité de Dieu.

On estime à 22 millions le nombre de sikhs dans le monde. Environ 80 % d'entre eux vivent en Inde, notamment dans la province du Penjab, et dans la région de Delhi. On dénombre environ 9275 sikhs au Québec (Statistique Canada, 2013).

9.6.1 La naissance du sikhisme

L'enseignement sikh est né dans le contexte des rencontres de l'islam, de sa mystique soufie et de la spiritualité hindoue. Le fondateur du sikhisme est Guru Nanak, né en

Il y a eu dix gourous sikhs; le premier, Nanak (1469-1539), est représenté au-dessus des autres dans l'image; le dixième et dernier s'appelait Gobind Singh (1666-1708).

1469 dans l'actuel Pakistan. À l'âge de 30 ans, il compose le *Jap Ji*, poème mystique résumant son enseignement. Il voyage dans toute l'Inde, au Népal, au Tibet, au Sri Lanka et dans le monde musulman. Toute sa vie, Nanak enseigne l'égalité au-delà des castes et celle des hommes et des femmes; il intègre à sa nouvelle religion des éléments de l'hindouisme et de l'islam.

Après sa mort, en 1539, plusieurs gourous lui succèdent. Le dixième gourou, Gobind Singh, introduit le baptême sikh en 1699, donnant ainsi une identité religieuse aux sikhs. Gobind Singh a aussi créé une organisation militaire: la Khalsa ou «les élus de Dieu», dont les membres sont prêts à prendre les armes pour défendre la communauté sikhe. Avant de mourir, en 1708, Gobind Singh annonce qu'il est le dernier gourou. Après lui, le livre *Siri Guru Granth Sahib* écrit par certains de ses prédécesseurs devient le véritable guide spirituel des sikhs (Wilkinson, 2009).

9.6.2 Les principes de foi

La religion sikhe est monothéiste. Ses adeptes croient en un seul Dieu, qui est le créateur et le maître de l'Univers. Le postulat de base du sikhisme est qu'il n'y a pas de péché originel et que l'essence de l'être humain conserve la nature de son créateur, qui est bonne et pure. Les sikhs ne reconnaissent pas non plus le système de castes. L'autre base des croyances du sikhisme est la théorie du karma et de son corollaire, la réincarnation; on évite les réincarnations en renonçant aux vices, en surmontant son propre égoïsme et en menant une vie intègre et honnête.

La morale inhérente au sikhisme repose sur les cinq vertus suivantes: la vérité, le contentement, le service, la patience et l'humilité. Elle stigmatise les cinq défauts que sont la luxure, la colère, l'avidité, le matérialisme et l'orgueil. Le concept du «service» est primordial dans la foi sikhe. D'abord, on apprend aux enfants à obéir à leurs parents et à les respecter. Ensuite, on doit s'occuper des autres qui sont dans le besoin. L'éthique du service s'étend à l'humanité et repose sur l'égalité des êtres humains (Velluet, 2012).

9.6.3 Le texte sacré

Le livre *Siri Guru Granth Sahib* est le fondement de la foi sikhe. Il compte 1604 pages qui ont été compilées par Guru Ajan, le cinquième successeur de Guru Nanak; il prend alors le titre d'*Adi Granth*. Puis il est complété en 1705 par Guru Gobind Singh, qui y ajoute des hymnes mystiques. Ce livre sacré est conservé dans le ***gurdwara*** sur un petit trône, sous un dais. Il est recouvert d'une couverture de velours ou de soie que l'on change régulièrement.

Gurdwara
Temple, qui est un lieu de prière et de recueillement et qui abrite le *Siri Guru Granth Sahib*.

9.6.4 Quelques pratiques, symboles et rituels religieux: la prière, le baptême, le port des 5 K

Un sikh prie trois fois par jour: tôt le matin, le soir, puis avant de se coucher. Il doit aussi se rendre le plus souvent possible au *gurdwara* et participer aux prières collectives.

Le rituel religieux au *gurdwara* commence par des chants (*kirtan*); on chante des hymnes tirés du *Siri Guru Granth Sahib*, souvent accompagnés à l'harmonium et au tabla. Ensuite, on récite des prières. Puis, après un court sermon, on distribue le *karah parshad*, constitué de semoule ou de farine, de sucre et de beurre clarifié. La cérémonie se termine par une prière collective (*ardas*). On partage ensuite un repas (*langar*) préparé et servi par des bénévoles à partir de denrées fournies par la communauté.

Le baptême (*amrit*) est généralement administré lors de la puberté, aux personnes (hommes ou femmes) qui souhaitent faire partie du ***khalsa***. Les initiés boivent de l'eau bénite qui est préparée avec du sucre, que l'on mélange en brassant avec une dague, tout en récitant des chants sacrés (*banis*).

Khalsa
Communauté de sikhs adultes créée en 1699 par le gourou Gobind Singh afin que ceux-ci défendent leur foi. De nos jours, le mot *khalsa* désigne les sikhs (hommes ou femmes) qui sont baptisés.

Hommes ou femmes, les sikhs baptisés s'engagent à porter en permanence les cinq symboles ou « K » du sikhisme, se lèvent tôt, lisent les écritures et méditent sur le nom de Dieu. Ils doivent absolument éviter de manger de la viande, de commettre l'adultère, de consommer de l'alcool ou des drogues, de fumer et de couper leurs cheveux et leurs poils. Ils doivent également consacrer du temps à leur communauté (par exemple, en faisant du bénévolat au *gurdwara*). Au Québec, très peu de sikhs sont baptisés (Montmorency, 2014).

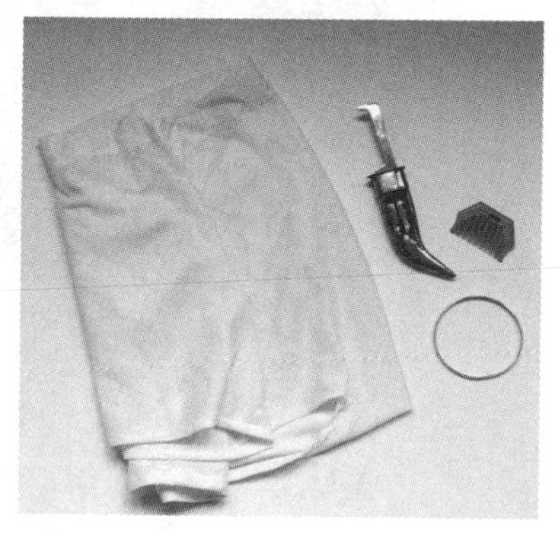

Tout sikh baptisé doit porter sur lui, en tout temps, les cinq symboles de sa foi. On les nomme les cinq K.

Les cinq symboles ou « K » du sikhisme sont les suivants :

- Le *kesh* (ou cheveux non coupés) : Les cheveux sont coiffés en chignon et dissimulés sous un turban. On ne coupe pas les cheveux et les poils, car Dieu a fait les êtres humains ainsi.
- Le *kangha* : Un peigne, généralement en bois, tient la chevelure sous le turban. Il est un symbole de propreté. Les cheveux doivent être peignés deux fois par jour et être lavés régulièrement.
- Le *kaccha* ou *kachera* : Un sous-vêtement de coton blanc, qui est un symbole de propreté et de décence.
- Le *kara* : Un bracelet de fer ou d'acier porté au poignet droit (ou gauche pour les gauchers). Il symbolise la retenue dans les actes et l'humilité.
- Le kirpan : Un poignard cérémoniel (petit sabre à lame large et recourbée) porté à la taille ou en bandoulière, dans son fourreau. C'est un symbole de la volonté de défendre la liberté et la justice.

9.6.5 Le calendrier des fêtes sikhes

Les sikhs ont leur propre calendrier, qui est solaire. Les principales fêtes sikhes sont les suivantes :

- **Gurpurbs :** ce sont des fêtes qui commémorent des évènements de la vie des gurus sikhs, tels que leur naissance et leur mort. L'une des coutumes lors de ces fêtes consiste à porter le *Siri Guru Granth Sahib* dans les rues, d'en faire une procession. Une autre consiste en la lecture complète et continuelle du livre sacré pendant 48 heures. On décore les *gurdwaras* de fleurs, de drapeaux et de lumières, et les sikhs revêtent des vêtements neufs ou particulièrement beaux. Des repas gratuits sont servis.
- **Vaisakhi :** fête commémorant la création de l'ordre du Khalsa, en 1699, par Guru Gobind Singh, dixième et dernier gourou. Plusieurs sikhs choisissent d'être baptisés lors de cette fête, qui tombe généralement le 13 avril. Les célébrations ressemblent à celles des *gurpurbs* : les *gurdwaras* sont décorés et visités, et on y organise des défilés, des danses et des chants.
- **Diwali :** Fête des lumières, commune aux hindous, aux bouddhistes indiens et aux sikhs.

SAVIEZ-VOUS QUE...

Comme il n'y a pas de clergé dans le sikhisme, n'importe quel sikh, homme ou femme, peut diriger la prière ; les *granthis*, gardiens du livre sacré, sont souvent désignés pour lire le livre sacré.

Le temple Gurdwara Guru Nanak Darbar, à Lasalle, est ouvert depuis janvier 2000. Il a été financé par les dons de la communauté mondiale sikh et aussi par des non-Sikhs.

9.6.6 Les lieux de culte et de pèlerinage

Le *gurdwara* est le lieu de culte le plus fréquenté; il fait partie du quotidien des sikhs. On reconnaît un *gurdwara* au drapeau de couleur orange hissé sur son mât. Le *gurdwara* est ouvert 24 heures sur 24 et est accessible à toute personne qui respecte les règles suivantes: ne pas avoir bu d'alcool ni consommé de drogue, se déchausser et se couvrir la tête. Les gens sont invités à manger le même repas, assis par terre, ce qui est une façon d'affirmer l'égalité des êtres humains.

Les principaux temples sikhs au Québec sont les suivants :

- **Sikh Temple Association:** 1090, boulevard Saint-Joseph, Lachine
- **Gurdwara Sahib:** 2183, rue Wellington, Montréal
- **Centre communautaire Gurdwara Nanak Darbar:** 430, rue Saint-Roch, Montréal
- **Gurdwara Guru Nanak Darbar:** 7801, rue Cordner, Lasalle

Le *Temple d'Or* est sans contredit le lieu de prière et de pèlerinage le plus sacré du sikhisme. Il a été construit à partir de marbre, de cuivre et de feuilles d'or, au début du XVIIe siècle, à Amritsar, au Penjab, dans le nord-ouest de l'Inde. Un exemplaire enluminé du livre sacré *Siri Guru Granth Sahib* y est exposé.

Le sikhisme en bref

- **Nombre de fidèles dans le monde:** Environ 22 millions.
- **Nombre de fidèles au Québec:** 9275
- **Fondateur:** Guru Nanak.
- **Naissance du sikhisme:** Fin du XVe siècle.
- **Divinité:** Un seul Dieu.
- **Texte sacré:** Le *Siri Guru Granth Sahib.*
- **Croyances:** L'unicité de Dieu, la loi du karma et de la réincarnation, la pureté de l'essence humaine et l'égalité de tous les êtres humains.
- **Clergé:** Aucun. Les *granthis* font la lecture du livre sacré lors des cérémonies.
- **Rituels religieux:** La prière individuelle, la prière collective au *gurdarwa*, la cérémonie de dénomination et le baptême pour devenir membre du *khalsa*. Les sikhs baptisés portent les cinq « K » en permanence.
- **Lieux de culte et de pèlerinage:** Le *gurdarwa* et le Temple d'Or d'Amritsar, en Inde.

Pour en savoir plus...

Lire

- *Le Québec après Bouchard-Taylor. Les identités religieuses de l'immigration*, de Louis Rousseau (dir.), Québec, Presses de l'Université du Québec, 2012.

  Les auteurs plongent au cœur de quatre communautés ethno-confessionnelles d'arrivée récente au Québec : des bouddhistes cambodgiens, des hindous d'origine tamoule et sri lankaise, des musulmans maghrébins et des pentecôtistes d'Afrique subsaharienne.

- *...Ismes. Comprendre les grandes religions*, de Theodore Gabriel et Ronald Geaves, Montréal, Éditions Hurtubise, 2007.

  Ce livre présente une vue d'ensemble des grandes religions et de leurs recoupements, et illustre la diversité spirituelle actuelle de la planète.

Les livres qui suivent présentent différentes religions; ils abordent leur histoire ainsi que les croyances, les rites et les comportements qui s'y rattachent.

- *20 clés pour comprendre le christianisme*, écrit par un collectif. Paris, Éditions Monde des religions et Albin Michel, 2013.
- *L'art de la méditation*, de Mathieu Ricard. Paris, Éditions Pocket, 2010.
- *Le bouddhisme pour les nuls*, de Jonathan Landaw et Stephan Bodian. Paris, Éditions First, 2005.
- *Comprendre le judaïsme en mots-clés*, de Quentin Ludwig. Paris, Éditions Eyrolles, 2010.
- *L'hindouisme : Une synthèse d'introduction et de référence sur l'histoire, les fondements, les courants et les pratiques*, 2e éd., d'Alexandre Astier. Paris, Éditions Eyrolles, 2014.
- *L'islam*, 3e éd., de Paul Balta. Paris, Éditions Le Cavalier Bleu, 2009.
- *Les Sikhs. Histoire et traditions des « lions du Panjab »*, de Denis Matringe. Paris, Éditions Albin Michel, 2008.

Voir

- *Sept ans au Tibet*, de Jean-Jacques Annaud, 1997.

  L'histoire vécue de l'alpiniste autrichien Heinrich Harrer dans l'ancien Tibet, de 1944 à 1951. Il fait la connaissance, à Lhassa, de l'actuel dalaï-lama, Tenzin Gyatso, alors âgé de 11 ans.

- *La coupe*, de Khyentse Norbu, 1999.

  Deux jeunes Tibétains qui ont fui leur pays pour trouver refuge dans un monastère bouddhiste en Inde s'organisent pour suivre le mondial de football 1998 à la télévision.

- *Quitter le bercail*, d'Éric Scott, 2008.

  De Montréal à Jérusalem, en passant par New York, le documentaire décrit le monde de jeunes juifs qui ont décidé de s'affranchir de leur communauté hassidique.

- *La petite mosquée dans la prairie*, série télévisée de Zarqa Nawaz, diffusée à partir de 2007.

  Cette comédie de situation de 48 épisodes met en scène la vie quotidienne d'une petite communauté musulmane installée à Mercy Bay dans les Prairies canadiennes et ses rapports avec les autres habitants.

Sortir

- Visiter des lieux de culte : mosquée, église chrétienne, *gurdwara*, temple hindou, pagode bouddhiste.
- Suivre un cours de yoga ou de méditation... dans un ashram.
- Visiter le Musée des religions du monde : 900, boulevard Louis Fréchette, à Nicolet.

  Ce musée est ouvert depuis 1991 et il a comme mandat la recherche, la préservation et l'exposition du patrimoine multireligieux canadien et québécois.

- Rencontrer des pratiquants de religions étudiées dans le présent chapitre.

  Faire une entrevue sur leur perception de la vie, de la mort, de la douleur, du corps, etc. Assister ou participer à certaines de leurs fêtes religieuses.

CHAPITRE 10
L'intégration des immigrants à la société d'accueil 185

CHAPITRE 11
Les obstacles à la communication interculturelle. 203

CHAPITRE 12
La rencontre interculturelle 221

CHAPITRE 13
L'intervention interculturelle . . . 239

Les deux premières parties de l'ouvrage ont dressé une esquisse du phénomène sociologique de l'immigration et de la diversité ethnoculturelle au Québec. Nous présentons maintenant dans cette troisième partie des clés pour comprendre les enjeux individuels et sociaux qui y sont liés et pour mieux intervenir en contexte pluriethnique.

Au chapitre 10, nous voyons comment les personnes immigrantes vivent leur intégration de même que les mesures mises en place par la société d'accueil pour faciliter ce processus aux multiples dimensions.

Le chapitre 11 traite d'abord des mécanismes d'exclusion et de la discrimination au Québec, puis des instruments adoptés pour protéger le respect des droits.

Pour mieux comprendre ce qui entre en jeu dans la rencontre interculturelle, nous nous penchons au chapitre 12 sur les composantes de la culture et sur deux modèles culturels (de type individualiste et de type collectiviste) qui permettent de situer les valeurs et les comportements.

Enfin, nous voyons au chapitre 13 des pistes concrètes pour acquérir des habiletés de communication interculturelle et s'améliorer comme intervenant. Nous y présentons aussi un outil de médiation interculturelle et des cas concrets, dans différents domaines, pour le mettre en pratique.

CHAPITRE 10

L'INTÉGRATION DES IMMIGRANTS À LA SOCIÉTÉ D'ACCUEIL

Mon grand-père disait: « S'intégrer à une nouvelle culture, c'est comme lire un livre plusieurs fois. La première lecture, généralement, c'est pour se familiariser avec les personnages. À la deuxième lecture, on s'intéresse davantage à l'histoire. Mais après la troisième lecture, si on arrive à raconter cette histoire avec passion, c'est qu'elle est aussi devenue la nôtre et les personnages, des membres de notre propre famille. »

BOUCAR DIOUF
La Commission Boucar pour un raccommodement raisonnable.

PLAN DU CHAPITRE

10.1
Le processus d'intégration

10.2
Les multiples dimensions de l'intégration

10.3
Le rôle de la société d'accueil dans le processus d'intégration

OBJECTIFS D'APPRENTISSAGE

Après avoir lu ce chapitre, vous pourrez:

- décrire les phases du processus d'intégration;
- nommer les diverses dimensions de l'intégration;
- expliquer la séquence d'états émotifs et psychologiques vécue par les immigrants après leur arrivée dans la société d'accueil;
- différencier les trois idéologies d'accueil des immigrants (assimilationnisme, multiculturalisme et interculturalisme);
- énumérer diverses mesures visant à faciliter l'intégration des immigrants au Canada et au Québec;
- expliquer la notion d'accommodement raisonnable.

La plupart des sociétés qui accueillent des immigrants veulent que ceux-ci vivent le plus harmonieusement possible leur installation et leur intégration. Cette intégration nécessite de « s'accepter mutuellement, s'accorder de la considération, admettre la nécessité des compromis. Se connaître et se reconnaître » (Begag, 2006). En d'autres mots, l'intégration nécessite la participation des deux acteurs impliqués : les personnes immigrantes et la société d'accueil. Dans le présent chapitre, nous examinons d'abord les diverses phases et les multiples dimensions du processus d'intégration, notamment la dimension personnelle et la séquence d'états émotifs et psychologiques vécue par les immigrants après leur arrivée. Comment l'immigrant se prépare-t-il à changer de vie ? Une fois arrivé et installé dans son nouveau pays, comment parvient-il à s'intégrer harmonieusement à la société qui l'accueille ? Combien de temps cela prend-il ?

Ensuite, nous examinons les responsabilités de la société d'accueil dans la réussite de cette entreprise. Quelles sont les conditions nécessaires à cette réussite ? Quels sont les modèles d'intégration qui favorisent l'égalité des chances et promettent une pleine participation des immigrants à la société québécoise ? Quelles sont les mesures d'aide qui sont instaurées afin de faciliter la transition de ces personnes à leur nouvelle vie ?

Enfin, nous nous penchons sur la question des accommodements en présentant plusieurs cas, dont certains ont été très médiatisés.

10.1 Le processus d'intégration

Le processus d'intégration désigne les différentes phases par lesquelles tous les individus « participent à la société globale par l'activité professionnelle, l'apprentissage des normes de consommation matérielle, l'adoption des comportements familiaux et culturels, les échanges avec les autres, la participation aux institutions communes » (Schnapper, 2007).

Le gouvernement québécois, qui, depuis les années 1990, a fait de l'intégration un concept clé de sa politique d'immigration, définit celle-ci comme un processus d'adaptation à long terme, multidimensionnel et distinct de l'assimilation. Ce processus, dans lequel la maîtrise de la langue d'accueil joue un rôle moteur essentiel, n'est achevé que lorsque l'immigrant ou ses descendants participent pleinement à l'ensemble de la vie collective de la société d'accueil et ont développé un sentiment d'appartenance à son égard (Ministère de l'Immigration et des Communautés culturelles [MICC], 1990 et 2008).

10.1.1 Les différentes phases d'intégration

Les chercheurs Abou, Archambault et Corbeil (cités dans Legault et Rachédi, 2008) définissent trois phases d'intégration : l'intégration de fonctionnement, l'intégration de participation et l'intégration d'aspiration.

L'intégration de fonctionnement

Le nouvel arrivant doit s'installer dans un logement et trouver des meubles, s'inscrire aux services de base tels que l'électricité et le téléphone, se déplacer en autobus ou en auto, acheter de la nourriture et d'autres biens, inscrire ses enfants à l'école, chercher du travail, trouver un lieu de culte où il pourra pratiquer sa religion, etc. Pour cela, il n'a d'autre choix que de comprendre, du moins minimalement, le fonctionnement de la société d'accueil.

Durant cette phase d'intégration, l'immigrant recherche souvent des réseaux d'entraide et le soutien de personnes qui sont du même pays d'origine ou qui parlent la même langue que lui. Le recours à des associations et groupes communautaires ou religieux qui peuvent lui offrir des services de première ligne est une stratégie efficace à court terme, car il lui permet d'amortir le choc suivant immédiatement son arrivée dans son nouveau pays (Jurkova, 2012).

L'intégration de participation

Au contact des structures de la société d'accueil, des voisins, des médias et des collègues de travail, la personne immigrante observe des comportements et entend des opinions, qui souvent diffèrent des siennes. Même ses valeurs profondes peuvent être mises au défi dans cette rencontre de cultures. La personne ne comprend pas toujours la base historique ou l'origine des comportements, opinions et valeurs répandus dans sa société d'accueil et ne peut alors reconnaître leur bien-fondé. Et même dans les cas où elle comprend leur raison d'être, elle peut les refuser, car ils diffèrent trop des siens. C'est sur ce terrain que se joue l'intégration de participation, qu'on appelle ainsi parce que la personne participe alors à la société, même si elle n'en partage pas encore toutes les valeurs et les projets.

L'intégration d'aspiration

À cette phase, les individus aspirent à faire partie de la société d'accueil. Ils sont maintenant prêts à s'engager de façon plus ou moins active dans des associations qui correspondent à leurs aspirations culturelles, économiques, éducationnelles ou autres. Par la suite, au fur et à mesure qu'ils adhèrent aux valeurs et à la culture de la société d'accueil, ils s'investissent dans les structures locales (par exemple, à l'école, dans les comités de parents et dans les conseils d'administration), dans leur milieu de travail (par exemple, au sein d'associations syndicales) et, si cela correspond à leurs aspirations, aux niveaux municipal, provincial ou fédéral. Dans l'intégration d'aspiration, l'individu accepte volontairement de lier son avenir et, s'il y a lieu, celui de ses enfants aux projets de la société dans laquelle il s'est installé.

À la fin du processus d'intégration, l'immigrant adhère aux valeurs et à la culture de la société d'accueil, notamment en célébrant sa fête nationale.

À chacun son parcours, à chacun son rythme

Les immigrants ne vivent pas toutes ces phases du processus de la même façon, ni au même rythme, ni même dans l'ordre présenté ci-dessus (Barrette, Gaudet et Lemay, 1996). Plusieurs facteurs peuvent ainsi intervenir dans le rythme, plus ou moins rapide, du processus d'intégration : ce sont par exemple le motif de l'immigration, l'âge, le niveau de scolarité, l'occupation professionnelle, le niveau de connaissance de la langue de la société d'accueil et le fait d'immigrer ou non avec des membres de la famille. Tous autant qu'ils sont, ces facteurs jouent un rôle important dans l'affirmation de l'identité culturelle, dans l'ouverture à de nouvelles façons de faire et dans le degré d'adhésion aux valeurs de la société d'accueil.

L'immigrant ne participera pleinement à la société d'accueil qu'au bout de quelques mois ou de quelques années et, quelquefois, le processus d'intégration ne sera vraiment complété que par ses enfants.

10.2 Les multiples dimensions de l'intégration

Comme nous l'avons vu précédemment, l'intégration affecte la vie de l'immigrant sur les plans personnel, familial, linguistique, socioéconomique, communautaire et politique. Examiner ces dimensions de façon séparée nous permet de mesurer le poids de chacune et d'entrevoir la façon dont le rééquilibrage peut s'effectuer chez l'émigrant soumis au choc culturel.

10.2.1 La dimension personnelle

Nous analyserons les différentes dimensions du **processus migratoire**, qui commence avec la préparation à l'immigration, avant le départ du pays d'origine, et continue après l'arrivée dans le nouveau pays.

Processus migratoire
« Ensemble des éléments émotifs et physiques affectant un individu, à partir du moment où il prend la décision de migrer jusqu'à son adaptation dans son nouveau pays » (Legault, Rachédi, 2008).

La préparation à l'immigration

Tout projet migratoire implique des démarches administratives et, dans la plupart des cas, un intérêt pour le pays hôte. L'individu remplit des formulaires, il se documente, il rêve et se forge des attentes, qu'elles soient réalistes ou non. Il imagine le lieu où il se posera.

CAPSULE

Du lait dans les robinets

« Lorsque j'étais au Rwanda, on pensait que le Canada était un pays tellement riche qu'il y avait des robinets dans les cours d'école, d'où coulait du lait pour les enfants. »

Un homme d'origine rwandaise

Entre la décision d'immigrer et l'arrivée dans le nouveau pays, il se passe beaucoup de temps, parfois plusieurs années. Pour un immigrant économique, cela prend environ 2 à 3 ans ; pour un réfugié, ça peut être encore plus long. Lorsque la personne est acceptée, elle commence à se détacher d'une partie de sa vie. Ce détachement est de divers ordres : matériel, affectif et, dans certains cas, professionnel. La personne vend ou donne certains de ses biens ; elle choisit ce qu'elle emportera. Elle pense aux êtres chers qu'elle laissera, pour peu de temps ou pour longtemps. De même, puisque la source de revenus changera, cela peut impliquer une perte de statut social, du moins pour un temps. À cette étape, la crainte la plus importante est sans doute celle de l'échec. Que se passera-t-il si le projet échoue ou s'il n'est pas à la hauteur des espoirs qui sont nourris ? Souvent, l'honneur de la personne migrante et celui de sa famille sont en jeu ; on ne peut pas ne pas réussir !

Ainsi, le processus de deuil s'amorce avant même le départ du pays d'origine.

Après l'arrivée : de la lune de miel au choc culturel

Plus la distance est grande entre les codes culturels du pays d'origine et ceux de la société d'accueil, plus l'ajustement ou le rééquilibrage sera long et laborieux. Après un premier contact, souvent enthousiaste, avec la société d'accueil, des difficultés de tous ordres surgissent. La société s'attend à ce que l'immigrant s'adapte rapidement à son nouvel environnement, et il essaie de le faire, mais il ne le peut qu'à partir de ses propres habitudes et de son bagage culturel.

Après son arrivée dans le nouveau pays, la personne immigrante passe généralement par la séquence suivante d'états psychologiques et émotifs :

1. la lune de miel (euphorie),
2. le choc culturel (désillusion et frustration),
3. l'adoption de nouvelles stratégies identitaires (déconstruction et reconstruction),
4. l'intégration (sentiment d'appartenance).

Une courbe en forme de « U » illustre bien cette séquence (Adler, 1975 ; Hofstede, 1980), comme on peut le voir dans la figure 10.1. Nous décrivons par la suite chacun de ces états.

FIGURE 10.1 La séquence d'états psychologiques et émotifs suivant l'arrivée dans une nouvelle société

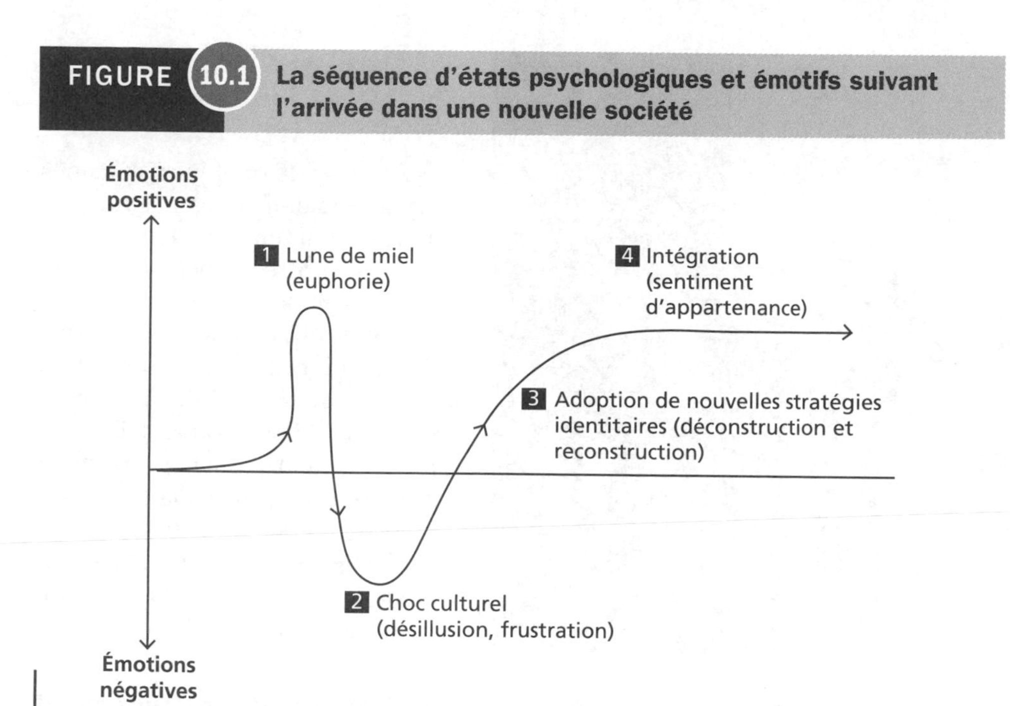

1. La lune de miel: l'euphorie Le nouvel arrivant se sent comme un touriste: il explore et veut comprendre son nouvel environnement. Il est à l'étape de la fascination, de l'étonnement et de la curiosité. Cette période est souvent marquée par un sentiment d'euphorie. L'individu entre dans un monde nouveau, s'ouvre à une vie nouvelle… Il veut expérimenter toutes sortes de choses. Il regarde les gens agir et essaie de les imiter.

2. Le choc culturel: désillusion et frustration L'immigrant subit généralement un choc culturel au cours de la période suivant son arrivée. Ce choc se définit par le «heurt avec la culture de l'autre […], une réaction de dépaysement, parfois de frustration ou de rejet, de révolte et d'anxiété ou même d'étonnement positif, en un mot une expérience émotionnelle et intellectuelle qui apparaît chez ceux qui, placés par occasion ou profession hors de leur contexte socioculturel, se trouvent engagés dans l'approche de l'étranger» (Cohen-Émérique, 1984).

Ainsi, après quelques semaines ou quelques mois, l'individu commence à éprouver de la fatigue, en raison notamment de la peur de ne pas se faire comprendre. L'individu qui maîtrise bien la langue de la société d'accueil a de la difficulté avec certains mots et certaines expressions, et doit s'habituer aux accents. Pour la personne qui ne maîtrise pas la langue du pays d'accueil, cette difficulté peut devenir un obstacle infranchissable qui risque d'engendrer colère, rage et impuissance. L'incapacité de communiquer peut entraîner l'isolement de la personne et accentuer son sentiment d'exclusion, de retrait.

> **CAPSULE**
>
> **Le choc thermique**
>
> «Au Québec, il fait froid tout le temps, ça, je ne vais pas l'oublier! C'est l'hiver infini… L'été passé, je suis allée en vacances dans mon pays. Je disais à mes amis: "L'hiver, il fait -30, -40." Ils ne voulaient pas me croire: "Tu es folle, -30, -40, c'est quand le poulet est dans le congélateur!" Voilà, c'est ça, je suis un poulet! Ils ne voulaient pas me croire…»
>
> Une étudiante internationale d'origine marocaine

Dans de nombreuses situations, l'immigrant se sent infantilisé. Les gens lui parlent lentement, comme à un enfant, en détachant bien les mots. De même, dans des circonstances officielles, l'intervention d'un interprète peut être intimidante et la personne peut avoir l'impression de n'exister que par personne interposée. La honte de ne pas être compris et de ne pas comprendre peut provoquer chez le nouvel arrivant un sentiment d'infériorité et la crainte d'avoir l'air ridicule.

Les enfants d'immigrants apprennent rapidement le français à la garderie ou à l'école et deviennent souvent les interprètes de la famille. Pour les parents, cela peut être très difficile à accepter, car ils peuvent se sentir infantilisés et avoir l'impression de perdre un peu leur statut de parents.

Il tente de se trouver un emploi, mais ce n'est pas aussi facile qu'il le croyait.

Au bout de quelques semaines ou de quelques mois suivant son arrivée, l'immigrant doit reconstruire son réseau social. Son nouveau cadre de vie l'épuise et il est souvent aux prises avec un sentiment de doute. Il est incertain de tout : de la conduite à adopter, des choix à faire. Souvent, il a l'impression d'être assis entre deux chaises et il peut se laisser aller à des attitudes d'hostilité envers la société d'accueil ; souvent, il devient plus critique et idéalise le pays qu'il a quitté.

3. L'adoption de nouvelles stratégies identitaires : déconstruction et reconstruction Durant cette phase de stress et de confrontations se pose inéluctablement le problème de l'identité. Le nouvel arrivant essaie de ressembler aux membres de la société d'accueil, et, en même temps, il est envahi par la peur de ne pas voir son identité reconnue, la peur de perdre son identité propre.

L'immigrant aborde alors un processus de déconstruction et de reconstruction. Son identité est ici remise en question : afin de cesser de se sentir étranger ou marginalisé dans sa société d'accueil, il doit chercher à l'intérieur de lui-même des éléments qui l'apparentent à ses voisins. S'il a des enfants, ceux-ci lui amèneront en peu de temps des façons nouvelles de se comporter, de manger, etc., et il n'aura d'autre choix que de les intégrer à sa vie afin d'éviter les conflits. Ainsi, sans même en être conscient, il commence à déconstruire partiellement son identité.

CAPSULE

J'étais quelqu'un avant d'arriver ici

« J'étais quelqu'un avant d'arriver ici. Dans mon pays, quand tu te promènes avec des clés dans les poches, ça veut dire que tu as une auto, une maison, que tu as réussi ; alors tu fais tinter ces clés. Toutes les portes s'ouvrent, on te reçoit à la banque avant tout le monde, tu as la meilleure table au restaurant, tout le monde te salue. Ici, ça ne veut rien dire. »

Un homme d'origine togolaise

Dans la plupart des cas, l'immigrant réussit assez rapidement à trouver un équilibre dans les domaines les plus importants de sa vie. Il s'adapte à son nouvel environnement en le connaissant mieux, et il en accepte le plus possible les valeurs et les croyances comme une réalité avec laquelle il doit composer. Il arrive à naviguer entre les deux cultures, la sienne et celle de la société d'accueil, et il développe de nouvelles stratégies identitaires (par exemple, en apprenant des mots ou des expressions pour mieux se faire accepter).

4. L'intégration : le sentiment d'appartenance Lorsque le processus d'intégration est bien avancé, l'immigrant participe à la société et s'y sent admis et reconnu. Selon Resch (2001, p. 14), « être intégré, c'est participer totalement à la vie d'une société [...]. C'est aussi être reconnu par les autres membres de la communauté [...] comme faisant partie, en cette même qualité, de celle-ci ». Il est donc très important de comprendre que l'intégration ne se fait pas sans la reconnaissance de l'immigrant par les autres membres de la société.

10.2.2 La dimension familiale

La personne immigrante peut voir l'ensemble de sa structure familiale modifiée. Par exemple, celle-ci passe d'une famille élargie, comprenant grands-parents, tantes, oncles et cousins, à une famille nucléaire, composée du père, de la mère et des enfants. Le couple est isolé, sans appui, il perd un réseau sur lequel il est habitué de compter.

Les rôles de l'homme et de la femme dans la famille sont souvent bousculés, remis en question. Dans certains cas, l'homme était l'unique pourvoyeur économique alors qu'il vivait dans son pays d'origine, et, dans le pays d'accueil, il voit sa conjointe accepter un emploi et devenir le gagne-pain de la famille. Autre exemple: la femme, qui, dans son pays, pouvait compter sur le soutien informel de son réseau familial et de son voisinage pour éduquer ses enfants ne trouve plus cet appui. Les parents sont venus pour leurs enfants, pour leur sécurité, pour leur donner une meilleure éducation, pour qu'ils aient de meilleurs emplois (Kanouté et Lafortune, 2014). Ils peuvent ainsi remettre en question la manière d'éduquer les enfants dans le pays d'accueil, estimer que les enfants sont trop libres, qu'ils ne respectent ni leurs parents ni leurs professeurs. De même, beaucoup ont de la difficulté à comprendre qu'un jeune souhaite quitter le foyer familial pour aller vivre en appartement, car, dans beaucoup de cultures, les enfants ne quittent les parents que lorsqu'ils se marient.

CAPSULE

Seule avec un bébé

« Je suis revenue à la maison deux jours après avoir accouché, sans aucune aide, à part la visite d'une infirmière du CLSC, sans personne à qui parler durant la journée. Mon mari travaillait. Dans mon pays, toute la famille se serait relayée à mon chevet, j'aurais pu me reposer, on aurait pris soin de moi et de mon bébé. J'ai trouvé cela très difficile. »

Une jeune femme d'origine algérienne

10.2.3 La dimension linguistique

Il va de soi qu'une faible maîtrise de la langue peut ralentir, voire entraver le processus d'intégration de la personne immigrante. Il est donc nécessaire, sinon souhaitable que celle-ci connaisse et utilise couramment la langue de la société d'accueil au travail, dans ses démarches administratives, dans l'achat de services et dans l'apprentissage en général, afin qu'elle puisse comprendre le fonctionnement de sa société d'accueil. Il en va de même dans la sphère informelle (avec la famille, dans les loisirs, etc.): l'utilisation courante de la langue de la société d'accueil permet à l'immigrant de se familiariser avec la culture du pays, de créer des liens et, ainsi, de rompre l'isolement.

CAPSULE

Apprendre une troisième langue !

« Quand je suis arrivé au Québec, je parlais le mandarin et l'anglais, mais je me suis vite rendu compte qu'il faudrait aussi que je parle le français, pour accéder à des professions et pour comprendre la culture et pouvoir échanger avec les gens. »

Un homme d'origine chinoise

10.2.4 La dimension socioéconomique

L'intégration socioéconomique se mesure, d'une part, à la possibilité ressentie et vécue par l'immigrant d'accéder à des revenus et à une mobilité sociale comparables à ceux des personnes nées et résidant dans le pays d'accueil. L'accès à l'emploi est, de fait, un facteur clé de l'intégration. Non seulement l'emploi fournit-il un revenu qui permet à l'immigrant de subsister et de se procurer des biens et des services, mais il l'amène à utiliser ses capacités et à développer son expertise. De plus, il lui procure un réseau social: quand on a un emploi, on rencontre des gens, on mange avec des collègues le midi, on fête les employés dont c'est l'anniversaire et on finit par se faire des amis parmi ces gens. Enfin, grâce à l'emploi, l'immigrant développe un sentiment d'appartenance, il s'implique et il se sent utile et accepté.

Le degré et les modalités d'insertion professionnelle des néo-Québécois varient selon leur période d'arrivée, leur scolarité, leur expérience professionnelle, leur âge, leur sexe (les femmes connaissant davantage de difficulté à trouver un emploi) et leur appartenance ethnique et religieuse.

CAPSULE

D'enseignant à chauffeur de taxi

Dans mon pays, j'ai été enseignant pendant 20 ans. Ici, je fais du taxi pour vivre. Je suis des cours le soir. Je me sens comme un grain de sable...

Un homme d'origine haïtienne

Certains ajustements sont souvent nécessaires, par exemple dans les cas où les diplômes obtenus dans le pays d'origine ne sont pas reconnus dans le pays d'accueil. La personne peut devoir s'ajuster à une nouvelle réalité, tant au niveau financier qu'en matière de statut social.

10.2.5 Les dimensions communautaire et politique

Pour ce qui touche à la dimension communautaire, le fait de se retrouver avec des compatriotes peut adoucir le choc culturel : la personne fait ses achats dans des commerces ethniques, elle rencontre des gens avec lesquels elle parle dans sa langue d'origine, avec eux elle participe à des rituels religieux dans des lieux de culte et célèbre les fêtes religieuses qu'elle connaît, les anniversaires importants, etc.

Dans sa vie de tous les jours, l'immigrant est constamment confronté à un nouveau système de normes et de valeurs sociales, à de nouvelles façons de penser, de ressentir et d'agir. Il doit évaluer en quoi ces réalités lui conviennent et trouver un équilibre qui lui permette de développer et de maintenir des relations. Éventuellement ou de façon spontanée, immédiate, il s'intéresse aussi aux expressions culturelles de sa nouvelle société : il s'apprivoise à la littérature, à la musique et aux traditions culinaires, il participe aux activités récréatives et sportives, et il essaie ou adopte les modes vestimentaires en usage dans son nouvel environnement.

Le nouvel arrivant peut même s'impliquer en politique, en se proposant comme personne-ressource dans les structures décisionnelles. D'ailleurs, on note la présence plus nombreuse, mais pas encore assez représentative de personnes issues de communautés ethniques élues à la Chambre des communes, à l'Assemblée nationale et en tant que conseillers municipaux. Le même phénomène s'observe chez les gestionnaires et les entrepreneurs qui deviennent des décideurs économiques et politiques. Ce sont surtout les immigrants de deuxième et de troisième génération qui mettent en œuvre cette stratégie d'intégration.

10.3 Le rôle de la société d'accueil dans le processus d'intégration

L'intégration des immigrants n'est pas seulement l'affaire des personnes directement concernées : la société d'accueil doit aussi y contribuer. Dans les sections qui suivent, nous voyons les approches des gouvernements canadien et québécois en matière d'intégration des immigrants, les mesures mises en œuvre pour favoriser cette intégration et les résultats de l'approche adoptée au Québec.

10.3.1 Les différentes idéologies d'accueil des immigrants

Le Canada accueille des immigrants depuis le début du XIXe siècle et, au fil du temps, il a développé différentes politiques visant à réguler et à gérer son immigration. Chacune de ces politiques repose sur un modèle particulier de gestion de l'immigration. Or, de tels modèles sont conditionnés par les idéologies ou les visions du monde qui prévalent lors des époques considérées.

Assimilationnisme
Idéologie qui choisit d'ignorer les différences culturelles et qui, de ce fait, favorise l'apprentissage rapide, par les immigrants, de la culture majoritaire de la société d'accueil, considérée comme la meilleure.

L'assimilationnisme

Au XIXe siècle et pendant toute la première moitié du XXe siècle, l'idéologie de l'assimilation, ou **assimilationnisme**, est en vogue au Canada, aux États-Unis et en Angleterre. Les politiques qui découlent de cette idéologie ne prennent en considération ni l'appartenance culturelle ou ethnique, ni les convictions religieuses, ni les codes linguistiques des nouveaux arrivants, et elle met tout en place pour que les immigrants abandonnent leur identité culturelle. Plusieurs décennies après la mise en place de telles politiques, les sociétés concernées font un constat d'échec : les immigrants continuent de fortement résister à la perte de leur culture d'origine (Labelle *et al.*, 2007).

Le multiculturalisme

En 1971, sous le gouvernement libéral de Pierre Elliott Trudeau, dans la foulée des aspirations pour le respect des droits de la personne, le Canada se dote d'une politique officielle sur le **multiculturalisme**, une idéologie qui préconise le respect des droits individuels, la pleine participation de tous les groupes culturels à la vie sociale et politique, et la mise en valeur de leurs cultures spécifiques. Il est d'ailleurs le premier pays au monde à le faire. Par cette politique officielle, le Canada proclame la valeur et la dignité de tous les Canadiens et Canadiennes, sans égard à leurs origines raciales ou ethniques, à leur langue ou à leur confession religieuse. Réaffirmant ces positions, la *Loi sur le maintien et la valorisation du multiculturalisme au Canada* est promulguée en 1988. Elle véhicule la vision d'un Canada composé d'une mosaïque de groupes ethniques, unifiés par la communication dans deux langues officielles, l'anglais et le français.

Multiculturalisme
Idéologie qui préconise le respect des droits individuels, la pleine participation de tous les groupes culturels à la vie sociale et politique, et la mise en valeur de leurs cultures spécifiques.

Au cours des années 1980 et 1990, les politiques du multiculturalisme évoluent vers la lutte contre le racisme, l'adaptation des institutions canadiennes à la diversité et la promotion d'un sentiment d'appartenance au Canada (Rocher *et al.*, 2007).

La politique du multiculturalisme n'a pas été très bien accueillie au Québec, et ce, dès le départ, car plusieurs y ont vu une façon de nier l'existence des nations composant déjà le Canada.

L'interculturalisme

C'est dans ce contexte sociopolitique que le gouvernement du Québec entreprend, dès le début des années 1970, une réflexion sur la question et arrive à se distancier de l'idéologie multiculturelle canadienne, au profit d'une approche distincte : celle de l'**interculturalisme**. Cette idéologie met l'accent sur la nécessité de prendre en compte la culture des autres, de communiquer avec eux et d'apprendre à se connaître les uns les autres, et ce, autant pour les membres de la société d'accueil que pour les immigrants. Elle valorise les relations entre les différents groupes sociaux qui composent la société et une pleine participation de tous ces groupes à la définition d'un projet de société.

Interculturalisme
Idéologie préconisant des rapports harmonieux entre les cultures, fondés sur l'échange intensif et axés sur un mode d'intégration qui ne cherche pas à abolir les différences, tout en favorisant la formation d'une identité commune (Bouchard et Taylor, cité dans Radio-Canada, 2008).

Cependant, d'importants questionnements ont surgi à partir des années 1980, concernant la reconnaissance, la légitimité et la légalité de certaines pratiques culturelles (par exemple, le refus de travailler le samedi chez les Adventistes du septième jour, le port du hidjab). En d'autres mots, doit-on, au nom de la tradition et de la culture, tout accepter ? Jusqu'où doit-on respecter les demandes d'un groupe culturel qui transmet des valeurs incompatibles avec celles de la société québécoise ? Il ne faut pas confondre le relativisme théorique et le relativisme éthique (Comte-Sponville, 1994). En effet, si toutes les cultures se valent, il n'en est pas de même pour les manières d'agir qui, elles, ne se valent pas nécessairement.

La crise des accommodements raisonnables (2006-2007) et la mise sur pied d'une Commission de consultation sur les pratiques d'accommodement reliées aux différences culturelles avec les deux commissaires Gérard Bouchard et Charles Taylor (2008) mettront en lumière l'urgence de réaffirmer l'idéologie interculturelle et d'en faire une véritable politique gouvernementale (ce qu'elle n'avait jamais été). (Nous parlerons plus en détail de la notion d'accommodement raisonnable à la page 196.)

En 2012, Gérard Bouchard propose une définition de l'interculturalisme comme étant un modèle axé sur la recherche d'équilibres qui tracent la voie entre l'assimilation et la segmentation. L'interculturalisme met l'accent sur l'intégration, les interactions et la promotion d'une culture commune dans le respect des droits et de la diversité (Bouchard, 2012). Il se caractérise donc par la recherche d'équilibres dans l'arbitrage de croyances, de traditions, de coutumes et d'idéaux parfois concurrents, cela dans le respect des valeurs fondamentales du Québec. Mais, quelles sont ces valeurs ?

Un document du gouvernement québécois, *Apprendre le Québec*, présente ces valeurs : le Québec est une société d'expression française, libre et démocratique, riche de sa diversité, où l'État et les institutions sont laïques ; elle est basée sur la primauté du droit, l'égalité de tous les citoyens (entre autres entre les hommes et les femmes) ainsi que les libertés individuelles et le bien-être collectif (MICC, 2012). L'encadré 10.1 présente les valeurs et les particularités de la société québécoise de façon un peu plus détaillée.

ENCADRÉ 10.1 Les valeurs fondamentales et les particularités de la société québécoise

- Le Québec est une société majoritairement francophone en Amérique du Nord. Le français est la langue officielle des institutions publiques et la langue de communication. Par contre, le respect de la minorité anglophone est garanti par la *Charte québécoise des droits et libertés*.
- Le Québec est une société de droit libre et démocratique basée sur une charte des droits, qui prône la liberté d'expression, le droit à l'égalité, la participation des citoyens dans l'espace public, le droit de vote, la résolution des conflits par la négociation. Les femmes et les hommes sont égaux. Tous les citoyens ont les mêmes droits et les mêmes obligations.
- Le Québec est une société pluraliste qui encourage l'échange entre les cultures et le rapprochement entre les communautés, et reconnaît l'enrichissement qu'apporte la diversité.
- L'État québécois et ses institutions sont laïques. Leurs décisions et leurs actions sont indépendantes des pouvoirs religieux. L'État québécois a déconfessionnalisé son système scolaire. L'enseignement religieux confessionnel ne fait pas partie du programme de l'école publique.
- Les libertés et les droits fondamentaux s'exercent dans le respect des droits et libertés d'autrui, de l'ordre public, des valeurs démocratiques du Québec et du bien-être général des citoyennes et des citoyens. L'usage de la violence est interdit.

Source : Adapté de MICC, 2012.

10.3.2 Les mesures mises en place par la société d'accueil pour faciliter l'intégration

Le processus d'intégration des immigrants, comme nous l'avons vu, est complexe et multidimensionnel, et, puisqu'il ne peut s'opérer que graduellement, il demande une période plus ou moins longue d'adaptation et de rééquilibrage. Ainsi, dans son effort visant à assurer que ce processus s'opère réellement et sans heurts, la société d'accueil interviendra à court, à moyen et à long terme, c'est-à-dire à toutes les phases d'intégration :

- À la phase de l'intégration de fonctionnement, la société d'accueil joue un rôle prépondérant : elle doit aider l'immigrant dans l'apprentissage de la langue, notamment en instaurant des cours de francisation, s'assurer que les services publics dans les secteurs de l'habitation, de la santé, des services sociaux et de l'éducation leur sont accessibles, et veiller à l'absence de discrimination dans ces domaines.
- À la phase de l'intégration de participation, le rôle de la société d'accueil consiste à expliquer et à promouvoir, à travers ses institutions, les valeurs qu'elle privilégie, à favoriser les contacts entre personnes immigrantes et non immigrantes (notamment par du jumelage) et à donner à l'immigrant la possibilité d'intervenir socialement sans avoir à renier ses propres

valeurs, c'est-à-dire de pouvoir conjuguer certaines de ses valeurs et celles qu'il est en train d'acquérir. Cette dernière fonction peut être accomplie au moyen d'accommodements.

- À la phase de l'intégration d'aspiration, afin que l'immigrant puisse aspirer à faire partie intégrante de la société canadienne et québécoise, celles-ci doivent, entre autres, lui permettre d'accéder à un emploi qui lui assurera un niveau de vie décent, et reconnaître ses compétences. Ainsi, le fait que le Canada permette à tout résident permanent de devenir citoyen canadien, avec tous les droits que confère ce statut, est également une mesure qui favorise l'intégration d'aspiration.

Les cours de francisation font partie des mesures prises par le gouvernement pour faciliter l'intégration de fonctionnement des immigrants.

L'intégration des immigrants est aussi l'affaire de tous ; les établissements publics et privés, les groupes communautaires et les citoyens de la société d'accueil ont un rôle à jouer.

On doit ainsi adapter les institutions et les rapports sociaux et culturels afin que tous soient traités avec équité (Bouchard et Taylor, 2008).

Le tableau 10.1 (*voir la page suivante*) présente quelques mesures mises en place par les sociétés canadienne et québécoise dans le but de faciliter l'intégration des personnes immigrantes (Gagnon, 2010).

CAPSULE

L'importance de l'accueil

« Des gens nous ont accueillis comme si nous étions des enfants adoptifs. Donc pour moi, nous n'avons jamais été immigrants. Il y a eu tout de suite ce moment d'amour, les gens sont venus vers nous ».

Kim Thuy, Vietnamienne arrivée dans la ville de Granby en 1978, à l'âge de 10 ans, au sortir d'un camp de réfugié (Berthiaume, Corbo et Montreuil, 2014)

10.3.3 La gestion des demandes d'aménagement ou d'accommodement

Afin que tous les citoyens puissent s'intégrer et participer pleinement à la vie sociale, culturelle et politique des sociétés québécoise et canadienne, il va de soi que la discrimination directe doit en être absente. Cela est assuré par l'application des chartes. Toutefois, certaines règles ou pratiques peuvent avoir, de façon indirecte, un effet discriminatoire envers une personne ou un groupe. Dans de tels cas, on doit envisager des ajustements aux règles ou des accommodements qui permettront d'inclure cette personne ou ce groupe dans la vie collective. Nous décrivons à la suite l'ajustement concerté (ou la voie citoyenne) ainsi que l'accommodement raisonnable (ou la voie juridique).

L'ajustement concerté ou la voie citoyenne

La plupart des demandes d'aménagement sont traitées dans la sphère citoyenne. Elles consistent en des aménagements qui ne sont pas régis par les chartes et qui font partie du vivre-ensemble. Selon le rapport de la Commission Bouchard-Taylor (2008), cette voie « repose sur la négociation et fait appel à la bonne foi, au respect mutuel, à la flexibilité et à la créativité ». Ces aménagements ou ajustements sont issus d'ententes à l'amiable ou de négociations entre un établissement et ses usagers (patients, clients, élèves, etc.), entre un employeur et ses employés ou simplement entre voisins. Ces ajustements se font de façon informelle, sans intervention de tierces parties. D'ailleurs, la plupart des demandes se règlent à l'amiable. Elles relèvent souvent de relations d'affaires ou de bon voisinage.

TABLEAU 10.1 Les mesures visant à faciliter l'intégration des immigrants au Canada et au Québec

Objectifs visés	Lois et mesures mises en place
Définir un cadre juridique pour la sélection et l'intégration des immigrants	• *Loi canadienne sur l'immigration et la protection des réfugiés du Canada* • *Loi sur le multiculturalisme canadien* • *Loi sur l'immigration au Québec* • *Loi sur la citoyenneté du Canada*
Assurer l'égalité devant la loi et contrer les diverses formes de discrimination	• *Charte canadienne des droits et libertés* • *Charte québécoise des droits et libertés de la personne* • *Déclaration du gouvernement du Québec sur les relations interethniques et interraciales* • Mesures liées à la notion d'accommodement raisonnable • Politique gouvernementale pour favoriser la participation de tous à l'essor du Québec : *La diversité, une valeur ajoutée.*
Favoriser l'intégration linguistique	• *Charte de la langue française du Québec* (ou loi 101) : • Centres d'intégration des immigrants adultes • Programme d'intégration linguistique pour immigrants (Ministère de l'Immigration, de la Diversité et de l'Inclusion) • Classes d'accueil pour la francisation et l'intégration des enfants des immigrants
Favoriser l'intégration socioéconomique	• *Loi sur l'équité en matière d'emploi* • *Loi sur l'accès à l'égalité en emploi dans des organismes publics* • Programme Accès aux ordres professionnels (PAP) • Programme d'accompagnement des nouveaux arrivants (PANA) • Programme régional d'intégration (PRI)
Favoriser l'apprentissage des valeurs communes de la société québécoise	• Énoncé de politique en matière d'immigration et d'intégration • *Déclaration sur les valeurs communes de la société québécoise*
Favoriser la rencontre interculturelle et la reconnaissance de l'apport des immigrants à la société québécoise	• Cours d'éthique et de culture religieuse au primaire et au secondaire • Programme d'enseignement des langues d'origine (PELO) • Semaine québécoise des rencontres interculturelles • Semaine d'actions contre le racisme • Mois de l'histoire des Noirs • Prix québécois de reconnaissance (Prix Charles Biddle, Maurice Pollack, etc.) • Promotion des échanges et d'une approche interculturelle dans tous les services gouvernementaux (écoles, hôpitaux, CLSC, garderies, etc.)

CAPSULE

Des repas végétariens ou sans gluten

Les compagnies aériennes offrent de plus en plus des repas végétariens aux clients qui le souhaitent. Cela permet de satisfaire les végétariens, mais aussi les musulmans, les juifs ou les hindous (qui ne peuvent, selon leur religion, manger de la viande ou certains types de viande). De la même façon, de plus en plus de restaurants et de chaines d'alimentation offrent des produits sans gluten, car plusieurs personnes ont des difficultés avec ce produit. Ces exemples, même s'ils ne sont pas reliés à la question interculturelle, démontrent qu'il est tout à fait possible de mettre en place des mesures pouvant accommoder divers types de demandes.

L'accommodement raisonnable ou la voie juridique

On comprend aisément l'idée d'accommodement dans un sens très général : la société modifie ses règles et ses pratiques afin de permettre à une personne ou à un groupe d'être traité équitablement.

En 1985, un jugement de la Cour suprême du Canada, le jugement O'Malley (*voir la page 198*), a causé une première en matière d'« accommodement raisonnable ». Cette expression, qui a d'ailleurs été créée à cette occasion, a depuis été servie à toutes les sauces à saveur interculturelle, surtout au cours des dernières années. Il importe de bien en définir le concept.

L'accommodement raisonnable est une « obligation juridique, applicable uniquement dans une situation de discrimination, et consistant à aménager une norme ou une pratique de portée universelle dans les limites du raisonnable en accordant un traitement différentiel à une personne qui, autrement, serait pénalisée par l'application d'une telle norme » (Bosset, 2012). Nous voyons à la suite dans quelles conditions une mesure d'accommodement raisonnable doit être accordée.

Quand une mesure d'accommodement raisonnable doit-elle être accordée ?

À quelles conditions un employeur ou un établissement sont-ils dans l'obligation de chercher à accorder un accommodement raisonnable ? Tout d'abord, il importe de comprendre que le devoir d'accommodement ne s'applique qu'aux motifs de discriminations énoncés dans l'article 10 de la Charte des droits et libertés de la personne du Québec :

> Toute personne a droit à la reconnaissance et à l'exercice, en pleine égalité, des droits et libertés de la personne, sans distinction, exclusion ou préférence fondée sur l'âge, sauf dans la mesure prévue par la loi, la condition sociale, les convictions politiques, la couleur, l'état civil, la grossesse, le handicap ou l'utilisation d'un moyen pour pallier ce handicap, la langue, l'orientation sexuelle, l'origine ethnique ou nationale, la race, la religion, le sexe.

L'encadré 10.2 explique les étapes à suivre et les conditions qui doivent être remplies pour qu'on puisse bel et bien parler de demande d'accommodement raisonnable, et pour que la personne puisse porter plainte si sa demande est refusée en premier lieu.

SAVIEZ-VOUS QUE...

Un employeur est légalement obligé de chercher une solution si une personne fait une demande d'accommodement parce qu'elle subit un préjudice en raison de discrimination liée à un des motifs énoncés dans la Charte des droits et libertés. Cependant, il faut qu'il y ait réciprocité (que les deux parties cherchent une solution) et qu'il n'y ait pas de contrainte excessive.

ENCADRÉ 10.2 Les étapes et les conditions d'une demande d'accommodement raisonnable

1re étape : La personne fait la demande d'une mesure d'accommodement (à son employeur, un organisme, une entreprise, etc.).

2e étape : Devant cette demande, l'employeur, l'institution (par exemple, un hôpital ou une garderie) ou l'entreprise doit vérifier s'il y a ou non discrimination. Trois questions doivent être posées :

1. Est-ce que la personne subit de la discrimination, que ce soit par distinction, par exclusion ou par préférence ?
2. Est-ce que c'est un des motifs de discrimination prohibés par les chartes des droits et libertés canadienne (article 15) et québécoise (article 10) qui est à l'origine de ce traitement différent ?
3. Est-ce que la personne a subi un préjudice ? Si oui, lequel ?

Si on répond négativement à l'une de ces trois questions, la situation ne relève pas de la législation sur les accommodements raisonnables. Par contre, si on répond positivement à ces 3 questions, les parties en présence doivent rechercher une solution et un compromis substantiels.

Si le cas se retrouve devant les tribunaux, on doit être en mesure de prouver qu'il y a eu recherche de solution de part et d'autre et que les deux parties sont de bonne foi (notion de réciprocité), même si on n'est pas arrivé à une solution. Si l'employeur, l'institution ou l'entreprise n'a pas cherché de solution, les tribunaux pourraient lui en imposer une.

3e étape : L'obligation d'accommodement est évaluée au cas par cas par les parties concernées et est limitée par la notion de contrainte excessive. Des études ont permis de déterminer les facteurs suivants comme pouvant exercer une contrainte excessive (Azdouz, 2007 ; Éducaloi, 2013) :

- l'impact financier ;
- les exigences de sécurité ;
- la taille de l'organisation ;
- l'interchangeabilité des effectifs et des installations ;
- le nombre de demandes et de demandeurs ;
- l'atteinte au bien-être général ;
- l'atteinte réelle aux droits des autres employés ou des autres usagers.

Ainsi, si la demande soumet l'organisme, l'institution ou l'entreprise à une contrainte excessive, l'obligation d'accommodement cesse de s'imposer puisque l'accommodement demandé n'est plus considéré comme raisonnable.

Les demandes d'accommodement ne concernent pas nécessairement des pratiques ethnoculturelles ou religieuses. Par exemple, voici le cas vécu d'une personne handicapée : à Montréal, en 2004, une femme aveugle se présente dans un restaurant avec son chien guide. Le propriétaire refuse que son chien l'accompagne et lui propose de le laisser entre les deux portes d'entrée du restaurant. La dame dépose une plainte à la Commission des droits de la personne.

Dans ce cas, le Tribunal des droits de la personne du Québec a considéré qu'il y avait discrimination (motif : handicap et moyen de pallier le handicap) et qu'une proposition ayant pour effet de séparer un chien guide de son maître causait préjudice à la personne, en ce sens que l'expulsion d'un chien guide revient, dans les faits, à exiger l'expulsion de la personne handicapée. Le restaurateur a été condamné à verser 3000 $ à la plaignante. Un accommodement raisonnable aurait consisté à laisser le chien entrer dans l'établissement, puisque cette mesure n'entraîne pas de contrainte excessive pour le restaurateur.

Quelques jugements des tribunaux sur des accommodements religieux

Si certaines demandes d'accommodement semblent être acceptées et même encouragées par la société québécoise (par exemple le retrait préventif d'un travail dangereux pour les femmes enceintes ou les moyens pour pallier le handicap d'une personne, comme une rampe d'accès), certaines pratiques religieuses semblent plus difficiles à admettre. Pourtant, de 2009 à 2013, « [...] seulement 3 % de toutes les plaintes de discrimination traitées par la Commission [des droits de la personne et de la jeunesse] sont fondées sur le motif [de la] religion, et les plaintes liées à un accommodement pour ce motif ne constituent que 0,69 % de tous les dossiers » (CDPDJ, 2013).

SAVIEZ-VOUS QUE...

Au Québec, seulement 3 % des plaintes pour discrimination sont fondées sur le motif de la religion (CDPDJ, 2013).

Nous présentons dans les prochaines lignes quelques exemples de demandes d'accommodements religieux qui ont exigé des jugements des tribunaux.

Refus de travailler le samedi ou le dimanche En 1978, une femme adventiste du septième jour, Theresa O'Malley, vendeuse chez Simpsons-Sears, demande à ne pas travailler le vendredi soir et le samedi. Elle est congédiée. La Cour suprême du Canada rend son verdict sept ans plus tard (en 1985) : il y a eu discrimination et l'employeur n'aurait pas dû la congédier. C'est le premier cas où on utilise l'expression « accommodement raisonnable ».

De même, en 1993, le Tribunal des droits de la personne statue dans l'affaire Smart-Eaton qu'une employée catholique peut refuser de travailler le dimanche (Bouchard et Taylor, 2008).

L'*érouv* juif Des *érouv* (*voir la définition au chapitre 9, page 163*) sont installés dans la ville d'Outremont depuis 1989. À la suite de plaintes de citoyens en 2000, la ville démantèle ces fils de nylon. Mais la Cour supérieure accorde en 2001 le droit d'ériger des *érouvs* sur le territoire de la ville.

Les *souccahs* juives En 1998, la Cour supérieure du Québec interdit à des juifs orthodoxes d'ériger des *souccahs* sur leur balcon. Un deuxième avis de la Cour d'appel abonde dans le même sens en 2002. La Cour suprême infirme ces deux jugements en 2004 et permet la construction des *souccahs* pendant la fête de Soukkoth qui dure 8 jours.

Souccah
Petite hutte, tente ou cabane dans laquelle les Juifs prennent leurs repas pendant un peu plus d'une semaine à l'occasion de la fête de Soukkoth.

Le turban et le kirpan sikhs En 1990, le gouvernement canadien permet aux officiers sikhs de porter leur turban. Des retraités de la GRC déposent contre cette pratique une plainte qui sera rejetée par la cour fédérale du Canada (en 1995) et par la Cour suprême.

En décembre 2001, un élève de 12 ans du nom de Gurbaj Singh Multani, baptisé selon la foi sikhe, échappe dans la cour de son école son kirpan, une dague cérémonielle que les initiés de la Khalsa doivent porter sur eux en tout temps.

Suivra une saga judiciaire jusqu'en 2006, alors que les juges de la Cour suprême du Canada autorisent le jeune Multani à porter son kirpan à l'école à la condition que celui-ci soit en tout temps porté sous les vêtements, dans un étui cousu, et que le personnel de l'école puisse vérifier à n'importe quel moment que les conditions sont bien respectées.

Les transfusions sanguines et les Témoins de Jéhovah Le 24 mai 2007, un jugement de la Cour supérieure du Québec confirme que devant l'urgence de la situation, le Centre hospitalier de l'Université de Sherbrooke avait le droit de procéder à des transfusions sanguines sur deux jumeaux nés prématurément, et ce, malgré l'opposition de leurs parents qui sont Témoins de Jéhovah.

En 2006, une jeune fille de 14 ans souffrant d'hémorragie interne est admise dans un hôpital de Winnipeg. Selon la loi du Manitoba, les médecins ont fait une transfusion sanguine malgré sa volonté et celle de ses parents, qui sont des Témoins de Jéhovah. En 2009, la Cour suprême du Canada a validé la loi manitobaine qui a imposé cette transfusion.

Des cas soumis à la Commission des droits de la personne et des droits de la jeunesse

D'autres cas de discrimination et de demandes d'accommodement refusées ont été amenés devant la Commission des droits de la personne et des droits de la jeunesse (CDPDJ). En voici quelques exemples.

Le hidjab à l'école En septembre 1994, une élève québécoise convertie à l'islam et portant le hidjab est expulsée de l'école Louis-Riel. La CDPDJ rend un avis favorable au port du hidjab dans les écoles publiques, imitée par le Conseil du statut de la femme ; elle allègue que la mission de l'école publique est d'intégrer tous les élèves et que le port de signes religieux n'est pas un problème.

Les salles de prières à l'École de technologie supérieure À partir de 1997, des étudiants musulmans de l'École de technologie supérieure (ETS) demandent un local de prière. En 2003, devant l'inaction de la direction, 113 étudiants musulmans déposent une plainte à la Commission des droits de la personne. En 2006, celle-ci rend son avis : le caractère laïque invoqué par l'ETS ne la dispense pas de son obligation d'accommodement raisonnable à l'égard des étudiants de religion musulmane qui la fréquentent. L'ETS doit donc offrir un horaire des salles de classe qui sont libres pour leur permettre de faire la prière.

Une boîte à lunch non kasher dans l'hôpital juif En 2005, deux ambulanciers sont invités à quitter la cafétéria de l'hôpital juif de Montréal, car ils y consomment des aliments qui ne sont pas kasher. Les ambulanciers déposent une plainte à la Commission des droits de la personne. Celle-ci exigera de l'hôpital de dédommager les plaignants à titre de dommages « moraux ». Dans cet exemple, les ambulanciers non juifs se retrouvent dans la position d'une minorité qui subit une discrimination, auquel cas l'obligation d'accommodement raisonnable s'applique aussi.

Quelques cas qui ont mobilisé le gouvernement

Au cours des dernières années, certains cas ont suscité de grands débats ainsi que la mobilisation du gouvernement québécois vers des projets de loi dont certains sont loin d'avoir fait l'unanimité. En suivant l'ordre chronologique, nous verrons le cas des tribunaux islamiques, la crise des accommodements raisonnables menant à la Commission Bouchard-Taylor, le cas du *niqab* et enfin le projet de loi qui sera couramment appelé la *Charte des valeurs québécoises*.

L'implantation des tribunaux dits islamiques En 2003, un organisme musulman ayant pour objectif d'offrir des services d'arbitrage familial selon la charia musulmane voit le jour en Ontario. Le gouvernement ontarien donne le mandat à Marion Boyd, députée, d'étudier cette question. En 2004, elle rendra son rapport,

Le sociologue Gérard Bouchard et le philosophe Charles Taylor ont assisté à de nombreux témoignages au cours des audiences publiques qui ont eu lieu d'octobre à novembre 2007 dans 17 villes du Québec.

qui recommande de permettre l'arbitrage religieux. Ce cas ontarien aura des répercussions importantes au Québec, car après plusieurs débats médiatiques, l'Assemblée nationale du Québec adopte, en mai 2005, une motion unanime sur l'interdiction de l'implantation de tribunaux islamiques au Québec et au Canada.

La crise des accommodements reliés aux différences culturelles Comme nous l'avons vu précédemment, les premières décisions des tribunaux concernant les accommodements raisonnables remontent à 1985, mais les controverses ont émergé (du moins dans l'espace médiatique) autour de 2002, pour atteindre un point culminant en 2006 et 2007.

Le 8 février 2007, le gouvernement du Québec crée la Commission de consultation sur les pratiques d'accommodement reliées aux différences culturelles, qui sera présidée par les commissaires Gérard Bouchard et Charles Taylor. Dans son rapport, la Commission Bouchard-Taylor (2008) fait d'abord un état chronologique des affaires ou des cas discutés dans les médias et ayant suscité des controverses. Certains de ces cas s'avèrent des accommodements raisonnables, mais pour la plupart, il s'agit d'ajustements concertés. Le rapport fera la recommandation d'établir d'urgence une politique interculturelle claire. Des projets de loi seront alors déposés par le gouvernement québécois, mais aucun n'aboutira.

Niqab
Voile musulman qui cache tout le visage, sauf les yeux.

Le port du niqab En 2009, après plusieurs tentatives d'accommodement entre une enseignante en francisation et une femme portant le **niqab** en classe dans un cégep, cette dernière est expulsée du cours par le ministère de l'Immigration et des Communautés culturelles du Québec. À la suite de nombreux débats, le 24 mars 2010, le gouvernement québécois présente le projet de loi 94, qui vise à interdire le *niqab* aux employés de l'État et aux clients cherchant à obtenir un service dans le secteur public et parapublic. Le projet n'a pas été adopté. La figure 10.2 présente la distinction entre les différents types de voiles musulmans.

La *Charte des valeurs québécoises* À l'automne 2013, le projet de loi 60 (*Charte affirmant les valeurs de laïcité et de neutralité religieuse de l'État ainsi que l'égalité des femmes et des hommes et encadrant les demandes d'accommodement*) a été déposé par le gouvernement québécois. Le projet a provoqué un débat houleux, surtout en ce qui concerne le port de signes ostentatoires. Le projet n'a pas été adopté.

Après avoir passé en revue plusieurs cas et évènements liés à la question des demandes d'accommodements, rappelons, pour clore ce chapitre, qu'il est important, lorsque nous intervenons auprès de personnes immigrantes, d'avoir en tête les étapes du processus migratoire et les différentes dimensions du processus d'intégration des personnes immigrantes afin de mieux saisir leur réalité. De plus, une meilleure connaissance des mesures gouvernementales favorisant l'inclusion et du contexte sociopolitique dans lequel se déroule l'intégration des immigrants, permet de mieux intervenir auprès de ceux-ci (*voir les chapitres suivants*).

FIGURE 10.2 Les trois types de voiles islamiques

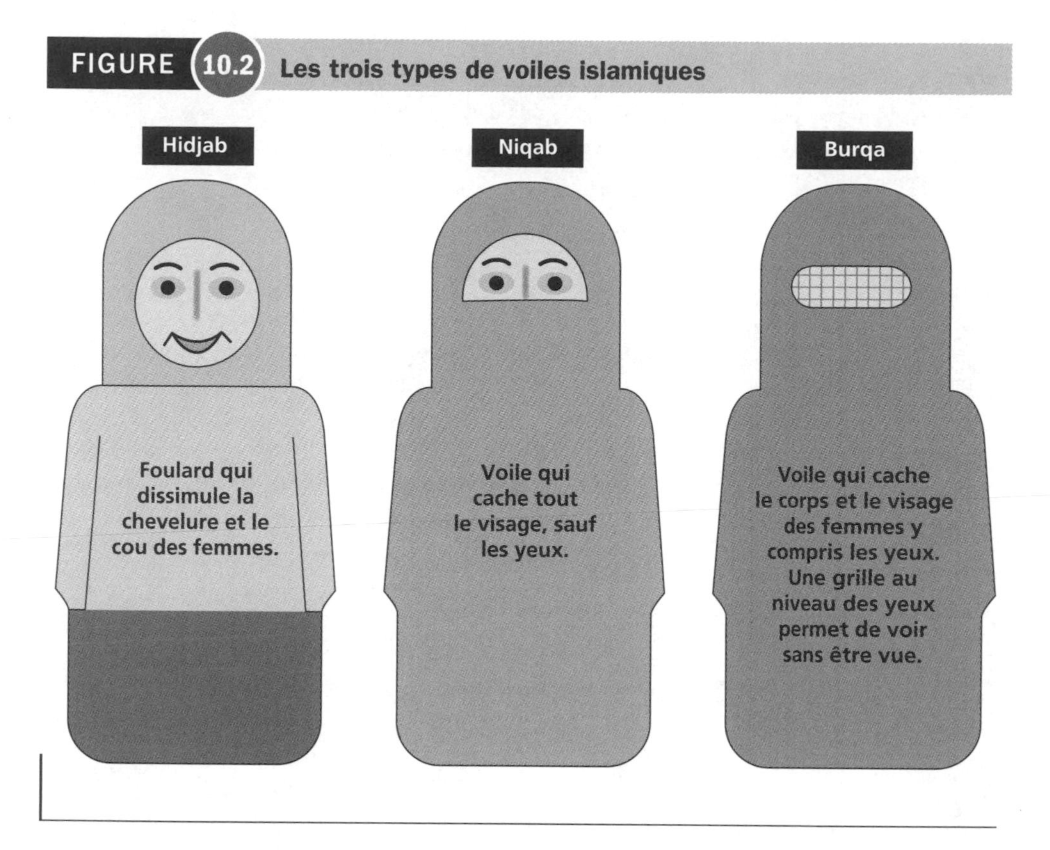

Pour en savoir plus...

Lire

- *Les accommodements raisonnables. Guide de l'enseignant*, d'Éducaloi. Repéré à www.educaloi.qc.ca/services-et-ressources/ressources-educatives/trousses-pedagogiques/trousse-les-accommodements

  Ce document présente une synthèse de la question des accommodements raisonnables, accompagnée de cas et de pistes de réflexion.

- *Qu'est-ce que l'intégration ?* de Dominique Schnapper. Paris, Éditions Gallimard, 2007.

  L'auteure explique d'un point de vue sociologique les différentes étapes d'intégration franchies par les nouveaux arrivants et suscite une réflexion sur les difficultés de ceux-ci.

- *L'interculturalisme. Un point de vue québécois*, de Gérard Bouchard. Montréal, Éditions Boréal, 2012.

  L'auteur propose sa vision de l'interculturalisme comme modèle d'intégration et de gestion de la diversité ethnoculturelle au Québec.

- Histoires d'immigrations au Québec, de Guy Berthiaume, Claude Corbo et Sophie Montreuil. Québec, Presses de l'Université du Québec et Bibliothèque et Archives nationales du Québec, 2014.

  Ce livre met en scène des personnages issus de 14 communautés ethnoculturelles qui racontent l'histoire de ces communautés et de leur intégration au Québec.

Voir

- *Les fros*, de Stéphanie Lanthier, 2010.

  Parmi les milliers de travailleurs forestiers (bûcherons) dans les forêts de l'Abitibi, on trouve plusieurs immigrants venus d'Afrique, de Russie ou d'Asie. Ce documentaire va à leur rencontre.

- *Tête de Tuque*, de Hélène Magny et Pierre Migneault, 2008

  Ce documentaire raconte l'histoire de trois jeunes : nés au Québec de parents immigrants, ils sont confrontés à des obstacles dans l'affirmation de leur identité. Le film a gagné le Prix de la diversité aux Gémeaux en 2010.

- ***Un coin du ciel***, **de Karina Goma, 2007.**

  Ce documentaire jette un regard chaleureux et sans compromis sur Parc-Extension, l'un des quartiers les plus cosmopolites de Montréal. Un étonnant «village» dans la ville où tant d'exilés rêvent de trouver un coin de ciel paisible à installer au-dessus de leur tête.

- ***La classe de madame Lise***, **de Sylvie Groulx, 2005.**

  Dans l'arrondissement de Parc-Extension, un quartier multiethnique au cœur de Montréal, madame Lise enseigne à des enfants venus de partout dans le monde. Au fil d'une année scolaire, la réalisatrice observe les énormes défis auxquels font face ces enfants, mais aussi leurs remarquables progrès, leurs rêves, leurs espoirs.

Connaître

Il y a de nombreuses associations d'aide à l'intégration œuvrant auprès des populations immigrantes, et ce, dans toutes les régions du Québec. Pour avoir une liste par région, consultez le www.immigration-quebec.gouv.qc.ca/fr/region/sessions-information/premieres-demarches WWW

Parmi les plus importantes, mentionnons:

- **Alliance pour l'accueil et l'intégration des immigrants et immigrantes (ALAC)**

  5180, chemin Queen-Mary, n°400, Montréal

  www.alac.qc.ca

- **Carrefour d'aide aux nouveaux arrivants (CANA)**

  10780, rue Laverdure, Montréal

  www.cana-montreal.org

- **Centre d'accueil et de référence sociale et économique pour immigrants de Saint-Laurent (CARI)**

  774, boulevard Décarie, n° 202, Montréal

  www.cari.qc.ca

- **La Maisonnée**

  6865, avenue Christophe-Colomb, Montréal

  www.lamaisonneeinc.org

- **PROMotion-Intégration-Société nouvelle (PROMIS)**

  3333, chemin de la Côte-Sainte-Catherine, Montréal

  www.promis.qc.ca

- **Centre multiethnique de Québec (CMQ)**

  350, rue Saint-Joseph Est, Québec

  www.centremultiethnique.com

- **Carrefour d'Intercultures de Laval (CIL)**

  1536, boulevard Curé-Labelle, n° 226, Laval

  www.carrefourintercultures.com

- **Service Intégration Travail Outaouais, Gatineau**

  4, rue Taschereau, n° 520

  www.sito.qc.ca

- **Service d'aide aux Néo-Canadiens (SANC)**

  530, rue Prospect, Sherbrooke

  www.sanc-sherbrooke.ca

CHAPITRE 11

LES OBSTACLES À LA COMMUNICATION INTERCULTURELLE

Il est plus difficile de désagréger un préjugé qu'un atome.

ALBERT EINSTEIN
(1879-1955)

PLAN DU CHAPITRE

11.1
Les mécanismes d'exclusion des individus dans une société

11.2
La discrimination au Québec

11.3
Des instruments pour contrer la discrimination et le racisme

OBJECTIFS D'APPRENTISSAGE

Après avoir lu ce chapitre, vous pourrez :

- définir certaines notions liées à l'exclusion : l'ethnocentrisme, le stéréotype, la xénophobie, le préjugé, le harcèlement, la discrimination, la ségrégation, le génocide ;
- expliquer les principales théories sur le racisme ;
- présenter des cas documentés de discrimination au Québec ;
- énumérer les instruments de promotion des droits de la personne mis en place dans le monde, au Canada et au Québec.

La question de l'intégration des immigrants ne saurait être pleinement traitée sans l'examen des mécanismes d'exclusion qui s'exercent contre ces personnes et quelquefois même leurs descendants. Dans le présent chapitre, nous étudions les divers mécanismes d'exclusion des individus et la façon dont ils peuvent être désamorcés. Puis nous examinons comment ils se manifestent au Québec, au Canada et dans le monde, et ce, à différentes époques. Nous traitons ensuite de quelques instruments visant à contrer la discrimination et à promouvoir les droits de la personne: les chartes et déclarations, de même que différents programmes et lois visant l'accès à l'égalité.

Les mécanismes que nous nous apprêtons à examiner ne s'appliquent pas seulement au cas des immigrants; l'exclusion s'exerce à l'endroit de divers groupes en situation minoritaire de la société, et ses mécanismes sont sensiblement les mêmes dans tous les cas. Cependant, nous nous concentrons ici surtout sur le cas des immigrants ou des groupes ethnoculturels.

11.1 Les mécanismes d'exclusion des individus dans une société

De façon générale, les mécanismes d'exclusion se présentent comme «divers processus de traitement de la différence (réelle ou perçue) ayant pour effet de neutraliser ou de réduire, consciemment ou non, de manière naïve ou volontaire, l'identité véritable ou les droits d'une personne ou d'un groupe de personnes, ou même de priver ces dernières de leur identité véritable ou de leurs droits» (Bourque, 2008) (*voir la figure 11.1*).

FIGURE 11.1 Les mécanismes d'exclusion en 9 mots-clés

Simplifier la différence		Dévaloriser la différence			Exploiter la différence			
Ethnocentrisme	Stéréotypes	Xénophobie	Préjugés	Harcèlement	Discrimination	Racisme	Ségrégation	Génocide

Dans la partie gauche de la figure, on retrouve les mécanismes qui simplifient la différence (ethnocentrisme et stéréotypes); la partie du milieu présente les mécanismes qui dévalorisent la différence (xénophobie, préjugés et harcèlement); enfin dans la partie de droite, on retrouve les mécanismes qui exploitent la différence (discrimination, racisme, ségrégation et génocide).

On peut considérer les parties de ce continuum comme des phases à sévérité croissante. Au début du spectre, avec l'ethnocentrisme et l'usage de stéréotypes, l'individu s'accommode de la différence en la simplifiant. La plupart des gens en restent là. Toutefois, dans la deuxième partie de la figure, un sentiment xénophobe et des préjugés peuvent amener les personnes à faire des gestes ou avoir des comportements plus ou moins subtils de harcèlement. Dans la troisième partie, on trouve les gestes de discrimination et les pratiques racistes, plus graves encore. S'il arrive que de tels gestes soient banalisés et qu'un régime politique les tolère, voire les encourage (comme dans le régime totalitaire d'Hitler et des nazis), il suffit de certaines conditions, telles que le chômage et la pauvreté, pour que de réels dérapages se produisent. Ainsi peuvent avoir lieu l'exclusion systématique (ségrégation) et l'extermination de populations (génocide).

Voyons maintenant d'un peu plus près ces trois types de mécanismes d'exclusion.

11.1.1 Les mécanismes servant à simplifier la différence

Comme nous l'avons mentionné, les mécanismes d'exclusion qui servent à simplifier la différence reposent sur l'ethnocentrisme et l'usage de stéréotypes.

L'ethnocentrisme

L'ethnocentrisme peut être défini comme la tendance à privilégier les valeurs et les normes de son groupe d'appartenance. Une personne ethnocentrique ignore la différence en la rejetant tout simplement, car elle est persuadée que son groupe d'appartenance détient la vérité et est le seul valable. Souvent, elle tient des propos ou manifeste des comportements méprisants ou teintés d'aversion à l'égard des autres, car elle est persuadée que sa culture est supérieure à celle des autres (Labelle, 2006).

SAVIEZ-VOUS QUE...

Penser que sa culture est meilleure que les autres, c'est faire preuve d'ethnocentrisme.

Le stéréotype

Le stéréotype est une image mentale figée et souvent caricaturale que l'on se fait d'une personne et de son appartenance à un groupe culturel. Il repose sur l'ethnocentrisme, mais va plus loin; il devient une sorte de « prêt-à-penser », quelque chose de commode (et la plupart des gens s'en accommodent), car il simplifie le traitement de l'information. En effet, puisque cela demande un effort de traiter toutes les informations que l'on reçoit, on se sert du stéréotype, généralement de façon inconsciente, pour sélectionner celles qui nous intéressent. Adopter un stéréotype, c'est modifier la réalité en la simplifiant, sauf que c'est aussi la tronquer et la déformer.

CAPSULE

L'humour à partir de stéréotypes : mieux vaut en rire !

Le paradis, c'est le lieu où :

- les cuisiniers sont des Français ;
- les amants sont des Italiens ;
- les policiers sont des Anglais ;
- les mécaniciens sont des Allemands ;
- et le tout est organisé par les Suisses...

L'enfer, c'est le lieu où :

- les cuisiniers sont des Anglais ;
- les amants sont des Suisses ;
- les policiers sont des Allemands ;
- les mécaniciens sont des Français ;
- et le tout est organisé par des Italiens...

Le stéréotype est ainsi un cliché, une image simplificatrice servant à classer des personnes ou des groupes de personnes. Il peut être aussi bien positif que négatif.

11.1.2 Les mécanismes servant à dévaloriser la différence

Les mécanismes d'exclusion qui ont pour effet de dévaloriser la différence, quant à eux, reposent sur la xénophobie, l'usage de préjugés et le harcèlement.

La xénophobie

La xénophobie est la crainte et souvent le rejet de celui qui est perçu comme un étranger, ou de ce qui est différent (Tarnero, 2007). L'autre devient une menace. Pour détecter la xénophobie, on peut faire appel à la notion de distance sociale (Bourque, 2008). Par exemple, on peut se demander si on achèterait une maison dans un quartier où on aurait pour voisins des gens d'une origine ethnique autre que la sienne et si on accepterait que son fils ou sa fille ait un conjoint d'une autre origine. On remarquera aussi que, depuis les attentats du World Trade Center, le 11 septembre 2001, le terme « **islamophobie** » est largement utilisé. Il arrive souvent, y compris dans les médias, que l'on présente les musulmans comme des êtres violents, agressifs, menaçants et soutenant le terrorisme, et l'islam comme un bloc

Islamophobie
Attitude d'hostilité ou sentiment négatif envers l'islam et les musulmans.

CAPSULE

Hérouxville: le seul endroit où on ne lapide pas les femmes au Québec!

En 2007, le Conseil municipal de la ville d'Hérouxville en Mauricie établit un code de vie à l'intention des immigrants qui voudraient s'y installer. En voici un extrait: « Nous considérons que les hommes et les femmes ont la même valeur. À cet effet, une femme peut, entre autres: conduire une voiture, voter librement, signer des chèques, danser, décider par elle-même, s'exprimer librement, se vêtir comme elle le désire tout en respectant les normes de décence démocratiquement votées et les normes de sécurité publique, déambuler seule dans les endroits publics, étudier, avoir une profession, posséder des biens, disposer de ses biens à sa guise. Cela fait partie de nos normes et mode de vie. Par conséquent, nous considérons comme hors norme toute action ou tout geste s'inscrivant à l'encontre de ce prononcé, tels le fait de tuer les femmes par lapidation sur la place publique ou en les faisant brûler vives, les brûler avec de l'acide, les exciser, etc. »

En quoi ce code de vie est-il xénophobe?

CAPSULE

Un exemple de préjugé sur les Arabes

Un homme d'origine marocaine passe une entrevue afin d'obtenir un emploi pour lequel il est compétent. L'employeur regarde son CV et lui demande: « Vous êtes Marocain? Accepteriez-vous de travailler avec une femme qui serait votre supérieure hiérarchique ? »

Sur quel préjugé repose cette question?

L'employeur présume que cet homme, parce qu'il est arabe, ne pourra pas travailler avec une femme comme supérieure hiérarchique. Ce préjugé est basé sur des stéréotypes montrant les femmes arabes comme « culturellement » soumises et les hommes comme « culturellement » sexistes. Ce qu'il faut se demander ici, c'est: est-ce qu'on poserait cette même question à un homme québécois ?

monolithique et statique qui est barbare, primitif et sexiste. Extrêmement réductrices et tendancieuses, ces images suscitent la peur et le rejet des personnes qui font partie de cette religion, comme on l'a vu en 2014 lorsque des affiches anti-islam ont été placardées sur des mosquées de la ville de Québec. Ainsi, après l'attentat meurtrier du 7 janvier 2015 à Paris, commis par des terroristes islamistes au siège du journal satyrique Charlie Hebdo, nombreux sont ceux qui ont exprimé la crainte d'un amalgame entre terrorisme et religion musulmane, et souligné les dangers d'une montée de l'islamophobie en France. Dans les 10 jours qui ont suivi l'attentat, 116 actes antimusulmans ont été recensés dans le pays, dont 28 actions contre des lieux de culte et 88 menaces (*Huffington Post*, 2015). L'islamophobie repose sur une grave erreur qui consiste à mettre dans le même sac les musulmans et les fondamentalistes de l'Islam; elle fait ainsi porter à tous les musulmans, dont l'identité est réduite à la seule appartenance religieuse, le poids et la responsabilité de gestes atroces posés par quelques extrémistes qui ne représentent aucunement la grande majorité des musulmans.

Le préjugé

« Préjuger, c'est juger sans savoir, sans chercher à savoir ou pire, sans vouloir savoir » (De Koninck, 2011). Le préjugé est une opinion préconçue basée sur des stéréotypes et socialement apprise (dans la famille, à l'école, par les médias, etc.). C'est un jugement que l'on porte sur certains individus sans les connaître. Le préjugé entre en jeu tous les jours dans nos interactions avec les autres. Par exemple, un policier qui repère une voiture sport filant à 140 km/h est persuadé que le conducteur est un jeune énervé… jusqu'à ce qu'il s'aperçoive que c'est une mère de famille de 40 ans très pressée de rentrer à la maison.

Comme le stéréotype, le préjugé peut parfois être positif (par exemple, croire que tous les Vietnamiens excellent en sciences); on parle alors de préjugé favorable. Mais il est le plus souvent négatif, et, dans ce cas, il pousse à la méfiance et au rejet. Un préjugé prend toute sa force lorsqu'un fait divers vient confirmer l'idée que l'on s'est déjà forgée.

Le harcèlement

Selon l'article 10.1 de la *Charte des droits et libertés de la personne* du Québec, « nul ne doit harceler une personne en raison de l'un des motifs visés dans l'article 10 ». Le harcèlement est un acte individuel ou collectif de rejet systématique et répété à l'égard d'une personne ou d'un groupe (Barrette, Gaudet, Lemay, 1996). Il se manifeste par des blagues, des remarques déplacées, des bousculades, des regards embarrassants ou des contacts physiques non désirés (Bourque, 2008). Bien que le harcèlement soit souvent le fait d'une personne en situation de pouvoir et d'autorité sur l'autre (par exemple, un professeur sur son élève ou un patron sur son employé), le phénomène peut tout aussi bien se produire entre collègues de travail ou entre jeunes qui se côtoient à l'école.

11.1.3 Les mécanismes servant à exploiter la différence

Les mécanismes d'exclusion qui servent à exploiter la différence sont la discrimination, le racisme, la ségrégation et, à l'extrême, le génocide. L'exploitation qui en résulte est souvent économique, par exemple, lorsque l'appartenance ethnique justifie l'allocation de salaires inférieurs à ceux des autres citoyens ou lorsqu'une opération d'extermination permet à ses instigateurs de saisir et de s'approprier les biens des personnes exécutées. Sur le plan symbolique, elle permet d'asseoir une autorité, en ce sens que le rabaissement du groupe qui est victime de ségrégation ou de persécution sert à rehausser le prestige ou la valeur symbolique des personnes qui ne font pas partie de ce groupe.

La discrimination

Sur le plan juridique, la discrimination est définie à l'article 10 de la *Charte des droits et libertés de la personne* du Québec comme une distinction, une exclusion ou une préférence qui a pour effet de détruire ou de compromettre le droit d'une personne à la reconnaissance et à l'exercice, en pleine égalité, de ses droits et libertés. Nous verrons plus loin les motifs de discrimination condamnés par la *Charte* (*voir l'encadré 11.4, page 218*).

Il existe trois types de discrimination :

1. La discrimination directe, forme la plus connue, résulte d'un acte ou d'un traitement inégal imposé à un individu ou à un groupe de personnes. Par exemple, un propriétaire refuse de louer un logement à une femme latino-américaine qui reçoit de l'aide sociale. Dans ce cas, il peut y avoir trois motifs de discrimination directe : le sexe, l'origine ethnique et la condition sociale.
2. La discrimination indirecte est le résultat d'une règle apparemment neutre qui s'applique également à tout individu, mais qui, dans les faits, et souvent involontairement, exclut ou désavantage les membres d'un groupe. Par exemple, l'exigence d'une expérience de travail canadienne ou québécoise peut exclure des candidats intéressants et qualifiés.
3. La discrimination systémique ou institutionnelle s'observe dans des pratiques qui semblent légitimes au sein des organisations, mais qui ont pour effet de désavantager certains membres issus de minorités. Par exemple, l'appartenance religieuse, l'origine ethnique ou la couleur de la peau semblent représenter, encore aujourd'hui, un obstacle dans le processus d'insertion en emploi pour certains, et ce, malgré les diverses politiques, les différents programmes et les mesures mis en œuvres par les gouvernements.

Le racisme

Le mot « race » est apparu au XVIe siècle, avec le début des colonisations européennes. À ce moment, il désigne une unité de classification d'une espèce qui est déterminée par des références géographiques et biologiques. Dès la fin du XVIIe siècle, les récits des voyageurs font état d'êtres laids, repoussants, différents… Or, ce qui est perçu comme différent est souvent énoncé comme étant inférieur. Ainsi, la thèse de l'infériorité raciale remonte loin dans le temps et, comme on s'en doute, elle a servi les intérêts des plus forts. La définition que donne Albert Memmi du racisme nous paraît encore très pertinente : « Le racisme est la valorisation, généralisée et définitive, de différences réelles ou imaginaires, au profit de l'accusateur et au détriment de sa victime afin de justifier une agression ou un privilège » (Memmi,1982, p. 98).

Le racisme repose sur la présence simultanée de trois conditions ou critères :

1. La mise en relief de différences biologiques et culturelles (langue, mœurs et mode de vie), réelles ou imaginaires : ces différences apparaissent en fait comme des critères légitimes d'exclusion, car elles sont présentées comme étant « naturelles » et inévitables chez certains groupes (Potvin, 2008).

2. La mise en valeur de certains stéréotypes négatifs et l'exclusion symbolique des groupes visés par ces stéréotypes : par exemple, on attribue à un groupe ethnique une nature dangereuse, démoniaque ou proche de l'animal. Les attributs « laid » et « sale » sont d'ailleurs souvent utilisés pour stigmatiser des groupes ethniques.
3. La conviction que certaines catégories d'individus ne peuvent pas être intégrées socialement : selon cette conception, non seulement ces individus sont considérés comme « différents » et inutiles, mais ils représentent un danger potentiel pour la société d'accueil.

L'encadré 11.1 présente l'historique de la notion de « race » telle que promue par différents théoriciens, du XVIIe au XXe siècle, jusqu'à ce qu'elle soit invalidée par la science au milieu du siècle dernier.

ENCADRÉ 11.1 Une petite histoire de la notion de « race »

C'est à partir du XVIIe siècle qu'apparaissent les premières classifications dites « scientifiques » des races. Voyons ce qu'écrivaient François Bernier, Carl von Linné, Joseph Arthur de Gobineau et Georges Vacher de Lapouge.

Aux XVIIe et XVIIIe siècles : François Bernier et Carl von Linné

En 1684, François Bernier décrivait, dans le *Journal des Savants*, trois « races » : les Noirs africains (qui ont des « cheveux qui ne sont pas proprement des cheveux, mais plutôt une espèce de laine qui approche du poil de quelques-uns de nos Barbets [...] »), les Américains (qui sont « pour la plupart olivâtres et ont le visage tourné d'une autre manière que nous ») et les Asiatiques (qui « ont un nez écaché, de petits yeux de porc, longs et enfoncés et trois poils de barbe ») (François Bernier, 1684, cité dans Jacquard, 1981).

En 1758, dans la dixième édition de son ouvrage *Systema naturæ* (le système de la nature), Carl von Linné, un naturaliste suédois, élabore une hiérarchie de l'espèce humaine. Il définit quatre variétés d'*Homo sapiens*, la variété supérieure étant bien entendu celle de l'homme blanc. Ce classement, qui nous apparaît aujourd'hui dérisoire, voire fantaisiste, va comme ceci : l'*Europaeus albus* est blanc, sanguin, ingénieux et inventif, et il se gouverne par des lois ; l'*Americanus rubescens* est basané et irascible, il est content de son sort, il aime la liberté et se gouverne par les usages ; l'*Asiaticus luridus* est jaunâtre, orgueilleux, avare et gouverné par l'opinion ; enfin, l'*Afer niger* est noir, rusé, paresseux, négligent et gouverné par la volonté arbitraire de ses maîtres.

Dans une Europe absorbée par l'aventure coloniale, l'idée de faire ces classifications n'est pas neutre ; elle sert à hiérarchiser et à juger. Par exemple, on légitimera l'esclavage par la thèse de l'infériorité raciale. C'est en vertu de leur statut de race inférieure, de sous-hommes, que les Noirs d'Afrique sont mis en esclavage (Tarnero, 2007).

Au XIXe siècle : Joseph Arthur de Gobineau

En 1853, dans son ouvrage intitulé *Essai sur l'inégalité des races humaines*, le diplomate et écrivain français Joseph Arthur de Gobineau distingue trois races : la blanche, la jaune et la noire. On se trouve encore ici devant une hiérarchisation des races, et ces dernières sont associées au développement des civilisations. Ainsi, selon lui, la race noire est au bas de l'échelle, la jaune est médiocre et la blanche est la meilleure. De Gobineau invente aussi l'un des plus grands mythes du racisme contemporain, le mythe aryen. Il y défend l'idée que seule la race blanche issue des Aryens (un ancien peuple de langue indo-européenne, une langue disparue d'où l'allemand tire sa source) possède les éléments essentiels au développement du monde civilisé.

Au début du XXe siècle : Georges Vacher de Lapouge

En 1909, dans son ouvrage *Race et milieu social. Essais d'anthroposociologie*, l'anthropologue français Georges Vacher de Lapouge suggère que les races non blanches descendent de sauvages qui n'ont pas appris à se civiliser ou qu'ils sont les représentants dégénérés des classes de sang mixte. Darwiniste convaincu, il essaie d'appliquer les principes de la biologie darwinienne à l'évolution des sociétés. Son livre *L'Aryen*, qui rassemble ses notes de cours, servira plus tard à l'établissement de l'antisémitisme nazi.

Au milieu du XXe siècle : la science et l'antiracisme

Depuis le milieu du XXe siècle, les biologistes et les généticiens n'utilisent plus le mot « race » pour désigner les différences entre les humains ni les hiérarchies du racisme scientifique, car le concept de race chez les humains a été invalidé. En d'autres mots, il a été démontré qu'il n'a aucune valeur scientifique. Effectivement, en 1953, la découverte de la molécule de l'ADN annule les théories

ENCADRÉ 11.1 Une petite histoire de la notion de « race » (*suite*)

racistes d'un point de vue génétique et scientifique en démontrant qu'aucune population humaine n'est parfaitement homogène sur le plan biologique, les différences à l'intérieur des populations elles-mêmes étant plus grandes que celles qui existent entre les populations (Bakary Bâ, 2011). On préfère maintenant utiliser le terme « population », qui n'évoque pas de division absolue entre les groupes ni de hiérarchie entre eux.

Mentionnons ici le statisticien, ingénieur, généticien et biologiste Albert Jacquard (1925-2013), qui a défendu le droit à la différence et les bienfaits de la diversité. Ce scientifique a beaucoup dénoncé l'utilisation des tests de quotient intellectuel (QI) et les définitions simplistes de l'intelligence. Selon ce scientifique, la recherche d'une mesure de l'intelligence vient du besoin irrationnel de situer les individus sur une échelle représentant leur capacité intellectuelle (Jacquard, 1999).

Statisticien, ingénieur, généticien et biologiste, Albert Jacquard a défendu le droit à la différence et les bienfaits de la diversité.

La ségrégation

La ségrégation s'apparente souvent à la discrimination dans la mesure où un groupe, à force de subir une discrimination, finit par être mis à l'écart. La ségrégation consiste à tenir les individus à distance, généralement dans des territoires différents. Elle consiste en la séparation physique ou sociale de personnes de certains groupes dans les activités sociales, professionnelles, de voisinage ou autres. L'encadré 11.2 (*voir la page suivante*) présente le cas des Afros-Américains ainsi que celui de l'apartheid en Afrique du Sud, deux exemples historiques qui illustrent bien ce concept.

Le génocide

La manifestation extrême du racisme est le **génocide**, un projet d'extermination d'un groupe dans sa totalité ou sa presque totalité en raison de son appartenance ethnique. Plusieurs génocides se sont produits au cours du XXe siècle et d'autres sont perpétrés encore aujourd'hui. Voici quelques cas particulièrement troublants.

Génocide
Actes commis, que ce soit en temps de guerre ou de paix, dans l'intention de détruire, en tout ou en partie, un groupe national, ethnique, racial ou religieux (Organisation des Nations Unies, 1948).

Le génocide arménien Le génocide des Arméniens par les Turcs est désormais reconnu comme le premier génocide moderne. De 1915 à 1917, prétextant que les Arméniens menaçaient la sécurité de l'armée ottomane, les dirigeants turcs ont décidé de déporter et de massacrer environ 1,2 million d'Arméniens de Turquie, chrétiens pour la plupart. Près de 300 000 Arméniens sont toutefois parvenus à échapper au massacre et à se réfugier en Russie et en Syrie (Tarnero, 2007).

L'Holocauste Pour les nazis menés par Adolf Hitler (1889-1945), la race était la pierre angulaire de l'organisation des sociétés. En 1925, dans son ouvrage *Mein Kampf*, Hitler présentait les Juifs comme les « pires bacilles » qui empoisonnent les âmes (cité dans Tarnero, 2007). En 1933, cet homme a pris le pouvoir et promulgué des lois antijuives. On a commencé par exclure les Juifs des principales fonctions publiques et professions (médecins, avocats, professeurs), puis on les a privés de tout droit politique. On a promulgué une loi d'« hygiène de la race », imposant la stérilisation de certains malades (atteints de maladies héréditaires) et l'euthanasie des malades mentaux, et on a interdit toute relation sexuelle et tout mariage entre Juifs et Aryens. En septembre 1939, une politique de déportation et d'extermination des Juifs a été mise en place. En 1941 ont eu lieu les premiers massacres au gaz. En 1942, la Conférence de Varsovie a précisé les modalités de l'extermination juive en Europe ; plus de 5 millions de Juifs ont ainsi été tués (Tarnero, 2007).

ENCADRÉ 11.2 Les États-Unis et l'Afrique du Sud, deux exemples historiques de ségrégation

Le cas des Afros-Américains

Aux États-Unis, même après l'abolition de l'esclavage, en 1865, par le 13e amendement de la Constitution, les Afros-Américains ont continué de faire l'objet de persécutions, entre autres de la part du Ku Klux Klan (KKK), une organisation suprématiste blanche protestante qui semait la terreur dans le sud des États-Unis. À la fin du XIXe siècle, on a continué de maintenir les Afros-Américains dans une situation d'infériorité et, au début du XXe siècle, un véritable régime d'apartheid a prévalu dans les États du sud. Les « personnes de couleur » n'avaient accès qu'à certaines places dans les trains et les autobus, et lorsqu'elles allaient au cinéma, elles devaient entrer par la porte arrière.

Au cours des années 1950, les Afros-Américains ont commencé à revendiquer leurs droits. Plusieurs figures, telles que Rosa Parks (en 1955, elle refuse de céder sa place à un passager blanc dans un autobus) et Martin Luther King, ont mené des luttes pendant des années. Le 28 août 1963, Martin Luther King, un pasteur militant pour les droits des Noirs, prononce un discours qui deviendra célèbre. En voici un extrait :

> *I have a dream today... I have a dream that my four little children will one day live in a nation where they will not be judged by the color of their skin but by the content of their character.* (Je rêve que mes quatre jeunes enfants vivront un jour dans une nation où ils ne seront pas jugés sur la couleur de leur peau, mais sur la valeur de leur caractère).

Une loi sur les droits civiques a enfin été promulguée en 1964 (*Civil Rights Act*).

Martin Luther King est le pasteur militant pour les droits des Afros-Américains, qui a prononcé le célèbre discours *I have a dream*... Il est mort assassiné en 1968.

L'apartheid en Afrique du Sud

Peu après la Seconde Guerre mondiale, en 1948, un régime politique raciste s'est installé en Afrique du Sud et a promulgué les lois de l'apartheid, qui sont restées en vigueur jusqu'en 1992. *Apartheid* est un mot afrikaans qui signifie « séparation » ou « vivre à part ».

Les lois de l'apartheid interdisaient les relations sexuelles et les mariages entre Noirs et Blancs, et elles imposaient aux mulâtres et aux Noirs d'habiter des zones séparées de celles des Blancs. Sous l'apartheid, le pouvoir politique appartenait à la minorité blanche et seuls les Blancs pouvaient siéger au Parlement. Un laissez-passer était exigé pour circuler en territoire blanc.

Au cours des décennies de ce régime de ségrégation qui, en plus d'instaurer une discrimination systématique, tolère et perpètre de nombreux abus violents envers la population noire, on assiste à plusieurs soulèvements chez celle-ci et à l'organisation d'un fort mouvement de lutte contre l'apartheid. À partir des années 1970, la communauté internationale impose des sanctions à l'Afrique du Sud pour l'encourager à y mettre fin, ce qui ne se produit qu'en 1991. Le chef de file de la lutte contre l'apartheid, Nelson Mandela, a passé 27 années en prison avant d'être libéré en 1990. Prix Nobel de la paix en 1993, il est devenu président de l'Afrique du Sud en 1994. Il est décédé en 2013.

Incarcéré pendant 27 ans pour ses activités antiapartheid, Nelson Mandela est devenu un emblème international de la réconciliation entre les Blancs et les Noirs.

Le génocide tibétain En 1950, l'armée chinoise a envahi le Tibet, un pays jusqu'alors indépendant, et la Chine l'a intégré à son territoire. Pendant les 15 années qui ont suivi cette invasion et cette annexion forcée, l'armée chinoise a tué des milliers de moines et de civils tibétains et a saccagé la presque totalité des monastères et des temples bouddhistes, réduisant à néant des siècles de culture religieuse. La population tibétaine a subi les pires sévices, de la stérilisation forcée des femmes à la déportation massive, des détentions arbitraires au travail forcé des enfants. On estime que plus d'un million de Tibétains ont été tués depuis 1950.

En janvier 1969 devant l'ambassade de Chine à New Delhi, des centaines de personnes, en majorité des tibétains, manifestent contre l'occupation chinoise dans la région autonome du Tibet.

Le génocide rwandais Le 6 avril 1994, l'avion transportant les présidents du Rwanda et du Burundi a été abattu. Cet évènement a déclenché l'une des plus grandes tragédies du XXe siècle. En trois mois, plus de 800 000 Rwandais, surtout des Tutsis, hommes, femmes, enfants et vieillards, ont été tués de façon atroce parce qu'ils faisaient partie d'un groupe ethnique qu'il s'agissait d'éliminer totalement (*voir le chapitre 5, page 101*). Des Hutus ont aussi été tués parce qu'ils s'opposaient aux massacres ou essayaient de protéger leurs compatriotes (Braeckman, 2001).

Les « purifications ethniques » yougoslaves Les territoires yougoslaves étaient jadis au nombre de six : la Slovénie, la Croatie, la Bosnie-Herzégovine, la Serbie, le Monténégro et la Macédoine. En 1991, la Bosnie-Herzégovine s'est prononcée, par référendum, pour l'indépendance. Les Serbes vivant en Bosnie ont refusé la partition et ont réclamé le droit de se rattacher à la République yougoslave. En avril 1992, la guerre a éclaté à Sarajevo, capitale de la Bosnie. Les Serbes, soutenus par l'armée fédérale, ont alors entrepris la conquête des territoires majoritairement serbes et la « purification ethnique », qui consistait à chasser les Croates de ces territoires. Les Serbes ont massacré, violé et envoyé dans des camps les Croates et les musulmans, qui y ont été traités de façon inhumaine. En 1995, les Croates ont repris le contrôle de leurs territoires, et près de 200 000 Serbes ont à leur tour été victimes de « purification ethnique » (Semelin, 2006).

Le génocide au Darfour Le premier génocide du XXIe siècle s'est déroulé au Darfour, une province du Soudan. De 1983 à 2005, entre le Nord à majorité musulmane et le Sud à majorité chrétienne, éclate une guerre civile qui détruira des villages et les populations civiles qui y sont installées. Après 10 ans de conflit armé, en 2003, des mouvements rebelles du Darfour réclament une meilleure redistribution des ressources et des richesses.

Le gouvernement tente de reprendre le contrôle de la région, en s'appuyant sur des milices islamistes armées. Ces dernières effectuent un véritable « nettoyage ethnique » et font régner la terreur (viols, massacres, destruction de villages entiers). Les populations civiles sont contraintes de fuir au Tchad, pays voisin, ce qui provoque un désastre humanitaire. Depuis 2008, on estime qu'il y a eu plus de 300 000 morts et 2 millions de réfugiés et de déplacés.

Ce n'est qu'en 2005 que l'ONU dénonce ces crimes de guerre et ces crimes contre l'humanité, et envoie des soldats de l'ONU et de l'union africaine qui ont pour mission de rétablir la paix. Depuis, malgré la signature de plusieurs accords de paix, les combats et les atrocités commises à l'encontre des populations civiles n'ont jamais réellement cessé (Grünewald, 2007).

11.2 La discrimination au Québec

Même si le Québec s'est doté de divers instruments pour contrer la discrimination, comme la *Charte des droits et libertés* (que nous aborderons un peu plus loin dans ce chapitre), force est de constater qu'il y existe encore de la discrimination. Nous présentons dans cette partie du chapitre quelques cas documentés de discrimination sur le marché du travail et dans le secteur du logement. Nous verrons aussi la définition du crime haineux et celle du profilage racial, qui sont apparues récemment dans le paysage de la lutte contre la discrimination.

11.2.1 La discrimination sur le marché du travail

CAPSULE

Discriminés dès l'entrevue d'embauche!

Une recherche menée par la Commission des droits de la personne et des droits de la jeunesse (CDPDJ) confirme la discrimination à l'embauche dont sont victimes les immigrants. La méthode de recherche par « testing » consiste à l'envoi de paires de CV: un avec un nom québécois et un avec un nom « étranger ». Même type d'emplois (qualifiés et non qualifiés), de scolarité, d'expérience de travail, d'âge, de sexe. Résultats: environ 35 % des refus d'accorder une entrevue peuvent être attribuables à la discrimination. On note que les candidats arabes et latino-américains sont discriminés à 33 et 31 %, alors que les noms à consonance africaine le sont à 38 % (Eid, 2012).

Le secteur manufacturier a perdu du terrain au Québec depuis plusieurs années, mais chez les entreprises manufacturières qui demeurent, une importante proportion des employés est constituée d'immigrants. La production de vêtements est un lieu particulièrement propice à l'exploitation des femmes immigrantes, et celle-ci y est très courante. Le mode de rémunération, souvent calculé d'après le nombre de pièces produites (travail à la pièce), les difficultés de communication chez les immigrantes qui ne connaissent pas bien le français et l'anglais, le peu de contacts entre les travailleuses et la méconnaissance des lois du pays font de ces femmes des proies faciles pour les employeurs de cette industrie.

Que dire aussi des femmes qui viennent par le biais de la catégorie des aides familiales? Dans la grande majorité des cas, ces aides familiales sont des femmes. Elles viennent dans un programme spécial du gouvernement. Même si leurs droits sont davantage reconnus depuis quelques années, elles sont souvent exploitées par les familles ou les personnes qui les emploient: heures non payées, harcèlement, confiscation du passeport, etc.

La discrimination raciale est aussi présente dans les milieux professionnels, notamment en médecine, en soins infirmiers, en droit, en enseignement, en génie et dans la fonction publique (Carpentier, 2011). Elle prend différentes formes, par exemple l'évitement sur les lieux de travail, dans les réseaux sociaux et dans les activités sociales hors du milieu de travail, et le suivi incomplet de dossiers de candidature. Les principaux groupes visés sont les Noirs et les Arabes, surtout ceux qui sont « visiblement » musulmans. De la même façon, des postulants à un emploi sont écartés sous prétexte qu'ils ont un accent étranger (Zuniga, 2014) ou que leur groupe culturel serait mal perçu par la clientèle.

11.2.2 La discrimination dans le secteur du logement

Depuis quelques années, on parle davantage de discrimination au niveau du logement locatif: par exemple, des propriétaires demandent des prix très élevés pour des logements souvent mal entretenus et quelquefois insalubres; quelques-uns exigent des immigrants plus de références qu'ils ne le feraient pour des Québécois, par exemple, exiger une carte de crédit comme garantie. Conséquences : ces personnes immigrantes déménagent plus souvent, leurs logements sont parfois surpeuplés, elles paient souvent plus cher pour une moindre qualité (Ledoyen, 2004). De plus, les immigrants connaissent souvent moins les lois et leurs droits que les autres habitants du Québec. Leur taux d'effort est aussi plus important : plusieurs consacrent plus de 50 % de leurs revenus pour se loger (FRAPPU, 2012).

11.2.3 Les crimes haineux

Les crimes haineux sont des actes criminels commis contre des personnes ou leurs biens sur la seule base de la race, de l'origine nationale ou ethnique, de la langue, de la couleur, de la religion, du sexe, de l'orientation sexuelle, de l'âge, des déficiences physiques ou intellectuelles, ou de tout autre facteur du genre. Les crimes haineux se distinguent des autres actes criminels par leur nature habituellement plus violente et traumatisante pour la victime. Les agressions motivées par la haine peuvent terroriser et déstabiliser des communautés entières. Les propos haineux et la distribution de matériel de propagande haineuse sont aussi considérés comme des atteintes aux droits de la personne.

CAPSULE

Un crime haineux

En 2009, un couple d'origine haïtienne dépose une plainte contre leur voisine, l'accusant de menaces, d'actes de vandalisme, d'intimidation, d'insultes répétées et de discrimination raciale. En 2011, celle-ci sera reconnue coupable d'actes motivés par la haine et de harcèlement criminel. Elle est condamnée à un an d'emprisonnement et doit payer 40 000 $ au couple agressé (CRARR, 2012).

11.2.4 Le profilage racial

Le concept de profilage racial est apparu au cours des années 1970, dans le cadre de la lutte contre la criminalité et le trafic des stupéfiants aux États-Unis. Il désigne des pratiques basées sur la croyance que certains genres de délits sont attribuables à des membres de groupes ethniques particuliers.

On a découvert l'existence de telles pratiques au Canada dans les années 1990 et on a commencé à les dénoncer peu après. Les personnes généralement victimes de profilage racial sont les Noirs, les Latino-Américains, les Autochtones, et, depuis le 11 septembre 2001, les Arabes et les musulmans.

Le profilage criminel et le profilage racial

Pour bien comprendre le concept de profilage racial, qui est une pratique illégale, mettons-le en parallèle avec celui de profilage criminel, qui lui ne l'est pas. Le profilage criminel est défini comme étant :

> [...] une pratique policière légitime, utilisée pour identifier un suspect, peu importe ses caractéristiques visibles ; cette pratique est exercée à la suite de l'obtention de renseignements reliés à une activité criminelle qui aurait été commise par une personne (ou des personnes) répondant à une certaine description et dont les comportements auraient été observés avant, pendant ou après la perpétration d'une infraction. (SPVM, 2012)

Selon la Commission des droits de la personne et des droits de la jeunesse, le profilage racial, quant à lui, se définit comme étant :

> toute action prise par une ou des personnes d'autorité à l'égard d'une personne ou d'un groupe de personnes, pour des raisons de sûreté, de sécurité ou de protection du public, qui repose sur des facteurs tels que la race, la couleur, l'origine ethnique ou nationale ou la religion, sans motif réel ou soupçon raisonnable, et qui a pour effet d'exposer la personne à un examen ou à un traitement différentiel. (CDPDJ, 2011)

Par exemple, les policiers sont en droit de demander à une personne de s'identifier si celle-ci répond à la description d'un suspect recherché (profilage criminel), mais ils n'ont pas le droit d'agir de la sorte avec un individu simplement parce qu'il appartient à un groupe ethnique particulier (profilage racial).

Fruit de l'intolérance, de malentendus, du manque de communication interculturelle et d'idées préconçues, le profilage racial se manifeste dans divers contextes où la sûreté, la sécurité et la protection du public sont en cause. Toutes les personnes en situation d'autorité pourraient glisser vers le profilage racial : les policiers, bien sûr, mais aussi les douaniers, le personnel médical, les professeurs, les avocats, les juges, etc.

Des exemples de profilage racial

Dès le début des années 2000, le Service de police de la ville de Montréal (SPVM) commence à s'intéresser et à travailler sur la question du profilage racial et illicite. S'appuyant sur la définition vue précédemment, le SPVM a instauré en 2011 une politique (Politique interne PO-170) et en 2012 un plan stratégique visant à contrer le profilage racial. Ce plan détermine trois objectifs majeurs : tout d'abord, favoriser les comportements éthiques et non discriminatoires (en valorisant l'acquisition de compétences interculturelles de son personnel) ; ensuite, maintenir la confiance et le respect de la communauté ; enfin, agir sur les comportements inappropriés (SPVM, 2012). Bien que l'institution s'oppose au profilage racial, il n'en reste pas moins que de telles pratiques ont encore cours.

Résumons quelques exemples récents tirés de cas dénoncés ou traités par le Centre de recherche-action sur les relations raciales (2012), la Commission des droits de la personne et des droits de la jeunesse du Québec (2011) et la Commission ontarienne des droits de la personne (2003) :

- En février 2009, un jeune professionnel à la peau noire travaillant dans le domaine de la santé est interpellé et menotté par un policier de la Sûreté du Québec. Celui-ci recherche alors un suspect décrit uniquement comme étant « de race noire avec une cicatrice au visage ». Lorsque le policier a réalisé qu'il avait interpellé une personne innocente, il a relâché l'homme sans même lui offrir d'excuses.
- Dans un bar, on refuse de servir des clients autochtones parce qu'on les croit portés à s'enivrer et à devenir violents.
- Un agent du système de justice pénale refuse la mise en liberté sous caution à une femme d'origine latino-américaine parce qu'il croit que les gens originaires de ces pays sont violents.
- Dans un commerce, une agente de sécurité privée suit un client qu'elle croit arabe, car elle pense qu'il est plus susceptible que d'autres personnes de commettre un vol à l'étalage.
- Des agents de sécurité d'un centre commercial reçoivent une directive écrite à l'effet que certaines personnes sont jugées indésirables : « vêtements sales, la personne se parle toute seule, yeux rouges, mendicité à l'intérieur ou à proximité du centre, importune et approche les clients, apparence d'intoxication, mauvaise odeur », etc. La preuve présentée (preuve d'experts, témoignages de travailleurs communautaires et des plaignants, rapports d'activités de l'agence, etc.) démontre clairement que les politiques et pratiques en cause se basaient sur des stéréotypes associés aux personnes autochtones et avaient des effets discriminatoires.

CAPSULE

Le Tribunal des droits de la personne reconnaît un premier cas de profilage racial

En 2007, Milad Rezko, un homme d'origine syrienne qui habite à Montréal depuis une vingtaine d'années, se trouve avec un partenaire d'affaires dans une voiture stationnée. Un policier du Service de police de la ville de Montréal (SPVM), leur signifie qu'ils sont garés dans une zone interdite ; il indique aussi à M. Rezko qu'il lui remet un constat d'infraction parce qu'il ne porte pas sa ceinture de sécurité, et ce, même si le véhicule ne roule pas.

Le policier lui demande ses cartes d'identité, mais M. Rezko ne les a pas avec lui. L'agent exige alors de connaître son nom et sa date de naissance. Parce qu'il ne maitrise pas totalement le français, M. Rezko bafouille. Le policier le soupçonne de mentir et lui demande à nouveau ses papiers. M. Rezko, énervé, fait un signe de croix.

« Criss, je m'en fous, bouddhiste, si tu es bouddhiste, catholique [sic]. Tous les Arabes sont des menteurs », dit alors le policier. L'intervention de ce dernier dure près d'une heure.

M. Rezko conteste ce constat d'infraction à la cour municipale, qui l'acquitte en 2008, et porte plainte à la Commission des droits de la personne et des droits de la jeunesse.

En avril 2012, le Tribunal des droits de la personne donne entièrement raison à M. Rezko et condamne la Ville de Montréal et le policier à verser 18 000 $ au plaignant.

11.3 Des instruments pour contrer la discrimination et le racisme

De nombreux instruments ont été créés et instaurés au Canada et au Québec afin de contrer la discrimination en général et la discrimination envers les minorités ethniques en particulier: ce sont les chartes canadienne et québécoise, certaines déclarations, divers programmes d'accès à l'égalité en emploi et la politique visant à contrer le profilage racial. Avant de les examiner en détail, il convient de situer ces efforts dans un contexte global, à la fois historique et géographique.

11.3.1 L'histoire de la promotion des droits dans le monde

Il serait trop long de décrire tous les documents, conventions, déclarations et autres initiatives officielles qui jalonnent l'évolution de la promotion des droits dans le monde. Nous avons choisi de présenter les plus importants.

Le Code d'Hammourabi (vers 1750 avant J.-C.)

On considère que le Code d'Hammourabi est le premier document codifié sur les droits et libertés. Il s'agit d'un ensemble de lois gravées sur une stèle de pierre qui sont fondées sur le principe du talion: œil pour œil, dent pour dent. Malgré son caractère franchement discriminatoire à l'endroit des femmes, et bien qu'il puisse nous apparaître injuste à bien des égards, compte tenu de l'existence de l'esclavage à Babylone, ce code de loi protège certains droits de la personne; par exemple, un esclave ne pourra plus être séparé de sa famille. De plus, s'il autorise la vengeance personnelle, il dicte toutefois que celle-ci ne doit pas être supérieure au préjudice subi en premier lieu

La *Magna Carta Libertatum* (1215)

En Angleterre, en 1215, après une courte guerre civile provoquée par les abus du roi Jean sans Terre, celui-ci s'est vu imposer par les barons une charte, la *Magna Carta*, premier grand texte en matière de droits, rédigé en France par des Anglais émigrés en révolte contre lui. Cette charte codifie des droits et des libertés, dont la protection contre les arrestations et les détentions arbitraires, le droit à un jugement loyal et à des amendes proportionnées à la gravité du délit, à la jouissance des biens et à l'intégrité de la personne. Elle restreint, entre autres, le pouvoir de vie ou de mort, jusqu'alors absolu, du roi sur ses sujets.

La *Déclaration d'indépendance des États-Unis* (1776)

La *Déclaration d'indépendance des États-Unis*, qui a été proclamée lors de l'adoption de la *Constitution américaine*, comprend une déclaration de principes sur les droits des citoyens. En effet, elle est basée sur le principe suivant: « Tous les hommes sont créés égaux; ils sont doués par le Créateur de certains droits inaliénables; parmi ces droits se trouvent la vie, la liberté et la recherche du bonheur. » Cette déclaration de principes instaure une démocratie basée sur l'égalité, la liberté et la responsabilité du citoyen, même si l'esclavage n'a été aboli que 100 ans plus tard.

La *Déclaration des droits de l'homme et du citoyen* (1789)

Constituant le préambule de la *Constitution française*, la *Déclaration des droits de l'homme et du citoyen* commence sur ces mots: « Les hommes naissent et demeurent libres et égaux en droit. » Et le deuxième article se lit ainsi: « Le but de toute association politique est la conservation des droits naturels et imprescriptibles de l'homme. Ces droits sont la liberté, la propriété, la sûreté et la résistance à l'oppression. » Cette déclaration est souvent considérée comme l'ancêtre de la *Déclaration universelle des droits de l'homme*, qui s'en est inspirée.

La *Déclaration universelle des droits de l'homme* (1948)

Trois ans après la fondation, en 1945, de l'Organisation des Nations Unies (ONU), soit le 10 décembre 1948, l'Assemblée générale des Nations Unies a adopté la *Déclaration universelle des droits de l'homme*, qui précise les droits fondamentaux de la personne. Sans véritable portée juridique, cette déclaration n'a qu'une valeur de proclamation de droits. Ratifiée par 58 pays ce jour-là, la déclaration énonce tout d'abord les grands principes de liberté et d'égalité et la proscription générale des discriminations. Viennent ensuite les droits et libertés d'ordre personnel : le droit à la vie, le droit à la sûreté de la personne, dont la condamnation de l'esclavage et de la torture, et les droits judiciaires qui garantissent ces droits personnels.

Les conventions liées à la *Déclaration universelle des droits de l'homme*

De nombreuses conventions s'appuyant sur la *Déclaration universelle des droits de l'homme* ont été ratifiées par l'Assemblée générale des Nations Unies au fil des décennies. Les plus importantes pour notre sujet sont :

- la *Convention pour la prévention et la répression du crime de génocide*, approuvée en 1948 et entrée en vigueur en 1951 ;
- la *Convention relative au statut des réfugiés*, adoptée en 1951 et entrée en vigueur en 1954 ;
- la *Convention internationale sur l'élimination de toutes les formes de discrimination raciale*, votée en 1965 et entrée en vigueur en 1969 ;
- la *Convention contre la torture et autres peines ou traitements cruels, inhumains ou dégradants*, ratifiée en 1984 et entrée en vigueur en 1987.

11.3.2 La promotion des droits au Canada et au Québec

Au Canada, c'est l'Ontario qui adopte une première loi pour lutter contre la discrimination, la *Racial Discrimination Act*, en 1944. Cette loi sera suivie en 1947 par le *Bill of Rights* de la Saskatchewan, puis par des législations d'autres provinces. En 1960, le Canada adopte la *Déclaration canadienne des droits*. Ce n'est cependant qu'en 1975 que le Québec se dote d'une charte des droits et libertés de la personne. Il est suivi, sept ans plus tard, par l'ensemble des autres provinces, qui acceptent de modifier la *Constitution canadienne* et d'y inclure une charte des droits, la *Charte canadienne des droits et libertés*, que le Québec n'a toujours pas signée (pour des raisons politiques liées aux enjeux nationalistes), mais qui s'applique partout au Canada.

Nous présenterons maintenant ces deux chartes, puis divers programmes et lois visant l'accès à l'égalité.

La *Charte des droits et libertés de la personne* du Québec (1975)

Adoptée le 27 juin 1975 par l'Assemblée nationale, la *Charte des droits et libertés de la personne* du Québec est une loi fondamentale qui prévaut sur toute autre loi ou tout règlement relevant de la compétence législative du Québec. En voici le préambule :

> Considérant que tout être humain possède des droits et libertés intrinsèques, destinés à assurer sa protection et son épanouissement ;
>
> Considérant que tous les êtres humains sont égaux en valeur et en dignité et ont droit à une égale protection de la loi ;
>
> Considérant que le respect de la dignité de l'être humain, l'égalité entre les femmes et les hommes et la reconnaissance des droits et libertés dont ils sont titulaires constituent le fondement de la justice, de la liberté et de la paix ;
>
> Considérant que les droits et libertés de la personne humaine sont inséparables des droits et libertés d'autrui et du bien-être général ;

> Considérant qu'il y a lieu d'affirmer solennellement dans une Charte les libertés et droits fondamentaux de la personne afin que ceux-ci soient garantis par la volonté collective et mieux protégés contre toute violation;
>
> À ces causes, Sa Majesté, de l'avis et du consentement de l'Assemblée nationale du Québec, décrète ce qui suit [...] (Gouvernement du Québec, 1975)

La première partie de la charte québécoise énonce les libertés et droits fondamentaux, les droits politiques, les droits judiciaires et les droits économiques et sociaux (*voir l'encadré 11.3*).

ENCADRÉ  11.3 **Les libertés et les droits énoncés par la *Charte des droits et libertés de la personne***

Les libertés fondamentales

Toute personne est titulaire des libertés fondamentales suivantes:

- liberté de conscience;
- liberté de religion;
- liberté d'opinion;
- liberté d'expression;
- liberté de réunion pacifique;
- liberté d'association.

Les droits de la personne

Tout être humain a le droit:

- à la vie;
- à la sûreté;
- à l'intégrité;
- à la liberté de sa personne;
- au secours si sa vie est en péril;
- à la sauvegarde de sa dignité, de son honneur et de sa réputation;
- au respect de sa vie privée;
- à la jouissance paisible et à la libre disposition de ses biens, sauf dans la mesure prévue par la loi;
- au respect de sa demeure;
- au respect du secret professionnel.

Les droits économiques et sociaux

Les droits économiques et sociaux comprennent:

- le droit pour les minorités ethniques de maintenir et de faire progresser leur propre vie culturelle avec les autres membres de leur groupe;
- le droit pour les parents de faire instruire leurs enfants à l'école privée;
- certains droits pour les enfants (protection, instruction publique gratuite et éducation religieuse et morale);
- le droit:
  - à l'information,
  - à un niveau de vie décent,
  - à des conditions de travail justes et raisonnables,
  - à un environnement sain;
- l'égalité des droits dans le mariage ou l'union civile;
- le droit pour les personnes âgées et les handicapés à la protection contre l'exploitation, de même que la protection et la sécurité que doivent leur apporter leur famille ou les personnes qui en tiennent lieu.

Les droits politiques

Les droits politiques comprennent:

- le droit d'adresser des pétitions à l'Assemblée nationale pour le redressement de griefs;
- le droit pour toute personne légalement habilitée et qualifiée de se porter candidat lors d'une élection et le droit d'y voter.

Les droits judiciaires

Les droits judiciaires comprennent:

- le droit à une audition publique et impartiale par un tribunal indépendant;
- un ensemble de principes et de règles régissant le fonctionnement de la justice ainsi que les comportements des policiers lors d'une arrestation et d'une détention.

Source: Adapté de Gouvernement du Québec, 1975.

Dans la première partie de la *Charte*, l'article 10, qui concerne le droit à l'égalité dans la reconnaissance et à l'exercice des droits et libertés, énumère les divers motifs de discrimination reconnus (*voir l'encadré 11.4, page suivante*).

Comme on l'a vu précédemment, la *Charte* dénonce aussi le harcèlement. Les autres parties de ce texte traitent de la constitution et des fonctions de la Commission des droits de la personne et des droits de la jeunesse, et des plaintes qui peuvent lui être adressées (modalités, motifs de refus, etc.), des programmes d'accès à l'égalité en emploi, en éducation, en santé et dans tout autre service ordinairement offert au public et, enfin, du Tribunal des droits de la personne.

ENCADRÉ 11.4 Les motifs de discrimination condamnés par la *Charte des droits et libertés de la personne*

Selon la *Charte des droits et libertés de la personne* du Québec, toute personne a droit à la reconnaissance et à l'exercice, en pleine égalité, des droits et libertés de la personne, sans distinction, exclusion ou préférence fondée sur :

- la race ;
- la couleur ;
- le sexe ;
- la grossesse ;
- l'orientation sexuelle ;
- l'état civil ;
- l'âge sauf dans la mesure prévue par la loi ;
- la religion ;
- les convictions politiques ;
- la langue ;
- l'origine ethnique ou nationale ;
- la condition sociale ;
- le handicap ou l'utilisation d'un moyen pour pallier ce handicap.

Source : Gouvernement du Québec, 1975, article 10.

La *Charte canadienne des droits et libertés* (1982)

Précédée par la *Déclaration canadienne des droits* (votée en 1960), la *Charte canadienne des droits et libertés* est enchâssée dans la *Constitution du Canada* et a préséance sur toutes les lois adoptées au Canada. Elle a été adoptée en 1982, à l'occasion du rapatriement de la *Constitution de Londres* à Ottawa. Cependant, contrairement à la *Charte des droits et libertés de la personne* du Québec, la *Charte canadienne des droits et libertés* se limite au domaine législatif et ne couvre pas le domaine des relations privées, des relations entre les citoyens. Depuis son adoption, elle a permis de modifier nombre de lois fédérales et provinciales, car elle donne ce pouvoir aux tribunaux lorsqu'ils sont confrontés à des violations des droits assurés par la charte canadienne. Bien que celle-ci ait été adoptée en 1982, ce n'est qu'en 1985 que les principales dispositions concernant les droits à l'égalité (article 15) sont entrées en vigueur.

La *Charte canadienne des droits et libertés* protège donc toute personne vivant au Canada contre la discrimination fondée sur la race, la couleur, l'origine nationale et ethnique, la religion, l'âge, le sexe et les déficiences mentales ou physiques.

Les divers programmes et lois visant l'accès à l'égalité

Tant le Canada que le Québec ont mis en place divers programmes et adopté des lois visant l'accès à l'égalité. Voici les plus importants.

La Loi sur l'équité en matière d'emploi du Canada Sanctionnée le 15 décembre 1995, cette loi a comme objectif l'égalité en milieu de travail et la correction des désavantages ou de la discrimination subis, dans le milieu de l'emploi, par les femmes, les Autochtones, les personnes handicapées et les minorités visibles.

La Loi sur l'accès à l'égalité en emploi dans des organismes publics Entrée en vigueur en avril 2001, cette loi québécoise définit un cadre d'accès à l'égalité dans l'ensemble des organismes publics qui emploient 100 personnes et plus, soit les organismes publics, municipaux, scolaires et ceux du secteur de la santé et des services sociaux.

Les programmes d'accès à l'égalité Différents programmes (tant au Canada qu'au Québec) ont pour objet de rendre la composition du personnel d'une entreprise ou d'une organisation plus représentative des ressources humaines compétentes et disponibles sur le marché du travail. De tels programmes comportent des mesures de redressement qui accordent, temporairement, des avantages préférentiels aux membres de groupes victimes de discrimination. Ces mesures tiennent compte des compétences requises par les emplois concernés. Elles ne consistent donc pas à embaucher, à promouvoir ou à former des individus uniquement en raison de leur appartenance à un groupe visé par les programmes d'accès à l'égalité.

Une politique pour contrer la discrimination En juin 2006, le gouvernement du Québec a publié un document de consultation *Vers une politique de lutte contre le racisme et la discrimination*, qui réaffirme des principes déjà énoncés dans la *Charte des droits et libertés de la personne* du Québec. Ce document a pour objectif de proposer une politique gouvernementale pour contrer la discrimination et d'assurer une meilleure coordination et une plus grande cohérence des diverses interventions. Malheureusement, force est de constater, que presque 10 ans plus tard, cette politique n'a toujours pas été rédigée.

Ainsi, plusieurs instruments internationaux et nationaux existent pour contrer la discrimination, qui constitue, avec les autres mécanismes d'exclusion que nous avons vu dans ce chapitre, un obstacle à la communication interculturelle. Comme nous l'évoquions, malgré une évolution positive vers le respect et l'ouverture à la différence ethnoculturelle, il reste du travail à faire. En ce sens, le chapitre suivant fournit des clés pour favoriser la compréhension et la rencontre interculturelle.

Pour en savoir plus...

Lire

- ***Boucs Émissaires, 12 auteurs de polars contre le racisme*, de Didier Daeninckx et collaborateurs, Montréal, Les 400 coups, 2005.**

  Ce recueil de nouvelles regroupe des œuvres d'auteurs francophones qui ont accepté l'invitation d'écrire une nouvelle sur le racisme.

- ***L'éloge de la différence, La génétique et les hommes*, d'Albert Jacquard, Paris, Édition du Seuil, 1978.**

  Dans cet essai, l'auteur, qui est ingénieur, statisticien et docteur en génétique et en biologie humaine, remet en question l'idée que l'hérédité puisse expliquer l'inégalité entre les êtres humains. Il croit en la richesse collective de la diversité.

- ***Profilage racial et discrimination des jeunes racisés. Rapport de consultation sur le profilage racial et ses conséquences*, Commission des droits de la personne et des droits de la jeunesse, 2011.**

  Au Québec, les groupes racisés les plus susceptibles d'être victimes de profilage racial sont les Noirs, les personnes d'origine latino-américaine, sud-asiatique, arabe ou de religion musulmane ainsi que les Autochtones. La Commission fait état d'une consultation sur le profilage racial.

- ***Le racisme*, d'Albert Memmi, Paris, Édltions Gallimard, 1994.**

  Ce livre est un classique de la littérature sur le racisme. L'auteur y distingue les deux pôles de sa définition du racisme : d'une part, le lien étroit entre le racisme et la notion de différence et, d'autre part, la parenté entre le racisme et l'oppression.

- ***Le racisme expliqué à ma fille*, de Tahar Ben Jelloun, Éditions du Seuil, 2009.**

  L'auteur dialogue avec sa fille sur le racisme et aussi sur les événements tragiques de l'histoire, nés de la peur et du refus de l'autre.

- ***Tolerance.ca*, un webzine sur la tolérance www.tolerance.ca**

  Indépendant et neutre par rapport à toute orientation politique ou religieuse, ce webzine vise à promouvoir les grands principes démocratiques sur lesquels repose la tolérance.

- ***Des valeurs partagées, un intérêt mutuel*, le plan stratégique en matière de profilage racial et social pour 2012-2014 du Service de police de la Ville de Montréal.**

  Dans la recherche d'un juste équilibre entre, d'une part, l'ordre et les devoirs des policiers et, d'autre part, le respect des droits des citoyens, ce document définit les actions qu'entend prendre le SPVM pour mieux contrer le profilage racial.

Pour en savoir plus... (*suite*)

Voir

- ***Esclave pendant douze ans*, de Steve McQueen, 2014.**
  Un peu avant la guerre de Sécession, un jeune homme noir de l'État de New York est enlevé et vendu comme esclave.
- ***La liste de Schindler*, de Steven Spielberg, en 1993.**
  Le film raconte l'histoire d'Oskar Schindler, homme d'affaires allemand, qui a sauvé environ 1100 Juifs de la mort dans le camp de concentration de Plaszow en Pologne.
- ***Un long chemin vers la liberté*, de Justin Chadwick, 2013.**
  Ce film raconte la vie de Nelson Mandela et sa lutte contre l'apartheid en Afrique du Sud.
- ***Selma*, de Ava DuVernay, en 2014.**
  Le film retrace la lutte de Martin Luther King pour obtenir le droit de vote pour les Afros-américains. En 1965, trois longues marches, de Selma à Montgomery, sont organisées. Le président américain Lyndon Jonhson signe quelque temps plus tard une loi sur le droit de vote des Afro-américains.
- ***Being Osama*, de Tim Schwab et Mahmoud Kaabor, 2004.**
  Ce film présente six hommes vivant à Montréal qui ont deux choses en commun : leur origine arabe et leur prénom Osama. Après les attentats du 11 septembre 2001, leur vie bascule.
- ***La leçon de discrimination*, de Richard Bourhis et Nicole Carignan, 2007.**
  Une enseignante dans une école primaire, en Montérégie, se livre à une expérience inouïe pour faire prendre conscience à ses élèves des mécanismes et des affres de la discrimination.
- ***Montre-moi*, de Joanne Comte, 2009.**
  Cette série aborde de front la question des préjugés en plongeant ceux qui en nourrissent dans le milieu de ceux qui en sont l'objet. La série utilise une formule originale qui consiste à faire séjourner pendant trois jours un « volontaire » chez l'inconnu et de documenter les réactions des uns et des autres.
- ***La tête de l'emploi*, Office national du film.**
  Recueil de courts métrages et de ressources en ligne qui se penche sur le racisme et la discrimination en milieu de travail. www.onf.ca/selection/la-tete-de-lemploi

Connaître

- **Amnistie internationale**
  Créé en 1961 par le Britannique Peter Benenson, l'organisme international milite depuis pour la libération des prisonniers politiques, l'abolition de la peine de mort et de la torture, l'arrêt des crimes politiques et le respect des droits de la personne. www.amnistie.ca
- **L'Association des aides familiales du Québec**
  Fondée en 1975, cette association a pour mission de faire reconnaître, respecter et valoriser le travail domestique en maison privée. www.aafq.ca
- **Le Centre de recherche-action sur les relations raciales**
  Fondé en 1983, cet organisme a pour mandat de promouvoir l'égalité raciale et de combattre le racisme. www.crarr.org
- **Le Centre des travailleurs et travailleuses immigrants**
  Cet organisme défend les droits des immigrants sur le marché du travail, tant en offrant de l'accompagnement individuel qu'en faisant de la mobilisation et des campagnes visant des changements politiques. Il a notamment réalisé *Les voix migrantes*, une série de neuf entrevues audio donnant la parole à des personnes issues de l'immigration. http://iwc-cti.org/fr
- **La Commission des droits de la personne et des droits de la jeunesse (CDPDJ)**
  La CDPDJ a été créée en 1976 à l'occasion de l'adoption de la *Charte des droits et libertés de la personne* et a pour mission d'assurer la promotion et le respect des droits énoncés dans celle-ci. www.cdpdj.qc.ca
- **Ensemble pour la diversité**
  La mission de cet organisme est d'agir avec les jeunes pour promouvoir le respect des différences et engager le dialogue afin de bâtir un environnement sans discrimination ni intimidation. www.ensemble-rd.com
- **La Ligue des droits et libertés**
  Cet organisme fondé en 1963 vise à faire connaître, à défendre et à promouvoir l'universalité, l'indivisibilité et l'interdépendance des droits reconnus dans la *Charte internationale des droits de l'Homme*. www.liguedesdroits.ca
- **L'Observatoire international sur le racisme et les discriminations**
  Depuis 2003, l'Observatoire a pour mission d'analyser les causes et les mécanismes qui interviennent dans le racisme et les discriminations. https://criec.uqam.ca/observatoire-international-sur-le-racisme-et-les-discriminations.html

Fêter

- **21 mars : Journée internationale pour l'élimination de la discrimination et du racisme**
- **21 mai : Journée mondiale de la diversité culturelle pour le dialogue et le développement**
- **2 décembre : Journée internationale pour l'abolition de l'esclavage**
- **10 décembre : Journée des droits de l'homme**

CHAPITRE 12

LA RENCONTRE INTERCULTURELLE

J'ai appris des femmes indiennes l'élégance et la timidité. Parées dans leurs saris multicolores, les cheveux noués en tresse [...].

J'ai appris le beau geste des musulmans, qui pour me remercier, appuient leur main droite sur leur poitrine, directement sur le cœur.

HÉLÈNE GREFFARD
Travailleuse sociale

PLAN DU CHAPITRE

12.1
Les composantes de la culture

12.2
L'interaction interculturelle et la culture immigrée

12.3
Les modèles culturels de type collectiviste et de type individualiste

OBJECTIFS D'APPRENTISSAGE

Après avoir lu ce chapitre, vous pourrez:

- expliquer les notions de culture et de culture immigrée;
- distinguer le modèle culturel de type collectiviste et celui de type individualiste, tels qu'ils se manifestent:
  - chez l'individu dans ses rapports avec la communauté;
  - dans les rapports familiaux;
  - dans les relations sociales et interpersonnelles;
  - dans les croyances et les visions du monde;
  - dans la communication écrite, verbale et non verbale.

Interculturel
Terme qui fait référence à un processus d'échange et de partage entre des personnes de groupes culturels différents. « Inter » signifie « entre » et implique une notion de réciprocité entre les interlocuteurs.

La notion d'**interculturel** a été introduite pour la première fois lors d'une conférence générale de l'Organisation des Nations Unies pour l'éducation, la science et la culture (UNESCO), en 1976. Cette notion repose sur deux concepts clés : la reconnaissance de particularismes culturels chez les différentes communautés et l'ouverture à des relations générant des changements chez les partenaires en présence.

Dans le présent chapitre, après avoir présenté les composantes de la culture, nous analysons deux modèles culturels (collectiviste et individualiste) qui peuvent aider à comprendre certaines différences culturelles. À l'aide de ces modèles, nous traitons de l'individu dans ses rapports avec la communauté, des rapports familiaux, des relations sociales et interpersonnelles, des croyances et visions du monde, et enfin de la communication interculturelle.

12.1 Les composantes de la culture

On doit à Edward Burnett Tylor la première définition du concept de culture. Pour lui, la culture est d'abord l'expression de la totalité de la vie sociale de l'individu ; elle se caractérise par sa dimension collective et relève d'un apprentissage (Tylor, 1871, cité dans Cuche, 2010). En effet, on peut définir la culture comme l'ensemble de ce qui est appris, produit et créé par la société.

Au Québec, le sociologue Guy Rocher a défini la culture comme étant un « ensemble lié de manières de penser, de sentir (ressentir) et d'agir, plus ou moins formalisées, et qui, étant apprises et partagées par une pluralité de personnes, servent, souvent, d'une manière à la fois objective et symbolique, à constituer ces personnes en une collectivité particulière et distincte » (1992, p. 88).

Pour aider à visualiser ce qu'est la culture, reprenons l'idée de Edward T. Hall (1976) et de Robert Kohls (1996) qui ont comparé les composantes de la culture à un iceberg. Il existe deux parties à un iceberg : la partie émergée qui est au-dessus de l'eau et qui constitue environ 10 % de l'iceberg et l'autre, immergée, qui est la plus importante, car elle constitue 90 % de l'iceberg (*voir la figure 12.1*).

Comme l'illustre la figure 12.1, la partie émergée de l'iceberg est composée de certaines façons d'agir : par exemple, les lois et coutumes, les institutions, les modes de vie, les comportements, les méthodes et techniques, les rituels, les langues, et les arts.

La partie immergée de l'iceberg se compose d'abord des façons de penser : par exemple, les rôles de chacun, les savoirs, les normes, les idéologies, les croyances, la philosophie, le concept de soi et de l'autre, et la religion. Cette partie est aussi composée des façons de ressentir : par exemple, les symboles, les valeurs, la mémoire collective, les désirs, le sentiment d'appartenance, les aspirations profondes et les mythes, que l'on intériorise généralement de façon non consciente. En raison de la forte charge émotive que ces acquis comportent, il est plus difficile de les remettre en question.

12.2 L'interaction interculturelle et la culture immigrée

Ces représentations conditionnent notre vision du monde et nos façons de communiquer, de penser et d'agir. La culture étant au centre de notre vie, nous sommes dès lors tous des « porteurs de culture ». Par conséquent, interagir et construire une relation avec une personne d'une autre culture que la sienne exige d'abord de se familiariser avec d'autres modèles culturels. Cette rencontre peut parfois provoquer un « choc culturel », mais elle permet surtout de prendre conscience de sa propre culture et de la relativité des modèles culturels. En effet, chaque culture poursuit une logique et a une cohérence qui définissent sa vision du monde (Gratton, 2009; Fournier et Braguigui, 2009; Demorgon, 2010).

Quand on aborde une autre culture, on ne traite souvent que des traditions et des coutumes (pratiques alimentaires, vestimentaires ou religieuses). Il est important de dépasser cet aspect folklorique d'une culture, de regarder « la partie immergée de l'iceberg », et de garder en tête le concept de « culture immigrée ».

Effectivement, lorsqu'on évoque la culture des immigrants, on fait généralement référence à la culture de leur pays d'origine. Cette conception n'est pas tout à fait juste, pour trois raisons. Tout d'abord, on oublie souvent que la culture du pays d'origine n'est pas homogène, qu'elle peut varier passablement d'un individu à un autre; par exemple, l'appartenance à une classe sociale influence grandement la culture d'une personne. On a aussi tendance à traiter la culture nationale comme si elle était figée dans le temps, comme si elle ne changeait pas ou ne le faisait que très lentement. Pourtant, un immigrant qui retourne dans son pays d'origine ne retrouve jamais les éléments culturels exactement tels qu'ils étaient au moment où il l'a quitté. Enfin, on oublie souvent que l'immigrant se transforme au contact de la culture de la société qui l'accueille. D'ailleurs, les immigrants ressentent ce changement lorsqu'ils retournent dans leur pays d'origine; ils ont souvent l'impression d'y être des touristes et d'être devenus différents de leurs anciens compatriotes.

FIGURE 12.1 Les composantes de la culture

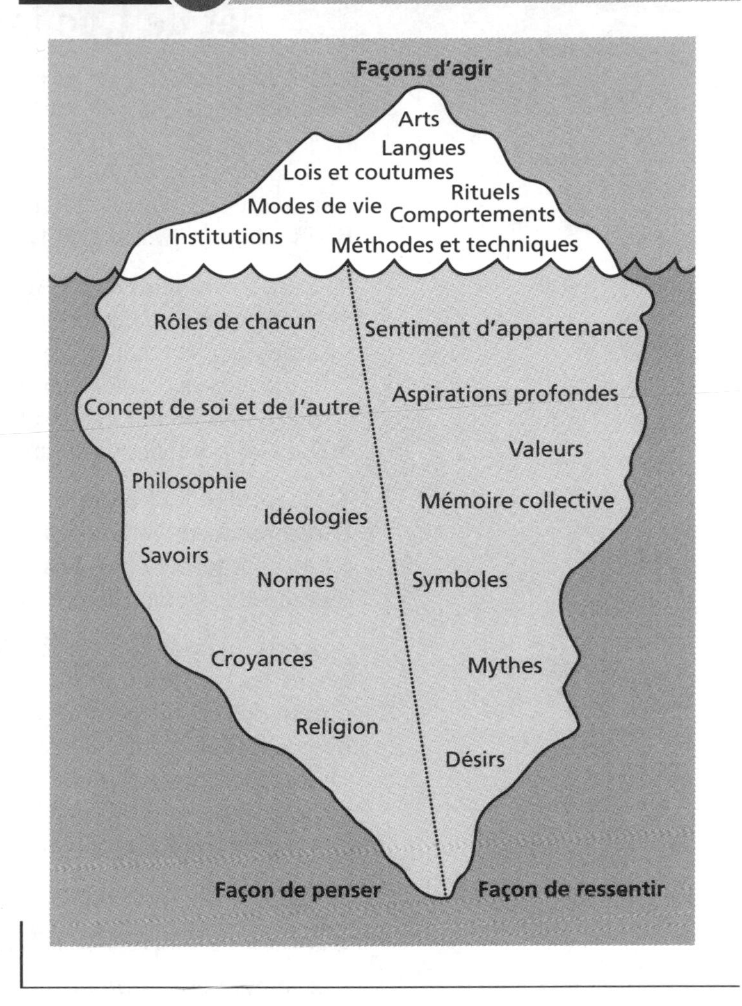

Pour mieux appréhender cette réalité complexe, Marco Micone (1990 et 2010) a développé le concept de « **culture immigrée** ». Tout d'abord, la « culture immigrée » rend compte à la fois du passé et des origines de l'immigrant, de la rupture qu'il a effectuée en immigrant et de son cheminement à l'intérieur de la société d'accueil. Elle est donc souvent une « culture de transition », car l'immigrant est aussi porteur d'une culture en perpétuel changement, non seulement à cause de l'interaction entre ses valeurs d'origine et celles du pays d'accueil, mais aussi de l'évolution de l'immigrant lui-même. Pour Micone, dans le contexte d'une société qui accueille des immigrants, il n'existe pas de culture grecque, ni de culture portugaise, ni de culture italienne, mais plutôt des modes de vie et des façons de penser qui ne sont ni tout à fait ceux du pays d'origine ni tout à fait ceux de la culture d'accueil.

Culture immigrée
Culture « de transition », qui rend compte à la fois de la culture du pays d'origine de l'immigrant et de celle de la société d'accueil, de même que de l'évolution de l'individu.

Dans la rencontre interculturelle, on doit se souvenir de ce phénomène de la « culture immigrée ». De même, en lisant ce chapitre, nous devons nous rappeler que les individus appartenant aux diverses communautés dont nous décrirons les modèles culturels ne partagent pas nécessairement les valeurs et les comportements mentionnés. Si beaucoup d'immigrants ont déjà intériorisé des modèles culturels différents de ceux de leur culture d'origine, d'autres, par contre, redécouvrent des éléments de cette culture et s'en servent en tant que support ou pôle identitaire. Ainsi, on ne peut ni prédire ni interpréter le comportement d'une personne à partir de ce que l'on croit connaître de sa culture d'origine. Les descriptions culturelles fournies ci-après servent donc simplement de points de repère, et on doit les utiliser comme telles.

12.3 Les modèles culturels de type collectiviste et de type individualiste

L'ensemble de valeurs et de comportements liés aux cultures étant d'une grande complexité, il est utile de recourir à certains modèles qui ont été proposés afin de pouvoir les classifier. Les modèles que nous retenons dans le présent ouvrage font consensus : ce sont les modèles culturels de type collectiviste et de type individualiste (Legault et Rachédi, 2008 ; Ministère de l'Immigration, de la Diversité et de l'Inclusion [MIDI], 2014).

Dans le modèle culturel plutôt collectiviste, la personne est définie en fonction de ses rapports sociaux et il existe peu de distinction entre ses liens familiaux et son groupe d'appartenance. Le « nous » y prédomine sur le « je ». Les individus sont liés les uns aux autres par des liens très forts, qui proviennent de leur sentiment d'appartenance à leur communauté et qui renforcent celui-ci. Dans ce modèle, on encourage le développement de valeurs telles que la patience, la coopération et la conciliation.

Le modèle culturel de type plutôt individualiste se caractérise quant à lui par l'autonomie et l'indépendance de la personne. Dans ce modèle, chacun veille à ses propres intérêts et on laisse une grande liberté à l'individu. Les notions d'estime de soi et de dépassement personnel y sont hautement valorisées

Nous insistons ici sur le fait que ces modèles sont très contrastés l'un et l'autre et que les individus se situent quelque part entre ces deux modèles. Par contre, ils offrent des clés de compréhension qui s'avèrent utiles dans l'exercice des professions liées à l'intervention sociale (Auger, 2005). Ainsi, nous présenterons maintenant, en fonction de chacun de ces modèles culturels, divers éléments : l'individu dans ses rapports avec la communauté, les rapports familiaux, les relations sociales et interpersonnelles, les croyances et les visions du monde et, enfin, la communication.

12.3.1 L'individu dans ses rapports avec la communauté

Les valeurs et les comportements qui caractérisent une culture donnée dépendent largement de la conception que l'individu qui y participe se fait de lui-même, de l'importance qu'il accorde au regard de l'autre, de la nature de ce regard ainsi que de la structure, plus ou moins hiérarchisée, de la société dans laquelle il vit.

L'individu

Dans les sociétés de type plutôt collectiviste, le groupe a beaucoup plus d'importance que l'individu, et l'intérêt du groupe prévaut sur celui de l'individu. Avant d'être une entité à part entière, une personne est d'abord membre d'une collectivité, d'une famille, d'une entreprise, d'un village. Les individus sont amenés à développer un fort sentiment d'appartenance à la famille et à la communauté, lesquelles leur assurent la protection en retour. Les valeurs véhiculées dans ce type de culture sont la loyauté, l'unité et l'harmonie du groupe, la conformité, l'interdépendance, le sens du devoir et l'obéissance.

Dans les sociétés de type plutôt individualiste, l'individu est considéré comme le principal ou le seul responsable de sa destinée ; il doit être autonome et indépendant. Il est mis en compétition avec les autres et est appelé à se dépasser continuellement. La prise de décision et l'initiative y sont valorisées. Les valeurs véhiculées par la culture de type individualiste sont donc l'indépendance, la réussite, la compétition, la recherche de satisfaction personnelle, la liberté et l'autonomie.

Par exemple, à l'école, on amène les enfants à développer rapidement leur autonomie : on leur demande leur opinion, on leur apprend à tenir un agenda, etc. Très jeunes, ils décident de l'achat et du choix de leurs vêtements, de leurs jeux, etc.

Plus tard, même pendant leurs études, plusieurs jeunes ont un travail rémunéré qui leur assure une certaine autonomie financière.

Le regard de l'autre

De façon générale, dans les sociétés de type plutôt collectiviste, où toutes les personnes se connaissent, le regard de l'autre (au sens de réputation) est très important. Cela constitue même une forme de contrôle social. La réputation d'une personne (bonne ou mauvaise) dépend de la façon dont elle assume ou a assumé ses responsabilités dans le rôle qui lui a été ou lui est dévolu : l'homme doit gagner sa vie et celle de sa famille, la femme doit avoir des enfants, l'enfant doit être studieux, les gens âgés doivent conseiller de la meilleure façon les membres de leur famille, etc.

Dans les sociétés de type plutôt individualiste, le regard de l'autre est aussi important, mais il s'attache surtout aux rôles professionnels. Ainsi, on exigera d'un médecin qu'il soit compétent et au service de la population, mais on se préoccupera beaucoup moins de la façon dont il assume ses responsabilités dans sa vie personnelle ou du fait, par exemple, qu'il soit marié ou célibataire.

La structure sociale

Dans les sociétés de type plutôt collectiviste, la hiérarchie est considérée comme normale et on s'attend à ce qu'elle soit affichée publiquement. La position d'autorité et la position subalterne sont différenciées par les gestes, le langage, la façon de saluer, les vêtements, etc. Par exemple, dans certains pays, le fait de se promener en auto peut être un signe de richesse et de prestige. Un individu qui se promène en montrant les clés de sa voiture pourra même bénéficier de certains privilèges, par exemple passer avant les autres chez le médecin ou joindre facilement un fonctionnaire.

Par contraste, dans les sociétés de type plutôt individualiste, l'égalité entre les individus est valorisée, et cela se manifeste dans toutes les facettes de la vie. Par exemple, au travail, les gens ont tendance à consulter leurs collègues avant de prendre des décisions. Bien que le statut social soit valorisé, il n'est pas le seul ni même le principal facteur de prestige. Souvent les patrons et les employés sont vêtus de la même façon et se tutoient. De même, les hiérarchies basées sur les origines sociales ou familiales sont souvent remises en question.

La perception de l'autorité et de la police, par exemple, peut différer d'une culture à l'autre. Si dans les sociétés de droits, la police est généralement perçue comme un protecteur des citoyens et des institutions, il n'en est pas de même partout. Les immigrants peuvent venir de pays où les droits de la personne sont bafoués ; plusieurs se sont enfuis sous la menace ou à la suite d'une expérience d'emprisonnement ou de torture. Dans ces pays, la police est souvent un symbole de répression.

Ainsi, dans les milieux policiers, on entend souvent des histoires comme celles-ci : un homme Sri Lankais doit aller au poste de police demander une information et sa conjointe est terrorisée car elle est persuadée qu'il n'en ressortira jamais.

Le tableau 12.1 (*voir la page suivante*) présente une synthèse des caractéristiques du rapport de l'individu avec la communauté selon les deux modèles culturels.

CAPSULE

« Pour qui me prenez-vous ? »

Quelques semaines après son arrivée, un ingénieur iranien ayant obtenu l'asile au Canada se rend dans un bureau du gouvernement dans le but d'obtenir des équivalences de ses diplômes. À la réception, il demande à être reçu immédiatement, expliquant qu'il a laissé ses enfants seuls à la maison. La réceptionniste lui répond froidement : « Prenez un numéro et attendez votre tour. » L'homme demande à voir le responsable du bureau. La réceptionniste refuse en disant qu'on ne dérange pas le directeur pour n'importe quoi. Furieux, l'ingénieur sort du bureau et se demande comment il a pu choisir de venir dans un pays si peu civilisé (Daoust *et al.*, 1992).

Pourquoi cet homme réagit-il ainsi ? C'est qu'en qualité d'ingénieur, il jouissait d'un statut social important dans son pays d'origine et bénéficiait de privilèges inhérents à ce statut. Il n'a probablement jamais eu à attendre pour recevoir des services. En venant au Québec, il a perdu une partie des privilèges liés à son statut social.

TABLEAU 12.1 L'individu dans ses rapports avec la communauté en fonction du modèle culturel

Enjeux relationnels	Modèle culturel de type collectiviste	Modèle culturel de type individualiste
Place de l'individu	• Fort sentiment d'appartenance au groupe • Interdépendance des individus	• Prédominance des intérêts de l'individu sur ceux du groupe • Promotion de l'autonomie et de l'indépendance de l'individu
Regard de l'autre	• Réputation de l'individu très importante et liée à la famille ou au groupe	• Réputation de l'individu liée surtout aux rôles professionnels
Égalité et hiérarchie	• Omniprésence de la hiérarchie • Affichage du statut social • Privilèges	• Promotion de l'égalité entre tous les individus
Valeurs	• Obéissance, respect de la hiérarchie, sens du devoir	• Initiative personnelle valorisée, autonomie, compétition, indépendance

SAVIEZ-VOUS QUE...

La société québécoise, qui est sans contredit de type plutôt individualiste, était jusqu'aux années 1960 de type plutôt collectiviste.

12.3.2 Les rapports familiaux

Les valeurs et les comportements qui caractérisent une culture donnée dépendent aussi largement des rapports familiaux, notamment de la conception de la famille, des rôles des hommes et des femmes, des relations entre adultes et enfants ainsi qu'avec les personnes âgées.

La notion de famille

Au Québec, la famille est un bon exemple de terrain où s'est opéré un glissement d'un modèle plutôt collectiviste à un modèle plutôt individualiste. En effet, surtout à partir des années 1960, les unions de fait et les ruptures conjugales se sont multipliées, et l'autorité dans la famille et les soins aux enfants sont devenus la responsabilité quasi exclusive des parents. On assiste ainsi à une diversité de types de familles : la famille peut être biparentale, monoparentale ou recomposée. La concertation et la cohésion entre les membres de la famille sont plus limitées.

Dans de nombreuses sociétés de type plutôt collectiviste, c'est la famille élargie qui prévaut, et, dans bien des cas, les liens des enfants avec leurs oncles, tantes ou cousins sont si étroits que ceux-ci peuvent être considérés comme des pères ou des mères. On peut voir, par exemple, une mère haïtienne immigrer avec sa sœur et son beau-frère, et ce dernier s'occuper de ses neveux et nièces comme s'ils étaient ses propres enfants. Le grand frère ou la grand-mère peuvent aussi représenter les parents lors d'une rencontre avec un enseignant, à l'école, ou lors de la récupération d'un adolescent au poste de police.

Contrairement à la famille nucléaire, composée uniquement des parents et des enfants, la famille élargie regroupe les grands-parents, oncles et tantes, cousins et cousines.

Les rôles des hommes et des femmes

« La femme au foyer, l'homme au café ! » Ainsi peut être décrite la distribution des rôles entre les hommes et les femmes dans les sociétés de type plutôt collectiviste et plus traditionnelles (Verbunt, 2009). L'homme travaille à l'extérieur et assure à sa conjointe et à ses enfants nourriture, toit et protection. La femme s'occupe plutôt de l'éducation des enfants, surtout en très bas âge, et de l'organisation matérielle de la maison.

Dans les sociétés de type plutôt individualiste, les hommes et les femmes ont tendance à partager l'espace privé et l'espace public. Souvent, les femmes travaillent à l'extérieur de la maison et elles s'investissent dans diverses organisations, par exemple dans les groupes communautaires, les réseaux d'affaires et les organisations politiques, même si elles y sont encore peu représentées. Les tâches ménagères sont souvent réparties entre les conjoints, bien que les femmes s'occupent un peu plus que les hommes de l'organisation familiale et que les responsables de familles monoparentales soient surtout des femmes. Dans ces sociétés, les femmes jouissent pour la plupart d'une autonomie financière. Par exemple, les immigrants s'étonnent parfois de voir qu'au Québec l'homme et la femme paient chacun leur repas au restaurant ou qu'ils divisent la facture d'épicerie en deux, même lorsqu'ils font vie commune.

CAPSULE

Un crime d'honneur: la famille Shafia

Le 30 juin 2009, les corps de quatre femmes, dont trois adolescentes, sont retrouvés à l'intérieur d'une auto, dans une écluse en Ontario. Avec stupeur, on découvre la triste histoire de trois jeunes filles québécoises d'origine afghane, qui voulaient s'habiller comme les adolescentes de leur âge, magasiner, s'amuser, fréquenter les garçons, être libres, et de la première femme de leur père, qui, parce qu'elle était infertile, avait dû faire place à une deuxième épouse. Le père considérait que le comportement de ses filles avait entaché la réputation de sa famille, qu'il représentait un affront, une menace à son autorité.

Le 29 janvier 2012, au terme d'un long procès, le père, la mère et le fils sont reconnus coupables des meurtres prémédités des quatre femmes. Ils sont condamnés à la prison à vie, sans possibilité de libération avant 25 ans (Radio-Canada, 2012).

Les relations entre adultes et enfants

Les membres de sociétés plus traditionnelles s'étonnent de la liberté de parole dont jouissent les enfants issus de sociétés de type plutôt individualiste. Ceux-ci sont souvent perçus comme des enfants mal éduqués et manquant de respect envers leurs parents. Par exemple, les parents qui discutent à table avec leurs enfants, qui leur demandent leur avis, les enfants qui ont des droits, qui achètent leurs propres produits de consommation, tout cela semble bien étrange pour les parents issus de cultures de type plutôt collectiviste.

Dans ce modèle culturel, les enfants, même majeurs, demeurent les enfants de leurs parents. Bien que les liens se distendent lorsque les enfants fondent à leur tour un foyer, les contacts sont fréquents entre les membres de la famille immédiate. Les enfants sont éduqués avec le sens de l'obligation familiale. On s'attend à ce qu'ils agissent d'une certaine façon, qu'ils étudient dans un certain domaine, qu'ils «fassent honneur» à leur famille.

De même, dans plusieurs sociétés de type plutôt collectiviste et plus traditionnelles, les châtiments corporels font quelquefois partie du processus éducatif, et ce, tant au sein de la famille qu'à l'école. Dans la société québécoise, comme dans d'autres sociétés de type plutôt individualiste, le châtiment corporel d'un enfant est de plus en plus stigmatisé et proscrit par les lois.

Dans la culture autochtone, les aînés ou *elders* jouent un rôle primordial dans la transmission des enseignements tant pratiques que spirituels aux générations qui les suivent.

Les relations avec les personnes âgées

Dans les sociétés plutôt collectiviste, les personnes âgées sont valorisées et habitent souvent avec leurs enfants et petits-enfants ou pas très loin d'eux. On respecte leur sagesse et on leur voue un grand respect. Par exemple, dans les cultures autochtones, on reconnaît leurs savoirs et leur rôle dans la transmission de ceux-ci dans la communauté; on les consulte pour tous les détails de la vie.

Par contraste, dans les sociétés de type plutôt individualiste, les personnes âgées sont, pour la plupart, physiquement et financièrement autonomes, et souhaitent vivre le plus longtemps possible dans leur propre maison ou appartement. Elles y mènent une vie active indépendante de celle de leur famille. Elles peuvent cependant entretenir avec celle-ci des liens très étroits basés sur l'entraide et le respect, par exemple, en s'occupant de leurs petits-enfants.

Le tableau 12.2 (*voir la page suivante*) présente une synthèse des éléments importants des rapports familiaux en fonction du modèle culturel.

TABLEAU 12.2 Les rapports familiaux en fonction du modèle culturel

Enjeux relationnels	Modèle culturel de type collectiviste	Modèle culturel de type individualiste
Notion de famille	• Modèle de famille élargie • Concertation et forte cohésion des membres de la famille • Enfants sous la responsabilité de tous les adultes de la communauté	• Modèle de famille restreinte ou immédiate (biparentale, monoparentale ou recomposée) • Concertation et cohésion plus limitée entre les membres de la famille • Enfants sous la responsabilité quasi exclusive des parents
Rôle des hommes et des femmes	• Séparation des rôles ou des tâches entre les hommes et les femmes	• Promotion du partage des rôles ou des tâches entre les hommes et les femmes
Relations entre les adultes et les enfants	• Tendance à l'autoritarisme	• Tendance à laisser beaucoup de latitude aux enfants
Relations avec les personnes âgées	• Valorisation de la sagesse associée à l'âge • Prise en charge des personnes âgées par la famille	• Autonomie et indépendance des personnes âgées

CAPSULE

Chacun sa place

Dans les familles vietnamiennes, les personnes s'adressent les unes aux autres en se référant à leur place au sein de la famille plutôt que par leur nom. Par exemple, un Vietnamien parlera de sa sœur n° 2 pour désigner la deuxième fille de la famille. Même à l'extérieur de la parenté, on utilisera des termes en lien avec la famille pour s'adresser les uns aux autres. Une maxime vietnamienne illustre cela: « Si tu rencontres un aîné, appelle-le "grand-père", s'il est un peu plus jeune, appelle-le "oncle", et s'il a à peu près ton âge, appelle-le "frère aîné" (Musée Canadien de l'histoire, s.d.).

12.3.3 Les relations sociales et interpersonnelles

La façon dont les gens interagissent en société et dans la vie privée, le rapport au corps et à la santé, sont d'autres aspects qui varient beaucoup d'un type de société à un autre.

La vie sociale

Nous aborderons maintenant la notion de distance sociale, les premiers contacts et les conversations, les salutations, l'hospitalité, les tabous, les cadeaux et les pourboires, l'humour, l'alimentation et enfin les fêtes culturelles et les rituels.

La notion de distance sociale Edward T. Hall (1979) traite de proxémie pour désigner une sorte de « bulle » que les individus se créent pour se protéger de l'intrusion des autres. Les caractéristiques et la dimension de cette bulle varient d'une culture à l'autre. Hall définit quatre types de distance interpersonnelle applicables aux cultures: la distance dite intime (de 7 à 60 cm) est utilisée dans le cadre de relations privilégiées avec des proches (amoureux, amis, enfants ou parents); la distance dite personnelle (45 cm à 1,2 m) est synonyme d'une bonne entente entre les interlocuteurs qui sont, par exemple, des collègues de travail, des connaissances, des personnes rencontrées dans une soirée; la distance dite sociale (de 1,2 à 3,6 m) est utilisée dans les relations professionnelles ou commerciales, notamment lors de réunions d'affaires ou lorsqu'on croise des gens dans la rue; la distance dite publique (à partir de 3,6 m) est utilisée, par exemple, lorsqu'on s'adresse à un groupe, à des étudiants en classe ou lors d'une conférence. La figure 12.2 illustre les quatre sphères de distance sociale selon Hall.

En Amérique du Nord, par exemple, la distance moyenne à laquelle les personnes conversent entre elles est d'environ un mètre, ce qui renvoie à la distance dite sociale. À l'inverse, dans certaines cultures arabes, les gens se parlent en se collant presque au visage de leur interlocuteur. Dans les deux cas cités, les personnes qui ne sont pas habituées, peuvent se sentir mal à l'aise ou agressées. Un autre exemple: deux hommes se tiennent par le bras et marchent ensemble sur la rue. Deux interprétations sont possibles: dans certaines cultures arabes, on n'y verra qu'un lien fraternel ou d'amitié; dans d'autres sociétés, on y verra un comportement homosexuel.

Les premiers contacts et les conversations Les façons d'aborder une personne, les sujets de conversation lors des premiers contacts, les façons de remercier, etc. varient énormément d'une culture à l'autre. Par exemple, chez certains Asiatiques, la distance et la discrétion prévalent. L'exubérance et le fait de parler fort et rapidement les mettent souvent mal à l'aise.

FIGURE 12.2 Les quatre sphères de distance sociale

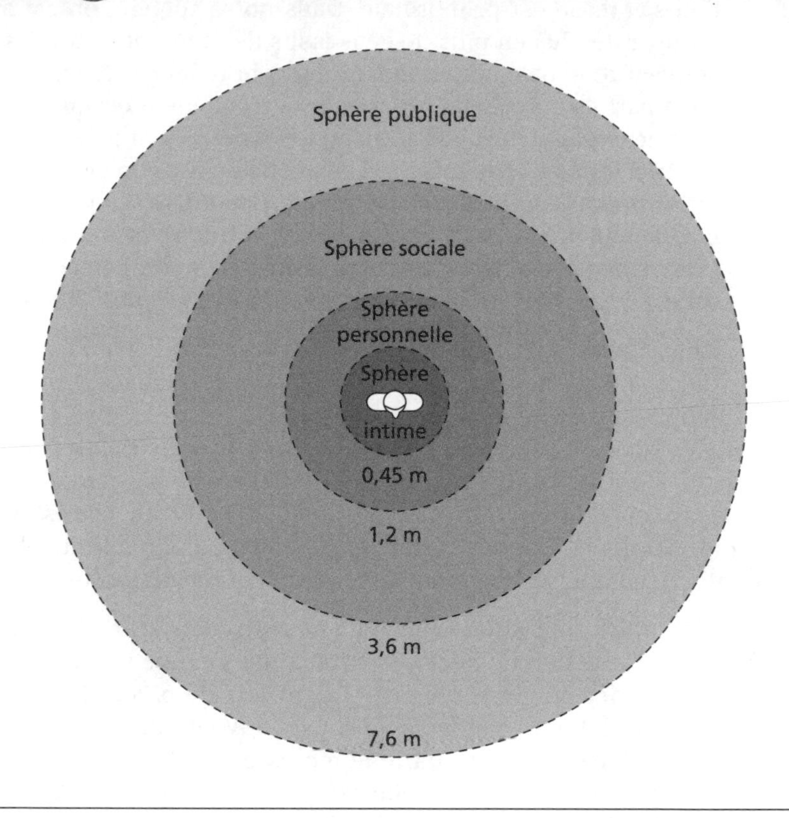

Source : Proxémie (s.d.). Dans *Wikipedia*. Diagramme des sphères proxémiques d'après Edward T. Hall.

Dans plusieurs cultures de type plutôt collectiviste, on amorce la conversation en s'informant de la santé des membres de la famille, des enfants, des grands-parents, et on parle ensuite du travail ou du service à demander. Dans les sociétés de type plutôt individualiste, il est de mise d'amorcer la conversation de manière beaucoup plus directe ; on va droit au but, sans préambule. D'ailleurs, on a tendance à y interpréter le fait de s'exprimer indirectement comme de l'hypocrisie.

Les salutations Que dit-on après avoir dit bonjour ? Contrairement à ce que l'on croit généralement, la poignée de main des Occidentaux n'a rien d'universel. Il existe de nombreuses autres façons de saluer. Par exemple, dans plusieurs pays, on joint les mains et incline la tête en guise de salutation. Les Européens, et particulièrement les Français, s'embrassent sur les joues trois ou quatre fois. Les Asiatiques préfèrent une inclinaison du tronc faite à une distance respectable. Dans plusieurs cultures, se prosterner devant son invité est un signe de politesse ; pour d'autres, c'est la marque d'une soumission indigne. Pour plusieurs, une petite tape sur l'épaule ou dans le dos est un signe de gentillesse ; pour d'autres, c'est une insulte.

CAPSULE

Une question de politesse

Un immigrant récemment arrivé au Québec téléphone au ministère du Revenu pour obtenir un renseignement. Lorsque la préposée lui répond, il lui demande comment elle va. Surprise, elle lui dit qu'elle va très bien. Il enchaîne en lui demandant si elle est mariée et si elle a des enfants. Offusquée devant tant de sans-gêne, elle lui raccroche au nez.

Pourquoi ces personnes agissent-elles ainsi ? D'un côté, la préposée ne peut pas comprendre qu'un inconnu lui pose des questions aussi personnelles ; de l'autre, l'immigrant considère que la plus élémentaire des politesses lui commande de s'informer sur la vie de la personne qui lui répond au téléphone.

L'inclinaison du tronc est une façon de saluer courante dans plusieurs pays d'Asie.

Dans toute rencontre interculturelle, outre la façon de saluer, l'utilisation adéquate du nom et du prénom de la personne à qui l'on s'adresse est primordiale. Dans notre société, on est amené à côtoyer de plus en plus de gens issus de différentes ethnies et on a souvent tendance à confondre leur nom et leur prénom. D'ailleurs, il est parfois difficile de prononcer correctement certains noms. Or, comment réagirions-nous si on modifiait notre nom sous prétexte qu'il est trop long ou trop difficile à prononcer, ou si on nous interpellait uniquement par notre nom de famille, ou encore si on intervertissait constamment nos nom et prénom? Il est donc primordial, pour un intervenant social, d'acquérir ces éléments de compétence interculturelle qui touchent aux noms de personnes (Verbunt, 2011).

L'hospitalité L'hospitalité est une attitude que l'on pourrait qualifier d'universelle, mais les codes et les manières employés pour l'exprimer diffèrent passablement d'une culture à une autre. Dans les sociétés de type plutôt individualiste, on accueille ses parents et amis lors de fêtes ou de vacances, et souvent l'hospitalité se limite à cela, mais elle est beaucoup plus large lorsqu'on a immigré et qu'on vient d'une société de type plutôt collectiviste: elle est un devoir, une obligation morale, et il serait très mal vu qu'une famille n'accueille pas les parents et amis, peu importe les circonstances et la durée du séjour.

Les tabous Est tabou tout sujet dont on ne peut pas traiter ouvertement et tout comportement que l'on ne peut pas avoir sans s'exposer à la réprobation sociale. Les tabous des sociétés correspondant aux deux modèles présentés ne sont pas les mêmes. Par exemple, la mort est souvent taboue dans les sociétés plutôt individualistes et on en parle le moins possible, alors que dans les sociétés de type plutôt collectiviste, elle est généralement considérée comme faisant partie de la vie: on fait référence régulièrement et sans gène aux personnes décédées, on s'adresse même directement à elles en leur demandant conseil. Par exemple, au Mexique, le jour de la fête des Morts (le 1er novembre), on mange des gâteaux en forme de crânes et de tombes, et on va se recueillir dans les cimetières.

La sexualité est aussi un sujet tabou dans plusieurs cultures. Alors que certaines sociétés en font un étalage systématique, d'autres ont une attitude plus réservée à son sujet, considérant qu'elle relève du domaine privé.

Les cadeaux et les pourboires Dans certaines cultures, lorsqu'on offre un cadeau à une personne, par exemple à un hôte qui reçoit, on s'attend à ce qu'elle l'ouvre sur-le-champ pour montrer qu'elle est sensible à cette attention, alors que dans d'autres cultures, on s'attend à ce que la personne l'ouvre plus tard, afin d'éviter tout risque de créer un malaise.

Dans la plupart des sociétés occidentales, on glisse un pourboire au coiffeur, au serveur dans un restaurant, à la femme de chambre dans un hôtel, etc. Un petit cadeau peut aussi être offert à un enseignant ou à un camelot. Dans plusieurs sociétés, il est quelquefois «obligatoire» de donner de l'argent à un fonctionnaire pour qu'il fasse passer notre dossier avant les autres ou à un policier pour qu'il nous épargne une contravention.

L'humour S'il est un domaine où l'on perçoit aisément les différences culturelles entre les sociétés, c'est bien celui de l'humour. L'humour est local. On rit d'une blague ici, on ne la trouve pas drôle ailleurs. On s'étonne que tel humoriste réussisse, alors qu'on le trouve tout simplement ennuyeux. Les thèmes abordés, les mots utilisés, la grivoiserie, par exemple, peuvent être bien perçus ou paraître vulgaires, disgracieux.

CAPSULE

Annoncer sa venue

Téléphoner pour annoncer son arrivée semble bizarre pour plusieurs immigrants issus de communautés où tout le monde se connaît, où les portes sont toujours ouvertes. Souvent, les immigrants trouvent que les Occidentaux sont peu chaleureux, car il faut parfois prendre rendez-vous plusieurs jours à l'avance pour les rencontrer. Pour un Occidental, arriver chez quelqu'un à l'improviste est quelque chose d'un peu étrange et, parfois, carrément impoli.

Au Mexique, on célèbre la fête des Morts avec beaucoup d'exubérance.

L'alimentation Bien que répondant à un besoin physiologique fondamental, manger est un geste à dimension hautement culturelle. Le choix des aliments et du moment des repas, la façon dont on mange, les raisons pour lesquelles on le fait, le choix des personnes avec lesquelles on mange, de même que les attentes et la manière d'exprimer son contentement après un repas, tout cela varie d'une culture à une autre. Considérons par exemple le moment et la composition des repas. En Amérique du Nord, la journée commence souvent par un déjeuner où l'on consomme de la viande. En Europe, le petit-déjeuner est léger : un café et un croissant. En général, les Américains prennent le repas du soir assez tôt, vers 18 heures. Dans plusieurs pays, comme en Espagne, on prend un goûter vers 17 heures, puis un repas plus copieux vers 22 heures.

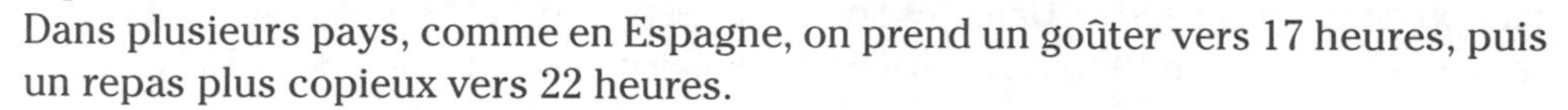

De plus, dans toutes les cultures, il existe des rituels spécifiques au déroulement d'un repas. Dans certains pays, les plats se succèdent dans un ordre bien particulier, toujours le même : potage, entrée, mets principal, salade, fromages et dessert ; dans d'autres, on met tout sur la table et chacun se sert. Comment mange-t-on ? Avec des baguettes, avec un couteau et une fourchette, avec ses mains ? Les Européens trouvent que les Québécois mangent beaucoup avec leurs mains ; en France, on vous donnera un couteau et une fourchette pour vous permettre de manger une pomme. Dans certaines cultures, on jette par terre ce qui n'est pas comestible et on ramasse après ; dans d'autres, on met les déchets dans des plats sur la table. Même la façon de faire savoir qu'on aime le goût d'un mets varie selon les cultures ; par exemple, faire du bruit avec la langue en mangeant peut constituer un signe d'appréciation.

Dans certaines cultures, on détermine ce qu'il est approprié de manger et ce qui ne l'est pas. Par exemple, les juifs observent les lois alimentaires cachères ; en Inde, on fait une distinction symbolique reliée à la pureté entre les aliments *pakka*, qui sont frits dans du beurre clarifié et les aliments *kaccha,* qui sont simplement bouillis et dont se nourrissent plutôt les castes inférieures.

Les fêtes culturelles et les rituels On aborde souvent l'espace culturel d'un groupe en mentionnant les fêtes et les rituels qui y sont associés : fêtes politiques, personnelles, sociales, religieuses. Celles-ci sont souvent des marqueurs de temps ou des rites de passage : on souligne la mort d'un homme politique, l'anniversaire de naissance, le passage à la vie adulte (bar-mitsvah ou bal des finissants de cinquième secondaire), le mariage ou le début de la vie commune, on célèbre la fin des récoltes, on fête Noël, Hannoukkah, la fin du Ramadan, on se réunit pour des funérailles.

Si on souligne des évènements différents selon les cultures, les rituels sont très semblables : on se rassemble, on prie, on met nos plus beaux vêtements, on se coiffe, on prépare un repas ou on réserve dans un restaurant, les gens apportent des cadeaux, de l'argent et de la nourriture, on chante, on danse.

Dans plusieurs pays d'Afrique, les familles comptent un bon nombre de personnes, qui partagent les espaces de la vie quotidienne.

La vie privée, l'habitat et l'espace personnel

Dans plusieurs sociétés de type plutôt collectiviste, la cohabitation intergénérationnelle est valorisée : les grands-parents s'occupent des jeunes enfants et vivent sous le même toit que leurs enfants et petits-enfants ou habitent tout près les uns des autres. Les maisons consistent souvent en une grande pièce centrale dont la fonction varie selon le moment de la journée : on y mange, on y reçoit des gens, on s'y divertit, on y discute, on y prie et… on y dort. Dans les pays où il fait chaud presque toute l'année, la vie se passe en grande partie à l'extérieur, au vu et au su de tout le monde. Il existe une grande proximité, tant physique qu'affective. Dans ces sociétés, l'espace est aussi divisé selon les rôles sexuels établis : par exemple, l'intérieur de la maison est souvent réservé à la femme et aux enfants et l'extérieur est occupé par l'homme.

Dans les sociétés de type plutôt individualiste, où la notion d'espace personnel est très importante (notamment en Occident), la maison comprend, outre les pièces collectives, une pièce par personne ou tant de mètres carrés pour tant de personnes. Une famille composée de deux adultes et deux enfants peut ainsi occuper un logement de quatre ou cinq pièces. Dans les sociétés plutôt individualistes et modernes, les habitations comportent généralement des pièces vouées au repos (les chambres à coucher), des zones pour les activités communes (la cuisine et la salle à manger), une ou plusieurs zones de travail (un bureau, atelier, un garage) et, s'il y a lieu, un espace réservé aux enfants (le sous-sol, par exemple). Dans ce type de société, l'individu aimera un appartement comprenant au moins une chambre fermée dans laquelle il pourra s'isoler à sa guise.

CAPSULE

La grand mère « poto mitan »

En Haïti, en référence à un poteau ou un mât central, on nomme « poto mitan » les grands-mères, celles qui soutiennent l'équilibre de la famille. Si la grand-mère est absente ou si elle meurt, toute la famille est désorganisée (Gratton, 2009).

Dans les sociétés de type plutôt collectiviste, la présence des autres représente le réconfort. Ainsi dans certaines sociétés, on ne trouve ni portes ni cloisons étanches dans les maisons. Par exemple, dans les communautés autochtones du Québec, on ne ferme pas à clé la porte de sa maison, car on connaît tout le monde et les gens peuvent venir sans s'annoncer.

Souvent les individus qui viennent de ces cultures trouvent étrange la coutume dans un milieu de travail de fermer les portes ; pour eux, cela constitue une barrière à la communication. Le contraire se vit aussi : en Allemagne, par exemple, on ferme les portes, car on considère qu'une porte laissée ouverte évoque le laisser-aller (Bourque, 1995). En Amérique latine, les gens se sentent plus à l'aise devant une porte ouverte.

SAVIEZ-VOUS QUE…

En Afrique, on dit que ça prend un village pour élever un enfant.

Le rapport au corps et à la santé

Un autre domaine qui présente des différences importantes d'une culture à l'autre est celui du rapport au corps (notamment la propreté et l'hygiène, les odeurs, la nudité, la décence et la beauté) ainsi qu'à la santé.

La propreté et l'hygiène La propreté et l'hygiène sont aussi une question de culture et font l'objet de préjugés tenaces. Les règles à ce sujet sont des éléments importants parmi les codes sociaux non verbaux. Par exemple, en Amérique du Nord, il est coutume de prendre un bain ou une douche tous les jours. Or, les conditions de vie peuvent influer sur la propreté : par exemple, si l'on n'a pas d'eau courante et que l'on doit marcher une heure pour y avoir accès, on ne prend pas un bain chaque jour, on se lave autrement (Phaneuf, 2013b).

Ainsi, la propreté du corps s'avère importante dans toutes les cultures, mais les façons de faire diffèrent. Par exemple, un musulman doit faire des ablutions cinq fois par jour avant les cinq prières obligatoires. Plusieurs nations amérindiennes utilisent la « tente à sudation », sorte de sauna, pour se purifier et communiquer directement avec le Créateur.

Les odeurs Les odeurs font aussi partie d'un univers gouverné par la subjectivité et les valeurs culturellement transmises et apprises. Qu'est-ce qu'une bonne odeur ? Répondre à cette question n'est pas simple et amène à conclure que ce qui a bonne odeur pour l'un peut être nauséabond pour l'autre. Dans plusieurs sociétés, on camoufle, on masque les odeurs corporelles en utilisant un arsenal de déodorants, savons, lotions après-rasage, dentifrices, etc. Dans d'autres sociétés, on se méfie des excès de propreté ; on utilise moins de savon et plus de parfum.

La nudité, la décence, la beauté Chaque société accepte, tolère ou rejette certaines pratiques reliées au corps. Par exemple, les réactions à la nudité et le concept de décence peuvent varier d'une culture à l'autre, de même qu'au fil du temps.

Au Québec, jusque dans les années 1970, les hommes ne pouvaient assister à l'accouchement de leur conjointe, cela étant perçu comme inconvenant, ce qui n'est plus le cas aujourd'hui. De nos jours, toujours au Québec, même si des femmes allaitent de plus en plus souvent dans l'espace public, il y a encore des gens qui jugent cela indécent : par exemple, en juillet 2014, dans l'arrondissement Rosemont-La-Petite-Patrie à Montréal, une jeune femme en train d'allaiter son bébé dans le coin d'une pataugeoire s'est vu demander de quitter les lieux par le sauveteur de 17 ans. Cela démontre qu'au sein d'une même culture, les sensibilités peuvent aussi différer d'un individu à l'autre. Il est également possible d'évoquer le cas des femmes qui sont seins nus à la plage, une tenue interdite dans de nombreux pays (sauf sur les plages nudistes), mais tout à fait acceptée dans plusieurs autres, notamment en Europe.

Il en va de même des critères de beauté : on valorise l'extrême minceur dans une société, les rondeurs dans d'autres (Gratton, 2009).

Le rapport à la santé La définition même de la santé est différente selon les cultures : dans les sociétés plutôt individualistes, la santé est l'absence de la maladie, et la prévention de cette dernière relève de l'individu, qui en est en partie responsable. Par exemple, au Québec, on a l'habitude de dire à quelqu'un qu'on quitte « Prends soin de toi ! ».

Pour d'autres cultures, la santé est la conséquence globale de toutes les fonctions vitales de la personne et de l'harmonie qui règne entre elles. Dans plusieurs cultures asiatiques et autochtones, on considère que la maladie naît d'un déséquilibre dans la vie d'une personne, que ce soit au niveau psychologique, spirituel, émotif ou physique. Ainsi, le tai chi et l'acupuncture proposent de rééquilibrer le tout (Phaneuf, 2013a).

Le tableau 12.3 (*voir la page suivante*) présente un résumé des caractéristiques des relations sociales et interpersonnelles propres à chacun des modèles culturels.

SAVIEZ-VOUS QUE...

Dans la culture autochtone, la guérison est considérée comme un cheminement qui dure toute une vie plutôt que comme la disparition des symptômes d'une maladie.

12.3.4 Les croyances et les visions du monde

Une croyance est un « assentiment donné à une doctrine ou à des faits vraisemblables ou possibles » (Ansart, 1999, p. 123). Une croyance n'est donc pas nécessairement religieuse.

TABLEAU 12.3 Les relations sociales et interpersonnelles

Enjeux relationnels	Modèle culturel de type collectiviste	Modèle culturel de type individualiste
Vie sociale	• Modèle qui valorise les contacts débutant par un préambule, par des formules de politesse assez développées, essentielles à toute relation importante • Communication axée sur le rituel et la retenue	• Modèle qui valorise les contacts directs, sans détour
	• Aspects présentant des différences d'une culture à une autre: – Distance sociale (publique, privée, intime) – Premiers contacts et conversations – Salutations – Hospitalité – Tabous – Cadeaux et pourboires – Humour – Alimentation – Fêtes et rituels	
Vie privée et habitat	• Plusieurs générations sous le même toit ou habitant près les uns des autres • Pièces communes multifonctions • Grande proximité physique et affective	• Grande importance de l'espace personnel • Une pièce pour chaque fonction • Valorisation d'une pièce pour chaque personne
Rapport au corps et à la santé	• Maladie considérée comme un déséquilibre dans la vie d'une personne • Pratiques de santé visant à rétablir l'équilibre	• Santé considérée comme l'absence de maladie • Prévention de la maladie considérée comme une responsabilité de l'individu
	• Aspects présentant des différences d'une culture à une autre: – Propreté et hygiène – Odeurs – Nudité, décence et beauté	

De façon générale, les croyances des individus peuvent se ranger dans quatre catégories: les croyances religieuses, les croyances cosmiques, les croyances reliées au moi intérieur et les croyances sociales. Par exemple, on peut croire en un seul Dieu ou en plusieurs divinités, on peut croire aux anges, aux prophètes, en la résurrection, voire au néant; on peut croire en la détermination de son destin par des forces cosmiques; on peut avoir pleine confiance en la force du «moi intérieur» pour se réaliser et résoudre des problèmes. On peut enfin avoir des croyances sociales, qui relèvent du sens civique et de l'éthique (croire en l'amour, en l'amitié, en la solidarité, au respect des autres, etc.) ou d'une philosophie ou d'un idéal social.

Les croyances dominantes au sein d'une culture influent sur les valeurs et les comportements des personnes qui la composent; ces valeurs et ces comportements dépendent des façons de concevoir le monde, souvent à travers les croyances religieuses et les différentes perceptions du temps.

La religion et le rapport à «l'ordre naturel des choses»

Dans les sociétés de type plutôt collectiviste, la religion donne un sens à tous les aspects de la vie quotidienne et aux évènements tels que la naissance, la maladie et la mort, et elle sert de «ciment» ou de force de cohésion à la communauté. Selon certaines croyances religieuses, la vie est dirigée en grande partie par des forces surnaturelles (comme en témoigne l'expression en arabe *Inch Allah*, «si Dieu le veut»). Dans certaines cultures, on ne s'attend pas à être heureux sur Terre, convaincu que le bien-être surviendra dans une vie ultérieure. Cette croyance détermine le pouvoir qu'ont les gens sur leur vie, leur destinée: comme ils ne peuvent rien changer aux évènements qui ne relèvent pas de l'être humain, ils se doivent d'accepter la vie comme elle leur est présentée.

Ainsi, dans ces sociétés, on accepte facilement l'ordre naturel des choses et l'on ne défie pas la nature. Dans plusieurs religions, on trouve le sacré dans la nature : dans l'eau, les arbres, les animaux, etc. Par exemple, dans la religion hindouiste, on se baigne dans les fleuves sacrés. De la même façon, chez plusieurs Autochtones, la spiritualité est un mode de vie et il n'y a pas nécessairement de lieux ou de moments pour la prière, cela peut se faire n'importe quand et n'importe où (Fournier, 2007).

Le Gange est considéré comme la plus sainte des sept rivières sacrées de l'Inde. Pour les hindous, l'eau du fleuve possède la vertu de purifier le corps des humains et de libérer l'âme des défunts. Une immersion dans le Gange permet au croyant d'être lavé de ses péchés.

Dans les sociétés de type plutôt individualiste, la religion est plutôt considérée comme une affaire personnelle. On y a aussi développé l'idée qu'on peut maîtriser son destin. Ces sociétés essaient ainsi de maîtriser la nature, voire de la transformer, par exemple par le développement et l'usage des technologies. Pensons, entre autres, aux organismes génétiquement modifiés (OGM). Ces sociétés de type plutôt individualiste sont généralement axées sur le confort, le matérialisme, la propriété privée et la quête de profit.

La conception du temps

S'il est un domaine où les valeurs et les visions se heurtent, c'est bien celui de la conception que l'on se fait du temps.

Les cycles du temps Le déroulement du temps, avec ses repères, est ancré dans les cycles de la vie : les naissances, les mariages, les décès et les autres marqueurs importants de la vie. La façon de « découper » le temps peut cependant varier considérablement d'une culture à une autre. Les peuples habitant les régions climatiques où se succèdent quatre saisons adaptent leurs activités à chacune de ces périodes de l'année : sortir les vêtements d'été, faire poser des pneus d'hiver. Chez plusieurs sociétés nordiques, la « folie du printemps » signifie la fin de l'hiver, la liberté retrouvée des gestes et du corps, et les gens profitent de ce moment pour faire le ménage de la maison, laver les carreaux des fenêtres pour laisser entrer le maximum de lumière, raccourcir les jupes, sortir les sandales, etc. C'est l'euphorie après tous ces mois d'hiver. D'autres sociétés ne connaissent que deux saisons, la saison sèche et la saison des pluies, et le temps se découpe selon ces saisons.

Les calendriers des fêtes religieuses et des congés marquent aussi le temps différemment selon la culture. Par exemple, les calendriers sont différents selon que l'on est Chinois, juif, bouddhiste, chrétien. On fête le Nouvel An à différents moments de l'année : au mois de février pour les Chinois et les Vietnamiens (fête du Têt), à l'automne avec le Rosh Hashanah pour les juifs, en mars avec la fête du Baisakhi pour les sikhs.

À ces marqueurs annuels du temps s'ajoutent des rites hebdomadaires qui varient selon les communautés : pour les juifs pratiquants, le samedi est un jour sacré ; pour les musulmans, c'est le vendredi ; pour les chrétiens, c'est le dimanche.

La notion de retard La notion de retard est aussi très culturelle. Comme elle peut varier à l'intérieur d'une même culture ou d'une même société, pas étonnant qu'elle cause des surprises quand on change de culture. Par exemple, dans les sociétés de type individualiste, la notion du temps et donc du retard est très découpée : il existe des moments, des situations où l'on ne peut pas être en retard et où l'on doit même être un peu en avance ; c'est le cas, notamment, lorsqu'on est convoqué à une entrevue pour un emploi, lorsqu'on assiste à un cours ou que l'on va voir une pièce de théâtre. Dans d'autres situations, on peut avoir un léger retard sans que cela soit mal vu, par exemple quand on est invité à un repas entre amis.

Dans les sociétés de type collectiviste ou plus traditionnelles, par exemple dans les cultures autochtones comme dans plusieurs sociétés africaines, on vit au moment présent, et ce qui se passe ici et maintenant est important ; la notion du temps est plutôt élastique. Ainsi, arriver deux heures plus tard que prévu peut être acceptable. Dans une société de type plutôt individualiste, on dira en souriant, pour expliquer le retard de quelqu'un, qu'il arrive « à l'heure africaine ».

Le tableau 12.4 résume les particularités de chaque modèle culturel sur le plan des croyances, de la vision du monde et de la conception du temps.

TABLEAU 12.4 Les croyances et les visions du monde en fonction du modèle culturel

Enjeux relationnels	Modèle culturel de type collectiviste	Modèle culturel de type individualiste
Croyances	• Importance des croyances religieuses pour la vie communautaire	• Caractère personnel des croyances (religieuses et autres)
Relation avec la nature	• Relation étroite avec la nature : respect de l'ordre naturel des choses	• Contrôle de l'environnement
Conception du temps	• Notion du temps assez élastique • Spontanéité et moment présent	• Notion du temps très découpée • Importance des horaires établis
	• Aspects présentant des différences d'une culture à une autre : – Cycles du temps selon les saisons, les fêtes – Calendriers – Notion de retard	

12.3.5 La communication interculturelle

Le processus de communication entre des personnes qui partagent le même univers de significations se révélant déjà très complexe, il est facile d'imaginer l'ampleur des difficultés qui peuvent se poser lorsque la communication implique des gens de cultures différentes. Voyons maintenant certaines de ces différences sur le plan de la communication écrite, de la communication verbale et du langage non verbal. Le chapitre 13 fournira des pistes concrètes pour faciliter la communication interculturelle (*voir la page 239*).

La communication écrite

Plusieurs immigrants viennent de sociétés de type plutôt collectiviste où l'écrit a peu d'importance ou est même accessoire. On s'entend de gré à gré pour louer un logement, on se prête des choses sans signer de papiers. L'honneur d'une personne, c'est sa parole. Souvent ces immigrants sont offusqués de devoir continuellement signer ici et là. Ils s'imaginent que l'on met en doute leur honnêteté. Le choc culturel est encore plus grand pour l'immigrant qui ne maîtrise ni le français ni l'anglais à son arrivée. Un choc culturel peut aussi être vécu par les membres de la société d'accueil de type plutôt individualiste (travailleur social ou propriétaire qui ont du mal à croire que l'on puisse s'en tenir aux conventions orales).

La communication verbale

Les mots peuvent revêtir des sens différents selon les contextes où ils sont utilisés. Dans la communication avec un immigrant, même si celui-ci connaît la langue de la société d'accueil, il est important de lui répéter l'énoncé avec une formulation différente afin d'en faciliter la compréhension, et de demander à son interlocuteur de reformuler ce que l'on vient de dire. Souvent, il est peu utile, voire trompeur, de demander « Avez-vous bien compris ? » à une personne qui ne maîtrise pas bien la langue : la réponse sera presque toujours positive. Dans les cultures où la politesse est une valeur importante, on ne dit pas « non », car on craint que son interlocuteur en soit vexé. Les Chinois, par exemple, ne disent jamais « non » ; ils disent « oui » et essaient par la suite de faire ce qu'on leur a demandé, ou n'essaient pas, selon le cas. Répondre « oui, demain » (le célèbre *mañana* des latinos) équivaut souvent à un « non », mais permet de sauver la face.

Le nouvel arrivant qui essaie de parler le français a souvent de la difficulté à bien articuler les mots et à mettre les accents sur les bonnes syllabes. Les Chinois et les Haïtiens ont de la difficulté à prononcer notre « r », les Arabes, notre « u », et les hispanophones, nos « é », « è » et « j ». L'accent québécois lui-même cause bien des problèmes de compréhension à plusieurs immigrants.

En français, le vouvoiement sert à éviter la familiarité, il invite à une distance, à un respect. Mais il n'existe pas dans toutes les langues. On doit tenir compte de ce fait dans la communication interculturelle.

Au Québec, bien souvent, on ne respecte pas la structure grammaticale du français ; par exemple, dans la forme interrogative, on utilise deux fois le *tu* : « Tu t'en viens-tu ? », « Tu m'aimes-tu ? ». On formule aussi des phrases affirmatives en utilisant la forme négative ; par exemple, « Il ne fait pas trop beau aujourd'hui ! », ce qui signifie qu'il fait mauvais temps. Ici, dire « Il n'est pas laid, cet homme ! » signifie qu'on le trouve plutôt beau.

Dans certaines cultures, par exemple les cultures nord-américaines, il est de mise d'exagérer ses propos en les appuyant de mots comme « certainement », « absolument » et de superlatifs, comme dans « le plus gros » ou « le plus beau ». Dans d'autres cultures, on aura plutôt tendance à atténuer la force de ses propos en employant des euphémismes ou des mots tels que « peut-être », « probablement », « quelque peu », etc.

Le langage non verbal

Les gestes, les postures, le ton de la voix, les expressions faciales, les mouvements des yeux, le froncement des sourcils, le haussement des épaules, le hochement de la tête et même les vêtements font partie du langage non verbal. Plusieurs de ces éléments de communication ont une signification universelle (par exemple le sourire), mais certains varient d'une culture à une autre. Leur interprétation aussi peut varier : par exemple, dans plusieurs cultures asiatiques, de même que dans la culture autochtone au Québec, regarder quelqu'un dans les yeux peut être un signe de non-respect, surtout si la personne est plus âgée ou en situation d'autorité.

SAVIEZ-VOUS QUE...

Dans la culture autochtone, le contact visuel est perçu comme un manque de respect, surtout avec une personne en position d'autorité (Fournier, 2007).

Dans toutes les cultures, il existe des façons de se comporter concernant le corps. Dans certaines cultures, on cache la chevelure des femmes (par exemple, certaines religieuses catholiques, certaines femmes musulmanes ou juives). Pendant longtemps, dans les cultures occidentales, les femmes devaient porter les cheveux longs, et la mode féminine des cheveux courts, au début du XXe siècle, a été une véritable révolution. Dans certaines cultures, on ne touche pas la tête des gens, des enfants en particulier, car elle est considérée comme sacrée. Dans d'autres encore, les hommes qui portent les cheveux longs sont associés à des groupes marginaux ; dans d'autres, comme chez les sikhs, les hommes ne coupent pas leurs cheveux pour des raisons religieuses.

La notion de silence doit elle aussi être prise en compte dans la communication interculturelle. Le silence peut avoir diverses significations. Pour les uns, il exprime le respect, la réflexion ; pour les autres, il est signe de résistance. Il est valorisé ou non, selon les cultures et les circonstances. Ainsi, un Japonais qui observe des moments de silence au cours d'une conversation montre qu'il réfléchit aux propos de son interlocuteur, au lieu de répondre du tac au tac, sans respect pour ce dernier.

Pour un Autochtone, le silence est aussi un moyen utilisé pour s'accorder un répit ou pour entrer en contact avec ses émotions. À l'opposé, un Nord-Américain trouve le silence insupportable dans une conversation et il lui faut le meubler à tout prix.

Le tableau 12.5 fait une synthèse des éléments liés à la communication en fonction des modèles culturels.

TABLEAU 12.5 La communication écrite, verbale et non verbale en fonction des modèles culturels

Enjeux relationnels	Modèle culturel de type collectiviste	Modèle culturel de type individualiste
Communication écrite	• Conventions surtout verbales	• Conventions surtout écrites
Communication verbale	• Aspects présentant des différences d'une culture à une autre : – Formulations, accents, vouvoiement – Structure grammaticale – Style du discours	
Langage non verbal	• Aspects présentant des différences d'une culture à une autre : – Gestes, postures, expressions faciales, mouvements des yeux, etc. – Port de certains vêtements – Silence	

Avoir en tête ces modèles culturels lorsqu'on intervient auprès de personnes d'une autre culture permet de mieux les comprendre, ce qui est une des clés pour mieux intervenir en milieu pluriethnique, comme nous le verrons dans le chapitre 13.

Pour en savoir plus...

Lire

- ***Le Québec expliqué aux immigrants*, 2e éd., de Victor Armony. Montréal, VLB Éditeur, 2012.**

  À partir d'une analyse sociologique du Québec, l'auteur présente quelques enjeux découlant de la rencontre entre la société québécoise et les nouveaux arrivants.

- ***L'interculturel pour tous. Une initiation à la communication pour le troisième millénaire*, de Danielle Gratton. Anjou, Éditions Saint-Martin, 2009.**

  Ce livre aborde la question de la connaissance de soi et de l'autre dans une situation de contact interculturel, à travers ses ressemblances et ses différences.

- ***Les peuples du monde*, sous la direction d'André Tessier. Montréal, Éditions Beauchemin, 1999.**

  Dans le contexte actuel de mondialisation, cet ouvrage, écrit par un collectif d'anthropologues québécois, présente des exemples forts pertinents pour mieux comprendre certaines différences culturelles.

- ***Manuel d'initiation à l'interculturel*, de Gilles Verbunt. Éditions Chronique sociale, 2011.**

  Ce manuel aide à réfléchir à la question interculturelle à partir de questions pratiques et d'affirmations courantes.

Connaître

- **La Bibliothèque interculturelle**

  Cette bibliothèque, située au 6767 Chemin de la Côte-des-Neiges à Montréal, offre des cours de langues, de la musique du monde et des œuvres en langues étrangères comme l'arabe, le vietnamien, l'hindi, l'ourdou, le tamoul et le tagalog (philippin).

Voir

- ***Pure Laine*, série télévisée de Jean Bourbonnais, 2005.**

  Cette comédie attachante met en scène une famille montréalaise « typique » d'aujourd'hui. Le père est haïtien d'origine, la mère est Québécoise de souche et leur fille unique, Ming, a été adoptée... en Chine !

- ***Village mosaïque Côte-des-Neiges*, de Lucie Lachapelle, 1996.**

  Plus de 75 groupes ethniques se côtoient dans le quartier Côte-des-Neiges. Lucie Lachapelle est allée frapper aux portes qui l'isolaient de ses voisins et a tiré de ces contacts un film dense et vibrant qui parle de liberté et de déracinement.

CHAPITRE 13

L'INTERVENTION INTERCULTURELLE

La compétence interculturelle
est une compétence de décentration
qui nous permet d'échapper à nos classements.

MANUELA FERREIRA PINTO
Enseignante de français auprès des immigrants

PLAN DU CHAPITRE

13.1
Mieux intervenir en contexte pluriethnique

13.2
La médiation interculturelle : relever le défi

OBJECTIFS D'APPRENTISSAGE

Après avoir lu ce chapitre, vous pourrez :

- nommer les compétences à développer pour mieux intervenir en situation interculturelle et des moyens pour y arriver ;
- mieux comprendre les personnes immigrantes auprès de qui vous interviendrez ;
- mettre en pratique des habiletés de communication interculturelle et de vous autoévaluer à propos de ces habiletés ;
- utiliser un outil de médiation en contexte pluriethnique ;
- appliquer les notions du présent ouvrage à des cas concrets.

La société québécoise est pluriethnique et les intervenants et intervenantes de différents milieux professionnels sont de plus en plus confrontés, dans leur pratique quotidienne, à des valeurs et à des comportements qui diffèrent des leurs et parfois même s'y opposent. Ces intervenants adoptent progressivement une approche interculturelle pour maximiser l'impact de leurs interventions auprès des immigrants, des gens des communautés ethnoculturelles et des Autochtones. Cette approche demande de développer des compétences particulières, et ce, dans tous les domaines d'intervention (santé, services sociaux, éducation, soins des enfants, des personnes âgées, services policiers, travail social, etc.) ainsi que dans les entreprises (RIFSSSO, 2010), afin de passer « d'une vision monoculturelle à une vision pluriculturelle » (Gratton, 2009).

La première partie de ce chapitre propose de préciser les habiletés à développer dans l'intervention interculturelle. Il s'agit d'abord de la connaissance de soi sur le plan culturel, puis de la compréhension des personnes auprès desquelles on intervient (notamment par la connaissance de leur expérience migratoire et par la décentration) ; viennent enfin les habiletés de communication interculturelle. Nous verrons ensuite des pistes pour s'améliorer comme intervenant interculturel. La deuxième partie du chapitre présente la notion de médiation interculturelle en proposant un outil qui favorise un rapprochement réciproque menant à une solution aux situations générant un choc culturel. Suivront plusieurs cas pour s'y exercer, ces cas étant des exemples de situations auxquelles font face des intervenants en contexte pluriethnique, dans plusieurs domaines professionnels.

13.1 Mieux intervenir en contexte pluriethnique

Avant de traiter des habiletés importantes dans l'intervention en contexte pluriethnique, il convient d'apporter un éclairage sur les principales objections spontanément émises par ceux qui doutent de la nécessité ou de la pertinence d'une approche interculturelle (*voir le tableau 13.1*).

TABLEAU 13.1 Quelques objections classiques à l'approche interculturelle

On entend souvent dire...	Éclairage sur la question
« Moi, j'aime tout le monde ! »	L'intervention interculturelle n'a pas pour objectif d'aimer tout le monde, mais de rendre des services adéquats à tout le monde. Nous avons tous des préjugés et un certain niveau d'ethnocentrisme et il importe d'en être conscients pour mieux gérer notre réaction à la différence, surtout en situation de choc interculturel.
« Je veux une recette. Dites-moi quoi faire. »	Il n'y a pas de recette dans la rencontre et l'intervention interculturelles. On ne peut pas dire ce qu'il faut faire et à quel moment le faire. On peut cependant se doter d'outils pour être capable de mieux intervenir, comme celui que nous présentons plus loin (*voir l'encadré 13.7, page 248*).
« Je ne peux pas connaître toutes les cultures ! »	Il n'est pas nécessaire de connaître toutes les cultures pour pouvoir bien intervenir et, de toute façon, cela est impossible. Mais nous pouvons essayer d'en connaître le plus possible sur le processus migratoire et les difficultés d'intégration, les valeurs et les conditions de vie des personnes que nous rencontrons.
« Moi je pense comme ceci et eux pensent comme cela. »	Notre identité est plurielle, comme l'est celle des autres personnes. Par contre, les relations interculturelles réveillent souvent le sentiment du « nous » par rapport à « eux ». Il faut faire attention aux séparations tranchées.
« Je ne peux pas tout accepter. Il y a des limites que je ne peux ou ne veux pas dépasser. »	Il y a effectivement des limites qu'on ne peut dépasser, entre autres celles qui concernent les droits de la personne et celles des codes professionnels de déontologie. Par exemple, aucun citoyen ou professionnel ne peut accepter qu'un enfant soit maltraité.

13.1.1 Approfondir la connaissance de soi

La première habileté à développer pour bien intervenir en contexte pluriethnique est la connaissance de soi en tant qu'individu, en tant que porteur de culture et en tant que professionnel. Un individu qui se connaît lui-même, qui est conscient de ses qualités et de ses faiblesses ou limites, pourra plus facilement établir un contact avec les autres. Il en va de même pour la connaissance de soi sur le plan culturel et professionnel.

Trois types de questions peuvent être explorés afin de développer cette habileté :

1. **Des questions sur soi en tant qu'individu :** il importe de se connaître en tant qu'individu en prenant d'abord conscience des manifestations de son ethnocentrisme, de ses stéréotypes et de ses préjugés (*voir le chapitre 11*). Les modèles culturels (de type individualiste ou collectiviste) présentés au chapitre 12 peuvent également permettre de se situer, de cerner ses valeurs, les comportements et les attitudes qui nous heurtent ou nous choquent. Cette réflexion pourra amener à préciser sa vision personnelle de l'approche interculturelle
2. **Des questions sur soi en tant que porteur de culture :** nous sommes tous des « porteurs de culture » et, afin de bien communiquer avec les autres, nous devons explorer qui nous sommes. Cela est d'autant plus vrai dans le contexte pour le moins singulier de la société québécoise : société composée d'une majorité francophone, mais fortement minoritaire à l'échelle du Canada et de l'Amérique du Nord. Ainsi, on doit se demander comment, en tant que « porteur » d'une culture et d'une histoire, on peut accueillir l'autre dans sa différence, tout en cherchant à lui faire partager cette culture et cette histoire (Beauchemin, 2010). Une lecture attentive de l'encadré 10.1 (*voir la page 194*), qui présente des éléments fondamentaux caractérisant la société québécoise, peut vous aider à explorer vos valeurs culturelles, à vous situer en tant que membre de cette société.
3. **Des questions sur soi en tant que professionnel :** tout domaine professionnel est caractérisé par certaines valeurs, par des rites et des codes qui lui sont propres, bref, par une culture. Dans plusieurs domaines, des codes déontologiques et des ordres professionnels régissent les pratiques en balisant les comportements des intervenants et en définissant les compétences dont ils doivent faire preuve. La culture professionnelle à laquelle on appartient est un autre ensemble d'éléments qui pourraient être interpelés lors d'une intervention interculturelle ; il est donc important d'en avoir conscience lorsqu'on intervient dans un contexte pluriethnique.

Dans le cadre professionnel, chacun va, par exemple, faire preuve de souplesse vis-à-vis de certaines choses, mais avoir de la résistance sur d'autres aspects et se montrer même intraitable sur certains points. En ayant une bonne connaissance de nos valeurs professionnelles et de nos limites dans l'ouverture à la différence, nous pourrons mieux réagir dans les moments de choc culturel.

L'encadré 13.1 vous invite à vous poser quelques questions importantes, à partir des modèles culturels présentés au chapitre 12.

ENCADRÉ 13.1 Mon autoportrait culturel : explorer qui je suis

1. **À partir des modèles culturels de type collectiviste et individualiste définis au chapitre 12, où vous situez-vous dans :**
   a) vos rapports avec votre communauté (notion d'individu, regard de l'autre, égalité et hiérarchie) ?
   b) vos rapports familiaux (notion de famille, rôles des hommes et des femmes, relations entre adultes et enfants et avec les personnes âgées) ?
   c) vos relations sociales et interpersonnelles (notion de distance sociale, premiers contacts et conversations, salutations, hospitalité, tabous, cadeaux et pourboires, humour, alimentation, fêtes et rituels) ?
   d) vos croyances et votre vision du monde (rapport à la religion et à l'« ordre naturel des choses », conception du temps) ?
2. **Qu'est-ce qui caractérise votre façon de communiquer ?**

13.1.2 Mieux comprendre les personnes auprès de qui l'on intervient

La deuxième habileté à développer en contexte pluriethnique est la connaissance et la compréhension des personnes auprès desquelles on intervient. On ne peut pas tout savoir au sujet de ces personnes, et, surtout, il n'existe pas de recette qui assure une intervention réussie. Une façon de développer cette habileté est d'utiliser la technique du récit de vie dans son approche ou de lire des récits de vie.

CAPSULE

Le récit de vie

En plus d'avoir des bienfaits pour la personne qui raconte son histoire, le récit de vie, aussi appelé la « méthode biographique », est une technique efficace pour comprendre le parcours migratoire et les préoccupations des personnes auprès de qui l'on intervient. L'écoute de témoignages de diverses personnes permet de mieux comprendre la réalité vécue des immigrants et s'avère un moyen intéressant de s'approprier la vie de l'autre dans sa globalité ou presque (Pruvost, 2011).

Ce que l'on sait, c'est que plus un intervenant est en mesure de percevoir les zones de fragilité chez l'autre (par exemple, l'angoisse ou la crainte chez une personne qui arrive d'un pays en guerre, ou encore la méconnaissance de la langue de la société d'accueil), meilleure sera son approche (Gratton, 2009).

Est-ce que l'intervention se présente différemment avec les communautés autochtones ? Comme nous l'avons vu au chapitre 3, chaque nation autochtone a une culture qui lui est propre, un mode de vie, une langue et une histoire, qui a souvent été teintée de discrimination et de rejet. Même si l'histoire des Autochtones est particulière et peut faire l'objet d'une analyse différente (critique du colonialisme, par exemple), les personnes qui interviennent auprès d'eux doivent développer les mêmes habiletés que lorsqu'il s'agit de communautés immigrantes : se connaître soi-même et sa culture, mieux connaître les personnes auprès de qui l'on intervient, pratiquer la décentration et acquérir des habiletés de communication interculturelle.

Examinons quelques pistes pour avoir la meilleure connaissance possible des personnes que l'on côtoie, que l'on soigne ou que l'on éduque, et, surtout, pour dépasser la connaissance stéréotypée ou folklorique de l'autre.

Découvrir les personnes à travers leur expérience migratoire

On ne peut connaître toutes les expériences migratoires, mais il est intéressant de rassembler quelques informations sur les parcours possibles d'une personne immigrante qui s'installe dans une autre société. Dans un premier temps, on peut se demander où elle en est dans son processus migratoire et dans quelle phase du processus d'intégration elle se situe (*voir le chapitre 10*). En ayant en tête tout ce que peut impliquer le fait de changer de pays, on tentera de saisir les difficultés qu'elle a rencontrées et les conditions de vie actuelles de cette personne et de sa famille. L'intervenant peut aussi chercher à déterminer les valeurs de cette personne ou de sa famille. L'encadré 13.2 présente des questions utiles à se poser en ce sens.

Pratiquer la décentration

Pour mieux comprendre les personnes auprès de qui l'on intervient, un bon moyen est la **décentration**. Celle-ci permet de prendre de la distance par rapport au problème auquel on fait face. La psychologie utilise le mot « empathie » pour décrire cette habileté. Selon Hétu (2014), l'empathie est la capacité de « sentir de l'intérieur » et de se mettre à la place de l'autre pour tenter de comprendre comment il perçoit et ressent les choses. L'empathie est différente de la sympathie, car elle permet de conserver une certaine objectivité et donc de garder une distance critique par rapport aux problèmes de la personne auprès de qui l'on intervient.

Décentration
Prise de recul par rapport à soi-même et à ses présupposés, capacité de se mettre à la place de l'autre pour essayer de voir les choses de son point de vue.

Pratiquer la décentration permet de se mettre à la place de la personne immigrante et de saisir les difficultés qu'elle peut vivre, par exemple lorsqu'elle doit se repérer dans une nouvelle ville, avec des indications dans une langue qu'elle ne comprend pas. L'encadré 13.3 vous propose trois petits exercices de décentration.

ENCADRÉ 13.2 Quelques questions à poser sur l'expérience migratoire

1. L'arrivée et les changements vécus

a) Depuis quand cette personne est-elle arrivée au Québec ?
b) Pourquoi et dans quelles conditions est-elle venue ?
c) Avec qui est-elle venue (seule, avec sa famille, avec des amis) ?
d) Quels étaient son statut social et ses conditions de vie dans son pays d'origine ?
e) Selon vous, où cette personne se situe-t-elle dans la séquence d'états psychologiques et émotifs qui suit l'arrivée dans une nouvelle société (*voir la figure 10.1, page 189*) ?

2. Les phases du processus d'intégration

a) Dans quelle phase d'intégration cette personne se trouve-t-elle ?
b) Est-ce que la personne auprès de laquelle j'interviens connaît quelques codes culturels québécois ? Si oui, lesquels ?

3. Les conditions de vie des personnes auprès de qui j'interviens

a) Est-ce que cette personne a un travail, une occupation professionnelle ou autre ?
b) Quelles sont les conditions de vie actuelles de cette personne ?
c) Cette personne a-t-elle un réseau social et familial ici ?
d) Puis-je détecter certaines zones de fragilité ou de vulnérabilité (stress, anxiété, maîtrise insuffisante de la langue, etc.) chez cette personne ?
e) Est-ce que cette personne comprend les codes de communication, les lois québécoises et canadiennes, les droits que lui confère le fait de vivre au Québec ?
f) Quels sont les indices qui me permettent de répondre à ces questions ?

4. Les valeurs des personnes auprès de qui j'interviens

a) Est-ce que je peux repérer certaines valeurs chez cette personne ? Lesquelles ?
b) Quels comportements me donnent des indices sur les valeurs (familiales, culturelles, religieuses, politiques, éducatives, etc.) de cette personne ?

ENCADRÉ 13.3 Trois exercices de décentration

1. Imaginez que vous êtes médecin et qu'un patient autochtone vous raconte que pour se soigner, il boit une tisane faite de branches de cèdre et que sa santé s'est grandement améliorée. Quelles valeurs le médecin doit-il mettre de côté pour s'ouvrir à celles de son patient ? (En faisant cet exercice, vous procédez à une double décentration puisque vous vous mettez à la place d'un médecin... qui se met à la place de son patient !)
2. Vous êtes inscrit dans un cégep et vous vous liez d'amitié avec une étudiante récemment arrivée au Québec. Un party s'organise dans un petit bar que vous côtoyez avec vos amis. Vous invitez votre nouvelle amie à venir, mais elle vous répond que ses parents ne veulent pas qu'elle sorte seule le soir. Selon vous, que pense votre amie de la réponse de ses parents ? Qu'est-ce qui motive ses parents à agir de la sorte ? Quelles sont les valeurs qui sont en jeu de part et d'autres ?
3. Vous arrivez dans une nouvelle ville et devez vous inscrire à l'université. Pour y aller en métro, vous avez le plan suivant :

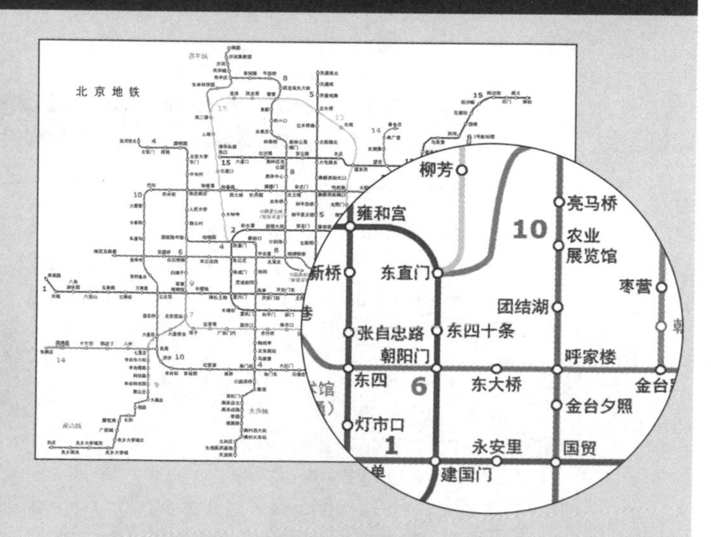

Comment trouverez-vous à quelle station de métro vous devez descendre ? Quelles émotions ressentez-vous ?

13.1.3 Acquérir des habiletés de communication interculturelle

La troisième et dernière habileté à développer en contexte pluriethnique est la communication interculturelle. Aux difficultés habituelles de communication s'ajoutent celles de la maîtrise de la langue de la personne auprès de qui on intervient et sa connaissance des codes culturels qui prévalent au Québec. Au chapitre 10 du présent ouvrage, nous avons vu que l'immigrant cherche des repères, qu'il ne les trouve pas nécessairement et qu'il doit tout de même assurer sa survie et se faire comprendre. D'ailleurs, cette peur de ne pas se faire comprendre est l'une des angoisses les plus terribles de l'immigrant.

On devra donc, en tant qu'intervenant, installer un climat de confiance et s'assurer que l'on comprend ce que la personne dit et que, de son côté, elle comprend bien les consignes et les explications qu'on lui donne.

Pour ce faire, on devra prendre le temps de créer un « espace interculturel », un espace de médiation et de créativité dans lequel la personne se sentira bien, en sécurité et comprise (Gratton, 2009). Cela est essentiel. L'intervenant devra ainsi installer un climat qui permettra à la personne de faire connaître son univers, de le communiquer et, en retour, de percevoir et « recevoir » celui de l'intervenant. On estime souvent, à tort, que prendre la peine d'établir un rapport avec l'autre ne vaut pas l'effort, que cela constitue une perte de temps. Pensons plutôt à ce que l'on gagne si on arrive à obtenir la confiance de la personne auprès de laquelle on intervient.

Nous présentons ici quatre étapes de la communication interculturelle : établir un premier contact, utiliser un langage simple, être sensible aux messages non verbaux et, enfin, vérifier si le message est bien compris. L'encadré 13.4 présente les idées générales auxquelles il convient de penser et les questions à se poser pour évaluer son habileté de communication interculturelle.

CAPSULE

Quel est votre nom ?

Pour chacun des noms suivants, distinguez le prénom et le nom, puis indiquez le sexe ainsi que l'origine ethnique ou nationale de la personne qui le porte.

- Ajit Singh Kalsi
- Émilie Bureau-Blondin
- Nguyen Van Tran
- Ali ibn Cheikh
- Macrisopoulos Panagiota
- Alanis O'Bomsawin

ENCADRÉ 13.4 Quatre étapes pour la communication interculturelle

1. Établir un premier contact

Le premier contact avec une personne est très important, car il détermine en grande partie le déroulement de la rencontre. Alors, comment entrer en contact avec la personne auprès de qui l'on intervient ? Voici quelques suggestions :

a) la saluer, la vouvoyer, lui tendre la main et lui demander quelle est sa langue usuelle ;
b) observer comment on se salue dans sa culture ;
c) lui demander comment on dit bonjour dans sa langue usuelle : on peut être étonné de voir à quel point un petit bonjour dans la langue d'origine d'une personne peut ouvrir des portes ;
d) lui demander comment elle va et comment va sa famille : dans plusieurs cultures, la famille est si importante que s'informer de celle-ci est un atout dans la communication et précise que l'intervenant est intéressé par cette personne.

ENCADRÉ 13.4 Quatre étapes pour la communication interculturelle (*suite*)

e) apprendre quelques mots de salutation dans sa langue usuelle (*voir les mots usuels dans plusieurs cultures immigrantes et autochtones dans les chapitres 3 à 8*);
f) s'efforcer de prononcer son nom et son prénom correctement. Souvent, il suffit de demander et les gens sont bien heureux de nous montrer la prononciation correcte. Par la suite, on n'a qu'à la retenir et à s'appliquer un peu...;
g) détecter dans ce nom et ce prénom des indices qui peuvent nous renseigner sur sa religion, sur son origine nationale, etc. (*voir la capsule, page 247*);
h) devant un groupe, parler d'abord à la personne qui semble détenir l'autorité (par exemple, l'homme le plus âgé ou la mère).
i) si on intervient dans un espace privé (par exemple, un logement), noter les particularités du décor et de l'aménagement (photos, autel et divinités, objets). Ces observations peuvent aussi nous renseigner sur les conditions de vie de cette personne ou de cette famille.

2. Utiliser un langage simple

Le français peut être la troisième ou la quatrième langue de la personne auprès de laquelle on intervient. Dans un tel cas, on peut facilement imaginer qu'elle doive traduire dans sa langue maternelle chaque mot qu'on lui dit et faire l'exercice inverse pour chaque mot qu'elle souhaite dire en français. En général, l'immigrant ou l'Autochtone pense d'abord dans sa langue.

Alors, comment peut-on aider la personne auprès de laquelle on intervient, sur le plan de la communication? Tout d'abord, on peut porter attention aux compétences linguistiques de son interlocuteur, sans s'arrêter à une première impression. La personne cherche-t-elle à dissimuler ses difficultés ou, au contraire, est-ce qu'un fort accent a pu mener, à tort, à sous-estimer son niveau de compréhension?

S'il s'avère que la personne a de réelles difficultés avec la langue, voici quelques pistes d'intervention:

a) parler plus lentement que d'ordinaire et bien articuler, sans infantiliser la personne;
b) ne pas parler plus fort, car la personne à qui on s'adresse n'est pas sourde;
c) utiliser des mots simples et éviter d'utiliser des expressions ou mots typiquement québécois et des tournures de phrases ou des accents qui font partie du langage familier (comme «tsé» ou «faque»);
d) ne pas tenir pour acquis que la personne connaît nos références (à des personnages politiques ou sportifs, à des marques de commerce, etc.);
e) s'assurer, si on fait des blagues, que notre interlocuteur les comprend;
f) porter attention aux susceptibilités et demeurer conscient des réticences que la personne pourrait avoir à aborder certains sujets (par exemple, la mort, la sexualité, l'intimité, etc.);
g) limiter l'utilisation d'un jargon professionnel.

3. Être sensible aux messages non verbaux

Les messages non verbaux sont aussi importants, sinon plus, que ceux que véhicule le langage verbal. Cela s'applique avec d'autant plus de force dans un contexte multiethnique, où les modes usuels de communication sont limités. Comme nous l'avons vu au chapitre 12 dans la section sur le langage non verbal, certains gestes ont des significations plus ou moins universelles, mais plusieurs sont interprétés différemment selon les cultures. Ainsi, on doit porter attention aux signaux que l'on envoie et, surtout, à la façon dont ils seront interprétés. On doit aussi apprendre à repérer les codes non verbaux des diverses communautés auprès desquelles on est appelé à intervenir. Pour ce faire, les questions suivantes peuvent être utiles:

a) Quels sont les messages non verbaux qui me sont envoyés?
b) Comment j'interprète tel sourire, tel silence, tel regard, tel toucher, tel hochement de tête?
c) Est-ce que je connais la signification de certains vêtements, objets ou symboles portés usuellement dans les diverses traditions culturelles (par exemple, le sari ou le *bindi* indien, la kippa juive)?
d) Quels sont les messages non verbaux que j'émets (mon langage corporel, mes gestes, mes regards)? Quelle est la distance physique que j'établis avec les personnes auprès desquelles j'interviens?

4. Vérifier si le message est bien compris

Il faut se rappeler que lorsqu'on demande à une personne immigrante ou autochtone si elle a compris ce qu'on vient de lui dire, elle répond souvent par l'affirmative, même dans les cas où elle n'a pas compris. En réalité, cela dépend des cultures; dans certaines, on ne dit jamais non à une autre personne, car cela est perçu comme une impolitesse. On préfère dire oui, quitte à trouver une raison pour ne pas faire ce qui est demandé, question de ne pas perdre la face.

Si on souhaite vérifier si la personne auprès de laquelle on intervient a bien compris ce qu'on lui a dit, on peut utiliser ces méthodes:

a) lui demander de répéter ce qu'on vient de dire;
b) écrire la consigne et demander à la personne de la lire à voix haute;
c) utiliser des images, des pictogrammes;
d) faire des pauses pour permettre aux membres de la famille de se parler dans leur langue;
e) demander à la personne d'être accompagnée d'un membre de sa famille ou d'un ami, si la situation le permet;
f) si nécessaire, demander les services d'un interprète.

Sources: Battagliani, 2010; Carrefour des ressources en interculturel et Centraide du grand Montréal, 2010; Drolet, Garneau et Dubois, 2010; Engagement jeunesse Estrie et Forum jeunesse Estrie, 2012; Sterlin, 2006.

Côtoyer au quotidien des personnes d'autres cultures est une bonne façon d'améliorer sa connaissance et sa compréhension des réalités de l'immigration et de l'intégration.

Le questionnaire présenté dans l'encadré 13.5 permet de revenir sur une situation donnée afin d'évaluer dans quelle mesure on a favorisé une bonne communication avec la personne immigrante.

13.1.4 S'améliorer comme intervenant interculturel

Pour améliorer les habiletés que nous venons de présenter, nous proposons trois façons : côtoyer des gens d'autres cultures au quotidien, se mettre en situation de déséquilibre culturel (choc culturel) et se documenter en ce qui trait aux relations interculturelles. L'encadré 13.6 présente un questionnaire pour accompagner votre réflexion quant à ces moyens de développer ses compétences interculturelles.

En terminant cette section sur la connaissance et la compréhension des personnes immigrantes et autochtones, il importe de rappeler que développer une compétence interculturelle est un processus qui prend du temps et qui ne se termine jamais.

ENCADRÉ 13.5 Un retour sur mon intervention

Au cours de mon intervention :

1. Ai-je établi un premier contact valable avec la personne auprès de laquelle je suis intervenu ? Donner un exemple.
2. Ai-je utilisé un langage simple ? Donner un exemple.
3. Ai-je tenu compte des messages non verbaux de cette personne ? Lesquels et que voulaient-ils dire, selon moi ?
4. Suis-je conscient des messages non verbaux que j'ai émis ? Lesquels, et que voulaient-ils dire pour moi ?
5. Ai-je vérifié si ces messages ont été bien compris ou interprétés ? Comment ?

ENCADRÉ 13.6 Comment améliorer mes compétences interculturelles ?

1. **Est-ce que je côtoie des personnes immigrantes ou autochtones au quotidien (par le travail, le voisinage, etc.) ?**
   a) Quel est mon lien avec eux (membre de la famille, ami, collègue, etc.) ?
   b) De quel pays viennent-ils ? Depuis quand sont-ils arrivés ?
   c) Comment puis-je qualifier mes relations avec ces personnes ?
   d) Qu'est-ce que j'apprends au contact de ces personnes ?
   e) Est-ce que je suis attentif aux détails significatifs de leur culture et de leur vision du monde ?
2. **Est-ce que je me mets en situation de déséquilibre ou de choc culturel ?**
   a) Est-ce que je comprends le sentiment d'être étranger dans une nouvelle culture ?
   b) Est-ce que j'ai déjà vécu un choc culturel qui me permet de comprendre ce que vit la personne auprès de qui j'interviens ? Comment ai-je réagi ?
   c) Comment est-ce que je m'y prends pour pratiquer la décentration et l'empathie ? À quelle occasion ai-je mis en pratique cette habileté ?
3. **Est-ce que je me documente sur les relations interculturelles ?**
   a) Est-ce que je connais :
   - d'autres langues que le français et l'anglais ? Lesquelles ?
   - quelques mots usuels dans d'autres langues ?
   - l'histoire de certaines communautés ethniques qui se sont installées au Québec ?
   - l'apport culturel, politique et social de quelques communautés ethniques ou autochtones qui vivent au Québec ?

   b) Est-ce que je me documente sur les conditions de vie, l'actualité politique et la culture d'autres sociétés ? Comment ?
   c) Est-ce que je lis des œuvres littéraires d'auteurs étrangers ou portant sur les relations interculturelles ? Est-ce que je vois des films de réalisateurs étrangers ?

13.2 La médiation interculturelle : relever le défi

La plupart du temps, lorsqu'on utilise ses connaissances en interculturel et qu'on met en pratique les habiletés et attitudes qu'on vient de présenter, les interventions en contexte pluriethnique se déroulent bien, sans difficulté particulière. Mais, dans certains cas, faire face à des valeurs différentes des siennes produit un **choc culturel**, pour la personne d'une autre culture, mais aussi pour l'intervenant. Ce phénomène est un élément essentiel dans la rencontre interculturelle et, s'il est reconnu et analysé, il peut mener à une prise de conscience sur sa propre identité sociale et culturelle et déclencher des pratiques professionnelles adaptées.

Le choc culturel vécu par les immigrants diffère de celui que vivent les personnes originaires de la société d'accueil : l'immigrant est obligé d'adapter ses valeurs et ses comportements à ceux de la société d'accueil, alors que la personne qui est née dans cette société a le choix de s'adapter ou non à la réalité de l'immigrant. De part et d'autre, la rencontre avec la différence peut susciter des réactions de refus, de frustration et d'incompréhension. Les composantes culturelles délicates, soit les terrains sur lesquels s'opère un tel choc, sont multiples. Ce sont pratiquement toutes celles qui sont examinées au chapitre 12, notamment la notion d'individu, les structures familiales, les relations sociales et interpersonnelles, l'habitat, les notions de temps et d'espace, les croyances et les visions du monde.

CAPSULE

Réponses à la capsule de la page 244

Ajit Singh KALSI : Ajit est un prénom qui peut être féminin ou masculin et Kalsi, un nom d'origine indienne. Le nom médian Singh indique une appartenance à la religion sikhe ; il signifie « lion » et nous informe aussi que c'est un homme qui le porte. Dans le cas d'une femme, le nom médian serait Kaur, qui signifie « princesse ».

Émilie BUREAU-BLONDIN : Émilie est un prénom féminin et Bureau-Blondin un nom québécois. Depuis 1982, les parents ont le droit de choisir le nom de famille qu'ils donnent à leur enfant : celui du père, celui de la mère ou les deux noms. Cette femme a un double nom, donc elle est née après 1982 et Émilie est un vieux nom qui est revenu à la mode.

Van Tran NGUYEN : Tran est un prénom masculin et Nguyen est un nom de famille d'origine vietnamienne. Van est un nom médian qui veut dire « désir de succès ».

Ali ibn CHEIKH : Ali est un prénom masculin et Cheikh, un nom d'origine arabo-musulmane. Traditionnellement, dans la culture arabo-musulmane, le prénom (Ali) est suivi de « fils de » et du prénom du père (ibn Cheikh). Avec l'influence du colonialisme occidental, l'expression « ibn » a disparu et le prénom du père est devenu le nom

Panagiota MACRISOPOULOS : Panagiota est un prénom féminin et Macripoulos, un nom d'origine grecque. « Poulos » veut dire « fils de », comme « son » dans Johnson.

Alanis O'BOMSAWIN : Alanis est un prénom féminin et O'Bomsawin est un nom de famille abénaquis. Les noms de famille des Amérindiens du Québec ont souvent été traduits en français ou en anglais, mais plusieurs ont gardé leur nom d'origine. On note un retour à des noms et des prénoms traditionnels ; par exemple, Élisapie est un prénom inuit (Lafortune et Gaudet, 2000).

13.2.1 Un outil de médiation en contexte pluriethnique

La médiation interculturelle est un « rapprochement réciproque pour aboutir à une solution acceptable pour tous » (Centre jeunesse de Québec, 2012, p. 5) et permet d'éviter et de prévenir l'exclusion et la marginalisation. Le but de la médiation est de favoriser une intervention efficace dans les situations où entrent en jeu des chocs culturels. Cohen-Émérique (1984 et 2011) a développé, sous le nom de « Méthode des incidents critiques », un outil de médiation en contexte pluriethnique qui comporte trois étapes : tout d'abord, reconnaître les comportements et les valeurs en cause, ensuite, préciser les cadres de référence des acteurs en présence et, enfin, déterminer les actions possibles et trouver un compromis (*voir l'encadré 13.7, page suivante*).

Choc culturel
« Réaction de dépaysement, plus encore de frustration ou de rejet, de révolte et d'anxiété, en un mot une expérience émotionnelle et intellectuelle, qui apparaît chez ceux qui, placés par occasion ou profession hors de leur contexte socioculturel, se trouvent engagés dans l'approche de l'étranger » (Cohen-Émérique, 1984 et 2011).

13.2.2 Quelques cas d'intervention en contexte pluriethnique

La présente partie du chapitre expose sept histoires de cas qui ont été répertoriés ou rédigés par des personnes spécialisées dans différents domaines : ceux de la santé (soins préhospitaliers d'urgence, soins infirmiers), de l'éducation (éducation à l'enfance, éducation spécialisée), des services sociaux (travail social, intervention en délinquance) et de la sécurité (techniques policières).

ENCADRÉ 13.7 Un outil de médiation en contexte pluriethnique

1. Reconnaître les comportements et les valeurs en cause

Qu'est-ce qui, en particulier, provoque le choc culturel, le questionnement, le malaise ? On doit d'abord reconnaître la présence d'un choc culturel et essayer de cerner ce qui cause cette réaction de choc, autrement dit, déterminer les valeurs et les comportements qui sont remis en question de part et d'autre. On doit ensuite se faire à l'idée que personne n'a tort ni raison, car, la plupart du temps, toutes les parties en présence vivent un choc culturel. La décentration, telle qu'on l'a présentée précédemment, permet de prendre un certain recul par rapport à la situation, au problème.

2. Préciser les cadres de référence des acteurs en présence

Quelles personnes vivent le choc culturel et pour quelles raisons ? Il s'agit ici de chercher à comprendre comment l'un et l'autre interprètent la situation, c'est-à-dire de reconnaître les cadres culturels de référence de chacun. Il est très important, pour arriver à faire cela, d'être conscient de ses valeurs, de ses normes et de ses comportements, en l'occurrence ceux qui sont « remis en cause » par la présence de l'autre. Ici aussi, on se servira de la décentration, cette fois pour se mettre à la place de l'autre personne.

3. Déterminer les actions possibles et trouver un compromis

Que peut-on faire ? Quelle est la solution envisagée ? Parfois, on n'aura qu'à expliquer les règles de sa propre culture (ou sous-culture) pour les faire connaître à un interlocuteur nouvellement arrivé. Dans d'autres circonstances, on pourra accepter le fait que l'autre personne a besoin de plus de temps pour comprendre la situation. Il peut aussi arriver que l'on adapte un service parce qu'on peut le faire sans trop de contrainte. Dans certains cas encore, on devra établir des limites et en arriver à un compromis acceptable. Dans une situation de négociation ou de compromis, on doit le plus possible distinguer ce qui relève du domaine juridique ou de la déontologie reliée à la pratique professionnelle de ce qui relève des codes culturels. Par exemple, on pourrait négocier le port d'un vêtement ou les horaires de travail, mais on ne peut négocier quand il est question de violence conjugale.

Pour chacun de ces cas, utilisez l'outil de médiation présenté dans l'encadré 13.7. Ainsi, vous devez reconnaître les comportements et les valeurs en cause, préciser les cadres de référence des acteurs en présence et enfin déterminer les actions possibles et trouver un compromis, en vous guidant à partir de ces questions :

1. Qu'est-ce qui, en particulier, provoque le choc culturel, le questionnement, le malaise ?
2. Quelles personnes vivent le choc culturel et pour quelles raisons ?
3. Que peut-on faire ? Quelle est la solution envisagée ?

Des réponses sont proposées aux pages 251 à 256.

Cas nº 1 La médecine ayurvédique

Un ambulancier répond à l'appel d'un homme d'une cinquantaine d'années, M. Patel, qui se plaint de vives douleurs thoraciques. Lorsque l'ambulancier et son collègue arrivent sur les lieux, ils réalisent que l'homme est en compagnie d'un autre homme, qui est plus calme et semble chercher à le rassurer dans une langue qui leur est inconnue. À travers ses douleurs, M. Patel explique aux ambulanciers que l'autre homme est son médecin. Les ambulanciers sont intrigués, car ce dernier ne semble pas transporter d'équipement médical ni avoir un comportement de médecin : il prépare une mixture à base d'herbes en échangeant avec son patient. Voyant leur étonnement, ledit médecin leur explique qu'il est Indien et qu'il pratique l'Ayurveda. Les ambulanciers annoncent au patient qu'il devra se rendre à l'hôpital en ambulance. Celui-ci accepte en disant que son médecin l'accompagnera. Ce dernier explique qu'il pourra s'occuper du patient en cours de route, et que les ambulanciers n'auront qu'à l'assister. En entendant cette proposition, les ambulanciers ressentent un certain malaise.

Cas nº 2 Un accouchement déroutant

Une jeune femme de 22 ans, d'origine jamaïcaine et récemment arrivée au Québec, est admise dans un hôpital de Montréal pour son premier accouchement. Le conjoint accepte de s'impliquer, car on lui a dit que la grossesse est une affaire de couple dans la culture québécoise. Il est donc présent, mais ne sait visiblement pas quoi faire pour aider. Il est assis dans un coin et regarde. Le travail s'enclenche normalement. Au bout de quelque temps, cinq amies et voisines de la femme en travail arrivent pour l'assister. Les infirmières sont débordées et elles interdisent à ces personnes d'entrer dans la salle d'accouchement, invoquant le fait que le conjoint de la future mère est déjà avec elle. Peu de temps après, la jeune femme se comporte «bizarrement»: elle bouge, se déplace beaucoup, se parle à elle-même de plus en plus fort, jusqu'à crier, et ce, de manière ininterrompue. Les infirmières commencent à être sérieusement incommodées par ce comportement qui les déroute. Elles ne savent pas comment interpréter le comportement de cette femme, de ses amies et de son conjoint, ni quelles mesures elles devraient prendre (Inspiré de Sterlin et Dutheuil, 2000).

Cas nº 3 L'histoire des trois petits cochons

Fin d'après-midi à la garderie. L'éducatrice annonce aux enfants qu'elle va leur raconter l'histoire des trois petits cochons et du méchant loup qui veut les manger. Elle remarque que deux fillettes se bouchent les oreilles pendant la lecture de l'histoire. L'éducatrice ne comprend pas ce comportement et les gronde doucement. Le lendemain, les parents des fillettes se plaignent à la direction de la garderie : ils sont musulmans, le porc est un animal impur dans leur culture et ils trouvent inconvenant de lire des histoires mettant en scène cet animal. La directrice ne sait pas comment gérer cette affaire. Elle hésite à demander aux éducatrices de cesser de raconter cette histoire, qu'elle juge universelle.

Source: Inspiré d'un cas soumis par un participant lors d'une formation donnée par Édithe Gaudet pour la Communication-Jeunesse, en 2009.

Cas nº 4 Le jeune parti à la chasse

Un éducateur spécialisé a accepté un poste de remplacement à l'école secondaire d'un village inuit du Nunavik. Depuis son arrivée, il constate qu'il y a beaucoup d'absentéisme chez les jeunes de l'école et ses collègues lui confirment que c'est une réalité à laquelle il devra s'habituer. Comme éducateur spécialisé, il doit suivre de plus près certains jeunes qui présentent des troubles du comportement et qui sont à risque de décrocher de l'école. Il s'investit particulièrement auprès d'un garçon de 14 ans, Jérémie. Celui-ci, en plus de ses nombreuses absences, dérange continuellement en classe et est arrogant avec son enseignant et les autres élèves. Au cours des rencontres avec le jeune, l'intervenant découvre qu'ils partagent une passion pour la musique rock. En plus de lui donner des cours de guitare, l'éducateur crée un petit groupe de musique avec Jérémie et d'autres jeunes.

Malheureusement, depuis deux semaines, Jérémie ne se présente plus à l'école. L'éducateur téléphone à sa mère et celle-ci lui apprend que Jérémie vit maintenant avec un de ses oncles et qu'il est parti chasser le caribou avec lui. Elle n'a aucune idée du moment où il retournera à l'école.

L'éducateur est très surpris de l'attitude de la mère, qu'il interprète comme de l'indifférence à l'égard de son fils. De plus, il ne comprend pas qu'on dévalorise ainsi l'école en permettant au jeune de s'absenter pour aller chasser.

Cas n° 5 Le deuil de Mme Wang

Mme Wang a immigré au Québec il y a quinze ans, avec son mari, et ils ont eu deux enfants après leur arrivée. Il y a quelques mois, son mari a eu un accident d'auto et depuis, il se trouve dans le coma, au service des soins intensifs. Aujourd'hui, les médecins lui annoncent qu'ils souhaitent, avec son accord, cesser les traitements médicaux, ce qui mènerait à son décès en quelques jours. Elle pleure et refuse catégoriquement, parlant de fantômes et de travaux dans la maison. Les médecins demandent à la travailleuse sociale de l'hôpital de la recevoir en urgence pour l'accompagner dans cette situation difficile et son processus de deuil.

Mme Wang, entre deux sanglots, explique à la travailleuse sociale que sa maison est en rénovation, et qu'à cause de cela, l'âme de son mari ne saurait pas où rejoindre ses ancêtres s'il mourait maintenant. La travailleuse sociale semble décontenancée. Empathique, elle lui dit qu'il est normal que ce soit difficile pour elle de vivre le deuil de son mari, surtout étant donné qu'ils ont des enfants, mais qu'il faudra éventuellement le laisser partir. Elle lui demande si des proches pourront la soutenir.

Mme Wang se met en colère et ajoute que c'est très important que son mari puisse retrouver ses ancêtres. La travailleuse sociale lui explique calmement que la colère fait partie du processus du deuil, qu'il n'y a pas de raison que son mari ne retrouve pas ses ancêtres et qu'elle pourra peut-être continuer les rénovations une fois que toute la famille ira mieux, un peu comme un nouveau départ. Mme Wang quitte le bureau en pleurs et en colère, en disant à la travailleuse sociale qu'elle ne sent pas respectée.

Source: Inspiré d'une situation vécue par une travailleuse sociale en hôpital, de Hoffet, 2006 et Nguyen-Rouault, 2001.

Cas n° 6 Les gars qui se tiennent par le bras

Dans un centre jeunesse de Montréal, un intervenant est alerté par une violente querelle entre un jeune québécois ouvertement homosexuel et deux jeunes d'origine algérienne. En écoutant leurs explications, il finit par comprendre, à son grand étonnement, que c'est en fait le jeune homosexuel qui a déclenché le conflit en traitant de « gais » les deux Algériens d'origine, qui se tenaient très près physiquement l'un de l'autre et avaient des comportements qu'il associait à l'homosexualité. Les deux jeunes Algériens ont très mal pris l'étiquette et une joute verbale, qui allait en venir aux poings quand l'intervenant est arrivé, s'en est suivie.

Cas n° 7 Le vol dans un dépanneur

Clovis, un jeune haïtien de douze ans vivant dans le quartier St-Michel à Montréal, a commis un vol dans un dépanneur. Le commerçant appelle la police. Les agents parlent avec le jeune et le ramènent chez lui pour en aviser les parents. Un des policiers fait le récit des évènements à la mère, qui ne dit rien, mais va chercher sa brosse à cheveux et commence à frapper son fils. Les policiers tentent de la calmer, mais la dame leur dit de la laisser faire, qu'il faut donner une bonne leçon à ce garçon. Après plusieurs minutes de dispute avec les policiers, elle finit par pousser son garçon dans leurs bras en leur disant de le garder, qu'il n'est plus son fils. Les policiers, incrédules et déconcertés, comprennent, au regard de la mère, qu'elle est sérieuse.

13.2.3 Un retour sur les cas : propositions de réponses

Pour éclairer les six cas qui viennent d'être présentés, voici quelques pistes de réponses aux trois questions proposées par l'outil de médiation interculturelle que nous avons retenu.

Cas nº 1 · Proposition de réponse La médecine ayurvédique

1. Qu'est-ce qui, en particulier, provoque le choc culturel, le questionnement, le malaise ?

Mots clés : Médecine non occidentale, codes de la profession, autorité médicale, douleur.

2. Quelles personnes vivent le choc culturel et pour quelles raisons ?

Puisque le patient a fait appel aux ambulanciers, c'est qu'il a confiance en la médecine occidentale. Mais il a aussi confiance en l'Ayurveda, une médecine pratiquée dans le sous-continent indien depuis des millénaires. Si la cohabitation des deux types de médecine est pour lui une chose normale, il est peut-être surpris que la présence de son médecin rende les ambulanciers mal à l'aise.

Ce sont surtout les ambulanciers qui vivent un choc culturel. Ils ne sont pas familiers avec cette forme de médecine, ne savent pas quoi penser de la mixture d'herbes ; ils sont sceptiques. De plus, ils se demandent si le médecin dispose d'une certification lui permettant de pratiquer en toute légalité au Québec.

3. Que peut-on faire ? Quelle est la solution envisagée ?

Ce qui relève du domaine juridique

Seul un médecin certifié et autorisé à pratiquer au Québec peut prendre en charge un patient dans une ambulance. Les ambulanciers devraient demander au médecin s'il possède une telle certification.

Ce qui relève du domaine culturel

La présence du médecin semble apaisante pour le patient qui souffre beaucoup ; le médecin indien dispose d'une autorité symbolique qui lui inspire confiance. Il serait donc avisé de lui permettre d'accompagner ce dernier dans l'ambulance, dans la mesure où il accepte le fait que les ambulanciers conserveront l'autorité. Si la négociation se déroule bien, il pourrait même s'asseoir à l'arrière et apporter un soutien moral et spirituel à M. Patel. Dans cette intervention interculturelle, il serait indiqué que les ambulanciers s'adressent avec respect au « médecin », lui expliquant les règles qu'ils doivent suivre dans le contexte québécois.

Cas nº 2 · Proposition de réponse Un accouchement déroutant

1. Qu'est-ce qui, en particulier, provoque le choc culturel, le questionnement, le malaise ?

Mots-clés : Immigration récente, culture de type communautaire, rapport au corps, expression de la douleur, relations hommes-femmes.

2. Quelles personnes vivent le choc culturel et pour quelles raisons ?

Les infirmières : elles estiment qu'il y a beaucoup trop de personnes qui viennent apporter leur soutien à la future maman, ce qui de plus contrevient peut-être aux règles de l'hôpital. Elles sont déroutées devant le comportement de cette femme par rapport à la douleur. Au Québec, dans les cours prénataux, on apprend à gérer quelque peu la douleur en respirant de façon à libérer de la tension, avec le soutien du conjoint ou d'une personne choisie par la femme.

La patiente : elle est récemment arrivée de la Jamaïque et elle vit son premier accouchement ; elle est peut-être en état de panique. Dans sa culture, l'accouchement est l'affaire des femmes. Les futures mères sont accompagnées, durant leur grossesse, par les femmes de leur famille ou de leur communauté, qui sont aussi présentes lors de l'accouchement. Dans ce cas-ci, les amies remplacent la famille. La jeune femme comme ses amies ne comprennent pas qu'on empêche celles-ci de l'accompagner (Phaneuf, 2009).

Le conjoint : il ne sait pas trop quoi faire, il est mal à l'aise qu'on lui ait demandé de participer à cet événement qui relève, pour lui aussi, du domaine des femmes.

3. Que peut-on faire ? Quelle est la solution envisagée ?

Ici, la solution relève plutôt du domaine culturel. Que peuvent faire les infirmières pour aider cette jeune femme ?

L'expression de la douleur est d'ordre culturel. Il existe de nombreuses façons d'exprimer sa douleur ou de l'anesthésier ; certains crient, d'autres pleurent, tous n'ont pas la même résistance. L'anxiété face à l'accouchement peut se manifester de toutes sortes de manières. Les infirmières pourraient

Cas n° 2 · Proposition de réponse Un accouchement déroutant (*suite*)

vérifier avec la patiente si elle est en panique ou si, dans sa culture, bouger et crier ainsi est une façon normale de réagir à la douleur d'un accouchement (ce dont elle aurait peut-être été témoin chez des femme de son entourage). Les infirmières pourraient essayer de calmer son anxiété en lui expliquant ce qui se passe et comment fonctionne le contexte hospitalier, afin qu'elle soit plus détendue.

Quant à l'accompagnement de la jeune femme, dès le départ, les infirmières auraient pu demander à la patiente qui elle voulait avoir auprès d'elle pour l'aider dans son accouchement. Le conjoint n'est pas obligé d'assister à l'accouchement; dans la mesure où il est inactif et mal à l'aise, il n'est pas d'un grand réconfort et la présence d'amies pourrait être plus bénéfique. Si la patiente préférait le soutien de ses amies et voisines, les infirmières en parleraient avec le conjoint, qui, probablement se sentirait bien soulagé. Les infirmières pourraient demander aux amies de quelle manière elles pourraient aider à rassurer la jeune femme.

Sur le plan de l'organisation sociale, il y a sûrement des règles déjà prévues dans l'hôpital quant au nombre de personnes qui peuvent être présentes lors d'un accouchement. Il s'agit alors d'expliquer à la jeune femme qu'un nombre restreint de personnes peuvent être présentes auprès d'elle (Héron, 2010).

Cas n° 3 · Proposition de réponse L'histoire des trois petits cochons

1. Qu'est-ce qui, en particulier, provoque le choc culturel, le questionnement, le malaise?

Mots-clés: Croyances religieuses, codes culturels de la garderie, éducation des enfants.

2. Quelles personnes vivent le choc culturel et pour quelles raisons?

L'éducatrice: elle ne s'est pas posé de questions quand elle a choisi cette histoire des trois petits cochons. Elle a grondé les fillettes parce qu'elle trouvait qu'elles dérangeaient les autres enfants. Selon elle, ce conte fait partie du patrimoine culturel québécois et elle n'a jamais pensé qu'il pouvait heurter les croyances d'autres personnes. Elle trouve que les parents exagèrent.

Les parents: ils se sentent profondément heurtés; c'est comme si on bafouait leurs croyances. Ils ne veulent pas que leurs enfants subissent un tel traitement. Ils se disent qu'il existe tellement d'autres histoires à raconter, et ne comprennent pas pourquoi on tient tant à celle-là.

La directrice: elle soutient l'éducatrice dans cette situation, mais elle veut aussi accommoder les parents pour qu'ils se sentent à l'aise. Elle ne veut pas provoquer de débats pour une histoire de «petits cochons» qu'elle juge aussi bien innocente.

3. Que peut-on faire? Quelle est la solution envisagée?

Cette problématique relève essentiellement du domaine culturel. Avant de prendre une décision, la directrice et l'éducatrice doivent se poser plusieurs questions:

a) Quels sont les objectifs de cette lecture?
b) Quel message veut-on véhiculer avec cette histoire?
c) Atteindrait-on les mêmes objectifs en lisant une autre histoire que celle-là?
d) Est-ce que ce conte fait vraiment partie du patrimoine culturel québécois?

Elles peuvent aussi se demander:

e) Qu'est-ce que l'éducatrice connaît de ces parents?
f) Depuis combien de temps sont-ils arrivés au Québec?
g) Pour quelle raison cette histoire des trois petits cochons les heurte-t-elle autant? Est-ce qu'on pourrait en discuter avec eux?
h) Si on continue à lire cette histoire aux enfants parce qu'on juge qu'elle est importante pour leur développement, que fait-on des enfants musulmans pendant la lecture? Est-ce qu'on les éloigne et leur fait faire autre chose? Est-ce qu'on leur lit une autre histoire?

Les fêtes ou les évènements religieux ou culturels peuvent eux aussi générer des situations comme celle-ci. La société québécoise a choisi certaines fêtes qui sont communément célébrées, tout au long de l'année; par exemple, dans les garderies ou à l'école, on se déguise à l'Halloween, on fête Noël, la Saint-Valentin et Pâques. De même, des activités comme la cabane à sucre en automne ou la baignade l'été sont passées dans l'usage. Mais ce peut être bien différent dans d'autres cultures. C'est pourquoi nous avons présenté les fêtes politiques, religieuses et culturelles des différentes communautés ethniques et autochtone dans les chapitres 3 à 8. Tous les organismes (garderies, écoles, entreprises, etc.) décident, consciemment on non, des fêtes qu'ils soulignent. Il peut être intéressant de se pencher sur un calendrier des fêtes interculturelles pour prendre conscience de la diversité des évènements qui rythment l'année dans différentes cultures.

Cas nº 4 · Proposition de réponse Le jeune parti à la chasse

1. Qu'est-ce qui, en particulier, provoque le choc culturel, le questionnement, le malaise ?

Mots-clés : Vision de l'éducation, famille élargie, vision de la vie, culture inuite.

2. Quelles personnes vivent le choc culturel et pour quelles raisons ?

L'éducateur spécialisé : il considère que la place d'un jeune de 14 ans est à l'école et non à la chasse. Quel sera son avenir s'il n'obtient pas au moins un diplôme de secondaire V ? Comment une mère peut-elle sembler aussi indifférente au cheminement scolaire de son fils ? De plus, il doute de son implication auprès de son fils puisqu'elle semble trouver tout à fait normal qu'il habite chez son oncle plutôt qu'avec elle.

Le jeune : il est confronté à deux cultures qui ont des attentes différentes vis-à-vis de lui. Cela pourrait peut-être expliquer les difficultés qu'il a à l'école.

La mère : elle considère qu'il est tout à fait normal que son frère prenne la relève dans l'éducation de son fils puisque son mari l'a quittée depuis plusieurs années. La transmission de la culture inuite à travers la chasse lui apparaît comme prioritaire par rapport à l'obtention d'un diplôme qui n'assurera pas nécessairement l'avenir de son fils.

3. Que peut-on faire ? Quelle est la solution envisagée ?

Ce qui relève du domaine juridique

La loi sur l'instruction publique précise que l'école est obligatoire jusqu'à l'âge de 16 ans et établit le nombre obligatoire de jours de classe. Le calendrier scolaire d'un élève comprend l'équivalent d'un maximum de 200 journées dont au moins 180 doivent être consacrées aux services éducatifs. Les commissions scolaires établissent le nombre de jours de classe et le calendrier scolaire, qui doit s'échelonner entre le début du mois d'août et la fin du mois de juin. (Gouvernement du Québec, 1988). La commission scolaire a donc de la latitude dans son calendrier ; dans le cas particulier du Nunavik, la Commission scolaire Kativik, qui dessert les 14 villages du territoire, « peut établir un calendrier scolaire ou plus, selon les besoins particuliers de chaque communauté » (Commission scolaire Kativik, s.d.). Par ailleurs, même si un jeune de moins de 16 ans ne fréquente pas l'école, il ne sera pas rapporté à la Direction de la protection de la jeunesse (DPJ), à moins qu'il subisse aussi d'autres types de négligence.

Ce qui relève du domaine culturel

L'éducateur a fait beaucoup pour ce jeune en s'occupant de lui et de son intérêt pour la musique. Il découvre ici l'importance de la famille élargie dans la culture inuite. Dans cette culture, tout le monde est concerné par l'éducation des enfants. Il est fréquent que ceux-ci soient pris en charge par d'autres personnes que leurs parents naturels : grands-parents, oncles et tantes, neveux et nièces.

L'éducateur découvre aussi l'importance pour les Inuits de la transmission de leur culture, qui se fait en partie par l'entremise de l'école, mais aussi en partageant les activités traditionnelles. D'ailleurs, pour eux, aller chasser fait partie du quotidien, de l'ordre naturel des choses, souvent plus que d'aller à l'école, une obligation légale clairement associée au monde des Blancs.

L'éducateur pourrait essayer de rencontrer la famille (mère, oncle et jeune) pour comprendre leur point de vue et développer un lien de confiance avec eux. Il pourrait les informer de ce qu'il a entrepris avec Jérémie et voir avec eux comment ils peuvent le soutenir dans ses projets reliés à l'école. Il est très important qu'il maintienne le lien déjà créé avec l'adolescent en le valorisant dans cette activité de chasse typique de sa culture, et non en la mettant en opposition avec les apprentissages réalisés à l'école.

La direction de l'école pourrait expliquer aux parents (et aux oncles et tantes) l'importance, pour les élèves, d'assister aux cours, par exemple, en leur parlant des emplois qui exigent d'avoir au moins un diplôme de secondaire V.

Finalement, peut-être que la commission scolaire pourrait, si plusieurs parents (et oncles et tantes) en font la demande, réfléchir à la possibilité d'aménager des congés pendant les périodes de chasse ?

Cas nº 5 · Proposition de réponse Le deuil de Mme Wang

1. Qu'est-ce qui, en particulier, provoque le choc culturel, le questionnement, le malaise?

Mots clés: croyances, représentation du processus de deuil, préjugés, représentation de la santé mentale, représentation de la mort.

2. Quelles personnes vivent le choc culturel et pour quelles raisons?

Mme Wang: elle croit au culte des ancêtres, qui est très important dans la culture chinoise. Il s'agit d'un culte traditionnel selon lequel la mort est une continuité de la vie, les ancêtres décédés veillant sur les vivants. En honorant leurs ancêtres par la prière et en les incluant dans les rituels familiaux, les membres de la famille expriment leur respect, leur attachement et leur reconnaissance. Un petit autel avec les photos des ancêtres est souvent mis en place dans la maison, pour leur rendre honneur. Au moment de la mort, plusieurs rituels ont lieu afin d'orienter les âmes décédées vers l'autel. Néanmoins, si une personne meurt alors que sa vie est en flux, c'est-à-dire instable (déménagement, déplacement, etc.), son âme peut être condamnée à errer, sans jamais retrouver celle de ses ancêtres. Les travaux dans la maison impliquent que la vie de M. Wang est en flux. De plus, il est possible que l'autel ait dû être déplacé ou mis de côté le temps des rénovations, ce qui constitue une instabilité supplémentaire. Pour Mme Wang, cela est très grave, puisque ne pas permettre à son mari de rejoindre ses ancêtres constituerait un manque de respect et de reconnaissance envers lui. Elle ne se sent pas respectée dans ses valeurs profondes et ne se reconnaît pas dans le discours de l'intervenante. Elle ne considère pas qu'elle sera seule pour élever ses enfants, puisque l'âme de son mari sera présente pour l'accompagner et qu'elle pourra continuer de communiquer avec lui. Elle ne se sent pas démunie parce qu'elle doit prendre la décision de le débrancher, mais parce que ce n'est pas le bon moment pour ce décès. De même, elle ne se sent pas en colère parce qu'il y a un deuil à faire, mais parce qu'elle a beau répéter ce qui se passe à la travailleuse sociale, cette dernière semble refuser de l'entendre.

La travailleuse sociale: elle est bouleversée, car elle ne comprend pas que Mme Wang n'ait pas perçu son empathie par rapport à la situation. Elle a pourtant agi comme elle le fait habituellement, et comme elle l'a appris lors de ses différentes formations sur le deuil: valider avec la personne la difficulté à devoir faire un deuil tout en s'occupant de ses enfants; vérifier si elle a des proches qui peuvent l'aider en ce moment; rester calme si elle se met colère. Elle s'est sentie agressée par la réaction de Mme Wang, et c'est pour ces raisons qu'elle pense qu'elle a peut-être affaire à un problème de santé mentale.

3. Que peut-on faire, quelle est la solution envisagée?

Ce qui relève du domaine juridique

En cas de divergences sur le but des soins en fin de vie, le médecin doit mettre en place des stratégies de conciliation avec le représentant et les proches d'un patient inapte à consentir aux soins (Boire-Lavigne, 2011). Un travail de conciliation, par étapes, permet d'arriver à un consensus dans la majorité des désaccords. La première étape consiste à établir une communication et un lien de confiance optimaux avec les proches du patient, la seconde implique de faire participer des consultants pertinents (ici la travailleuse sociale). Si cela n'est pas suffisant, la troisième étape propose de faire participer une tierce partie médiatrice, telle qu'un comité d'éthique clinique. La quatrième étape, plus rarement nécessaire, implique de tenter un transfert de prise en charge vers une autre équipe de soins. Finalement, la cinquième et dernière étape est un recours aux tribunaux, mais il s'agit d'une mesure exceptionnelle à laquelle on se rend très rarement.

Ce qui relève du domaine culturel

Lorsque l'on aborde la mort et le deuil dans une autre culture que la nôtre, il est important de s'informer sur les croyances de l'autre personne et de chercher à comprendre son point de vue.

La travailleuse sociale aurait pu demander à Mme Wang pourquoi il est si important que son mari rejoigne ses ancêtres, et quels sont les rituels associés à la mort dans ses croyances culturelles. Elle aurait également pu la questionner sur les personnes «spécialisées» dans le culte des anciens dans sa communauté. Cela aurait permis d'envisager de rencontrer l'une de ces personnes avec elle pour vérifier s'il y avait une autre solution pour que l'âme de son mari rejoigne bien celle des anciens, malgré les travaux dans la maison. En voyant ces démarches, Mme Wang se serait sentie prise au sérieux et respectée dans sa tradition. Bien souvent, les rites funéraires qui avaient lieu au pays peuvent être adaptés et modulés dans le pays d'accueil, puisqu'il ne s'agit pas du même contexte.

Les personnes ressources dans la communauté (religieux, personnes âgées considérées comme sages, etc.) peuvent alors être consultées et des compromis respectueux de la tradition peuvent être trouvés.

Cas nº 6 · Proposition de réponse Les gars qui se tiennent par le bras

1. Qu'est-ce qui, en particulier, provoque le choc culturel, le questionnement, le malaise ?

Mots-clés : Homosexualité, stigmatisation, relativisme culturel, différences culturelles, normes sociales, valeurs, religion.

2. Quelles personnes vivent le choc culturel et pour quelles raisons ?

Les jeunes Algériens : ils sont estomaqués de se faire traiter d'homosexuels (gais). Pour eux, l'homosexualité est un sujet tabou. Ils sont très mal à l'aise à l'idée de simplement l'évoquer. Le plus poliment du monde, les deux jeunes expliquent à l'intervenant que pour eux, l'homosexualité est contre nature, car un homme et une femme sont faits pour s'accoupler et avoir des enfants. Ils sont musulmans et leur religion interdit aussi l'homosexualité. De plus, en Algérie, l'homosexualité est criminalisée et passible de peines d'emprisonnement ; le contexte social rend pratiquement impossible l'expression ouverte de celle-ci (Ministère de l'Immigration, de la Diversité et de l'Inclusion [MIDI], 2014d).

Le jeune Québécois : il ne pensait pas susciter une telle réaction chez les deux Algériens, dont l'homophobie le sidère. Il a supposé qu'ils étaient gais, car ils se tenaient par le bras et semblaient très proches l'un de l'autre. Il ne voulait pas les insulter, mais plutôt les identifier comme membres d'un même groupe d'appartenance que lui.

L'intervenant : il est surpris de la tournure de cet évènement. Il considère que l'homosexualité est quelque chose de normal dans la société dans laquelle il vit et, même s'il sait qu'elle est condamnée dans d'autres pays, il ne s'attendait pas à ce que cette « étiquette » provoque une réaction si forte.

3. Que peut-on faire, quelles sont les solutions envisagées ?

Ce qui relève du domaine juridique

L'homosexualité a été décriminalisée en 1969 au Canada et l'orientation sexuelle a été définie comme un motif de discrimination dans les chartes canadienne et québécoise (1975 et 1982). Le mariage entre conjoints du même sexe est légal au Canada depuis 2005.

Ce qui relève du domaine culturel

Au Québec, l'homosexualité a une plus grande reconnaissance sociale et, sans devenir une norme sociale, elle a perdu son caractère de déviance condamnable pour être au contraire protégée par la loi. Ceci est l'aboutissement de décennies de transformation des mentalités et de la culture, sachant qu'il a fallu du temps pour que l'homosexualité ne soit plus considérée comme un crime ou comme une maladie mentale (ce n'est qu'en 1974 que les psychiatres l'ont retirée de la liste des troubles mentaux).

L'intervenant pourrait discuter calmement avec les trois jeunes afin d'exploiter favorablement la situation. Pour entamer la discussion, il pourrait leur demander de lui dire ce qu'ils pensent de l'homosexualité. Il pourrait ensuite leur expliquer l'histoire de la décriminalisation de l'homosexualité au Canada et au Québec, et décrire les droits des homosexuels et le travail entamé par la société pour les faire respecter.

Il pourrait aussi souligner que même si les religions s'opposent à l'homosexualité, et que plusieurs pays la condamnent, avec des châtiments pouvant aller jusqu'à la peine de mort, la situation est bien différente au Québec : l'homosexualité est acceptée et les droits de la personne interdisent formellement toute discrimination à l'égard de l'orientation sexuelle (Centrale des syndicats du Québec, 2012)

L'intervenant pourrait profiter cet évènement pour organiser un forum de discussion sur ce sujet.

Cas nº 7 · Proposition de réponse Le vol dans un dépanneur

1. Qu'est-ce qui, en particulier, provoque le choc culturel, le questionnement, le malaise ?

Mots-clés : Éducation des enfants, violence familiale, relation à l'autorité, valeurs, normes sociales.

2. Quelles personnes vivent le choc culturel et pour quelles raisons ?

La mère de Clovis : elle est d'abord choquée de voir son jeune interpelé par la police, car l'opinion des voisins est importante au plus haut point pour la communauté haïtienne. Recevoir la police chez soi est extrêmement humiliant pour elle. Elle a tout fait pour son fils, et il ne cesse de lui faire honte, elle n'en a plus le contrôle. Elle ne comprend pas que les policiers tentent de l'empêcher de donner une correction physique à son fils, car elle fait ce qu'elle croit légitime et favorable étant donné que ce dernier a eu un comportement répréhensible ; pour elle, elle fait son travail de bonne mère devant les policiers. Quand elle offre de donner son fils à quelqu'un d'autre, c'est une façon, pour elle d'appeler au secours.

Cas nº 7 · Proposition de réponse Le vol dans un dépanneur (*suite*)

Les policiers : ils vivent deux chocs culturels, d'abord lorsque la mère frappe le jeune, car au Québec, porter la main sur un enfant est très mal vu et les enfants sont protégés par des lois, ensuite quand ils voient que la mère semble vouloir renier son enfant.

3. Que peut-on faire, quelles sont les solutions envisagées ?

Ce qui relève du domaine juridique

Selon l'article 43 du *Code criminel* canadien, frapper un enfant âgé entre 2 et 12 ans avec un objet ou à la tête est passible d'une peine en justice. Cet article de loi stipule cependant qu'il est légitime, sans objet ni coups à la tête et pour des raisons éducatives (en dehors de quoi les coups sont jugés dommageables), de frapper son enfant de 2 à 12 ans. L'article est contesté depuis plusieurs années, jugé barbare et dépassé par bien des Québécois, qui le voient comme un « permis de violence » à abolir.

Dans ce contexte d'illégalité relative, les policiers doivent se demander ce qu'il est préférable de faire et réfléchir aux dimensions culturelles du geste avant de prendre une décision importante comme celle de dénoncer la mère à la DPJ.

Ce qui relève du culturel

Dans la culture haïtienne, l'autorité « officielle » ou « institutionnelle » ne peut pas être contestée. Même la mère haïtienne, qui détient l'autorité suprême dans la famille, ne peut rien contre la justice de Dieu, de l'État ou de la police. Si un enfant est aux prises avec une telle autorité, la mère ne peut que démissionner de la sienne sur lui. C'est pourquoi la mère affirme vouloir renier ainsi son enfant. Il est souhaitable que les policiers saisissent que ces coups de brosse à cheveux relèvent d'une différence culturelle, et qu'il n'y a pas lieu de sauter à la conclusion que le jeune serait mieux aux soins de la protection de la jeunesse (être renié par sa mère peut avoir des conséquences bien plus graves que le fait de recevoir des coups de brosse à cheveux).

Dans un premier temps, les policiers pourraient laisser le temps à la mère de se calmer et en profiter pour parler avec Clovis, dans une autre pièce, afin de mieux comprendre les éléments de la situation. Pourquoi Clovis a-t-il volé dans le dépanneur ? Est-ce que c'est la première fois que sa mère le frappe et dit ne plus vouloir de lui ?

Les policiers pourraient ensuite parler à la mère et lui expliquer qu'au Québec, on ne tolère pas les coups donnés aux enfants, mais qu'il n'a jamais été question de lui retirer l'autorité sur son enfant. Ils pourraient proposer de l'aide à la mère et au fils (intervenant en délinquance, travailleur social, etc.) et les orienter vers des ressources adéquates.

Dans le monde actuel, marqué par une diversité croissante, le « savoir-vivre ensemble est un des grands défis qu'ont à relever les sociétés modernes et leurs institutions. L'avenir n'est pas à l'identité culturelle monolithique, mais aux identités multiples et multiformes. Pour communiquer, il ne suffit plus de connaître la langue et les coutumes des autres ; il faut aussi comprendre les rapports complexes que les individus et les sociétés ont avec leurs cultures » (Verbunt, 2011).

Le point de vue que nous avons adopté dans ce livre se fonde ouvertement sur une approche interculturelle. Cette approche nous semble convenir le mieux à la société québécoise, car elle encourage l'acquisition de connaissances, le développement d'habiletés de communication et d'intervention, et enfin l'adoption de nouvelles attitudes ou compétences interculturelles.

Les interactions entre les membres d'une société d'accueil et ceux des communautés ethnoculturelles et autochtones forment une toile aux fils multiples et fragiles. Travailler à solidifier cette toile est un défi stimulant, c'est aussi un enjeu crucial pour l'épanouissement de notre société et de tous les membres qui la composent. Nous espérons que cet ouvrage contribuera à outiller en ce sens les intervenants de demain.

Pour en savoir plus...

Lire

- *L'approche interculturelle : une nécessité actuelle*, de Margot Phaneuf, 2013. www.prendresoin.org

  Ce document traite du travail de l'infirmière auprès des communautés ethnoculturelles, de l'approche d'ouverture qui lui est nécessaire, du mode de communication approprié et de quelques stratégies pour adapter les soins aux besoins de ces communautés.

- *Éducation interculturelle et petite enfance*, de Carole Lavallée et Michelle-Marquis, Québec, Les Presses de l'Université Laval, 1999.

  Les services à la petite enfance sont souvent les premiers établissements approchés par les familles immigrantes. Ce livre se veut une référence pour les personnes impliquées dans le milieu de l'éducation dans un contexte multiethnique.

- *L'interculturel pour tous*, de Danielle Gratton, Montréal, Éditions Saint-Martin, 2009.

  Ce livre traite de la connaissance de soi en situation de contact interculturel et de la connaissance de l'autre dans ses différences et ses ressemblances. Il traite aussi de la dynamique de l'interaction interculturelle et de ses phénomènes.

- *L'intervention interculturelle*, 2e éd., de Gisèle Legault et Lilyane Rachédi, Montréal, Gaëtan Morin, 2008.

  Cet ouvrage, qui s'adresse principalement aux étudiants en travail social, contient plusieurs histoires de cas et propose des approches théoriques et pratiques visant une intervention adéquate auprès des immigrants.

- *L'intervention policière dans une société en changement, Stratégie d'action sur le développement de compétences interculturelles*, du Service de police de la Ville de Montréal, 2008.

  Ce guide et document de formation vise à répondre aux besoins d'information et de clarification du personnel du Service de police sur l'intervention policière dans une société en changement.

- *Naître ici et venir d'ailleurs, Guide d'intervention auprès des familles d'immigration récente*, ministère de la Santé et des Services sociaux, Québec, 2007.

  Ce guide vise à aider les intervenants des Services intégrés en périnatalité et pour la petite enfance (SIPPE) à adapter les objectifs et les activités aux familles d'immigration récente vivant en contexte de vulnérabilité.

BIBLIOGRAPHIE

A

Aboud, B. (2003). *Min Zamaan – Depuis longtemps : La présence syro-libanaise à Montréal entre 1882 et 1940*. Montréal, Québec : Centre d'histoire de Montréal. Repéré à www2.ville.montreal.qc.ca/chm/clic/clic44.htm

Adler, P. (1975). The transitional experience : An alternative view of culture shock. *Journal of Humanistic Psychology*, nº 15, p. 13-23.

Affaires autochtones et Développement du Nord Canada (AADNC). (2014). *Les Nations 2014*. Repéré à www.aadnc-aandc.gc.ca/Mobile/Nations/docs/11-181_AADNC_CarteNationsQc_8.5x11-r6b_webB.pdf

Anctil, P. (janvier-avril 1981). Les Chinois de l'Est. *Recherches sociographiques*, vol. 22, nº 1, p. 125-131.

Anctil, P. et Robinson, I. (2010). *Les communautés juives de Montréal. Histoire et enjeux contemporains*. Québec, Québec : Éditions Septentrion.

Armony, V. (2004). *L'énigme argentine : images d'une société en crise*. Montréal, Québec : Éditions Athena.

Astier, A. (2014). *L'hindouisme : Une synthèse d'introduction et de référence sur l'histoire, les fondements, les courants et les pratiques*, 2ᵉ éd. Paris, France : Éditions Eyrolles.

Auger, V. (2005). La communication interculturelle et ses obstacles. *Interaction*, vol. 9, nº 1, p. 123-160.

Azdouz, R. (2007). *L'accommodement raisonnable. Pour un équilibre entre les droits et les responsabilités. Guide à l'intention des gestionnaires de la Ville de Montréal*. Montréal, Québec : Ville de Montréal, Direction de la diversité sociale.

B

Bakary Bâ, O. (2011). *Critique de théories de l'évolution, de « races » et de racisme. Histoire des idées sur l'évolution. Statut controversé des peuples noirs et indigènes*. Montréal, Québec : Presses de l'université du Québec à Montréal.

Barrette C., Gaudet, É. et Lema, D. (1996). *Guide de communication interculturelle*. Montréal, Québec : Éditions du Renouveau pédagogique.

Battagliani, A. (2010). *Les services sociaux en contexte pluriethnique*. Anjou, Québec : Éditions Saint-Martin.

Bauer, J. (2010). Les communautés hassidiques de Montréal. Dans P. Anctil et I. Robinson (dir.). *Les communautés juives de Montréal. Histoire et enjeux contemporains au Québec* (p. 216-233). Montréal, Québec : Éditions Septentrion.

Beauchemin, J. (22 janvier 2010). Au sujet de l'interculturalisme. Accueillir sans renoncer à soi-même. *Le Devoir*, p. A9.

Becker, C. (2013). *Le bouddhisme*. Paris, France : Éditions Eyrolles.

Beddaoui, R. (avril 2010). Pourquoi les jeunes Marocains fuient-ils leur pays (article de blogue). Repéré à www.bladi.net/fuite-jeunes-marocains.html

Begag, A. (2006). *L'intégration*. Paris, France : Éditions Le Cavalier bleu.

Benzakour, C., Lechaume, A., Castonguay, M.-H. et Santos, P. (2013). *Enquête auprès des immigrants de la catégorie des travailleurs qualifiés*. Québec, Québec : Ministère de l'Immigration et des Communautés culturelles et ministère de l'Emploi et de la Solidarité sociale.

Berdugo-Cohen, M., Cohen, Y. et Lévy, J. (1987). *Juifs marocains à Montréal*. Montréal, Québec : VLB Éditions.

Berthiaume, G., Corbo, C. et Montreuil, S. (2014). *Histoires d'immigrations au Québec*. Québec, Québec : Presses de l'Université du Québec et Bibliothèque et Archives nationales.

Bertrand, M. (2014). Les entrepreneurs latinos-américains du Québec souffrent d'un manque de visibilité [Reportage en ligne]. Repéré à http://ici.radio-canada.ca/nouvelles/economie/2014/09/17/003-solo-fruit-latino-americain-etude.shtml

Bessière, A. (2012). *La contribution des Noirs au Québec. Quatre siècles d'histoire partagée*. Québec, Québec : Les Publications du Québec.

Bétancourt, I. (2010). *Même le silence a une fin*. Paris, France : Éditions Gallimard.

Blais, M.-C. (28 mars 2014). Le Vietnam à Montréal. *La Presse*. Repéré à www.lapresse.ca/voyage/destinations/quebec/montreal/201403/28/01-4752241-le-vietnam-a-montreal.php

Boire-Lavigne, A.-M. (avril 2011). Désaccord sur les soins en fin de vie, sortir de l'impasse ! *Le Médecin du Québec*, vol. 46, nº 4, p. 37-42.

Bosset, P. (2012). « Regards croisés sur les accommodements religieux en Europe et au Québec : le regard québécois ». Dans F. Ast et B. Duarte (dir.). *Les discriminations religieuses en Europe : droit et pratiques* (p. 71-83). Paris, France : Éditions L'Harmattan.

Boucard, A. (2004). *La communauté haïtienne de Montréal*. Lévis, Québec : Fondation littéraire Fleur de Lys.

Bouchard, G. (2012). *L'interculturalisme. Un point de vue québécois*. Montréal, Québec : Éditions Boréal.

Bouchard, G. et Taylor, C. (2008). *Fonder l'avenir. Le temps de la conciliation*. Québec, Québec : Commission de consultation sur les pratiques d'accommodement reliées aux différences culturelles.

Bousquet, M.-P. et Crépeau, R. (dir.). (2012). *Dynamiques religieuses des Autochtones des Amériques*. Paris, France : Éditions Karthala.

Braeckman, C. (7 avril 2001). Le génocide qu'on aurait pu stopper. *Le Soir*, Bruxelles. Repéré à http://archives.lesoir.be/rwanda-il-y-a-sept-ans-le-detonateur-de-l-un-des-grands_t-20010407-Z0KAJH.html

Brown, F. (1998). *Marie-Josephe-Angélique*. Milan, Italie : Éditions 5 continents.

Busuioc, J. (2007). *Les immigrants roumains post 1989 : vers une nouvelle communauté ethnoculturelle montréalaise*, (Mémoire de maîtrise). Université du Québec à Montréal.

C

Camarasa-Bellaube, M. (2010). *La Méditerranée sur les rives du Saint-Laurent. Une histoire des Algériens au Canada*. Paris, France : Éditions Publibook.

Cardinal, L. et Couture, C. (1998). L'immigration et le multiculturalisme au Canada : la genèse d'une problématique. Dans M. Tremblay (dir.), *Les politiques publiques canadiennes* (p. 239-264). Québec, Québec : Les Presses de l'Université Laval.

Carpentier, M. (2011). *La discrimination systémique à l'égard des travailleurs et travailleuses immigrants*. Montréal, Québec : Commission des droits de la personne et des droits de la jeunesse.

Carrefour des ressources en interculturel (CRIC) et Centraide du grand Montréal. (2010). *Êtes-vous inclusif ? Réflexion et autodiagnostic sur l'inclusion interculturelle au sein de votre organisation. Guide d'animation*. Montréal, Québec : CRIC et Centraide du grand Montréal.

Castel, F. (février 2007). Les sikhs du Québec, *Relations*, nº 714, p. 32-33.

Centrale des syndicats du Québec. (2012). *L'homosexualité et les religions. En 2012, que disent les différentes religions concernant l'homosexualité ?* Repéré à http://colloquehomophobie.org/wp- content/uploads/2012/12/35-homosexualite_et_les_religions.pdf

Centre de recherche-action sur les relations raciales. (2012). Racisme et crime haineux : une voisine blanche doit payer 40 000 $ à un couple haïtien. Repéré à www.crarr.org/?q=node/19405

Centre jeunesse de Québec-Institut universitaire. (août 2012). *Outil de soutien à l'intervention auprès des communautés culturelles*. Repéré à : www.observatoiremaltraitance.ca/Documents/Outil_soutien_intervention_auprès_communautes_culturelles_CJ_Québec_2012.pdf

Charbonneau, D. (2011). *L'immigration argentine et péruvienne à Montréal : ressemblances et divergences de 1960 à nos jours* (Mémoire de maîtrise en histoire). Université du Québec à Montréal.

Charbonneau, M.-A. et Deraspe, S. (2001). *La tradition bouddhiste. Le chemin vers l'Éveil*. Montréal, Québec : Éditions La Pensée.

Charland, M. (2006). *La confiance au coeur de l'exil. Récits de vie de réfugiés colombiens* (Mémoire de maîtrise). Université Laval, Québec.

Civard-Racinais, A. (1997). *Le Liban*. Paris, France : Éditions Hachette.

Cohen-Emérique, M. (1984). Choc culturel et relations interculturelles dans la pratique des travailleurs sociaux. *Cahiers de sociologie économique et culturelle*, nº 2, p. 183-218.

Cohen-Emérique, M. (2011). *Pour une approche interculturelle en travail social. Théorie et pratiques*. Rennes, France : Presses de l'École de hautes études en santé publique.

Commission des droits de la personne et des droits de la jeunesse (CDPDJ). (2011). *Profilage racial et discrimination systémique des jeunes racisés. Rapport de la consultation sur le profilage racial et ses conséquences un an après : l'état des lieux*. Montréal, Québec : CDPDJ.

Commission des droits de la personne et des droits de la jeunesse (CDPDJ). (2013). *Des droits pour tous et toutes. Fiche nº 4. Les demandes d'accommodement raisonnable*. Repéré à www.cdpdj.qc.ca/publications/DPT_AR-demandes.pdf

Commission ontarienne des droits de la personne. (2003). *Un prix trop élevé : les coûts humains du profilage racial*. Repéré à www.ohrc.on.ca/fr/un-prix-trop-%C3%A9lev%C3%A9-les-co%C3%BBts-humains-du-profilage-racial

Commission scolaire Kativik. (1978). Énoncé de mission. Repéré à www.kativik.qc.ca/fr/la-commission-scolaire-kativik

Comte-Sponville, A. (1994). *Valeur et vérité. Études cyniques*. Paris, France : Presses universitaires de France.

Conseil canadien pour les réfugiés. (9 décembre 2013). *Nouveau système d'asile - un an après*. Repéré à https://ccrweb.ca/files/refugee-system-one-year-on-fr.pdf

Constantinides, S. (1983). *Les Grecs du Québec*. Montréal, Québec : Éditions Le Métèque.

Consulat de France à Montréal (23 avril 2013). La communauté française au Québec. Repéré à www.consulfrance-quebec.org/La-communaute-francaise-au-Quebec

Cornellier, F. (2013). *Kitakinan. Parce que la ville est aussi autochtone*. Rouyn-Noranda, Québec : Éditions du Quartz.

Corto, A. (9 août 2009). Les castes continuent de régir la société indienne. *Nouvel Observateur*. Repéré à http://rue89.nouvelobs.com/2009/08/09/les-castes-continuent-de-regir-la-societe-indienne

Cuche, D. (2010) *La notion de culture dans les sciences sociales*. Paris, France : La Découverte.

D

Dadashzadeh, A. (2003). *L'intégration des Iraniens de 1re génération. Analyse comparée Montréal-Toronto* (thèse de maîtrise en sociologie). Montréal, Québec : Université du Québec à Montréal.

Daher, A. (juin 2003). Les musulmans au Québec. *Relations*, nº 685, p. 29-32.

Dalaï-Lama et Vernier-Pelliez, C. (2008). *Dalaï-Lama, images d'une vie*. Paris, France : Éditions Hoëbeke.

Daoust, J., Breton, J.P. et Leclerc, M. (1992). *Cours de formation sur les relations interculturelles et interraciales*, Montréal, Québec : Sûreté du Québec.

Darnault, M. (11 mai 2011). Bob Marley et la prophétie rasta. *Le monde des religions*. Repéré à www.lemondedesreligions.fr/savoir/bob-marley-et-la-prophetie-rasta-11-05-2011-947_110.php

De Koninck, M. (dir.). (2011). *Un préjugé, c'est coller une étiquette, 4e document de réflexion*. Québec, Québec : Centraide-Québec et Chaudière-appalaches.

Debunne, J.-M. (dir.). (2004). *La spiritualité amérindienne*. Montréal, Québec : Éditions la Pensée.

Dejean, P. (1990). *D'Haïti au Québec*. Montréal, Québec : Éditions CIDHICA.

Del Pozo, J. (2009). *Les Chiliens du Québec. Immigrants et réfugiés, de 1955 à nos jours*. Montréal, Québec : Éditions Boréal.

Delâge, D. (11 janvier 2012). *Le 4 août 1701, La Grande Paix de Montréal : les Français et les Amérindiens concluent une alliance décisive*. Conférence présentée à la Grande Bibliothèque, Montréal, Québec.

Demorgon, J. (2010). *Complexité des cultures et de l'interculturel. Contre les pensées uniques*. Paris, France : Éditions Economica.

Diouf, B. (2008). *La Commission Boucar pour un raccommodement raisonnable*. Montréal, Québec : Éditions Les Intouchables.

Division des affaires économiques et institutionnelles. (2010). *Portrait de la population autochtone à Montréal*. Montréal, Québec : Division des affaires économiques et institutionnelles.

Dorais, L.-J. (janvier-avril 2004). Identités vietnamiennes au Québec. *Recherches sociographiques*, Université Laval, vol. 45, n° 1, p. 59-75.

Dorais, L.-J. et Richard, É. (2007). *Les Vietnamiens de Montréal*. Montréal, Québec : Les Presses l'Université de Montréal.

Drolet, M., Garneau, S. et Dubois, M. (2010). L'intervention sociale en contexte minoritaire : penser la complexité et la multiplication des processus de minorisation. *Reflets – Revue d'intervention sociale et communautaire*, vol. 16, n° 2, p. 10-19.

Durandin, C. (1990). *Nicolae Caucescu. Vérités et mensonges d'un roi communiste*. Paris, France : Albin Michel.

E

Éducaloi. (2013). *Les accommodements raisonnables. Guide de l'enseignant*. Repéré à www.educaloi.qc.ca/services-et-ressources/ressources-educatives/trousses-pedagogiques/trousse-les-accommodements

Eid, P. (2012). *Mesurer la discrimination à l'embauche subie par les minorités racisées. Résultats d'un « testing » mené dans le Grand Montréal*. Montréal, Québec : Commission des droits de la personne et des droits de la jeunesse.

El Zein, D., Notteau, M. et Dravet, C. (2013). *Géopolitique du Liban*. Paris, France : Éditions SPM.

Emploi-Québec. (2008). *Le marché du travail au Québec. Perspectives à long terme 2008-2017*. Repéré à http://collections.banq.qc.ca/ark:/52327/bs1565204

Engagement jeunesse Estrie et Forum jeunesse Estrie. (2012). *Guide pratique d'accueil des jeunes immigrants (16-35 ans et plus)*. Repéré à www.forumjeunesseestrie.qc.ca/fichiers/2012_guide_jimm.pdf

Eveno, P. (1998). *L'Algérie dans la tourmente*. Paris, France : Éditions Le Monde.

F

Fédération des cégeps. (29 août 2013). Légère baisse du nombre d'étudiants au cégep. Repéré à www.fedecegeps.qc.ca/salle-de-presse/communiques/2013/08/legere-baisse-du-nombre-d%E2%80%99etudiants-au-cegep

Fehmiu-Brown, P. (1995). *La présence des Noirs dans la société québécoise d'hier et d'aujourd'hui*. Québec, Québec : Ministère des Affaires internationales, de l'Immigration et des Communautés culturelles et ministère de l'Éducation.

Féron, B. (1996). *Yougoslavie. Histoire d'un conflit*. Paris, France : Éditions le Monde.

Ferreira Pinto, M. (2013). *D'une culture à l'autre. Des jeux pour l'interculturel en classe de français langue étrangère*. Sèvres, France : CIEP.

Fortin, S. (2000). *Destin et défis : la migration libanaise à Montréal*. Anjou, Québec : Éditions Saint-Martin.

Fournier, I. (décembre 2007). L'intervention auprès des familles autochtones. Dans *Saviez-vous que... Des réponses à vos préoccupations cliniques*. Québec, Québec : Centre jeunesse de Québec, p. 47-53. Repéré à www.centrejeunessedequebec.qc.ca/publications/Saviezvousque?2007.pdf

Fournier, T. et Braguigui, D. (mai 2009). *Pratiques et interventions en délinquance auprès d'adolescents autochtones*. Atelier présenté au congrès de la Société de criminologie du Québec, Saint-Sauveur, Québec.

Fraser, S. (juin 2011). Les programmes pour les Premières Nations dans les réserves. Dans *Rapport Le Point de la vérificatrice générale du Canada*. Repéré à www.oag-bvg.gc.ca/internet/Francais/parl_oag_201106_04_f_35372.html

Front d'action populaire en réaménagement urbain (FRAPRU). (2012). *Mythes et réalité. Immigration et logement au Québec*. Montréal, Québec : FRAPPU.

G

Gabriel, A.D. (2010). Portrait pour l'action de la communauté haïtienne du Québec. *Vivre ensemble*, vol. 17, n° 59. Repéré à www.cjf.qc.ca/userfiles/file/Haiti_ Portrait-pour-action.pdf

Gabriel, T. et Geaves, R. (2007). *...Ismes. Comprendre les grandes religions*. Montréal, Québec : Éditions Hurtubise.

Gagnon, F. (hiver 2010). Les actions du Québec en matière d'intégration des nouveaux arrivants, de participation des membres des communautés culturelles et de rapprochement interculturel. *Diversité canadienne. Spécial Québec*, vol. 8, p. 16-22.

Garcia Lopez, M. (2003). *L'insertion urbaine des immigrants latinos-américains à Montréal. Trajectoires résidentielles, fréquentation des lieux ethniques et définition identitaire* (Thèse de doctorat). Montréal, Québec : Université du Québec à Montréal.

Gay, D. (2004). Portrait d'une communauté. Les Noirs du Québec, 1626-1900. *La revue d'histoire du Québec*, n° 79, p. 10-12.

Germain, A. et Poirier, C. (2007). Les territoires fluides de l'immigration à Montréal ou le quartier dans tous ses états. *Revue internationale d'études québécoises*, vol. 10, n° 1, p. 107-120.

Gouvernement du Canada. (1982). *Charte canadienne des droits et libertés*. Repéré à http://laws-lois.justice.gc.ca/fra/const/page-15.html

Gouvernement du Canada. (1985). *Lois refondues du Canada*, app. II, no 1.

Gouvernement du Québec. (1975). *Charte des droits et libertés de la personne*. Repéré à www2.publicationsduquebec.gouv.qc.ca

Gouvernement du Québec. (1988). *Loi de l'instruction publique du Québec*. Repéré à www2.publicationsduquebec.gouv.qc.ca/dynamicSearch/telecharge.php?type=2&file=/I_13_3/I13_3.html

Gratton, D. (2009). *L'interculturel pour tous. Une initiation à la communication pour le troisième millénaire*, Éditions Saint-Martin.

Greffard, H. (printemps 2008). Voyage d'une Québécoise de souche en terrain étranger. *L'engagement social de l'intervention*, vol. 3, n° 1, Cahiers de l'équipe METISS. Repéré à www.csssdelamontagne.qc.ca/fileadmin/csss_dlm/Publications/Publications_CRF/cahiers_metiss_3_en_ligne.pdf

Grunewald, F. (2007). La crise du Darfour. État des lieux, état des enjeux. *Diplomatie*, n° 27. Repéré à www.urd.org/IMG/pdf/Diplo27_Grunewald.pdf

Guay, J.-H. (2014). *Perspective Monde*. École de politique appliquée, Université de Sherbrooke. Repéré à www.perspective.usherbrooke.ca

Guilbeault-Cayer, É. (2013). *La crise d'Oka. Au delà des barricades*, Montréal, Québec : Éditions Septentrion.

H

Hall, E. T. (1976). *La dimension cachée*. Paris, France : Éditions Points.

Hanes, R. (2011). *Pas un seul et c'est déjà trop : exploration historique des lois canadiennes appliquées aux personnes handicapées*. Winnipeg, Manitoba : Conseil des Canadiens avec déficiences.

Haut-Commissariat des Nations Unies pour les réfugiés. (2013). *Déplacement, le nouveau défi du XXIe siècle. HCR Tendances mondiales 2012*. Repéré à www.unhcr.fr/526639c49.html

Helly, D. (1987). *Les Chinois à Montréal, 1877-1951*. Montréal, Québec : Institut québécois de recherche sur la culture.

Helly, D. (juillet 1996). Les politiques d'immigration au Canada de 1867 à nos jours. *Hommes et migrations*, p. 6-14.

Héron, M. (décembre 2010). Accompagner les patients de cultures différentes. *Soins aides soignantes*.

Hétu, J.-L. (2014). *La relation d'aide*, 5e éd. Montréal, Québec : Chenelière Éducation.

Hoffet, M.-È. (2006). *Évolution de la famille au Vietnam ces dernières décennies*. Bobigny, France : Association Internationale d'EthnoPsychanalyse. Repéré à www.clinique-transculturelle.org/AIEPtextesenligne_hoffet_vietnam.htm

Hofstede, G. (1980). *Culture's Consequences : International Differences in Work-Related Values*. California : Sage Publications.

Huffington Post. (19 janvier 2015). Islamophobie : actes antimusulmans en hausse de 110 % depuis les attentats de Paris. Repéré à www.huffingtonpost.fr/2015/01/19/actes-anti-musulmans-hausse-110-attentats-charlie-hebdo-hyper-cacher-paris_n_6501262.html

Humanez- Blanquiccet, E. (2012). *L'immigration colombienne depuis 1950 : Regards historiques sur ses causes* (Mémoire de maîtrise). Montréal, Québec : Université du Québec à Montréal.

Humeres, R. P. (5 décembre 2007). Aller simple pour Sainte-Clotilde. *Le Devoir*. Repéré à www.ledevoir.com/societe/ethique-et-religion/167312/immigration-aller-simple-pour-sainte-clotilde

I

Institut de la statistique du Québec. (mai 2014). *Le bilan démographique du Québec*, n° 32. Québec, Québec : Institut de la statistique du Québec.

Institut Historica Dominion. (2011). *Histoire des Noirs au Canada. Guide pédagogique*. Toronto, Ontario : Institut Historica Dominion.

J

Jacob, A. (1990). *Carmen Quintana te parle de liberté*. Montréal, Québec : Éditions Le Jour.

Jacquard, A. (automne 1981). Biologie et théories des élites. *Le genre humain*, n° 1, dossier « La science face au racisme ».

Jacquard, A. (1999). Éloge de la différence. *Spirale. Revue de recherches en Éducation*, hors-série 3, p. 117-137.

Jaffrelot, C. (dir.). (2014). *L'Inde contemporaine. De 1950 à nos jours*. Paris, France : Éditions Fayard.

Jurkova, S. (2012). Organisations ethnoculturelles : effet d'intégration ou de ségrégation. *Revue canadienne de recherche sociale*, vol. 2, n° 1, p. 48-58.

K

Kanouté, F. et Lafortune, G. (dir.). (2014). *L'intégration des familles d'origine immigrante : les enjeux sociosanitaires et scolaires*. Montréal, Québec : Presses de l'Université de Montréal.

Kohls, R. (1996). *Survival Kit for Overseas Living*, 3e éd. Yarmouth, Maine : Intercultural Press.

L

Labelle, M. (2006). *Un lexique du racisme : étude sur les définitions opérationnelles relatives au racisme et aux phénomènes connexes*. Montréal, Québec : UNESCO et CRIEC.

Labelle, M., Field, A.M. et Icart, J.C. (2007). *Les dimensions d'intégration des immigrants des minorités ethnoculturelles et des groupes racisés au Québec*. Montréal, Québec : Université du Québec à Montréal.

Labelle, M., Ocher, F. et Antonius, R. (2009). *Immigration, Diversité et Sécurité : Les Associations arabo-musulmanes face à l'État au Canada et au Québec*. Québec, Québec : Presses de l'Université du Québec.

Labelle, M., Turcotte, G., Kempeneers, M. et Meintel, D. (1987). *Histoire d'immigrées. Itinéraires d'ouvrières colombiennes, grecques, haïtiennes et portugaises de Montréal*. Montréal, Québec : Boréal Express.

Lafortune, L. et Gaudet, É. (2000). *Une pédagogie interculturelle pour une éducation à la citoyenneté*. Montréal, Québec : Éditions du Renouveau pédagogique.

Lambert, D. (10 mai 2013). *L'établissement et l'intégration des immigrants d'origine chinoise à Brossard. Une petite Chine en banlieue montréalaise*. Communication présentée au 81e congrès de l'ACFAS, Québec, Québec.

Laurence, J.-C. (22 septembre 2008). Le vaudou de A à Z. *La Presse*. Repéré à www.lapresse.ca/vivre/200809/19/01-671796-le-vaudou-de-a-a-z.php

Laurence, J.-C. (2 février 2009). Mystérieux Mathieu Da Costa. *La Presse*. Repéré à www.lapresse.ca/vivre/societe/200902/02/01-823166-mysterieux-mathieu-da-costa.php

Laurence, J.-C. (22 mars 2009). Les Québécois, ces Irlandais. *La Presse*. Repéré à www.lapresse.ca/vivre/societe/200903/22/01-838992-les-quebecois-ces-irlandais.php

Laurence, J.-C. (18 avril 2010). Métro, boulot, Congo. *La Presse*. Repéré à www.lapresse.ca/actualites/montreal/201004/18/01-4271631-metro-boulot-congo.php

Laurence, J.-C. (20 mars 2011). Montréal Vietnam, Saigon sur la main. *La Presse*. Repéré à www.lapresse.ca/voyage/destinations/quebec/montreal/201103/18/01-4380790-montreal-vietnamien-saigon-sur-la-main.php

Laurence, J.-C. (11 septembre 2013). Des Chiliens de Montréal se souviennent : tous les jours, c'était la peur. *La Presse*. Repéré à www.lapresse.ca/international/amerique-latine/201309/11/01-4688100-des-chiliens-de-montreal-se-souviennent-tous-les-jours-cetait-la-peur.php

Laurence, J.-C. et Perreault, L.-J. (2010). *Guide du Montréal multiple.* Montréal, Québec : Éditions Boréal.

Lazar, B. et Douglas, T. (1994). *Le guide du Montréal ethnique.* Montréal, Québec : Éditions XYZ.

Le Monde. (18 décembre 2012). Les chrétiens sont le premier groupe religieux au monde. Repéré à www.lemonde.fr/societe/article/2012/12/18/les-chretiens-sont-le-premier-groupe-religieux-au-monde

Ledoyen, A. (2004). Le discours sur la différence et l'accès des minorités au logement. Dans J. Renaud, A. Germain et X. Leloup (dir.), *Racisme et discrimination : Permanence et résurgence d'un phénomène inavouable* (p. 87-106). Québec, Québec : Presses de l'Université Laval.

Lefebvre, M.-È. (3 mars 2014). Charte des valeurs québécoises : quels impacts sur les femmes ? *Journal des Alternatives*. Repéré à http://journal.alternatives.ca/spip.php?article7748

Legault, G. et Rachédi, L. (2008). *L'intervention interculturelle*, 2e éd. Boucherville, Québec : Éditions Gaëtan Morin.

Lepage, P. (2009). *Mythes et réalités sur les peuples autochtones.* Montréal, Québec : Commissions des droits de la personne et des droits de la jeunesse.

Lévesque, C. (février 2011). *Personnes autochtones en situation d'itinérance : quelques pistes de réflexion.* INRS et DIALOG, vol. 11, no 3.

Ludwig, Q. (2011a). *L'islam*. Paris, France : Éditions Eyrolles.

Ludwig, Q. (2011b). *Le judaïsme*, 6e éd. Paris, France : Éditions Eyrolles.

M

Martin, P., Lapalme, A. et Roffe Gutman, M. (2013). Réfugiés et demandeurs d'asile mexicains à Montréal: Actes de citoyenneté au sein de l'espace nord-américain. *ACME: An international E-journal for critical geographics*, vol. 12, no 3, p. 603-628.

Medresh, I. (1997). *Le Montréal juif d'autrefois*. Montréal, Québec : Éditions Septentrion.

Memmi, A. (1982). *Le racisme*. Paris, France : Éditions Gallimard.

Ménard, P.-O. (2012). *Les immigrants et le marché du travail en 2011.* Québec, Québec : Ministère de l'immigration et des communautés culturelles.

Méthot, C. (1995). *Du Vietnam au Québec. La valse des identités.* Québec, Québec : Institut québécois de recherche sur la culture.

Micone, M. (été 1990). De l'assimilation à la culture immigrée. *Possibles*, vol. 14, no 3, p. 55-64.

Micone, M. (23 février 2010). Culture d'accueil et cultures immigrées. Insufflons un peu d'âme au débat. *Le Devoir.* Repéré à www.ledevoir.com/societe/actualites-en-societe/283645/culture-d-accueil-et-cultures-immigrees-insufflons-un-peu-d-ame-au-debat

Micone, M. (16 novembre 2011). Italophones en sol québécois. Un parcours cahoteux. *Le Devoir*. Repéré à www.ledevoir.com/international/europe/336180/italophones-en-sol-quebecois-un-parcours-cahoteux

Milot, J.-R. (2004). *L'Islam. Des réponses aux questions actuelles.* Montréal, Québec : Éditions Québec Amérique.

Ministère de l'Emploi et de l'Immigration. (1990). *Le système d'attribution des noms*. Ottawa, Ontario : Ministère de l'Emploi et de l'Immigration.

Ministère de l'Emploi et du Développement social du Canada. (2014). *Taux de chômage en 2012, 2013*. Ottawa, Ontario : Ministère de l'Emploi et du Développement social.

Ministère de l'Enseignement Supérieur, de la Recherche, des Sciences et de la Technologie du Québec (MESRST). (2014). *Étudiants et étudiantes étrangers inscrits dans le réseau universitaire québécois*. Québec, Québec : MESRST.

Ministère de l'Immigration et des Communautés culturelles (MICC). (1990). *Au Québec pour bâtir ensemble. Énoncé de politique en matière d'immigration et d'intégration*. Repéré à www.midi.gouv.qc.ca/publications/fr/ministere/Enonce-politique-immigration-integration-Quebec1991.pdf

Ministère de l'Immigration et des Communautés culturelles (MICC). (2000, 2004 et 2009). *Tableaux sur l'immigration au Québec*, 1995-1999, 2000-2003 et 2004-2008. Québec, Québec : MICC.

Ministère de l'Immigration et des Communautés culturelles (MICC). (2008). *La diversité : une valeur ajoutée. Politique gouvernementale pour favoriser la participation de tous à l'essor du Québec.* Québec, Québec : MICC.

Ministère de l'Immigration et des Communautés culturelles (2011). *Profil statistique de la population d'origine ethnique argentine recensée au Québec en 2006.* Repéré à www.immigration-quebec.gouv.qc.ca

Ministère de l'Immigration et des Communautés culturelles (MICC). (2012). *Apprendre le Québec*. Québec, Québec : MICC.

Ministère de l'Immigration et des Communautés culturelles du Québec (MICC). (2013). *Plan d'immigration au Québec en 2014.* Repéré à www.micc.gouv.qc.ca/publications/fr/planification/Plan-immigration-2014.pdf

Ministère de l'Immigration et des Communautés culturelles du Québec (MICC). (2014). *L'immigration temporaire au Québec 2007-2012, Portraits statistiques*. Repéré à www.micc.gouv.qc.ca/publications/fr/recherches-statistiques/Portraits_Immigration_Temporaire_2007_2012.pdf

Ministère de l'Immigration, de la Diversité et de l'Inclusion du Québec. (1er août 2013). *Grille synthèse des facteurs et critères applicables à la sélection des travailleurs qualifiés*. Repéré à www.immigration-quebec.gouv.qc.ca/publications/fr/divers/Grille-synthese.pdf

Ministère de l'Immigration, de la Diversité et de l'Inclusion (MIDI). (2014a). *L'immigration permanente au Québec selon les catégories d'admission et quelques composantes, 2009-2013*. Québec, Québec: MIDI.

Ministère de l'Immigration, de la Diversité et de l'Inclusion (MIDI). (2014b). *Portrait statistique des immigrants permanents et temporaires dont le dernier lieu de résidence est la France. 2009-2013*. Québec, Québec : MIDI.

Ministère de l'Immigration, de la Diversité et de l'Inclusion (MIDI). (2014c). Portraits statistiques des groupes ethnoculturels. Repéré à www.quebecinterculturel.gouv.qc.ca/fr/diversite-ethnoculturelle/stats-groupes-ethno/enm-2011.html

Ministère de l'Immigration, de la Diversité et de l'Inclusion (MIDI). (2014d). *Réalités juridiques et sociales des minorités sexuelles dans les principaux pays d'origine des personnes nouvellement arrivées au Québec. Guide d'information*, 3e éd. Québec, Québec : MIDI.

Ministère de l'Immigration, de la Diversité et de l'Inclusion (MIDI). (2014e). *Tableaux sur l'immigration permanente au Québec, 2009-2013*. Québec, Québec: MIDI, Direction de la recherche et de l'analyse prospective.

Ministère de l'Immigration, de la Diversité et de l'Inclusion (MIDI). (s.d.). *Des clés pour comprendre*. Repéré à www.diversite.gouv.qc.ca/doc/outil_6.1.1.pdf

Ministère de la Citoyenneté et de l'Immigration du Canada. (2011). *Faits et chiffres 2010. Aperçu de l'immigration*. Ottawa, Ontario.

Ministère de la Citoyenneté et de l'Immigration du Canada. (2014a). *Faits et chiffres 2013. Aperçu de l'immigration*. Ottawa, Ontario.

Ministère de la Citoyenneté et de l'Immigration du Canada. (2014b). Des questions sur la citoyenneté. Repéré à www.cic.gc.ca/francais/centre-aide/resultats-par-sujet.asp?t=5

Ministère de la Santé et des Services sociaux du Québec (MSSS). (31 décembre 2012). *Registres des bénéficiaires cris, inuits et naskapis de la Convention de la Baie-James et du Nord québécois et de la Convention du Nord-Est québécois*. Québec, Québec: MSSS.

Ministère des Affaires autochtones et Développement du Nord du Canada. (31 décembre 2012). *Registre des Indiens*. Ottawa, Ontario.

Montmorency, M.-A. (été 2014). La diaspora sikhe montréalaise: un groupe « ethnique » plus hétérogène qu'il n'y paraît. *Revue Dire*, vol. 23, n° 2. Repéré à www.ficsum.com/dire-archives/volume-23-numero-2-ete-2014/societe-la-diaspora-sikhe-montrealaise-un-groupe-ethnique-plus-heterogene-quil-ny-parait/

N

Namazi, V. (2010). *Les trajectoires de l'intégration professionnelle des immigrants iraniens travaillant comme chauffeurs de taxi* (thèse de doctorat en sciences humaines appliquées). Montréal, Québec: Université de Montréal.

Nguyen-Rouault, F. (juillet-août 2001). Le culte des ancêtres dans la famille vietnamienne. *Hommes et Migrations*. n° 1232, p. 26-33.

Noble Chemin octuple (s.d.). Dans *Wikipedia*. Repéré le 20 février 2015 à http://fr.wikipedia.org/wiki/Noble_Chemin_octuple

O

Organisation des Nations Unies. (1948). *Convention pour la prévention et la répression du crime de génocide*. Repéré à www.ohchr.org/FR/ProfessionalInterest/Pages/CrimeOfGenocide.aspx

Ottawa, G. (2010). *Les pensionnats indiens au Québec. Un double regard*. Québec, Québec: Éditions Cornac.

P

Painchaud, C. et Poulin, R. (1988). *Les Italiens au Québec*. Hull, Ottawa: Éditions Asticou et Critiques.

Perpétua, B. (2004). Les *Portugais. 50 ans à Montréal*. Montréal, Québec: Les Intouchables.

Perspective monde. (2014). École de politique appliquée, Université de Sherbrooke. Repéré à http://perspective.usherbrooke.ca/bilan/statistiques

Pew Research Center. (2012). The global religious landscape. Dans *Pew Research Religion & Public Life Project*. Repéré à www.pewforum.org/2012/12/18/global-religious-landscape-exec

Phaneuf, M. (2013a) *L'approche interculturelle, communication et soins infirmiers dans un contexte d'ouverture*, Infiressources.

Phaneuf, M. (2013b) *L'approche interculturelle, les particularismes des immigrants et les obstacles à la participation aux soins*. Infiressources.

Potvin, M. (2008). *Crise des accommodements raisonnables. Une fiction médiatique ?* Montréal, Québec: Éditions Athéna.

Projet accompagnement Québec-Guatemala. (s.d). Mission et Vision. Repéré à www.paqg.org/mission

Proujanskaïa, L. (24 octobre 2002). Dix ans d'immigration postsoviétique au Québec. *Le Devoir*. Repéré à www.ledevoir.com/non-classe/11837/1991-2001-dix-ans-d-immigration-postsovietique-au-quebec

Proxémie. (s.d.). Dans *Wikipedia*. Repéré le 5 février 2015 à http://fr.wikipedia.org/wiki/Prox%C3%A9mie

Pruvost, G. (2011). Migration. Dans S. Paugam (dir.). *Les 100 mots de la sociologie*. Paris, France: Presses universitaires de France.

R

Radio-Canada. (23 mai 2008). *L'interculturalisme*. Repéré à http://ici.radio-canada.ca/nouvelles/National/2008/05/23/008-Bouchard-Taylor_interculturali.shtml

Rajotte, D. (automne 2007). Les Québécois, les Juifs et l'immigration durant la Seconde Guerre mondiale. *Bulletin d'histoire politique*, vol. 16, n° 1, p. 259-286.

Ramirez, B. (1984). *Les premiers Italiens de Montréal. L'origine de la Petite Italie du Québec*. Montréal, Québec: Éditions Boréal-Express.

Regroupement des intervenants francophones en santé et services sociaux de l'Ontario (RIFSSSO). (2010). *La compétence culturelle chez les intervenants*. Repéré à www.rifssso.ca/wp-content/uploads/2008/05/COMPETENCES-CULTURELLES-FINAL.pdf

Renaud, A. (2007). *La Grosse-Île. Terre de chagrin et d'espoir*. Montréal, Québec: Édition du Homard.

Resch, Y. (2001). *Définir l'intégration. Perspectives nationales et représentations symboliques*. Montréal, Québec: Éditions XYZ.

Robichaud, D. (2004). La création du quartier portugais de Montréal. Une histoire d'entrepreneur. *Géographie économique et sociale*, n° 4, vol. 6, p. 415-438.

Rocher, F., Labelle, M., Field, A.-M. et Icart, J.C. (2007). *Le concept d'interculturalisme en contexte québécois: généalogie d'un néologisme*. Québec, Québec: Commission de consultation sur les pratiques d'accommodement reliées aux différences culturelles.

Rocher, G. (1992). *Introduction à la sociologie* générale, 3e éd. Montréal, Québec: Éditions Hurtubise HMH.

Rousseau, L. (dir.). (2012). *Le Québec après Bouchard-Taylor, les identités religieuses de l'immigration*. Québec, Québec: Presses de l'Université du Québec.

Rudel, C. (1998). *Le Portugal*. Paris, France: Éditions Karthala.

S

Schnapper, D. (2007). *Qu'est-ce que l'intégration ?* Paris, France: Éditions Gallimard.

Secrétariat aux affaires autochtones du Québec. (2011). *Amérindiens et Inuits. Portrait des Autochtones du Québec*. Repéré à www.autochtones.gouv.qc.ca/publications_documentation/publications/document-11-nations-2e-edition.pdf.

Secrétariat aux affaires autochtones du Québec. (2014). *Statistiques des populations autochtones du Québec 2012*. Repéré à www.autochtones.gouv.qc.ca/nations/population.htm

Semelin, J. (juillet 2006). Pourquoi les Yougoslaves se sont entretués? *L'histoire*, n° 311.

Service de police de la ville de Montréal (SPVM). (2012). *Des valeurs partagées, un intérêt mutuel. Plan stratégique 2012-2014 en matière de profilage racial et social*. Montréal, Québec: SPVM.

Simeone, T. (2011). *Aide-mémoire sur les questions autochtones*. Ottawa, Ontario: Service des affaires sociales, culturelles et de santé et Service d'information et de recherches parlementaires, Bibliothèque du Parlement.

Soulet, J.-F. et Guinle-Lorinet, S. (1999). *Le monde depuis la fin des années 60*. Paris, France: Éditions Armand Colin.

Statistique Canada. (2001). *Recensement du Canada de 2001*. Repéré à www12.statcan.ca/francais/census01/index.cfm

Statistique Canada. (2006). *Les immigrants sur le marché du travail canadien en 2006: analyse selon la région ou le pays de naissance*. Ottawa, Ontario: Statistique Canada.

Statistique Canada. (2012). *Coup d'œil sur le Canada*. Ottawa, Ontario: Statistique Canada.

Statistique Canada. (2013a). *Les peuples autochtones du Canada: Premières Nations, Métis et Inuits. Enquête nationale auprès des ménages 2011*. Repéré à www12.statcan.gc.ca/nhs-enm/2011/as-sa/99-011-x/99-011-x2011001-fra.pdf

Statistique Canada. (2013b). Religion, statut d'immigrant et période d'immigration au Québec. *Enquête nationale auprès des ménages canadiens de 2011* (produit n° 99-010-2011032).

Statistique Canada. (2014) Enquête sur la population active, septembre 2014. Repéré à www.statcan.gc.ca/daily-quotidien/141010/dq141010a-fra.htm

Statistiques mondiales. (novembre 2014). *Iran*. Repéré à www.statistiques-mondiales.com/iran.htm

Sterlin, C. (2006). Pour une approche interculturelle du concept de santé. *Ruptures – Revue transdisciplinaire en santé*, vol. 11, n° 1, p. 112-121.

Sterlin, C. et Dutheuil, F. (printemps 2000). La pratique en contexte interculturel. *Reflets: revue d'intervention sociale et communautaire*, vol. 6, n° 1, p. 141-153.

St-Germain Lefebvre, C. (octobre 2005). *Présentation contextuelle de l'Immigration hindoue: revue de l'historiographie canadienne*. Groupe de recherche interdisciplinaire sur le Montréal ethno-religieux (GRIMER), Université du Québec à Montréal, cahier de recherche n° 3.

St-Jacques, S. (5 août 2013). Dossier «Ici l'Italie». *La Presse*.

Stoï, F. (2005). Clichés identitaires dans les discours des immigrants. Étude de cas sur les Roumains de Montréal. *Iassyensia Comparationis*, n° 3, p. 112-123.

T

Tarnero, J. (2007). *Le racisme*. Paris, France: Éditions Milan.

Trécourt, F. (18 janvier 2013). 84 % de la population mondiale est religieuse. *Le monde des religions*. Repéré à www.lemondedesreligions.fr/actualite/84-de-la-population-mondiale-est-religieuse-18-01-2013-2925_118.php

Trudel, M. (2004). Deux siècles d'esclavage au Québec. Montréal, Québec: Éditions Hurtubise.

V

Vaillant, B. (2013). *Boat people vietnamiens. Entre mémoire et diaspora*. Paris, France: Éditions L'Harmattan.

Vastel, M. (16 octobre 2013). Peuples autochtones - C'est la crise au Canada, dit le rapporteur spécial de l'ONU. Les conditions de vie des autochtones sont celles de pays pauvres, estime James Anaya. *Le Devoir*. Repéré à www.ledevoir.com/societe/actualites-en-societe/390067/peuples-autochtones-c-est-la-crise-au-canada-dit-le-rapporteur-special-de-l-onu

Vauclair, D. (2011). *Les religions d'Abraham. Judaisme, christianisme, islam*. Paris, France: Éditions Eyrolles.

Vaugeois, D. (2011). *Les premiers Juifs d'Amérique (1760-1860). L'extraordinaire histoire de la famille Hart*. Québec, Québec: Éditions Septentrion.

Vear, D. (14 avril 1995). Le Canada, une police d'assurance pour les cerveaux de Hong-Kong. *Le Devoir*.

Velluet, Q. (8 juillet 2012). Le sikhisme, cinquième religion au monde. *Le Nouvel Observateur*. Repéré à http://tempsreel.nouvelobs.com/monde/20120807.OBS9101/le-sikhisme-cinquieme-religion-au-monde.html

Verbunt, G. (2009). *La question interculturelle dans le travail social*. Paris, France: Éditions La Découverte.

Verbunt G. (2011). *Penser et vivre l'interculturel*. Lyon, France: Chronique sociale.

Viau, R. (2003). *Ceux de Nigger Rock*. Montréal, Québec: Libre Expression.

Ville de Montréal. (2014). *Profils démographiques. Montréal en statistiques (par arrondissement)*. Montréal, Québec: Ville de Montréal.

W

Whitol de Wenden, C. (novembre 2012). Les dynamiques migratoires dans le monde. *Revue humanitaire. Enjeux, pratiques, débats*, n° 3, dossier «Migration: une chance à saisir».

Wilkinson, P. (2009). *Les religions*. Paris, France: Éditions Gründ.

William, D. (1998). *Les Noirs de Montréal*. Montréal, Québec: Éditions VLB.

Williams, E. et Rajani, C. (1998). *L'Inde. Un profil culturel*. Ottawa, Ontario: Centre catholique pour immigrants et ministère canadien de la Citoyenneté.

Y

Yu, D. (2012). *Le bonheur selon Confucius. Petit manuel de sagesse universelle*. Montréal, Québec: Éditions Pocket.

Z

Zaater, M. (2003). *L'Algérie: de la guerre à la guerre (1962-2003)*. Paris, France: Éditions L'Harmattan.

Zuniga, L. (2014). *Ton accent, Luis!* Sainte-Adèle, Québec: Édition Klemt.

COUVERTURE

Chetverikoff / Dreamstime.com

OUVERTURE DE LA PARTIE 1

Pringle & Booth / Bibliothèque et Archives Canada /C-047042

OUVERTURE DE LA PARTIE 2

Rawpixel / Shutterstock.com

OUVERTURE DE LA PARTIE 3

Chris Schmidt / iStockphoto

CHAPITRE 1

p. 11 : U.S. Navy photo by Mass Communication Specialist 2nd Class Candice Villarreal / Released by Lt. j.g. Erik Schneider. p. 14 : Clifford Skarstedt / Peterborough Examiner / Agence QMI.

CHAPITRE 2

p. 24 : Bibliothèque et Archives Canada /e000996306. p. 26 : Bibliothèque et Archives Canada / nlc008648-v6. p. 28 : Jack Long / Office national du film du Canada. Photothèque / Bibliothèque et Archives Canada / PA-142853. p. 30 : City of Vancouver Archives / CVA 7-125 – photographer James L. Quiney. p. 31 : Archives CCPI – Casa d'Italia. p. 35 : UNHCR / P. Deloche.

CHAPITRE 3

p. 44 : Archives nationales de France. Centre des Archives d'outre-mer, Aix-en-Provence. p. 46 : H.J. Woodside / Bibliothèque et Archives Canada / PA-123707. p. 47 : Glenbow Archives, NA-2631-1. p. 48 : Shaney Komulainen / CP Images. p. 54 : crédit Lucie Demers. p. 55 : Melika Dez; Gaston Cooper / Institut culturel cri. p. 57 : Marie-Claude Lévesque / CCDMD – Le monde en images; Kim Picard - Collection privée. p. 58 : Bibliothèque et Archives Canada / Peter Winkworth Collection of Canadiana / e001201302. p. 59 : Corel; The Silent Photographer. p. 60 : Ghislain Bédard *À toutes mes relations*, Encre de Chine sur papier, 2010, 35,5 cm x 35,5 cm © Tous droits réservés. p. 61 : McPHOTO / R. Burch / maXx images.

CHAPITRE 4

p. 69 : The Montreal Gazette / Archives nationales du Canada / PA-107943. p. 70 : THE CANADIAN PRESS PHOTO / Fred Chartrand. p. 72 : Gorupdebesanez/ Wikimedia Commons. p. 73 : Josée Lambert; Édithe Gaudet. p. 74 : Gracieuseté de Iturnem Music. p. 76 : Photo : Alexis Hamel. p. 77 : Julie Perreault. p. 78 : Édithe Gaudet. p. 80 : ZTS / Shutterstock; Getty Images. p. 82 : Gracieuseté de Dan Hanganu. p. 83 : Jocelyn Malette / Agence QMI. p. 85 : Archives de la STM. p. 86 : photo du Musée : © Studio SPG Le Pigeon.

CHAPITRE 5

p. 88 : Bibliothèque nationale de France; Mr Richard Horne / The Black Studies Center. p. 89 : Socami; Alexis Hamel. p. 90 : Ronald Santerre. p. 92 : Gijsbert Hanekroot / Getty Images. p. 94 : Gracieuseté des Éditions du Boréal. p. 95 : Domigorgon. p. 96 : 112575 Media Inc; crédit Serge Gouin. p. 100 : Boucar Diouf - Collection privée. p. 102 : Gracieuseté de tandem.mu. p. 103 : ZAIRE / Rwandese refugees / Goma / Arrival / UNHCR / J. Stjerneklar / July 1994; Photo Ewan Sauves / Agence QMI.

CHAPITRE 6

p. 109 : Mudassar Ahmed Dar / Shutterstock.com. p. 110 : Jean-Luc Laporte, InterZone Photographie. p. 111 : © Dwayne Brown / Centre national des Arts. p.112 : mariamourani.org. p. 113 : Carl Lessard; Nancy Landreville / Le Courrier du Sud / Agence QMI. p. 114 : Gracieuseté de l'Agence Juste pour rire. p. 115 : Mathieu Rivard.

CHAPITRE 7

p. 124 : Chris Dlugosz / Flickr. p. 125 : Adrienne Clarkson - Collection privée. p. 126 : © Tie-Ting Su. p. 128 : CCNQ, Paul Dionne. p. 130 : Photo Pascale Therien; Anju Dhillon - Collection privée. p. 135 : Photo Benoit Levac; lolewomen.com. p. 138 : Assemblée nationale. p. 139 : Maude Chauvin.

CHAPITRE 8

p. 144 : AFP / Getty Images. p. 145 : © Michel de Broin; Julie Artacho. p. 148 : Gracieuseté de Diego Hererra. p. 149 : Agence QMI. p. 150 : LifesizeImages / iStockphoto. p. 151 : Gracieuseté de Pablo Rodriguez.

CHAPITRE 9

p. 158 : Photos.com / Shutterstock.com. p. 159 : Nagy Melinda / Shutterstock. p. 161 : Julie Saindon. p. 164 : T.Philiptchenko / Megapress.ca. p. 165 : Édithe Gaudet. p. 167 : vipflash / Shutterstock.com. p. 168 : Corel. p. 169 : Édithe Gaudet. p. 171 : Jozef Sedmak / Shutterstock. p. 172 : Brand X Pictures / Thinkstock Images. p. 175 : Meunierd / Shutterstock.com. p. 177 : Ramzi Hachicho / Shutterstock. p. 179 : Julie Saindon. p. 180 : World Religions Photo Library / Alamy. p. 181 : Art Directors & TRIP / Alamy; DrRave / iStockphoto. p. 182 : Julie Saindon.

CHAPITRE 10

p. 187 : T.Philiptchenko / Megapress.ca. p. 190 : Christopher Futcher / iStockphoto. p. 195 : Leontura / iStockphoto. p. 200 : The CANADIAN PRESS PHOTO / Francis Vachon.

CHAPITRE 11

p. 209 : Guillaume Paumier. p. 210 : Library of Congress; Gareth Davies / Getty Images. p. 211 : AFP / Getty Images. p. 212 : Anne-Lise Combeaud. p. 218 : chany167 / iStockphoto.

CHAPITRE 12

p. 226 : Blend Images / Shutterstock.com. p. 227 : T.Philiptchenko / Megapress.ca. p. 229 : WebHamster via Wikipedia. p. 230 : Fuse / Thinkstock. p. 231 : Salvador Ceja / Dreamstime.com. p. 232 : Sjors737 / Dreamstime.com. p. 235 : Amos Chapple / Getty Images.

CHAPITRE 13

p. 243 : The Beijing Subway Network. Image by Wikipedia user Ran. p. 244 : Tuomas Kujansuu / iStockphoto. p. 246 : PeopleImages / iStockphoto.

INDEX

A

Aanischaaukamikw, 55
Abénaquis, 53, 54
ablutions, **159**
accommodements raisonnables
  crise de 2006-2007, 193-194
  définition, 197
  et différences culturelles, 200
  droits de la personne et de la jeunesse, 199-200
  étapes et conditions, 197
  et religion, 198-199
  voie citoyenne, 195
  voie juridique, 196-200
Accord Canada-Québec relatif à l'immigration et à l'admission temporaire des aubains (accord Gagnon-Tremblay-McDougall), 6, 38
accueil des immigrants
  au Canada et au Québec, 6-14
  idéologies, 192-194
  société d'accueil, 186, 194-200
  et valeurs québécoises, 194
Acte de l'Amérique du Nord britannique, 24
Acte de Québec (1774), 68
adultes, et enfants, 227, 228
Afrique du Sud, ségrégation, 210
Afrique subsaharienne, communautés et immigration, 98-105
Afro-Américains, 27, 89-90, 210
âge, 15, 16, 19
agents de sécurité, profilage racial, 214
ajustement concerté, 195
Alcine, Joachim, 96
Algériens, 39, 40, 114-116
Algonquins, 53, 54
alimentation, 231
aménagement. *voir* accommodements raisonnables
Amérindien, **44**
Antillais, 27, 90-98
antisémitisme, 67, **68**, 69, 70, 209
apartheid, 210
apatrides, 5
Apprendre le Québec, 194
arabes. *voir aussi* chacune des communautés
  communautés, 107-119
  difficultés sociales, 110
  immigration, 109-110, 111-112, 113-114, 115-116
  et musulmans, 108, 176
  préjugés, 206
Argentins, 151-152
Arménie, génocide, 209
ashkénazes, **29**, 30, 67, 69, 164
asiatiques. *voir aussi* chacune des communautés
  communautés, 121-140
  immigration, 121, 124-125, 129-130, 134-135, 138-139
assimilation des Autochtones, 44, 45-47, 51
assimilationnisme, **192**, 192-193
Attikameks, 53, 55
Autochtones, **44**
  assimilation, 44, 45-47, 51
  communautés, 52, 62-64
  conditions de vie, 52
  et Constitution canadienne, 50
  éducation, 47, 54
  esclavage, 88-89
  histoire, 44-50, 51
  intervention interculturelle, 242
  et langue, 52-53
  législations, ententes et traités, 46-47, 48, 51
  en milieu urbain, 53
  nations au Québec, 52-60
  pensionnats, 45-46, 50
  police, 51
  population et démographie, 51-52, 53
  revendications, 47-50
  situation au Canada, 50-51
  spiritualité et rituels, 60-61
autoportrait culturel, 241

B

Badouri, Rachid, 114
Benhabib, Djemila, 115
Bernier, François, 208
Betancourt, Ingrid, 148
bodhisattvas, **168**
Bondil, Nathalie, 86
Bouchard, Gérard, 193-194
Bouddha, **166**
bouddhisme, 157, 166-170
Bungingo, François, 103
burqa, 201
Bute, Lucien, 83

C

cadeaux et pourboires, 230
Cambodgiens, 35, 36
certificat
  de sécurité, 37
  de sélection du Québec (CSQ), 9
charia, 176-177
Charte canadienne des droits et libertés (1982), 48, 216, 218
Charte de la langue française, 20, 92
Charte des droits et libertés de la personne (Québec, 1975), 197, 207-208, 216-218
Charte des valeurs québécoises, 200
Chen, Ying, 126
Cherfi, Mohamed, 116
Chiliens, 35, 36, 143-145
Chinois
  communauté, 121-128
  immigration, 25-27, 28, 38, 40, 124-125
choc culturel, 188, 189-190, 236, **247**
christianisme, 157, 170-175
citoyenneté canadienne, 12-14
Clarkson, Adrienne, 125
Code d'Hammourabi, 215
Code noir, 88
collectiviste (modèle), valeurs et comportements, 224-238
Colombiens, 35, 36, 147-149
Commission de consultation sur les pratiques d'accommodement reliées aux différences culturelles (Commission Bouchard-Taylor), 193-194, 195, 200
Commission des droits de la personne et des droits de la jeunesse (CDPDJ), 199-200, 212, 213, 214
Commission royale sur les peuples autochtones, 49
communauté, **52**
  et l'individu, 224-225
  intégration, 192
communautés
  arabes, 107-119

asiatiques, 121-140
Autochtones, 52, 62-64
d'Europe, 66-86
immigration XIXe siècle, 25-27
immigration XXe siècle (1900-1945), 29-30
immigration XXe siècle (1945-1960), 31-32
immigration XXe siècle (1960-1990), 34-36
immigration XX-XXIe siècle (1990-2013), 38-40
latinos-américaines, 142-154
noires, 88-105
communication
écrite, 236, 238
interculturelle, 236-238, 244-246
verbale, 236-237, 238
compétences interculturelles, 240-246
comportements, modèles collectiviste et individualiste, 224-238
Congolais, 102-103
connaissance de soi, 240-241
Convention de la Baie-James et du Nord québécois, 48, 55, 59
Convention des Nations Unies relative au statut des réfugiés, 10-11, 216
Convention du Nord-Est québécois, 48, 59
conventions des droits de la personne, 216
Corneille, 102
corps et santé, 232-233, 234
Cour supérieure du Québec, 198, 199
Cour suprême du Canada, 196, 198, 199
crime d'honneur, 227
crimes haineux, 213
Cris, 48, 49, 53, 55-56
croyances, 233-236
culture
communication interculturelle, 236-238
composantes, 222, 223
connaissance de soi, 241
croyances et visions du monde, 233-236
et famille, 226-228
immigrée, 222-223, **223**
et individu, 224-225
et interaction, 222-223
relations sociales et interpersonnelles, 228-234

D

da Costa, Mathieu, 88
dalaï-lama, 167
Darfour, génocide, 211
de Gobineau, Joseph Arthur, 208
décentration, 242, **242**, 243
Déclaration canadienne des droits (1960), 218
Déclaration canadienne des droits de l'homme (1960), 33
Déclaration des droits de l'homme et du citoyen, 215
Déclaration des Nations Unies sur les droits des peuples autochtones, 50
Déclaration d'indépendance des États-Unis, 215
Déclaration universelle des droits de l'homme, 215-216
démographie et immigration, 15-17. *voir aussi* population
dénatalité, 15
dharma, 158, **166**
Dhillon, Anju, 130
Diaz, Alexandra, 145
différence, mécanismes d'exclusion, 204-211
différences culturelles, 193-194, 195, 200
modèles collectiviste et individualiste, 224-238
Dimakopoulos, Dimitri, 76
Diouf, Boucar, 100
discrimination
directe, 207
indirecte, 207
instruments pour contrer, 215-219
au Québec, 212-214, 218
systémique, 207
types et description, 207
distance sociale, 228
droits
ancestraux, **48**
au Québec, 217
droits de la personne et de la jeunesse
accommodements raisonnables, 199-200
histoire, 215-216
promotion et instruments, 216-218
au Québec, 217

E

économie
et immigration, 4, 7-9, 13, 17-18, 19-20
et intégration, 191-192
éducation, des Autochtones, 47, 54
égalité, législations, 217-219
empathie, 242
emploi. *voir* travail et travailleurs
enfants, et adultes, 227, 228
érouv, **163**, 198
esclavage, 27, 88-89, 90
espace personnel, 232
États-Unis, 210, 215
ethnocentrisme, 205
étudiants étrangers, 11
Europe. *voir aussi* chacune des communautés
communautés, 66-86
immigration, 66, 68-69, 73, 76-77, 79-80, 82-83, 85
exclusion des individus, mécanismes, 204-211
expérience migratoire, 242, 243

F

famille. *voir aussi* regroupement familial
et culture, 225-228
et intégration, 190-191
au Québec, 226
femmes, et culture, 226-227, 228
fêtes
culturelles, 231
religieuses, 160, 164-165, 168-169, 174, 177, 181
flux migratoire, **4**
Français, 39-40, 84-86

G

Gagnon-Tremblay-McDougall, accord, 6, 38
génocide, 209, **209**, 211
au Rwanda, 37, 101-102, 211
gens d'affaires, immigration, 8-9
Gesgapegiag, 58
Grecs, 32, 75-78
Guatémaltèques, 35, 36, 146-147
guérilla, **148**
gurdwara, **180**

H

Haïtiens, 34, 36, 93-98
Hanganu, Dan, 82
harcèlement, 206
Harper, Stephen, et son gouvernement, 50, 124
hassidisme, 164
Haut-Commissariat des Nations Unies pour les réfugiés (HCR), 5
Hérouxville, 206
hidjab, 199, 201
hiérarchie sociale, 225, 226
hindouisme, 157-161
Hitler, Adolf, 67, 209
Holocauste, 209
hommes, et culture, 226-227, 228
Hong-Kong, 38, 40
hospitalité, 230
Hôtel Musée Premières Nations, 56
Houda-Pépin, Fatima, 113

humour, 230
Hurons-Wendats, 53, 56

I

Idle No More/Jamais plus l'inaction, 50
immigrant
  entrepreneur, 8
  investisseur, 9
  travailleur autonome, 9
  travailleur qualifié, 8
immigrants
  accueil et sélection, 6-14
  caractéristiques et répartition, 19-21
  et culture immigrée, 223
  expérience migratoire, 242, 243
  identité, 190
  intégration (*voir* intégration des immigrants)
  et interaction interculturelle, 237-238
  pays de naissance, 19, 20
immigration. *voir aussi* chacune des communautés
  catégories d'admission, 7-11, 19-20
  causes et facteurs, 4
  et citoyenneté, 12-14
  courants migratoires, 4
  et économie, 4, 7-9, 13, 17-18, 19-20
  enjeux et indicateurs, 14-19
  étapes du processus, 7, 9-10, 13
  grille de sélection, 8
  humanitaire (*voir* réfugiés)
  idéologies d'accueil, 192-194
  lois canadiennes, 6, 24-25, 28-29, 31, 33-34, 36-37
  lois québécoises, 6-7, 33-34, 37-38
  pouvoirs et objectifs du Québec, 33-34, 37-38
  processus migratoire, 188-190
  programmes, 7, 8
  au Québec actuellement, 19-22
  réfugiés, 10-11, 13, 20, 34, 35, 37
  temporaire, 11-12, 13
  travail et travailleurs, 8-9, 11, 17-19, 192
  XIXe siècle, 24-27
  XXe siècle (1900-1945), 28-30
  XXe siècle (1945-1960), 31-32
  XXe siècle (1960-1990), 33-36
  XX-XXIe siècle (1990-2013), 36-40
Immigration Act (1869), 24
indice de fécondité, **15**
Indiens
  (de l'Inde), 28, 29-30, 128-132
  inscrits, **50**, 53
  non inscrits, **50**
  soumis aux traités, **50**
individu, et communauté, 224-225, 226
individualiste (modèle), valeurs et comportements, 224-238
Indochinois, 35, 36
Innus, 49, 53, 56-57
intégration
  d'aspiration, 187, 195
  de fonctionnement, 186-187, 194
  de participation, 187, 194-195
intégration des immigrants
  définition, 186
  dimensions, 188-192
  états psychologiques et émotifs, 188-190
  idéologies d'accueil, 192-194
  lois et mesures, 196
  et mécanismes d'exclusion, 204-211
  mesures de facilitation, 194-196
  processus et phases, 186-187
  et société d'accueil, 186, 194-200
  et valeurs québécoises, 194
interaction interculturelle, 222-223
interculturalisme, **193**, 193-194
interculturel, **222**
intervention interculturelle
  cas étudiés et réponses, 247-256
  et communication interculturelle, 244-246
  compréhension des autres, 242-243
  connaissance de soi, 240-241
  habiletés à developper, 240-246
  objections à, 240
  outil de médiation, 247, 248, 251-256
Inuits, 48, 49, 50, 53, 59-60
Iraniens, 137-140
Irlandais, 25, 27
islam
  accommodements, 199-200
  et arabes, 108
  à propos de, 157, 176-179
  tribunaux, 199-200
  voiles, 200, 201
  xénophobie, 205-206
islamophobie, **205**
Italiens, 31, 32, 72-75

J

Jacquard, Albert, 209
Jamaïcains, 90-93
Jamais plus l'inaction/Idle No More, 50
Japonais, 28, 29
Jean, Michaëlle, 96
judaïsme, 157, 161-165, 198
Juifs
  communauté, 67-72
  Holocauste, 209
  immigration, 29, 30, 39, 68-69

K

karma, 158
kasher, **68**, 163, 199
Kateri Tekakwitha, 58
Khadir, Amir, 138
khalsa, **181**
King, Martin Luther, 210
kippa, **68, 163**
kirpan, 198-199
Komagata Maru, 29
Kontoyanni, Tania, 77

L

Labbé, Rachel-Alouki, 54
Laferrière, Dany, 94
langage non verbal, 237-238, 245
langue, 191, 236-237
langues officielles, et immigration, 20-21
Laotiens, 35, 36
Lapouge, Georges Vacher de, 208
latinos-américains. *voir aussi* chacune des communautés
  communautés, 142-154
  immigration, 142, 144-145, 146, 147, 148, 150, 151
législations. *voir aussi* les lois
  et Autochtones, 46-47
  pour les droits et l'égalité, 216-219
  en immigration, 24-25, 28-29, 31, 33-34, 36-38
  et intégration des immigrants, 196-199
Lhasa, 149
Libanais, 35-36, 110-112
libertés fondamentales, au Québec, 217
Linné, Carl von, 208
Lock, Édouard, 113
logement, discrimination, 212-213
loi. *voir aussi* législations
loi 101, 20, 92
Loi canadienne sur l'immigration et la protection des réfugiés (2002), 6, 7, 10-11, 18, 37
Loi constitutionnelle (1982), 48
Loi de la traversée directe (ou *Loi sur le passage sans escale*), 28, 30, 129
Loi de l'immigration chinoise (1923), 27, 28, 31, 124-125

loi islamique, 176-177
Loi sur la reconnaissance et l'indemnisation des Canadiens d'origine chinoise (2003), 124
Loi sur l'accès à l'égalité en emploi dans des organismes publics (2001), 218
Loi sur le maintien et la valorisation du multiculturalisme au Canada (1988), 193
Loi sur l'équité en matière d'emploi du Canada (1995), 218
Loi sur les crimes contre l'humanité et les crimes de guerre (2000), 37
Loi sur les Cris et les Naskapis, 59
Loi sur les Indiens (1876), 46-47, 48, 50, 59
Loi sur l'immigration (Canada, 1952 et 1976), 31, 33, 34, 91
Loi sur l'immigration (Québec, 1991), 6-7, 18, 34

M

Magna Carta, 215
main-d'œuvre. *voir* travail et travailleurs
Malécites, 53, 57
Mandela, Nelson, 210
mantra, **159**
Marie-Josèphe-Angélique, 89
Marocains, 39, 40, 112-114
médiation interculturelle, 247
  cas étudiés et réponses, 247-256
  outil de médiation, 247, 248, 251-256
Mérite Maurice-Pollack, prix, 68
méthode biographique, 242
Métis, 47, 50
Mexicains, 149-151
Micmacs, 53, 57-58
Micone, Marco, 73, 223
migration
  de refuge, 4, 5
  économique, 4
  internationale, **16**
  interprovinciale, **16**
Misstress Barbara, 74
Mohawks, 53, 58
Montréal, immigration, 21-22, 29
Morgentaler, Henry, 70
Mouawad, Wajdi, 111
Mourani, Maria, 112
Mugesera, Léon, 102
multiculturalisme, 193, **193**
musulmans, 108, 176, 205-206. *voir aussi* islam
Muyaneza, Désiré, 37, 102

N

Naskapis, 48, 53, 59
Nincheri, Guido, 72
niqab, 200, **200**, 201
nirvana, **166**
noirs. *voir aussi* chacune des communautés
  communautés, 88-105
  immigration, 88, 89-90, 91-92, 95-96, 100, 102, 103
nudité et décence, 233
Nunavik, 49
Nunavut, 49

O

odeurs, 231-232
Oka, crise, 48, 58
O'Malley, jugement, 196, 198
orthodoxe, **162**
outil de médiation, 247, 248, 251-256

P

Paix des Braves, 49, 55
parrainage. *voir* regroupement familial
personnes
  âgées, 227, 228
  déplacées, 5
  handicapées, 198
Picard, Kim, 57
police, profilage racial, 214
population
  Autochtones, 51-52, 53
  décroissance et vieillissement, 15-17
Portugais, 32, 79-82
potlatch, **47**
préjugé, 206
premier contact, 244-245
Premières Nations, 50. *voir aussi* Autochtones
printemps arabe, 107
processus migratoire, **188**
Proclamation royale (1763), 45
profilage
  criminel, 213
  racial, 213-214
Programme des travailleurs saisonniers mexicains, 150
programmes, pour l'immigration, 7, 8
projet de loi 60, 200
propreté et hygiène, 231-232

Q

Quintana, Carmen, 143

R

rabbins, 163
race, 207, 208-209
racisme
  description et critères, 207-208
  instruments pour contrer, 215-219
  profilage racial, 213-214
rastafarisme, 91, 92
récit de vie, 242
réfugié, **5**
réfugiés
  immigration, 10-11, 13, 20, 34, 35, 37
  migration de refuge, 4, 5
regard de l'autre, 225, 226
Registre des Indiens, 47
regroupement familial, 9-10, 13, 19-20, 31
relations sociales et interpersonnelles, 228-233
religion
  accommodements, 198-199
  aperçu général, 156-157, 183
  bouddhisme, 157, 166-170
  christianisme, 157, 170-175
  hindouisme, 157-161
  islam (*voir* islam)
  judaïsme, 157, 161-165, 198
  sikhisme, 157, 179-182, 198-199
  sociétés collectiviste et individualiste, 234-235
réputation, 225, 226
réserve, **46**
résidents permanents, 12
retard, notion, 235-236
Rezko, Milad, 214
Ribeiro, Mike, 80
Riel, Louis, 47
Rodriguez, Pablo, 151
Roumains, 39, 40, 82-84
Russes, 38-39, 40
Rwandais, 100-102

S

sacres québécois, 156
salles de prière, 199
salutations, 229-230

Salvadoriens, 35, 36, 145-146
Samian, 55
Sammy, Sugar, 130
Sanarrutik et *Sivunirmut,* 49, 59
sang, transfusions, 199
sans-papiers, Algériens, 116
santé et corps, 232-233, 234
scolarité, et immigration, 21
ségrégation, 209, 210
Sentier octuple, 166, 167
sépharades, **39**, 67, 69, 164
Service de police de la ville de Montréal (SPVM), profilage racial, 214
Sifton, Clifford, et plan Sifton, 28
sikhisme, 157, 179-182, 198-199
silence, signification, 237-238
Soleymanlou, Mani, 139
souccah, 198, **198**
soufisme, 178
Statut de Rome, 37
statut social, 225, 226
stéréotype, 205
stûpa, **169**
sunna, **178**

T

tabous, 230
taleth, **163**
Taylor, Charles, 193
téfillins, **163**
temps, conception, 235-236
textes sacrés, 159, 162-163, 167, 171, 176-177, 180
Thê-Anh, Andy, 135
Thúy, Kim, 135
Tibet, génocide, 211
Traité de la Grande Paix de Montréal, 44-45
transfusions sanguines, 199
travail et travailleurs
  discrimination, 212, 218
  et immigration, 8-9, 11, 17-19, 192
  temporaires ou saisonniers, 11
Tremblay, Samuel, 55
Tribunal des droits de la personne, 214
tribunaux, accommodements raisonnables, 196-199
tribunaux islamiques, 199-200
turban, 198-199

V

valeurs
  modèles collectiviste et individualiste, 224-238
  société québécoise, 194
vaudou, 95
Vega-Ulloa, Alvaro, 149
Vers une politique de lutte contre le racisme et la discrimination (Québec), 219
vie privée, 232, 234
vie sociale, 228-231, 234
Vietnamiens, 35, 36, 133-137
visions du monde, 233-236
voiles islamiques, 200, 201

W

Watt-Cloutier, Sheila, 59

X

xénophobie, 205-206

Y

Yayo, 148
Yougoslavie, génocide, 211

CARTE 1 Les migrations économiques dans le monde, 2008.

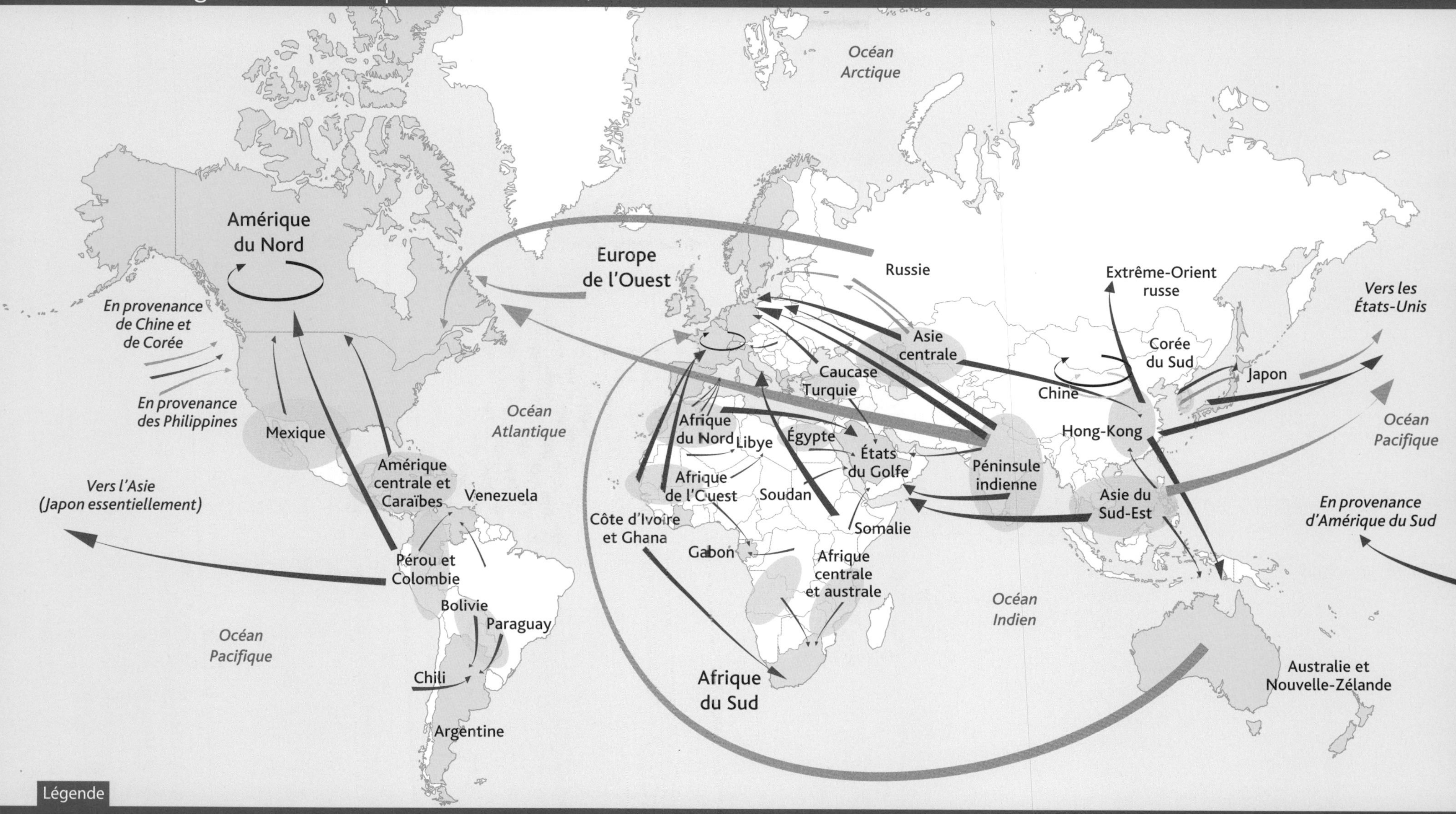

Sources : Gildas Simon, *Géodynamiques des migrations internationales dans le monde*, Presses universitaires de France (PUF), 1995 ; Courrier de l'Unesco, novembre 1998 ; CNRS-Université de Poitiers, Migrinter ; Banque mondiale, *Recueil de statistiques 2008 sur les migrations et les envois de fonds*, 2008.

CARTE 2 La population immigrante dans l'agglomération de Montréal, 2014.

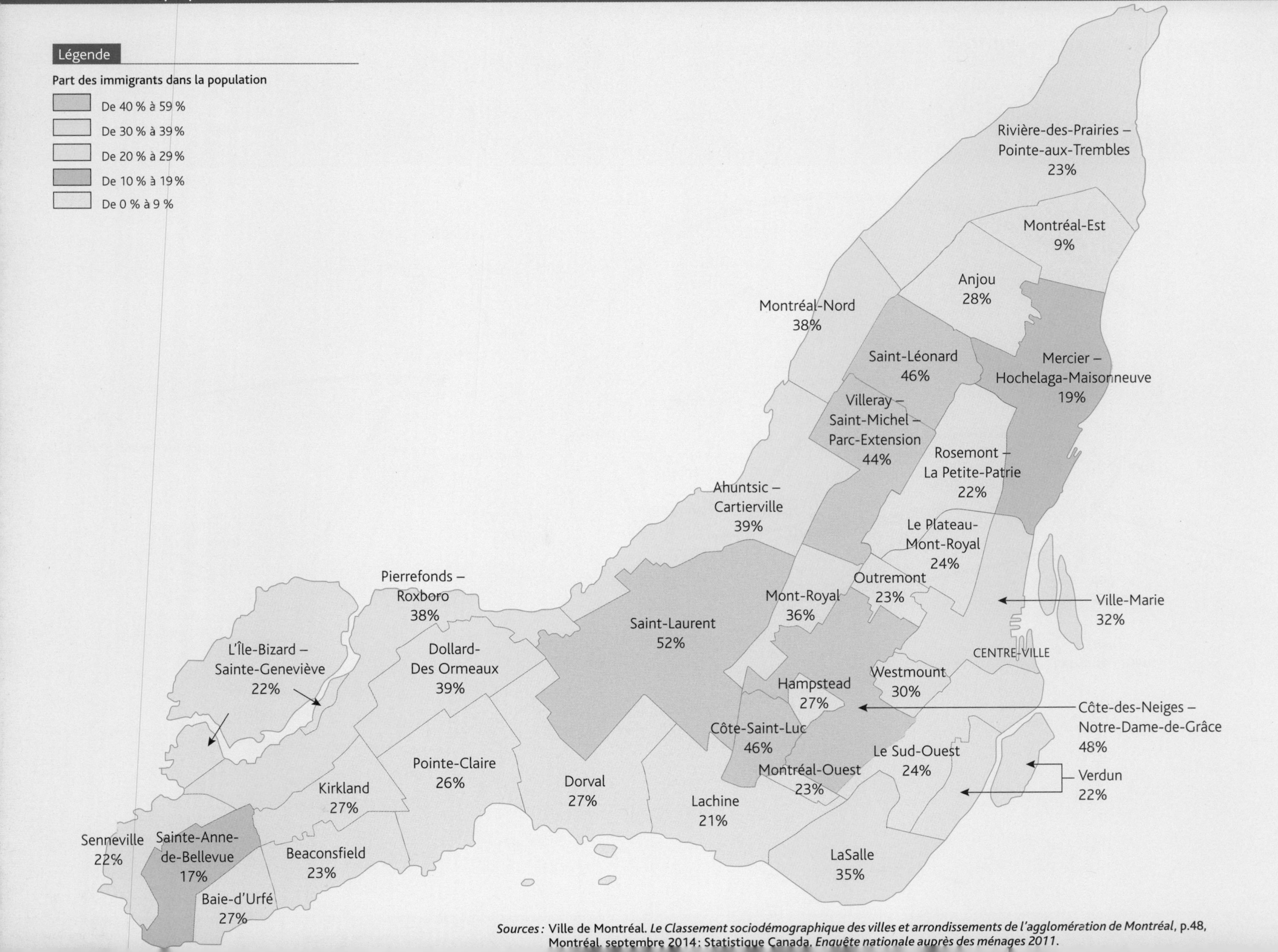

Sources : Ville de Montréal. *Le Classement sociodémographique des villes et arrondissements de l'agglomération de Montréal*, p.48, Montréal, septembre 2014; Statistique Canada, *Enquête nationale auprès des ménages 2011.*

Carte 3 Les Autochtones du Québec, 2012.

Ivujivik
Salluit
Kangiqsujuaq
Akulivik
Quaqtaq
Puvirnituq
Kangirsuk
Baie d'Ungava
Aupaluk
Inukjuak
Kangiqsualujjuaq
Tasiujaq
Kuujjuaq
Baie d'Hudson
Umiujaq
Kuujjuarapik
Whapmagoostui
Kawawachikamach
Baie James
Lac-John
Matimekosh
Chisasibi
Wemindji
Eastmain
Tracé de 1927 du Conseil privé (non définitif)
Waskaganish
Nemiscau
Pakuashipi
Maliotenam
Mingan
La Romaine
Mistissini
Uashat
Natashquan
Waswanipi
Oujé-Bougoumou
Betsiamites
Fleuve Saint-Laurent
Pikogan
Essipit
Gesgapegiag
Gespeg
Golfe du Saint-Laurent
niskaming
Lac-Simon
Obedjiwan
Mashteuiatsh
Kitcisakik
Winneway
Wemotaci
Listuguj
Hunter's Point
Coucoucache
Cacouna
Manawan
Lac-Rapide
Whitworth
Kebaowek
Wendake
Kitigan Zibi
Wôlinak
Kanesatake
Odanak
Akwesasne
Kahnawake

Légende

- Abénaquis
- Algonquins
- Attikameks
- Cris
- Hurons-Wendats
- Innus (Montagnais)
- Malécites
- Micmacs
- Mohawks
- Naskapis
- Inuits

urce : Gouvernement du Québec, *Les Autochtones du Québec*, Québec, Secrétariat aux affaires autochtones, 2012.

CARTE 4 Les religions dans le monde, 2012.

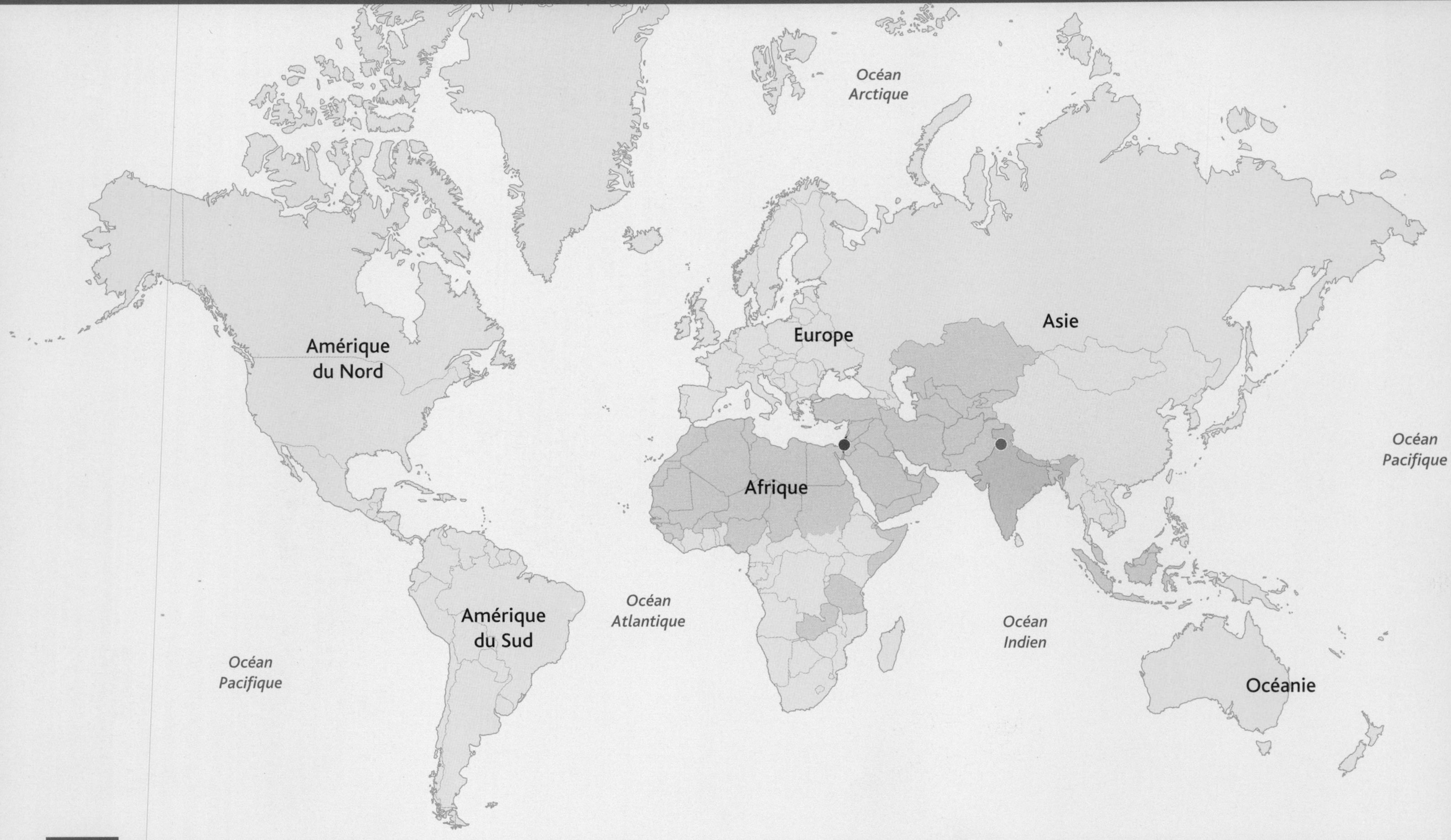

Légende

Appartenance religieuse la plus importante en nombre :

- Christianisme
- Islam
- Bouddhisme
- Hindouisme
- Judaïsme
- Siknisme

Source : Adapté de Maps of World. *Religions of the World Map*, 2012. Repéré à www.mapsofworld.com